太原经济笔谭

主编 吴国荣

山西人民出版社

主　　编　吴国荣

副 主 编　马竣敏

编撰者（按姓氏笔画排序）

马竣敏　冯　海　边素庭

乔　琰　李　平　严志宏

张　宏　张　渊　武颜文

贺旭宏　焦育英　靳海燕

目 录

序　一

张春根

　　在我国,概言经济之词义,一向与家国天下是密不可分的,宏观意义上蕴含着杰出人才经世济民的理想、治国理政之才具,乃是治国平天下的意思,充满了丰富的人文思想和社会内涵;中观意义上的现代"经济"一词,为新文化运动中从日本翻译引进,指一国一地之社会物质生产、交换、流通等活动,乃人类社会的物质基础;微观概念上则讲生活之收益、财物之节约等,反映着百姓仔仔细细过日子的生动形态。

　　人类社会经济发展到一定阶段,便产生了承载其活动的空间载体城市——不外乎因市而为城,因城而立市。自从有城以来,无论名称还是地域如何演变,太原始终是山西乃至北方地区重要的中心城市,先是崛起于春秋战国,后又兴盛于汉、唐宋、明清,近现代更作为举足轻重的工业城市,一直见重于国家,在2500多年的历史长河中创造了灿烂的物质文明和精神文明。

　　"城是中国文化的特殊产物。"太原经济之源头,必然追溯到晋阳城的肇建,其建筑思想、城市治理对太原历史、政治、经济、文化都有着深远影响。太原之所以能够成为历史文化名城,有着自己独特的发展路径和鲜明特色。

早在重农立国的封建社会，太原就是一个"年谷独熟人庶多资"的丰饶之地，农、林、畜牧业和手工业向来发达，成为史上并州集团、晋阳政权雄起的实质基础，史称"金城汤池，天府之国"，谚曰："花花真定府，锦绣太原城。"作为华夏文明的前沿窗口，更为北方游牧民族和中原农耕民族的历史融合、嬗变发挥了独特的作用。

太原向来物华天宝，铜铁冶炼、煤炭开采、瓷器窑烧、琉璃铸制、货币与兵器制造……一时名扬天下；春秋大鼎、并州快剪、铁佛铁人、铜镜铁镜……无不咏传千古。因位置重要而物产发达，太原遂成为丝绸之路和万里茶路的重要枢纽，处处放射着文明发展的耀眼光彩。

讲到商贸物流之辉煌历史，则有谁似晋商纵横天下，推动经济发展和社会变革？梁启超曾说，其可以自夸于世界人之前的，唯有山西商业。"西帮"盛名满于世界，太原为中心，包括平遥、祁县、太谷、榆次在内的带状区域，是其当之无愧的大本营。诚实信用、利以义制的晋商核心价值观，更是数百年来恒久传承的精神舍利子，尤其对今天商贸、金融业具有重要的借鉴意义。

回看一百多年前，伴随着洋务运动兴起，太原工业史上许多的首创次第出现，都具有一番开天辟地的意义。新中国成立前，太原现代工业历经兴衰起落。新中国成立后，作为国家确定的重工业城市，太原创造了辉煌历史。其中凝结的是无数实业家的爱国情怀和兴业之道，结晶的是众多志士仁人的伟大精神。今日太原工业，正坚定地迈向美好未来。

通联四方，道行天下。太原自古为北方重要都会，交通之重要性自不待言。或增进贸易，撑持经济；或助控政局，影响历史；或打破封闭，启发民智……交通承载着城市发展进步的历史轨迹，寄托着城市繁荣兴盛的广阔前景。从某种意义上讲，交通畅达往往是改革开放之标志，从而走向经济强，文化兴，政通人和。

太原得名之初，取意河谷大原，山环水绕。气候地理相宜，自然物产富饶，晋祠嘉禾、清徐葡萄、药食头脑、醇香老陈醋……名特产一一可举;稻香村、老香村、双合成、认一力、老鼠窟、六味斋、华泰厚……老字号济济可数,都为人民传统之最爱,乐享其中已然成为太原土著的一种生活方式,日月久长,踏实而笃定。

今天,我们站在建成一流省会城市的时代高度,出发于宣传干部的视野,首次尝试从非专业却另具情怀的人文角度,以纵横漫谈的手法,觅寻表达太原经济发展的主干脉络及其轨迹,扫描展现太原经济成就的历史辉煌、迷人风采,探索总结蕴含在各种经济制度、经济活动、经济成就背后的精神内核和思想支柱,弘扬彰显太原经济史上诸多重要人物的创新精神和敢为人先的气概,冀望对太原经济转型、再创辉煌有所启发、有所裨益。

这卷笔谭,是推动宣传工作与经济工作紧密结合的一次大胆而有益的尝试,充分体现了编撰之初衷,倾注了写作者的创造性劳动,呈现出深入浅出、通俗易懂、形象生动的风格和特点,既创新了宣传工作,又锻炼了宣传队伍。更令人欣喜的是,我们的尝试正符合习近平总书记在全国宣传工作会议上所强调的:"经济建设是党的中心工作,意识形态工作是党的一项极端重要的工作。""只有物质文明建设和精神文明建设都搞好,国家物质力量和精神力量都增强,全国各族人民物质生活和精神生活都改善,中国特色社会主义事业才能顺利向前推进。"

正因如此,把宣传工作和经济工作紧密地联系起来,充分履行围绕中心、服务大局的基本职责,主动服务经济、强势宣传经济,是我们宣传工作一直努力的方向和目标。

"神仙境界唐虞日,锦绣江山汾晋川。"览卷之余,言之概要,可窥一斑而睹全豹,得其径而通其幽,能够更加深切地体会到"唐风晋韵·锦绣龙城·清凉太原"的历史底蕴和丰富内涵。

抛砖而引玉,希望后来者有更加深入而新鲜的探索和实践。

谨此为序。

2013 年 8 月

序　二

容和平

　　太原是一本厚重的大书,太原经济则是这部大书中的鸿篇。太原经济势如天柱,托起太原五千多年的文明史,两千五百年的建城史,宏观着眼看经济,凸现了大主题,展示了大系统。

　　首先,该书凸现了一个大主题:经济的本质是文化,文化的核心是人文特征。即从尊重人和关心人出发,基于人文的视角,探寻太原经济的历史轨迹。人的数量增长是经济繁荣的标志,人的素质的提升体现在器物上的超群技艺,人的空间聚集造就了商市之动,人的义利观成就了理想人格。可谓视野宽广,思想深邃,创意丰富。

　　其次,该卷展示了一个多维大系统。在时间维度上,从晋阳、别都到北都,从新城、满城到龙城;在空间维度上,从农业、工业到商贸业,从晋阳古城、晋商之都,到能源重化工基地和新兴产业基地;在生产要素维度上,从矿产资源、物器技艺到金融和交通,从名品、名店到名号和名人。三维结构,系统集成,功能独特。

　　微观着眼看经济,彰显了经世济民的人本特色和太原地域经济的独特性。

　　编著者的笔紧贴百姓生活的"七件事",聚焦于太原人津津乐道的六味斋肘花、双合成糕点、华泰厚洋服、清徐的葡萄、晋祠的大米,如数家珍,娓娓道来,品味其中,蕴意无穷,可谓"流年碎影字号老""风物闲美动吾怀"。这正是该卷人文情怀的生动体现。当前,我国已经进入市场化时代,提及"经济"一词,人们往往想到"要素现置"和"资源使用"这些高端的含义,殊不知"经济"一词在西方最初的含义竟是"家政",意译为"过日子"。关注经济,理应关注老百姓的"过日子",该书做到了这一点!这种"民本经济"的立意是可圈可点的。

在这个时代,经济与生活几乎所有的项目都与国际接轨,太原依然固守着自己的地域经济特色。当生活已经成了外在品牌的总和,这种固守好像有点不合时宜。但地域经济不是一个束缚创造力的概念,太原传统,它永远在生长,永远处于生成当中,唯其如此,它最乐于把每个时代最富有创造力的部分纳入自身——从古到今,太原经济发展是一条自新的河流。我们知道,坚持自己的,不盲从,是有难度的,是具有挑战性的,也是艰辛的,正因如此,城市的特点和品质才得以彰显和提升。"我们太原"和"我是太原人"一样,是一种感情混合体,它体现了一种巨大的历史理性、地域特质和难以觉察的心灵感应:它一直在等待和寻找那些在心灵上回应它召唤的人。

人文视角看经济

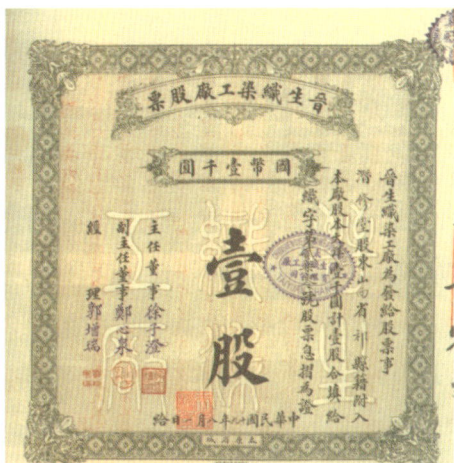

义利之辨：『富安天下』理想中的价值选择

文化交流：中西融汇益经济

科技之光：凝结在器物上的超群技艺

四战之地：经济支撑战争和战争破坏经济

直面灾害：特宜矜恤救疾苦

大路朝天：总三晋交通之枢纽

商市之功：致民聚货得其所

赋税制度：征收之中探民生

人口增长：经济繁荣的重要标志

行政区划：从『初设太原郡』说起

动力之源：王朝更迭下的生产力发展

动力之源：
王朝更迭下的生产力发展

社会发展动力是历史哲学的一个基本问题，也是中外古今思想家关注的一个重要问题。围绕该问题，中外大家可谓仁者见仁，智者见智，表达了不同的见解。马克思和恩格斯汲取历史上对于社会历史发展动力的合理成分，结合自己的实践经验，经过反复思考，从不同侧面提出了社会发展动力问题，恩格斯更是提出了社会发展合力论，科学地解答了社会发展动力问题。然而，就中国古代经济，尤其是生产力与生产关系之间的互动关系，更应该从历史角度、从中国国情出发，系统整体地进行考察。

中国古代的经济形式是小农经济，其成于春秋战国时期，是一种规模很小、生产方式和生产工具简单落后、生产收益低的经济形态，它是中国传统农业社会生产的基本模式，具有以下方面的特点或作用。

一是体现了农业和家庭手工业相结合的特点。以家庭为生活单位，农民的生产通常是农业和家庭手工业相结合的"男耕女织"。人们在田间劳作充其量是解决一家的食物，而穿戴没有着落，这就有产生家庭副业和家庭手工业的必然性。所以在空闲时间里，人们就在家里进行简单的手工业生产，以解决一家的穿戴衣着。如我们耳熟能详的黄梅戏《天仙配》中《夫妻双双把家还》唱段："你耕田来我织布，你挑水来我浇园。"白居易的《朱陈村》中"机梭声札札，牛驴走纭纭。女汲涧中水，男采山上薪"，这些词句反映了安居乐业的"男耕女织"式的经济生活情景。在经营农业和家庭手工业的同时，农民还经营家庭畜牧、瓜果种植及布帛麻丝等家庭副业，以满足生活的其他需要和缴纳赋税。

二是以家庭为生产、生活的基本单位，从事精耕细作。只供个人使用的手工工

农耕图

具决定了小农经济是以个体家庭为生产和生活单位的经济形态,"五口之家,治百亩之田"。农民个人在其家庭成员的辅助下,独立完成主要产品的全部生产过程,一般没有外部协作,属于个体劳动的性质。由于生产限于家庭劳动力的范围,农民所耕种的土地,以全家力所能及的耕种面积为限度,经营规模小。农民在自己有限的土地上,为维持温饱,努力提高耕作技术,尽可能多地获得产品,为我国农业的精耕细作作出了重要贡献。

　　三是推崇自给自足的自然经济。小农经济所生产出来的产品用来自己消费或缴纳赋税,是一种自给自足的自然经济。小农经济下农民在自己有限和贫瘠的土地上,一年勤勤恳恳生产出的产品也就是满足自己衣食的基本生活需要,以及缴纳国家赋税,基本没有剩余进行商品交换。西汉政治家晁错在《论贵粟疏》中说:

晁错

春耕夏耘，秋获冬藏，伐薪樵，治官府，给徭役。春不得避风尘，夏不得避暑热，秋不得避阴雨，冬不得避寒冻。四时之间，亡日休息。

这是对农民的长年劳累辛苦的描写。他还写道：

又私自送往迎来，吊死问疾，养孤长幼在其中。

这是农民自给自足生活的真实写照。在遇到风调雨顺的年景，农民的产品有一定的剩余才会去市场出售。

四是承担着国家赋税、徭役，是封建社会生存和发展的经济基础。小农经济是封建王朝财政收入的主要来源，农民是国家赋税的主要承担者，是国家徭役和兵役的根本保证，所以小农的稳定就是国家的稳定，小农的兴盛就是国家的兴盛。小农经济的繁荣与否关系到封建经济的兴衰和封建政权的兴亡，历代封建王朝前期明君都注意保护小农经济，保护农业生产，以维护封建统治。如西汉初年的"休养生息"政策，自汉高祖开始，"免除若干年徭役……减轻田租，十五税一"；文、景帝

文景之治

时减轻田租，"三十税一，甚至十多年不收田租"，结果是"海内殷富，国力充实"。唐初，实行均田制和租庸调制，保证农民有一定土地进行农业生产，保证农民的生产时间，轻徭薄赋，劝课农桑，出现了历史上少有的盛世局面——"贞观之治"和"开元盛世"。

轻徭薄赋

中国在其漫长的发展过程中，因为统治者的专制掠夺，导致一次又一次的暴力革命。中国自夏代大禹王朝至清宣统退位，史家公认的"五大盛世"加起来不过 300 年，而见诸史料记载的战乱就有 3800 余次，死伤最惨烈时几乎导致人种的灭亡。在世界历史上，中国是朝代数量最多、更替最频的国家。中国的封建社会最漫长，因其漫长，从某种意义上说可以称之为"具有特殊的超稳定性"。但这种"超稳定性"，又恰恰伴之以内部的混乱和动乱，相互推翻的事相继不断。一方面是"稳定"，而一方面是"频乱"，时时出现"你死我活"式的恶性变革，这实在是一件值得深思的事。

当大规模的流民作乱爆发时，政府必然会采取镇压措施。而事实上当时政府大多已十分腐朽，已无力迅速平定事变。这样战争的规模会扩大，而大规模的战争又会极大地破坏生产，从而制造出更多的流民。这样，恶性循环下去，最终将帝国拖垮拖死。当一个王朝覆灭之后，参与争夺统治权的群雄中总会有一方胜出，当他

流民图（周臣）

基本削平群雄时，往往全国人口减了大半，这样人地矛盾由人多地少反过来变成人少地多。这时，只要新建王朝能注意与民休息，招民拓荒，国家一般能很快安定下来。随着政局的安定，国家一般有一个人口与土地的良性循环期。这一时期，人口增加，被开发的土地就更多；而被开发的土地越多，就能养活更多的人口。这一时期，一般被称为该王朝的盛世期。当土地被开发到极限后，人口还是在按惯性继续增长，当人口数超过王朝所能承受的极限时，新的一轮循环就又开始了。这是中国历史上王朝循环的根本原因。

这些动乱给国家带来巨大的破坏，但推动了王朝的更迭，从而促进了社会的变革和改良，进而形成一个循环的状态。一是政策的因素。即历代统治者制定的有利于经济发展的土地政策、赋税政策，或者一定时期对统治政策进行调整的变法、改革。二是科技的推动。如劳动人民改进工具，提高生产技术；兴修水利，免除水旱灾害；政府推广优良品种……历代总结生产经验的著作可以指导人们直接把先进的技术转化为生产力。三是人民群众辛勤劳动。各族人民互相融合，共同劳动，相互学习，提高生产技术。

在这种情况下，各经济部门的地位、发展特点及其相互关系，以家庭为单位、农业与个体手工业相结合的自给自足的小农经济，是中国古代社会的经济基础。手工业与商业始终是农业的补充，其发展方向与规模一直被历代王朝控制着。在古代社会经济中，首先是农业的恢复和发展，在此基础上手工业发展起来，随着农业、手工业的发展，城市、商业和对外贸易得到发展，而城市、商业和对外贸易的发展又反过来促进了农业、手工业的进一步发展。在商品经济繁荣时期和商品经济繁荣的地方，随着货币经济的发展，资本主义生产关系萌芽并缓慢发展。

中国封建社会长期延续的根本原因应到生产力和生产关系的矛盾运动中去寻找，其根本原因不在于生产关系和上层建筑的"坚固"、"稳定"上，而在于其生产力始终没有发展到足以冲破封建生产关系而使资本主义生产关系赖以建立其上的程度。简言之，生产力的长期停滞是造成中国封建社会长期延续的根本原因。而生产力的长期停滞，又主要是由种种因素所引起的上下对科学技术的轻视和整个社会与外界隔绝的状态所造成。

封建时期的中国，大多数时候是一个统一的中央集权的大国。这个大国幅员辽阔，土地肥沃，资源丰富，气候适宜；它的人口相对于土地面积来说是少的，它的

欧洲农业社会

生产力虽然基本上停滞了,但它已达到的水平却是在封建社会里所可能达到的最高水平;它的经济是封建地主经济和小农经济并存的一种混合经济。这些特点决定了在一般情况下,一方面,统治阶级奢侈享乐所需要的生活资料以及他们从事文化活动和为维护其统治所需要的费用,都比较容易获得;另一方面,小农在缴纳贡税以后,尚能维持其小康生活。在中国古代史书和文人的文章中,科学技术被贬称为"方技",是"小人能之"而"君子不齿"之事。鸦片战争以后,西方的科学技术展现在中国面前,并对中国的生存构成严重威胁,然而,当时的顽固派仍然夜郎自大,视别国先进技术为"奇技淫巧"。中国历史上的农民,对科学技术的态度也是如此。20世纪50年代初的中国农民,宁愿用落后的旧犁而拒绝用较先进的七寸步犁;政府叫施化肥,农民不得已把化肥埋掉。当时在政府的大力提倡甚至强制推行科学技术的情况下,农民对科学技术的态度尚且如此,古代农民更可想而知。现在人们常常指责封建统治者对科学技术不重视、不提倡,可是,人们忽视了封建社会的农民对科学技术也并不热爱和追求,统治者的不重视、不提倡和农民的不热爱、不追求是一致的，保守是历史上的中国人的共性，只指责统治者是不公平的。

造成中国封建社会生产力长期停滞的再一个重要原因是中国长期处于与外界隔绝状态。唯物辩证法认为，事物之间的相互联系、相互影响、相互作用，是事物发展的重要条件；各个国家、各个民族之间的相互联系、相互影响、相互作用，也是每个国家和民族发展的重要条件。国家之间、民族之间，通过交往可以互相启发、互相学习、互相取长补短，从而互相促进；每个国家和民族，都只有在与其他国家和民族的联系中，才能开阔自己的眼界，增强自己的活力，加速自己的发展。欧洲各国之间的密切联系和频繁交往，以及欧洲和美洲的联系，是欧洲资本主义迅速发展的重要原因，也是美洲资本主义提前发展的重要原因。一个与外界隔绝了的国家或民族，其发展必然是缓慢甚至停滞的。今天，凡是仍处在原始状态的民族或部落，都无一例外是长期处于与外界隔绝状态的民族或部落，这就是一个铁的证明。大家都承认，今天的世界是一个文明的世界，我们都是文明人，可是，假如每个人都失去和其他任何人的联系，那就意味着每个人都立即变成钻木取火、茹毛饮血的原始人。因此，就某种意义上说，人类文明就是人类之间的普遍联系。

行政区划：
从"初设太原郡"说起

我们一直关注现实，但从未远离历史。循着五千年中华民族城市演变的轨迹，在众多的行政区划中，我们发现了一个熟悉的名字——太原，它经历了千年的风云变幻，几经政权更迭兴替，沿用至今却从未改变。

太原有五千年的文明史，"太原"这个名称也就有五千年的历史。太原本义为广袤的大平原，战国之前泛指汾河流域的平原地带，战国秦庄襄王二年，秦将蒙骜攻克晋阳，依秦国制"初置太原郡"，太原作为行政名称固定下来。秦王嬴政统一六国后，分天下三十六郡，复置太原郡，郡治设于晋阳，这时的晋阳也就叫太原了，下辖三十七城。汉初，高祖刘邦为了防御匈奴，选派韩王信坐镇北方，以太原郡为韩国，都晋阳城。韩王信归降匈奴后，高祖并雁门郡和太原郡为代国，封其子刘恒为代王。晋阳为代国都城。汉武帝登基后，在全国首创 13 个州刺史部建置，称太原为并州，设太原郡，驻节晋阳，辖 21 县。

历朝统治者在划分行政区域时主要是依据这一地区的自然地理条件和社会、经济的发展情况。太原地处晋中盆地北端，也是中原农耕经济区和北方草原游牧经济区的交接地带。东有太行山为天然屏障，阻隔华北大平原，西、南皆以黄河作为襟带，连接陇西、关中和广大的中原地区，确是一座"襟四塞之要冲，控五原之都邑"的要塞之城。晋阳城于是在历史上以军事重镇闻名于世。然而战争过后，古城的繁华依然会把人们的目光聚焦到这里。地肥水美，物产丰盛，经济富裕。春秋时，孟子说："晋楚之富，天下不可及也。"即使在战争期间，商业贸易也会在这里悄然进行，太原素有"北收代马之用，南资盐地之利"的说法。南北朝时，烽火弥漫，战事频仍，晋阳的贸易并未由此间歇。据载，北齐时期，后主高纬的幸臣、大丞相高阿那肱曾在其侵占的晋阳城民地上盖起八十余间店铺门面，租赁给商人，"此店收利如

北齐太原陶俑

北齐太原陶骆驼、陶马、陶牛

食千户"。如此在战略和经济方面的优势,自然使太原成为这一区域的政治、经济、文化中心,它也因此具有了很强的独立性,这为此后两千多年太原行政区划建制的稳定奠定了基础。

得天独厚的自然优势和地理区位,使太原长期处在牵动中央政治枢纽的关键地位,藩屏中原,拱卫京师,维系着国家的安全稳定。为此,历朝统治者都非常重视太原,为了加强对这一区域的管理,许多皇帝派自己的皇子或亲信管理太原。隋朝时期,由于当时突厥称雄北方,为了抵御少数民族的侵扰,晋阳作为北方重镇,隋文帝曾令皇子杨广、杨俊等驻守太原。唐代,太原为李氏龙兴之地,因此对太原非常重视,被封为北都,与京城长安、东都洛阳并称为三都、三京。五代时期,中原王朝更替不断,但始终以太原为中心进行统治。因此,隋唐五代时期,凡具有远见卓识的政治家都会将太原作为问鼎中原、图得天下的资本,太原迎来一个快速发展的机遇期。在行政区划上,隋唐在太原进行多次建置改制,特别是唐朝,很长一段

晚清时的晋阳古城遗址

时间以军政建置与行政建置互参互管,其行政区域变动不大,但经济却得到快速发展。隋唐时期,随着疆域面积的扩大和国际影响力的提升,统治者加强了对外开放力度,当时旅居各地的少数民族和外国人很多,隋唐时,太原也是东西方交流的通道,甚至同远在万里之外的西域、波斯都有着相当的联系和交往。"晋水千庐合,汾桥万国从",大开放的形势促进了经济的大发展。隋唐时期,太原的经济得到长足的发展,太原盆地生产的粮食曾大量运往京师,隋末时晋阳存粮"可支十年"。当时,并州库存布帛达"数千万"。晋阳西山煤炭开采利用已很普遍,当时晋阳人王劭说:"温酒和炙肉,用石炭、柴火、竹火、草火、麻火,气味各不相同。"冶铸业进一步发展,任华在《怀素上

古代采矿

文瀛湖畔老太原风俗图

人草书歌》中，有"锋芒利如欧冶剑，劲直浑是并州铁"的美句，并州生产的剪刀和军刀在当时都很有名。商业的繁荣程度也超过汉代，晋阳已成为"人物殷阜"、名副其实的"一都之会"。当时太原府，"领县十三，户十二万八千二百七十八，口七十七万八千二百七十八"，这是太原历史上的一个兴盛时期。

宋朝对于太原是极为悲壮的时期，由于艰苦的城池保卫战激怒了赵氏兄弟，于是在三次征讨后，晋阳城在火烧水灌后彻底离开了历史舞台。宋统治者诏废并州太原府置，只设一个军政合一的"紧州军事"，新置紧州军事移治于榆次县。但太原的重要地位始终是不以个人的意志为转移的。太平兴国七年，赵宋王朝"以（榆次）地非要会"，移紧州军事治所于阳曲县唐明监（镇），辖9县2监。宋徽宗大观元年(1107),升置太原府为大都督府,辖10县2监。北宋太原府与西汉太原郡、隋代太原郡和唐代太原府相比,所辖县数少,地域面积小。但宋朝北部边塞由于战争频繁,为防止契丹入侵,在北部集结了大规模的军队,各种日用品需求膨胀。为满足庞大的边防军需供应,实行茶、盐钞制度,以利益激励输边。太原城正处于南北交通要冲上,交通的便利,推进了商业的繁荣,使太原成为宋朝北部的重要商业都会,各种商品的中转枢纽。经过七八十年的发展,太原又焕发出勃勃生机,便有了"花花正定府,锦绣太原城"之赞誉。到崇宁年间太原改建制为大督府,辖10县,有户155 583,口1 241 768,这个时期成为太原新城建成后的又一个兴盛期。

在历史的长河中,明清是中国历史上商品经济发展的高峰时期,也是中国历史上产生资本主义生产关系的萌芽时期。整个明清时期,太原都是"抚署"和"府治"所在地,居于山西的政治中枢,对全省的政治、经济、文化、军事、交通起到辐射和濡化作用,同时也调节和掌控着全省的经济命脉。明初,地方建置沿袭元朝行中书省制度,但废除"路"制,太原废冀宁路,复置太原府,隶属山西省中书省,府治阳曲县。洪武六年(1373),明王朝为防御元的残余势力图谋恢复、进攻太原的企图,把太原列为"九边重镇"的首要城市,在太原府中新置了前卫、左卫及宁化坊御所等卫所。洪武九年(1376),又扩建太原城池,改山西省行中书省为山西承宣布政司,太原府隶属其下,辖6州22县,其中,府直辖13个县,州辖9个县。经过历代帝王增减,清王朝雍正年间,全国地方建制有了较大变动,太原府所辖州县缩减至1州10县。几经增减,至清乾隆年间,太原府辖1州10县,终至清亡。作为"府署之地",太原具有优越的区位优势:地处黄河中游,是草原文化、关陇文化、中原文化的交汇地,还是江南与漠北的天然通道,这是太原的地缘之优。自明朝初年开始,沿北方边境设立九边重镇,在此九镇中,大同和太原在山西境内,其他七镇均离山西不远,这九镇常年重兵驻扎。为解决军需供应问题,明朝实行了"开中制度",这又为太原发展提供了制度上的便利。勤劳智慧、诚信进取的晋商,抓住这次发展的机遇迅速崛起,商路达数万里之遥,款项可"汇通天下",五百年来执全国商界之牛耳,这不仅为古老的中华民族增强国力和改善民生点燃了薪火,更由此而形成和确立了太原作为"晋商之都"的历史地位。

岁月的长河流淌不息,站在新的起点回望和思考,两千五百多年的演进中,太原独特的地位是历史赋予的,是时代造就的。今天,太原城市群作为一个地域经济发展的城市"集合体",被提升到了国家战略层面。历史的选择,现实的担当,未来的愿景,让这座底蕴深厚、充满生机而又勇于开拓的城市驶入科学发展的快车道,最终成为带动和引领全省转型跨越发展的强劲引擎。

人口增长：
经济繁荣的重要标志

据一项经济学的研究表明：五百年以前，世界各国的 GDP 占全球总量的比例，大体上就等于该国人口占全球人口的比例。

人口增加在封建社会是经济繁荣的标志，也是经济发展的重要资源。古代历次战争造成人员伤亡、百姓逃亡、官方迁移，使户数、人口、劳动力锐减，经济衰退；战后重建从人口繁衍和移民屯垦开始，随之户数、人口、劳动力增加，经济恢复发展，经济总量上升。

据蔡一鸣《公元 1500 年以来世界 10 大经济体比较》所述，五百多年前的公元 1500 年，中国 GDP 占世界的比重高达 24.9%。此时明朝已立国一百三十多年，正是明孝宗弘治十三年，据《孝宗实录》，此时人口数为 50 858 937 人，实际上全面人口数为 1.03 亿人。此时世界人口总数为 4.4 亿人，中国人口占世界人口的比例为 23.4%。（注：明代各个皇帝在位时期关于户口数字的记载有学者所谓"户口之雾"现象。赵文林、谢淑君《中国人口史》分析断定，明代户口数乃是"黄册"上所记之有赋役义务的户丁数，不是全面的人口数。）

明王朝建立以后，注意吸取元灭亡的教训，采取了一系列安定社会、医治战争创伤、发展农业生产的措施，对广大农民实施了户贴制度、粮长制、黄册、里甲制度和鱼鳞图册，蠲免田租，推行农业货币税，轻徭薄赋，征派有度，切实减轻农民负担，与民休养生息。同时，鼓励垦荒，大兴屯田，兴修水利，发展农业。所以明朝从初期到中期，农业生产得到迅速恢复和发展。

我们试着对明代几个皇帝实录里的户口数字（即"黄册"上所记之有赋役义务的户丁数）进行比较，发现从洪武到嘉靖年间，明朝人口呈增长态势。洪武二十四年（1391），明朝人口 56 774 561 人；嘉靖四十一年（1562），明朝人口 63 654 248

人，约一百七十年间，明朝人口增加近 700 万，增长 12%。在这期间，太原地区人口呈增长态势。洪武二十四年(1391)，太原府辖 11 县 13.6 万多户，人口 81.98 万人；到嘉靖三十八年(1559)，太原府辖 28 县 14.7 万余户，人口 107.2 万人。近一百七十年间，太原地区人口增加 25 万余人，增长约 31%。

到明朝中后期，由于统治集团荒淫无度和奢侈挥霍，在土地兼并的狂潮中，屯田被侵占、民田遭吞并的现象愈演愈烈，导致农民负担加重和流民问题加剧。加之连年不断的边患、"三饷"加派与明末农民大起义，以及清军前后数十年的争战，无辜百姓惨遭杀戮，大批百姓逃奔异乡，人口减少，土地荒芜。万历三十年(1602)，明朝人口 56 305 050 人，天启元年(1621)，明朝人口 51 655 459 人，近二十年间，人口减少 460 多万，减少约 8%。从太原地区来看，明万历后期(1595—1620)，太原府辖 5 州 20 县，拥有人口 99 万余人。到明崇祯年间(1628—1644)，太原府仍辖 5 州 20 县，拥有人口减少到 79.78 万人，减少近 1/5。

从明朝这两个时期人口增减的态势来看，太原地区人口增减的态势与全国是一致的。但同全国相比，人口增加时，太原地区的人口增长相对较快；人口减少时，太原地区的人口减少迅速。这是否也从一个侧面反映了太原地区遭受战争等灾难的痛巨？

考察从春秋战国时期至民国以来太原地区人口的变化，据已有研究表明，太原人口增长有五次高峰：一是北朝东魏武定年间(543—550)，太原郡辖 10 县 45 006 户，人口 207 578 人；二是唐玄宗天宝年间，太原府辖 14 县 128 905 户，人口 778 278 人；三是宋徽宗崇宁元年(1102)，太原府辖 10 县 155 263 户，人口 1 241 768 人，太原首次超过百万人；四是明孝宗弘治十一年(1498)，太原府辖 28 县 156 519 户，人口 1 080 887 人，太原当时也超过百万人；五是清乾隆四十六年(1781)，太原府辖 1 州 10 县，人口达到 1 575 709 人。清嘉庆二十五年(1820)，太原府辖 1 州 10 县，2 086 640 人，太原地区人口超过二百万人。

与人口增长高峰相对应的是北朝、盛唐、宋代、明清中期太原经济的繁荣兴盛。这说明了人口增减变化是观察研究当时太原经济兴衰的重要标尺。正如马克思在分析英国 1844—1858 年的人口统计资料时所说："不管这个官方出版的文件上密密麻麻地排列着的一行行数字看起来多么枯燥，这些数字，事实上对英国总的发展历史，提供了比充满漂亮废话的政治胡说的几部巨著都更为珍贵的材料。"

赋税制度：
征收之中探民生

《说文解字》云："赋，敛也；税，租也。敛财曰赋，敛谷曰税。"赋税的概念，正如列宁所说："就是国家不付任何报酬而向居民取得的东西。"法国著名启蒙思想家伏尔泰也曾说："向老百姓征税吧，他们没有钱，但是人数众多。"这句话不仅道出18世纪处于封建统治下法国社会的真实状况，也反映出皇权社会赋税不仅是经济问题，而且具有强烈的政治属性。它关乎民生，关乎社会稳定，关乎国家兴亡，是国家赖以生存的经济基础和政治基础。

中国是世界上最早建立赋税制度的国家之一，从夏商时期贡赋制成为古代赋税的雏形到清代的摊丁入亩，在历史的演进中，赋税制度在社会矛盾变化中不断进步。

中国古代社会以农耕经济为主，农业生产的状况直接关系到民之生计和国家之兴衰存亡，历朝历代都把发展农业当成头等大事来抓，在国家财政收入中农业税也是占到绝大多数，因此历代统治王朝在执政初期，总要采取一些轻徭薄赋的政策，或者在执政过程中，根据生产发展需要，对赋税制度进行改革。一方面缓和阶级矛盾，有利于社会秩序的安定和地主阶级政权的巩固；另一方面，农民负担不过重，则易于附着于土地，人口增加，生产发展，保证封建国家赋税收入。但随着经济的恢复和发展，财政收入增加，贪欲也随之增加，代之而来的则是横征暴敛，赋税沉重繁多，阶级矛盾尖锐，农民迫于繁重的苛捐杂税压力，于是决定铤而走险，最终一个旧王朝在声势浩大的农民战争中土崩瓦解，而一个新的王朝又会重新走上政治舞台，开始用新的赋税制度来取代旧的赋税制度，这就是历史。

秦国商鞅变法时，赋税才正式成为一种经济制度存在于我国封建王朝的政权之中。但是秦朝的赋税非常沉重，农民需要把收获物的三分之二交给政府。赋税繁

商鞅变法

重,民命不堪,导致秦朝短命而亡。由于亲身经历了秦朝灭亡的过程,汉初统治者吸取秦亡教训,实行"轻田租"政策,行"十五税一"之法,即国家从农民总收入中征收十五分之一。及至汉文帝时期,又有"田租减半"之诏,也就是采取"三十税一"的政策,并有十三年"除田之租税"。直至景帝刘启二年正式规定"三十税一",从此成为定制,终两汉之世基本未变。汉王朝虽然对农民的剥削依然严重,但也形成了前无古人的低税收政策,老百姓的生产积极性空前高涨。由于拥有了土地,又有低税收的刺激,汉朝的财富成倍积累。此时,作为汉文帝刘恒的龙兴之地,太原更多地受到他的荫庇,在他继皇位后,曾于前元三年(前177)、前元十一年(前169)、后元三年(前161)、后元五年(前159)四次巡幸晋阳,免除晋阳三年劳役、赋税。史载:"因幸太原,见故旧郡臣,皆赐之,举功行赏。诸民里赐牛酒,复晋阳、中都民三岁租,留游太原十余日。"汉宣帝时,天下"百姓安土,岁数丰穰", 太原农业产量大幅提升,粮食除了本地区食用外,其他部分供应京师。《汉书·地理志》记载,汉平帝时太原郡21县共计169 863户680 488人,每平方公里13.1人,高于全国平均水平,这一组数字足可反映出太原当时经济的发展状况。汉末,由于战乱,政府财政亏空,赋役沉重,东汉后期在田赋之外,还要征收附加税,每亩加税亩十钱,即"税天下田,亩十钱",这也成为我国最早的附加税。自汉灵帝中平(184—189)以来,"天下离乱,民弃农业,率乏粮谷,是岁谷一斛五十余万钱,人相食"。此时,太原郡的经济和全国一样积贫积弱,与西汉初相比已不能同日而语。东汉以后,三国曹魏时期实行田租户调制,西晋推行占田课田制,北魏推行著名的均田制和新租调制,隋唐推行租庸调制,宋实行方田均税法,明朝实行一条鞭法,清朝推行摊丁入亩,虽然统治集团在不停变换,赋税制度也在不断变革,但赋税作为统治集团控制劳动人民工具的作用始终未变。

　　商业税在我国古代是仅次于农业税的又一大税种。古代中国自给自足的自然经济中,自给范围主要限于吃穿,相当一部分生产资料(如生产工具)和生活资料的供给要依赖交换和市场,而封建统治阶级征收的赋税主要是谷物地租,极少工业品和农产品制品,这些生产、生活资料的消费更依赖市场。在这种情况下,作为自然经济必要补充的城乡小商品生产在中国封建社会得到存在和高度发展。与此同时,以分散狭小但基数极大的小农经济和小商品生产为基础的商业特别是转运贸易也得到了繁荣与发展。商品经济这一与人民生活息息相关的经济形式,随着封建统治者对农民人身控制的松弛,赋税由实物为主逐步向货币为主的转变,以及国家对外开放程度的不断扩大,呈现出螺旋式上升的态势。税收中,商税比重逐渐上升,成为政府财政收入的重要组成部分。宋朝是我国封建社会历史上商品经济较为繁荣的时代,一幅《清明上河图》将北宋王朝的繁盛富丽定格在五米多长的画卷上,其时,虽然农业仍是社会最主要的经济部门,但在赋税收入中商税却逐渐升居主要地位。这一时期,农田一般是什一税,实际上"田制不立,畎亩转易,丁口隐漏,兼并冒伪,未尝考按,故赋入之利视前代为薄"。"二十而税一者有之,三十而税一者有之"。但是商税税率远比农业两税高,商税收入也高于农业税。宋神宗熙丰年间赋税总收入为7073万贯,农业两税为2162万贯,占30%;商税、专卖收入、矿税为4911万贯,占70%。作为全国的缩影,太原的社会经济发展也超过了前代。宋时,由于赵氏兄弟对太原的偏见,这座千年古城被毁为一旦。当时太原府较西汉、隋、唐历朝辖县减少,地域面积缩小,但税收却大幅增加,增加的税收里亦以商税为主。从历史上对太原行政区划和人口的记载,我们可以看出太原当时社会发展和经济繁荣的景象。宋徽宗崇宁元年(1102),太原府辖10县,户数增至15.5万余户,人口突破百万,达到124万人,超过了汉唐盛世的太原郡府人口。可惜在封建专制统治下,自然经济的主导地位是不容撼动的,商品经济仅能作为自然经济的附庸和补充,这一定程度上制约了生产力的发展,减缓了中国封建社会前进的步伐。

实行商品专卖，是封建社会统治阶级增加财税收入的重要手段。封建社会的盐、铁等商品实行专卖制度，一方面，使其成为封建社会统治阶级的财政收入工具，封建统治掠取民众财富，赚取巨额利润；另一方面，因为官吏的腐败，严重损害了统治集团在人们心目中的形象，使其执政能力受损，从而危及统治阶级自身安全。盐专卖制度在中国存在历史十分久长，从春秋战国时的齐国开始一直到清末，几乎伴随封建社会整个发展过程。盐税的重要性从以下几个数据就

盐税银锭

能看出。以北宋为例，正常年份财政收入大约 6000 万贯，盐税最高时达到 3113 万贯，约占一半；再拿明朝来看，万历后期，每年财政收入 209 万两白银，其中盐税超过 100 万两，及至明末，盐税最高时达到 250 万两白银（整个财政收入约 366 万两白银）。可见，说盐撑起了封建王朝的运转一点儿也不为过。对于太原来说，明代，以盐铁专卖制度为基础的开中法，给晋商的兴起带来一次千载难逢的机遇。明初，为了供应北部边塞地区的军事需要，国家实行开中法，让商人把米粮输送到指定的边仓，然后准许其贩盐，以为报偿。晋商以"极临边境"的优势，一俟明初开中制实施，便捷足先登，纷纷进入北方边镇市场，集粮、盐、布商于一身，兴起于商界。晋商资本的发展，使其聚集了大量的货币资财，让白银源源不断地流回家乡，促进了本地经济的发展。如今，乔家大院、渠家大院、王家大院、常家大院已难觅当年的风采，但它们依然能显示出晋商当年的繁荣昌盛，让我们从中领略晋商曾经的雄风与气魄。此外，专卖制度也造成统治者的贪婪腐化。明太祖洪武六年（1373）命置铁冶所十三，其中山西以太原为中心建立五个铁冶所。据《春明梦余录》记载，洪武七年山西产铁 76.2 万斤，占全国官营铁冶总量的 77%。但是统治者是贪得无厌的，

神宗万历年间,朝廷指派大批矿监税使四处搜刮。据统计,当时派往各地的矿监达1.6万余人。矿监张忠到山西太原、平阳、潞安,借开矿征税为名,对矿主、矿徒和人民进行公开敲诈勒索,这种做法使山西的矿业及整个工商业受到严重破坏,更引起人们对政府的极大不满,为社会不稳定埋下祸根。

新中国成立以来,随着国家政治、经济形势的发展,我国税收顺应了计划经济、商品经济和社会主义市场经济体制发展的要求,肩负起"为国聚财,为民收税"的神圣使命,办了一件又一件与人民群众生活息息相关的实事。从农业税废除到不断降低个人所得税,再到营业税改增值税,随着税收制度的进一步完善和发展,一系列富民惠民助民的税收政策,将会带给人们更多的幸福和温暖,"税收取之于民,用之于民"将更加掷地有声。

商市之功：
致民聚货得其所

　　由于统治阶级的聚集、人口的集中，带来了消费需求，于是在"城"的基础上出现"市"，产生了商品贸易，进而刺激经济发展，形成商品集散地，再进而发展加工制造业，成为经济中心。

　　茫茫戈壁，正是夜幕四合。一支西行的驼队寻地儿歇了脚，烧锅造饭，各自忙碌。带头的老大却没有丝毫轻松的心境，他招呼几个人帮手，把一个眼看着就要咽气的伙伴抬到一只骆驼边上。骆驼身上挂着的油篓已腾空了一个，大家七手八脚把临终之人轻轻地放进去——趁着人身子还热着、软着，可以折叠起来，把人放进油篓去，这样才能把尸骨带回故乡。

旅蒙晋商

　　这是古时商路上常见的一幕。从两汉的丝绸之路到明清的万里茶路，都是商人们从没路的地方走出来的路。餐风饮雪等闲事，筚路蓝缕夜夜心。而商人所到之处，出现了市集，出现了城镇，出现了富裕和平。

　　商市之功，是要拉到一个长长的历史纬度里，才看得真切。

　　所谓市，即市场，是经济发展到一定阶段的产物。男耕女织，皆有富裕，交易就出现了。《易·系辞》曰：

　　　　庖牺氏没，神农氏作，列廛于国，日中为市，致天下之民，聚天下之货，交易而退，各得其所。

　　这就是市之起源。

　　开始，城与市并不是如今之概念，并不混处。城是住处，市是交易场所。市并不设在城内，后来市即使设在城内，也与住宅隔离，甚至筑起围墙，以便管理。

　　以汉的长安城为例，城内有东、西等九市。汉朝对被圈起来的市称做"阛"，阛内除商店摊贩，也住着做买卖的商贾，有用以积存货物的店房，以及接待过客的邸舍（即旅馆、客栈）；商店之外的这一部分，被称作"市廛"。整个市场由市史管理，对各商人实行登记，注明"市籍"。这套管理制度，从秦汉经魏晋南北朝，直到隋、唐，一直都被沿用。然而再严格的市场管制也阻挡不了商品市场本身的冲力。六朝时期，宫廷皇城固然是被分隔开来的，可是民间的住处（即"民坊"）与市廛已非泾渭分明。大唐盛世，外来商贾云集，民坊、市廛界线更加模糊，不少商店就设在民房之中。至唐中、晚期，已不只是"日中而市"，夜市也出现了。而六朝时出现的"草市"，较唐时更加活跃。草市本来是交通要道上的交易场所，摊贩定时开市，聚散有一定规律。唐时草市转而固定化；草市所在地因聚拢人口，最终又发展成一个个新生的民坊和市廛混在一起的商业小市镇。

　　从宋开始，"市"完全冲破了空间及时间上的限制。南宋孟元老的《东京梦华录》说得好："夜市直至三更尽，才五更又复开张。"到如今，告诉大家"市"原来是个独立的物儿，反倒成了话题。

　　再说商。从字义而言，《汉书》谓："作巧成器曰工，通财鬻货曰商。"《白虎通》曰："商之为言章也，章其远近，度其有亡，通四方之物，故谓之商也。贾之为言固

乡镇集市

也，固其有用之物，以待民来，以求其利者也，故通物曰商，居卖曰贾。"

上边这段话的意思是："商"作为字就是"章"的意思。明了其远近，揣度其有无，沟通四方的物资，所以就叫做"商"。"贾"作为字就是"固"的意思，固藏有用的物资，等待民众来购买，借以牟利。这就是"行商坐贾"的由来了。

市廛既立，交易益便，于是有贮藏以待人之需要者，或者买于此而卖于彼，为交易之媒介，都是取小利以营生。《汉书·杨恽传》有"恽幸有余禄，方籴贱贩贵，逐什一之利，此贾竖之事，污辱之处，恽亲行之"的记载，此所谓"逐什一之利者"，是以商为业之始也。

用贫求富，农不如工，工不如商。商业很快从贩夫走卒之个人欲求，成为立国大计。一部《三国演义》，人们或陶醉其慷慨壮烈，或沉迷其机谋权断，却忽略了一句老实话："皇帝不差饿兵。"《蜀志·先主传》写道：

中山大商张世平苏双等赀累千金，贩马周旋于涿郡，见而异之，乃多与之金财,先主由是得用合徒众。

《糜竺传》亦载:

> 祖世货殖,僮客万人,赀产钜亿,竺进妹与先主为夫人,奴客二千,金银货币,以助军资。

没有这些目光如炬的商人,三国估计要少掉一国。又按常情想来,三国间必是刀光剑影,势如水火。其实政治是政治,商业归商业,大家心照不宣,并不阻碍商业往来。比方,"魏使至吴,以马易珠玑翡翠玳瑁",并不空跑。

得商所济的并非只有刘备。早些时候,汉武帝派唐蒙出使南越,当地人给他枸酱吃。他问:这东西从哪儿来的?对方回答说:道西北牂柯,牂柯江广数里,出番禺城下。唐蒙回到长安,通过蜀地的商人了解到,蜀地出产的枸酱,大多被偷偷运到夜郎国去卖。从蜀郡至夜郎,再从牂柯江乘船而下,可以直达番禺。于是唐蒙就上书汉武帝,请通使夜郎,带上厚礼劝说夜郎侯多同归顺汉朝,并设犍为郡。就此,曾经臣属于南越国的夜郎也向汉朝臣服了。后来人们都把"夜郎自大"当笑话讲,却忽略了汉使通夜郎是出于商人出售枸酱,也忘了汉朝开疆拓土,商贾手段乃是利器。

除了城之市,夜市、草市,还有互市。汉代以商业拓地,各朝以商业定边。市在这里,成了皇朝宁边的法宝。互市大概最早叫做胡市,即与胡人交易之市。

汉时应劭《鲜卑胡市议》曰:"以为鲜卑隔在漠北,犬羊为群,庐落之居,又其天性,贪而无信。"其实胡人犯边,是为生计,以道德教化、条款规定,哪能解决问题?所以"数犯障塞,且无宁岁,唯至互市,乃来靡服"。

互市始于汉朝,中唐以后,不唯北疆,西南有茶马互市,东南海运大盛,出现了广州、交州、扬州、泉州等重要商港。宋、辽、金、元都在边境设榷场互市,海外通商更加重要。明朝一边修长城,设"九边",一边与边族修好。清代与西北地区各少数民族及俄国贸易,由理藩院和当地将军、大臣及各旗札萨克管理稽查,内地商人领有理藩院票或当地监管衙门的执照,即可前往贸易。

互市一途,却远不是此番写来这么轻松顺畅。

以明朝为例。

中国的统一,总是北方统一南方。三国由晋统一,南北朝由隋统一,五代十国由宋统一,宋金对峙由元统一。一直到明朝,这种情况才有了改变。1368年,朱元璋的大军把元帝逐出北京,元朝灭亡,明朝一统天下,实现了历史上首次由南方统一北方的壮举,辉煌一时的蒙古政权退回漠北。

蒙古族退至塞外,与明朝廷以各种各样的方式对峙与争斗。到了明宪宗成化末年,东部蒙古族势力再次兴起,达延汗完成了大漠南北蒙古三大部分的基本统一,然后和平分封了诸子的势力范围,这就是后世蒙古各部落分立的起源。

本来互市在明朝一度很顺畅,但达延汗后期,蒙古各部时常南下抢掠,明廷便决定中止交流,并设"九边"军镇,其中有两镇在山西境内,大同镇(治所在今山西大同)和山西镇(治所在今山西宁武)。大体而言,各镇都经历了总兵官、都司长官共同统率,至总兵官独自统率,再到总兵官、巡抚、镇守太监"三堂共理",再到提督节制总兵官,最后是总督节制巡抚与总兵官的阶段。这些镇边大吏统领的兵力,多时达百万,少时也有几十万,约占全国兵力的三分之二。

在这种剑拔弩张的情势下,蒙古形势先发生了转变。

嘉靖二十二年(1543)达延汗死后,其三子阿勒坦汗,就是现在中学历史课本里讲的那个俺答汗,势力日盛,成为蒙古族中最有影响的人物。阿勒坦汗是最坚定的互市的主张者。自1541年至1547年间,先后向明王朝派遣使臣几十次,表示愿意臣服明廷,承诺每年进贡,只求在长城关口恢复互市。当时整个河套都是阿勒坦汗的势力范围,蒙古兵东压大同,南控榆林固原,西面则虎视宁夏。以此形势之优,而愿行臣服之礼,可以想见其诚意。但明廷不同意。阿勒坦汗的多次恳求均被嘉靖皇帝和首辅严嵩以"寇情多诈"为由拒绝。

王崇古

于是打。打了和,和了再打。

中俄边贸城恰克图

直到隆庆四年(1570)冬,戏剧性的变化出现了:阿勒坦汗的一个孙子把汉那吉因家庭纠纷跑到大同镇投靠明朝。这个机会被当时大同镇总督王崇古紧紧抓住了。

王崇古是晋南蒲州人,是当时内阁大臣张四维的外甥。王的父亲、伯父和长兄都是巨商,张家也是富商。这样的家庭出身,使得王对世事见解通达。王崇古奏请朝廷"封俺答,定朝贡,通互市",而当时明廷主政的是内阁大学士高拱、张居正,还有张四维。于是,一切水到渠成。

隆庆五年(1571)三月二十八日,明廷下诏封阿勒坦为顺义王,其子弟亦各封官职,并批准了通贡互市,从宣府到甘肃一线向蒙古开放11处马市。塞外草原上的几千里边境地带很快出现了一派祥和、安定、繁荣的景象。史籍中对此评价道:"朝廷无此后顾之忧,戎马无南牧之儆,边氓无杀戮之残,师旅无调遣之劳。"明蒙边境数十年相安无事。

到了清朝,又是另一番光景。

清康熙二十八年(1689),中俄签订《尼布楚条约》。清雍正五年(1728),中俄又签订了《恰克图条约》。这两个双边条约,开启了中俄间的国际贸易。

与1840年之后西方列强威逼中国签订的诸多不平等条约不同,中俄间这两个国际条约是通过谈判而签订的对等条约。因为当时的中俄双方,都是新生的大帝国。通过缔结这两个条约,中俄两大帝国都得到了各自最想得到的东西。

清政府管理中俄边境贸易的官员

清朝廷由此得到的是安定疆土，消除外患，长达将近两个世纪北方无外患的国际环境。而沙俄帝国看重的则是"准其贸易互市"。之后，俄便以国家垄断之力，展开了对华贸易。在将近两个世纪的对华贸易中，俄国获得了巨大的商业利润和国家税收。这一现象，成为那个时代重大的国际经济事件，连马克思都曾专门著文论述。不言而喻，俄国从对华贸易中所得到的是国库的充实、工业化的推动、国力与军力的增强，以至在1840年之后，得以挤入西方列强，参与了对中国的瓜分。

在《恰克图条约》中，中俄双方的民间贸易被限定在恰克图边境两边划出的"市圈"里。哪曾想到，这"市圈"就像现今的"经济特区"似的，急速繁荣起来。在此"圈"内，俄方能采买到所有中意的华货。这较之以往组建商队，历尽艰险，深入中国内地的交易活动，自然是既便捷又成本低了。所以俄方的对华贸易，无论官方民间，不久便全都集中到这"市圈"里进行了。大清设库仑（即今蒙古国首都乌兰巴托，距恰克图边境八百里）办事大臣，专司俄罗斯贸易，即缘于此。

这桩长达近两百年的中俄贸易，俄方是作为国家级别的大事来对待与处理。不说别的，俄方的恰克图"市圈"，就是俄国参与《恰克图条约》谈判、签字的首席全权大使瓦萨伯爵亲自规划督建，并免费给俄国商人使用的。而在大清朝廷看来，这只是一种政治行为的副产品，是出于"安外"目的而给予俄方的"恩赐"。所以，官方的全部作为，就是防范俄方来华商队"窥探枢机"，以及对与俄商交易的中国商民进行"弹压稽查"。由于官方缺席，两百年间，将能够出口俄国的内地商品，特别是后来大规模出口亚欧的陆路华茶，采买、贩运至边境"市圈"来，与俄国官、民贸易相颉颃的，清一色为山西商人。

中方"市圈"，全由晋商采伐附近苦令山树木，建成木屋商铺，连绵成城，自名为"买卖城"。这座买卖城与毗邻的俄方"市圈",中间一道国界,仅以木栅栏相隔,两城宛若一城,"百商云集,万货云屯,市肆喧闹,居然都会也"。此一地方,本为内陆腹地,荒僻无比,但因了如此机缘,却成为远东最繁荣的商业都会之一、全球最繁忙的外贸口岸之一。

其间种种情势,在山西作家成一的《茶道青红》中都有"工笔"体现。

繁荣兴旺的当然不只这一处"买卖城"。晋商行经处,城镇鹊起:张家口、多伦诺尔、归化城、肃州、哈密、库仑、恰克图、乌里雅苏台、伊犁、塔尔巴哈台,以及喀什噶尔、叶尔羌、阿克苏等处,这些重要的互市点,无一不发展成为重要的市镇。

无商不活,无市不兴。从这个角度,几千年中国文明史,何尝不是一部商业史?在这部皇皇商史里,古都太原成为各朝各代不可或缺的角色。

春秋战国时期,晋阳已是当时的冶炼、兵器、货币制造中心,特别是晋阳布币的发现(铜质铲形铸币),证明了当时市场已从实物交换进入到货币交易阶段。北朝时期的晋阳市场,已有外国商人出现,并有海外珍宝奇玩进入。北齐君臣为什么常居太原?物华天宝的天府之国,兴旺发达的晋阳市场,影响力、辐射力前所未有。

唐宋时期,太原的市场臻于发达。一是市场规模扩大,分工细化,当时的太原城内已形成米市街、麻市街、活牛市、羊市街、柴市巷、烧酒巷、铁匠巷、靴巷、帽儿巷、酱园巷等市街,商铺林立,作坊群集。二是手工业技艺不凡,不少产品上贡朝廷,名牌林立,汾酒、陈醋、剪刀、铜镜、琉璃制品等,个个名号响当当。三是朝廷财政收入中,商税所占比重上升,超过田赋。及至明清,太原成为晋商之都,山西商人的足迹遍及中外。

近代先贤梁启超有言:

> 中国人最长于商,若天授焉。但使国家为之制定商法,广通道路,保护利权,自能使地无弃财,人无弃力,国之富立而可待也。

斯言不差。单说国际贸易,即已成当今中国求富求强的重要战略。近年来,使世界真切感受到中国崛起的,正是作为贸易大国对全球经济所产生的难以阻挡的影响力。然则从古以来,商人为世轻贱,所为何来?经济富国,为何统治者往往弃而不取?时光虽已进入21世纪,对这个问题,我们恐怕还需再细参详。

大路朝天：
总三晋交通之枢纽

城市的出现，最早源于人们生产生活、发展经济的现实需要。而道路交通是与这种需要密不可分的组成元素，它不仅是最能体现城市发展活力的指标，而且还是繁荣城市经济的基础和前提。因此，从交通到经济，再到城市，这是认识城市人文特质的一条蹊径。

和现代社会一样，交通的最大用途在于推动经济发展。古文献记载，周先王在殷商中叶，迁居岐山后，一边垦荒，一边开路。由此可见，路是为方便社会生产而开辟的。随后，周朝在全国实行分封制，在大大小小众多的诸侯国之间通过道路交通相互联系，逐渐成为各地经济交流的主要途径和渠道。不难想象，在信息传递极其落后的古代，道路对于推动经济发展和增进地域交流是多么的重要，其重要性甚至远远超过今天。

> 九州道路无豺虎，远行不劳吉日出。
> 齐纨鲁缟车班班，男耕女桑不相失。

这出自唐代诗人杜甫《忆昔》中的诗句，揭示出这样一个规律：道路兴，则国兴民安；道路衰，则国衰民颓。正因如此，自国家出现以来，历朝历代对于发展道路交通极为重视。所以，道路交通也逐渐演变为体现时代变迁、凸显城市价值的重要元素。

太原自古显著的战略位置加之其发达便利的道路交通，奠定了其"北朝霸府"、"龙兴之地"、"九朝古都"的特殊历史地位。从历史记载中我们能很轻易地找到关于秦始皇嬴政、汉武帝刘彻、隋炀帝杨广、唐太宗李世民等多位封建君王巡幸太原的记录。在太原的古代驰道和漕运河道中,不仅留下过他们的历史足迹,也记录下了历代帝国王朝的荣辱兴衰和太原城市的昔日胜景。

古代太原交通的发展与当政者的重视密切相关。春秋战国时期,晋国专门设置了负责管理交通和道路修筑的官吏,把道路交通纳入官方日常政务当中,强化了当政者对道路交通的重视程度。此外,当政者还十分重视对道路的日常保养维护,在路旁种植了大量植被用于固定路基,美化环境。这表明,当时人们在发展道路交通的实践中已经开始探索利用原始生态环保技术,这在当时人力、物力匮乏的条件下,需要耗费大量的财政支出予以保障,这足见古晋国当政者对道路建设的重视程度非同一般。

此外,驿站会馆也是道路交通与经济发展相结合的衍生物。当政者处于发展经济、方便贸易的目的,在道路交通沿线建立了大量供行人住宿的馆所,不但极大地提升了道路的经济效益,而且还带动了道路沿线的贸易发展,实现了沿途城市的繁荣。这些馆所的设立充分反映出道路交通已经成为带动经济发展的重要动力,成为当政者的治国之略。不久之后,晋国在春秋称霸,与其发达的道路交通不无关系。仅在春秋时期,晋国以晋阳和邯郸为中心,就修筑完成了多条大道,其中两条很著名,一条是从晋阳沿忻定、大同盆地往北与云中、代郡、九原相通的主干线,一条是晋阳往西去吕梁山的大道。晋阳与邯郸之间也有两条大道,一条由晋阳穿越太行山经娘子关、旧关出井陉,另一条由晋阳经上党的壶口出山西。由此,太原作为山西交通枢纽通联天下的雏形开始形成。

《史记》卷一《五帝本纪》载,黄帝"披山通道,未尝宁居",其势力"北逐荤粥,合符釜山",这说明先秦时期以太原为中心的交通线路得到了更大范围的开辟。正是由于古晋阳特殊的地理位置和便利的交通条件,因此秦统一天下后便在晋阳设太原郡,太原的地位由交通得到提升。

秦始皇为了显示皇威,更便于他在全国巡视游历,开始大规模修筑以国都咸阳为中心,向四面八方延伸出去的驰道。秦始皇曾于二十九年(前218)春东游,虽然行至阳武县的博浪沙时为盗所惊,派官兵搜寻,不得,又诏令在全国大肆搜捕十天,仍不得,但这似乎并未影响他的游兴,仍然巡登之罘山,临照于海,刻石表达了"宇县之内,承顺圣意"的雄略。其后,司马迁《史记》曰:"旋,遂之琅邪,道上党入。"

西汉时期,太原有了东经井陉至真定(石家庄)、南经河东达关中、北至雁门关的陆路。只不过,这些道路中的大部分已不再是皇权贵族的专享,而是人们在日常的生产、生活中为方便出入,日积月累踩踏而成的。从此,太原道路逐渐淡化了皇朝贵族的光环,开始演变为保障民生社稷的重要血脉。汉文帝曾四次到山西巡幸,公元前176年,汉文帝自高奴(今陕西延安市北)到太原接见群臣,免晋阳、中都(今平遥)三年租税。汉文帝巡幸山西,恰好说明了山西交通的发达,而太原正处在古代山西交通的中心位置。

魏晋南北朝时期,太原是中国北方的边陲重镇。这个时期是北方少数民族与中原汉民族大融合的时期,太原以其特殊的地理位置身处民族交流的中心,在历史上为推动民族融合、贸易往来、文化交流发挥了重要的作用。北魏统一北方后,都城从平城(今大同)迁到洛阳。高欢自立北魏大丞相,坐镇晋阳遥控洛阳,政事往来皆以晋阳为中心,极大地促进了太原至洛阳之间的交通发展,两地商贸日渐繁华。这一时期以太原为中心,通过北方重要城市的主要交通干道有四条:

一是晋阳至邺城(今河北临漳县邺镇村),东魏时期,高欢把持朝政后,把丞相府设在晋阳。从此高氏执政者频繁往来穿梭于两地之间,由此也带动了两地之间的商贸往来。晋阳至邺城大道出现了极其繁荣的景象,沿途经济贸易发达,馆舍设置齐全。

二是晋阳至洛阳。北魏孝文帝把都城由平城迁至洛阳,晋阳便成为通往北魏都城的重要交通枢纽。这条大道从晋阳出发,经上党(今长治),过高都(今晋城),出太行,至河内(今河南省沁阳市附近),再南行经河阳达洛阳。

茶叶之路

商旅古道

三是晋阳至长安。长安（今西安）是西魏、北周的首府所在。这条道路的开辟主要是为了适应战事的需要。初期，高氏强大，屡屡从晋阳出兵征讨，后来北周强盛，多次东征，最后攻占晋阳、邺城，消灭北齐，统一北方。可见这条道路在军事上的确具有很高的战略价值。

四是晋阳至平城。平城（今大同）是北魏旧都，迁都洛阳后，晋阳成为中原与平城及少数民族地区的交通纽带。这条大道由晋阳往北，越过雁门，经马邑（今朔州）到平城、云中（今内蒙古呼和浩特市）。这条道路是联系北部边疆少数民族地区的重要通道，同时也是两地贸易往来的主要途径。后来，为世人所熟知的走西口，其路线大致与之相符。

太原道路的真正兴起是在隋代。隋炀帝杨广即位后开始扩建其"龙兴"之地晋阳城。出于政治统治和军事发展的需要，隋炀帝开凿了太行山到并州的道路，筑成了著名的"东宫道"。到了唐宋，太原逐渐成为山西政治、文化和交通的中心。唐朝政府为了防止突厥、回纥的南侵和袭扰，在太原设立河东节度使，与灵州朔方节度使一道位居唐朝四大军事重镇之列，成为南北直通长安道路的两条重要干线。当时，走太原出雁门关是一条比较重要的交通干线，从回纥至长安往南只有太原一道，称其为通往长安的咽喉要道实不为过。宋元时期，作为与北方少数民族抗衡的前沿，连年的民族战争带动了太原道路的发展。战争对于经济的破坏程度是巨大的，这个时期伴随着连年不断的征战，道路封闭，交通阻塞，太原地区人口由于战争因素锐减，经济萧条，城市颓废。

明清时期，是太原道路交通振兴时期。太原成为国内西北、西南驿运通达北京的必经之地和主要枢纽，也是中俄贸易中晋商驼帮和车帮通往俄国的公路交通枢纽。明代自西北进入北京的路线，主要是从永济进入山西，而后自太原经大同入北京；另一条也是经太原过平定进入北京。清代基本与明代相同，但是由于全国性市场活跃，商业繁荣，尤其是因为晋商的崛起和中俄边贸的繁荣，太原自然而然地成为中国南方货运通向俄国的必经之道。

明清时期，太原商业快速发展，晋商走出了太原，活跃在全国的舞台上。商业的发达极大地带动了太原道路的建设。这个时期太原大兴驿道，至清末，太原通向全国的驿道共有 8 条。四通八达的交通网络对近代太原的发展起到了巨大的促进作用。太原近代公路在民国时期得到了开辟。随着公路的发展，太原近代工业出现

1920年，山西以工代赈修筑平辽公路

了兴旺的发展趋势。南方货物入山西达晋城，后经太原过大同或归化、张家口，途径我国内蒙古、今天的蒙古国，最后达俄国。道路的通达为晋商走出太原汇通天下创造了条件，而晋商凭借自身坚韧不拔、诚信笃实、刚健有为的高贵品质走出了一条属于自己的"进取创业"之路，成为那个年代提振民族精神、推动民族经济发展的重要支撑。尽管历史已经远去，但是晋商、大道、驼帮、票号这些历史记忆挥之不去，将为世人永记。

1920年4月1日，发端于太原，南至平遥，北达忻县的干线公路在太原举行了开工典礼，这是近代意义上的山西第一条公路。此后数年间，阎锡山政权多次组织军工筑路，逐步建成了太原通往省内各地的现代公路。之前，正太铁路线的贯通实现了太原和山西铁路交通零的突破，太原开启了机械化交通的新时代。其后，山西以一省之力自建的同蒲铁路线通车，形成一条贯通南北的大动脉。太原的古道开始被现代公路一一取代，直至完成其历史使命。

从交通到经济，再到城市，我们发现了这样一个历史现实：有路才能有进步。

人只有走出去，眼界才会开阔，胆量才会变大，本领才会增长。封闭不是人类发展的主题，进步才是人类社会实践的应有之义。道路交通不仅架通人类社会前进的现实途径,而且打开人类探索进步、追求先进的思想闸门。由此可见,"道路不仅实现了经济的发展、城市的发展,更加促进了人的全面发展",此为古今中外皆同的真理。

直面灾害：
特宜矜恤救疾苦

北宋皇祐二年。杭州。

太守范仲淹一改常态，日日出游宴饮于西湖之上。上有所好，百姓自是乐得相从。从春至夏，吴中民众争相外出游玩，湖上时有龙舟竞渡，热闹非凡。周边佛寺众多，处处大兴土木。好一派繁荣兴旺之态。

诸君或以为"上有天堂，下有苏杭"，此等情景，应是寻常景象？非也。当其时，1050 年，江浙发生大饥荒，赤野千里，饿殍枕藉。范文正公因此遭到弹劾，说他"不恤荒政，嬉游不节，及公私兴造，伤耗民力"。然而，同时期博学多才的科学家、改革家沈括在自己的巨著《梦溪笔谈》中这样评价："是岁，两浙唯杭州晏然，民不流徙，皆文正之惠也。"

这不是一个简单的是非问题，这可以说是多灾多难的中华民族面临及应对灾难的一个剪影。天人之际究灾变，灾害和民众、民族、政府及文明存在怎样的因果？给现时代的我们带来怎样的教训与启迪？

话要从头说起。

自然灾害是在自然界发生的气象、水文、地质、地理等异常现象。中国面积广阔，地理、地貌复杂，气候、地质、水文等情况也复杂多样。因此，中国自古就是一个多灾之国。据不完全统计，从秦汉至明清，各种灾害和歉饥就有 5079 次。其中，水灾、旱灾最多，还有蝗、雹、风、疫、地震、霜雪奇寒等灾害。因此，有西方学者称我国为"饥荒的国度"。

以旱灾为例。

据邓云特《中国救荒史》的统计，从公元前 206 年到 1936 年，我国共发生旱灾1035 次，平均每两年就发生一次。据张杰《山西自然灾害史年表》等资料统计，从晋惠公十六年（前661）至清道光二十年（1840）的2501年中,山西共有527个大小旱灾年,平均4.7年一遇。山西历史上连旱两年的大旱有21次,连旱三年的有5次,连旱4年的有7次,连旱5年的有1次。

　　清光绪三年（1877）山西大旱是一次连续八九年的旱灾链,覆盖山西,并涉及河北、河南、陕西、内蒙古等地区。华北地区此次旱灾死亡近3000万人,其中山西800多万人。

　　山西洪洞县辛村乡石止村的村民王东明收藏着一块刊于清光绪四年的石碑,碑中记载:

　　　　晋省大饥……挖蒲根而蒲根无存,剥榆皮而榆皮亦尽。或卖器具以营生,或鬻儿女以糊口,或烹家犬以度日,或宰耕牛以充饥,甚至十七八岁处女,白收无人,五六岁孩儿,亲弃投水,而今路尸啖行,伦常罔恤,希图一饱者比比然矣。

山西夏县则发现一块名曰《丁丑大荒记》的石碑,为该县某生员撰文:

　　　　光绪三年,岁次丁丑,春三月微雨,至年终无雨,麦微登,秋禾尽无,岁大饥……人食树皮草根及山中沙土石花。猫犬食尽,何论鸡豚;罗雀灌鼠无所不至,人死食其肉,又有货之者,甚至有父子相食,母女相啖,较之"易子而食,折骸而薪"为尤酷。

还记载着一个村共绝户172户,死男女1084人。

再如地震。

英国著名科学家李约瑟曾经指出,中国自古以来就是世界上最大的地震区之一。明代每12年发生一次七级以上大地震,有两年发生八级以上大地震。清代七级以上地震有23次,其中八级和八级以上大地震9次。

比如发生于元大德七年八月六日（1303年9月17日）山西洪洞、赵城的地震。这是中国历史上详细记述大地震最早的一次。此震"坏官民庐舍十万计","村堡移徙,地裂成渠,人民压死不可胜计"。破坏区沿汾河地堑延伸,长达400多公里;震级约八级,或更大。

约四百年后,几乎在原地,同样"力度"的地震又发生了一次,即清康熙三十四年四月六日(1695 年 5 月 18 日)的山西临汾地震。在一个八级地震的震中区附近再次发生八级地震,这是中国历史上唯一的一次。

当然不止这些。明代中后期是各种自然灾害频发期,孙安邦先生《太原通史大事记》载:1484 年山西大旱,饿殍盈野,人相食;1505 年榆次旱至七月禾苗尽枯;1511 年,太原诸县发生流行性眼病,发病时人手足指甲皆青,眼生幻觉;1521 年太原汾河溢,移西;1525 年清徐县贾家山崩;1546 年,太原雨雹,雹大似拳;1560 年大旱,瘟疫大作,十室九空,饿殍盈野;1581 年榆次暴风雨,雷鸣拔木;1586 年山西大旱,赤地千里,五谷未种,人死无数;1640 年大旱,斗米千钱,树根草皮食尽,人相食。

　　……

自然灾害的破坏和影响,波及古代社会政治、经济、军事、民族、文化、习俗等各个方面,也使整个社会处于不安与恐惧之中。极端反应之一是农民起义。中国历史上,自然灾害次数之多、规模之大,是世界历史上仅见的;中国历史上,农民起义次数之多、规模之大,也是世界历史上仅见的。两者并非巧合。

但并非自然灾害定会引发农民起义。唐末大难,旱灾和蝗灾先后肆虐,民不聊生。地方政府不仅熟视无睹,而且继续征税征徭,终于激发了黄巢起义。但是在唐开元三年、四年,同样是在河南地区(也包括河北),同样是严重的旱灾和蝗灾,由于救治得力,灭蝗及时,成效显著,"田有收获,民不甚饥"。

面对灾难,怎样的应对才是有效的?

范仲淹为什么要在大荒之年大兴宴游及兴造呢? 他自己上疏陈述理由:全为了调发有余的钱财,来救济贫民。那些从事贸易、饮食行业的人,工匠、民夫,仰仗官府、私家养活的,每天大概可达几万人。救济灾荒的措施,没有比这一做法更好的了。

这是文献资料上记载较早的以工代赈的救灾实践。

灾难、饥荒发生之时,国家、各级官府征召饥民修建公共设施,乃一举两得。寻诸历史,通过以工代赈施行救灾一法的,还有大量地方士绅富户。

1920 年,华北大旱,当时山西平定西乡(今阳泉市郊区平坦镇官沟村)的赈灾事宜，即由当地大户张家筹办。晋商张士林率先捐献了几千块银圆。之后，又以工代赈，整修村里南北两坡。事后一结算，铺坡的石料居然平均每块折合大洋 1 圆。"银圆坡"成为张家义举的丰碑。

1920 年山西罕见旱灾场景

最直接而有力度的救灾，当然是国家出手，减免租税，轻徭薄赋。

山西"蒙赦"的有：567 年，北齐武成帝高湛减免太原郡来年租赋；589 年，隋文帝杨坚诏减河东道当年租赋；627 年，唐太宗诏"特宜矜恤，救其疾苦"，免并州田赋；686 年，武则天免并州百姓庸调，四年后，又免天下所有武氏课役；741 年，唐玄宗颁赈饥法，府州之官遇荒年，可开仓贩济饥馑，而后上奏；1376 年，明太祖朱元璋诏免山西省租赋；1402 年，明成祖朱棣免山西来年赋税；1452 年，免太原赋役五年；1456 年，免山西税粮二百四十余万石；1470 年，明宪宗免山西全年税粮。之后，从 1473 年到 1640 年间，太原屡遭地震、水、旱灾害 33 次，朝廷诏免赋税及赈灾 23 次……

在古代，自然灾害的预防、救济和善后被称为荒政，在长期的历史发展过程中，形成的"荒政文化"独具特色。比如兴修水利，战国时的都江堰、郑国渠就是有名的水利工程；再比如国家赈济，皇帝发布罪己诏、开仓放粮、赠送财物、干涉物价、调运粮食；还有发动民间互助等。其中最重要之举，还是储备粮食。

我国从西周时期就有了预备灾荒的粮食储备制度，发展到清朝，这项制度已经相当完善。清乾隆《太原府志》记载：

太原府的常平仓叫大盈仓，共有四十三廒，其中十六廒为府

常平仓旧址

常平五铢钱

廒。全太原府属常平仓,定额储谷一十万石。其余各县都有预备仓、社仓和义仓(义仓为富者救济贫民之机构;而社仓为农民自己未雨绸缪的举措),比如太谷县,预备仓在县城南,定额储谷一万三千石,又有社仓六座。

在乾隆年间,粮食的储备量也很大,可以基本保障当时的粮食安全。据清乾隆《孝义县志》载,"乾隆二十四年,孝义全县有人口 6.23 万人,而全县常平仓、社仓、义仓等各类仓储共积谷位 3.3 万石",大约平均每人存储仓粮为 5 斗(约 150 斤左右),具有很高的粮食安全保障,如果遇上大一点的水旱灾害,官粮与农民自己的仓储,可以保证粮食无忧。

"常平仓",是中国古代最具代表性的储粮思想的体现。汉宣帝时,大司农耿寿昌奏设常平仓,"以谷贱时增其贾而籴,以利农;以谷贵时减其贾而粜,防灾"。有学者认为:1933 年的罗斯福新政中《农业调整法案》就有常平仓的意味,并认为美国为了稳定农产品的价格,保护农民的利益,建立起了以常平仓和补贴制度为支柱的价格支持政策,这两项政策成为美国现代农业的两大支柱。

清代康乾之际是仓储最好的时期,全国各省、府、州、县均设立了官办的常平仓,并根据各地情况定额存储。但是到了清末,仓储体制滋生了很多弊端,储量严重不足。光绪三年大旱,孝义县仓储粮食仅有 9000 余石,酿成大患。

人祸大于天。

自然灾害的发生与人类的行为或多或少都有联系,比如瘟疫的发生与战争,水灾与水利失修,沙尘暴与过度开发。1938 年国民党在中牟以北掘开三处黄河堤防,以阻日军西进,受灾人口 1250 万,淹死 89 万……

总体而言,在漫长的古代社会,现代社会采用的防灾减灾措施基本都已经使用,他们碰到的问题我们现在依然还需要正视。但除此之外,也许更值得今天人们注意的,是古人关于灾害的思想。他们把灾害看做是一种常态,所谓"天有四殃,水

旱饥荒",他们认为天灾的风险始终存在,不可避免,那么应对之策主要在预防而非应急。明代刘是之说:

> 岁之不能无荒,自然之数也。荒之不可不救必然之政也。不患于有荒,而患救荒之无策。不患于救荒,而患备荒之无素。

转变思想,尽可能地事先做好准备,减轻灾害带来的损失和危害,才是当务之急。

薄生荣、刘建民两位先生在一篇题为《从中国古代的自然灾害谈粮食安全问题》文章中,在列举了2008年以来中国发生的特大自然灾害后提出:近年来,中国乃至全球水旱灾害十分频繁,发生周期不断缩短。一系列极端自然灾害的发生警示我们,历史的经验值得注意,所以我们最好不要轻易说什么"三十年一遇"、"五十年一遇",而且评价自然灾害的标准更应该科学、透明。

四战之地：
经济支撑战争和战争破坏经济

统观中国古代史,从某种意义上讲,就是一部波澜壮阔的战争史。当一个新王朝、新政权出现初始,必然采取休养生息的政策,扶持经济发展。继之,王位传承,皇帝专权,产生腐败,制约生产力发展,导致经济停滞、衰落,民不聊生;随之,爆发农民起义,外族入侵,统治集团内讧分裂,再次出现战争;而后,政权更迭,全国统一,休养生息,经济复苏,周而复始。

据靳生禾先生考证,古代发生在太原地区的大小战事达50次之多,战争对经济的破坏之频之重由此可见。

古代晋阳城的出现,是当时战争防卫的需要、巩固政权的需要。早年董安于修建晋阳时,深谋远虑,建筑宫室墙垣的材料可造箭杆,铜铸的柱础可造箭镞。公元前497年,赵襄子遵父遗言退保晋阳时,晋阳城郭完、府库足、仓廪实。他又听从家臣张孟谈建议,发用董安于筑垣之狄蒿,建室之铜柱,打造弓箭,解决了武器不足的困难。此时之晋阳,经尹铎治理,政化犹存,百姓亲附。这也正是智伯瑶率智、韩、魏三家联军围困晋阳年余仍未能攻克之因。智伯水灌晋阳,晋阳"城不浸者三版",也就是说不但保有不低于水面六尺的高度,而且内外城墙经过长时间的浸泡却不坍塌,城高壁固超过其想象。

考察春秋时的都市布局,晋人多把宫城建在城市的中北部,平面布局为三城相连的"品"字形或两城并列的"吕"字形。宫城城墙高且厚,而且为了使其坚固,在墙基下铺垫石块,墙体夯土中立木椽并灌米浆,如晋阳城即是。史载,晋公在新田遇乱而退守固宫,赵鞅、赵无恤两次奔保晋阳,这样的城防能坚持数月乃至数年不被攻陷,其坚固是显而易见的。在宫城南侧,一般为手工业区和生活区,即所谓的"市",这种前城后市的格局,开中国都城建筑格局的先河。时至今日,晋及三晋富丽堂皇的宫室、宗庙建筑已荡然无存，所能看到的只是大型的夯土和石砌的台基以及随处可见的瓦砾。尽管这样，从晋阳古城遗址中还是能够感受到泱泱大国的恢弘气势，文献中记载的晋灵公"厚敛以雕墙"是可信的，这样的理念不可能不体现在晋阳城的营建上，而这为赵简子取得晋阳之战的胜利提供了可靠保障。

战争历来遗祸甚烈，而晋阳之战于当地人民却留下一小笔可继承的遗产。智伯水灌晋阳，无意中却开创了这一带发达的

古代战争场面

水利灌溉。郦道元《水经注·晋水》中记载："昔智伯之遏水以灌晋阳。其川上溯，后人踵其遗迹蓄以为沼……沼水分为二派，北渎即智氏故渠地。"智伯渠的灌溉之利，润泽当地两千余年，一直持续至今。

到西晋末年，刘琨光复晋阳，据城而守，也是先在恢复经济上努力，组织人民"剪除荆棘，收葬枯骸，造府朝，建市狱，寇盗互来掩袭，恒以城门为战场"。在其治理下，"百姓买盾以耕，属革建而耨。流人稍复，鸡犬之声复相接矣"。而到刘琨守晋阳的最后一年，也正是由于鲜卑拓跋部内乱，拓跋部部将箕澹、卫雄等，联合在那里做人质的刘琨之子刘遵，鼓动晋人及乌桓人三万多家，带着十多万马牛羊，全部投归，刘琨的军势又振，才得再战之实力。

隋末并州总管杨谅举"晋阳之甲"反叛，他的底气来自并州乃天下精兵处，得据并州，足以抗衡天下，而其父隋文帝曾诏许他在并州立五炉造钱，积聚了很强的实力。杨谅之叛一时响应者多达十七州，最终为隋炀帝派朝廷重臣杨素所平息。战事看似结束了，其实并未结束，隋炀帝穷治杨谅余党，晋阳一地被诛杀流放的多达二十余万家。至今我们仍可想见当年晋阳一地之荒凉，百姓生活之艰难。

　　李渊、李世民起兵太原，大唐王朝兴起即为经济支撑战争之例。617年，太原留守李渊及其子李世民从晋阳起兵灭隋，建立了唐朝。由于晋阳是李唐的创业基地，又是防御北方少数民族侵扰的军事重地，所以李唐对晋阳特别重视，历年在晋阳进行了大规模的建设。唐朝的晋阳是国内第三座大都市，与西都长安、东都洛阳并称"三京"，大诗人李白乃誉其为"襟四塞之要冲，控五原之都邑"的雄藩踞镇。唐朝实现全国统一之后，在三百年的历史中，随着经济建设高潮的到来，也出现了一个文化发展的高潮，政治清明，社会安定，经济繁荣，国力强大，到开元、天宝年间臻于鼎盛。及至757年，李光弼据晋阳血战安史叛军，最后取得决定性的胜利，也正是由于此前唐廷对跨汾连堞城市群的悉心经营。其后，马燧出镇太原，而成"骊汾环城"之盛景。

　　宋初晋阳城的被毁即为战争破坏经济之例。冷兵器时代，战争中人的作用尤显重要。北汉疆域很小，仅有晋阳周围并、汾、忻、代、岚、宪、沁、辽、石、麟十州，土地贫瘠，人口单薄。穷弱的北汉，却历经四主，维持了二十九年，直到被宋灭亡。其间，北汉的人口一再减少，除死于战争者，更多来自于战争中人口的被迫迁移。954年，后周世宗柴荣率大军攻晋阳城不下，退兵之际却裹挟迁走北汉臣民十余万于河南，使本来地狭人鲜的北汉政权在兵源和粮源上陷入更大的困难。赵匡胤亲伐北汉告败，遂裹挟晋阳城外忻、代两州境内的一万余户北汉百姓班师而去。经此一创，北汉实力大为削弱，更加凋敝不堪。其后宋军再围晋阳，却因赵匡胤突然在"烛影斧声"的千古疑案中驾崩，继位的宋太宗下诏罢河东之师，宋军退兵时又掳掠四五万太原居民移于黄河以南。当979年赵光义认为时机成熟，决定再攻北汉时，宋朝的实力正如枢密使曹彬所言："国家兵甲精锐，人心欣戴，若行吊伐，如摧枯拉朽耳。"而此时困守晋阳北汉政权，外无援兵，内乏粮草，城内仅有35220民户，3万士卒，未战而胜败可见。宋军数十万名控弦之士列阵于城下，一个多月里箭矢昼夜不息地飞向晋阳城，一次拨付的几百万支弓箭往往片刻之间就射尽，城头飞集的箭羽如同刺猬毛一般。密集的流箭飞越城头，射入城内，仅刘继元派人以十钱一支的价格向百姓回收的就达一百余万支。宋军攻克晋阳不到半个月，宋太宗赵光义"幸太原城北，御沙河门楼。遣使分部徙居民于新并州，尽焚其庐舍"。其时"万炬皆发，官寺民舍，一日俱尽"，"民老幼趋城门不及，焚死者甚众"。第二年四月，又"诏壅汾河、晋祠水灌太原，堕其故城"。

　　"兵马未动,粮草先行。"在战争背后经济实力的较量有时体现为粮食,有时甚至表现在一种更为具体的物质形态石头上来。在太原抗金保卫战中,作为守城的一方,为了坚持长期抗敌,王禀他们对城中存粮实行军事管制,不分贫富,均按人头每日供应。作为攻城的一方,粘罕率领着手下的金兵轮番上阵,并且使用了几乎所有的攻城器械,包括鹅车、洞子、云梯、火梯、偏桥、抛石车等等,就连汾河附近稍微大一点的石头都被金兵用光了。金兵前后九次攻城,围困太原城八个多月,城中存粮断绝,守军饿得有扶不住兵器的。《封氏编年》记载:"无何人众粮乏,三军先食牛马骡,次烹弓弩筋甲;百姓煮浮萍树皮糠秕草芥以充腹次,即妻男将毙,虽慈父义夫无不亲食其肉,不暇相易,恐斤两轻重人之不等也。"《传信录》又载:"救兵不至,粮食既尽,杀老弱饷军。"断了粮草,战斗最终无法继续下去。城破之后,粘罕纵兵入城,屠城报复。金兵到处焚烧屋舍,夷毁城郭,无问老幼,见人就杀,在饥饿中幸存的太原百姓几乎被屠杀一空,太原从此成为一片废墟。

　　金朝末年,木华黎率蒙古军直抵太原城下,在发起迅疾攻势之时,首先想到的是断绝太原的粮道。对于守城的一方,乌古论德升虽知太原城向来不易攻破,但更知粮食的重要性,在稳固太原城防的同时,多次率兵出城迎战,终于成功恢复了太原城的粮道,这样才能保障太原城能够得到有效的增援,极大地提升守军士气。对于一场不得不面对的战争,为了鼓舞守城将士们的士气,乌古论德升将家中所有的金银财产及马匹悉数赏赐给手下的将士们,希望大家能够同仇敌忾,共保太原城。经济的力量对一场战争的支撑,于此可见一斑。而其后的收复太原之役中,赵益夜袭元兵,缴获甲仗马匹不计其数,夺回百姓两万余人,此后亦正凭此而死守力战。

　　老子有言:"师之所处,荆棘生焉。大军之后,必有凶年。"是经济支撑了战争,而战争又破坏了经济。政治稳定是经济发展的基础,没有和平的环境,经济难以发展。战争带来破坏,和平带来繁荣。

科技之光：
凝结在器物上的超群技艺

　　太原自古繁盛。春秋战国称霸争雄，太原富甲一方，自成一体。魏晋南北朝大裂变，太原据有要冲腹地之利，左右天下大事，融合于农耕文明与游牧文明的握手。大唐盛世，太原乃王业所基、国之根本，科技进步屡见不鲜，并剪、并刀名满天下。自宋至清，太原一直扮演着坚持科技思索和科技创新的进步角色。

　　春秋时期，晋国称霸最久，其势力范围内盛产盐铁，自然资源的雄厚和生产技术的积累，促进了社会经济的繁荣。

　　晋国青铜器集商周陶范技术精华和列国先进技术为一体，其特有的蛇、鹰、凤、鸟等写实动物纹，融合北方草原青铜的浓厚色彩，形成了晋式青铜文明的独特风格。赵卿大墓即是明证。

　　赵卿大墓展现了赵简子奢华的生活场景。以礼器为核心，附耳牛头螭纹蹄足镬鼎是国内已知最大的春秋大鼎，形体硕大，造型古朴浑厚；一组形似编钟的乐器，可奏出由高到低 38 个音节，达到了七声音阶的先进水平，比湖北战国曾侯乙

太原出土的青铜罍　　　　太原出土的青铜方壶　　　　太原出土的青铜钟

编钟早一百多年；盛酒器中最为精美的鸟尊，雕刻精美，动感强烈；青铜虎灶设计有烟道，堪称世界烟囱之祖。赵卿大墓也是以车马等组合机械技术为主的集先秦技术之大成的实物博物馆，车马坑保存完好，兵车呈双列排列，国内罕见。

在铸造工艺上，这些青铜器采用陶范浇铸，浑铸法、分铸法广泛应用，焊接技术更加先进。在器物的装饰工艺上，采用了镶嵌、错金、包金术三项新技术，浅线条镂刻技术更具特色。此时，青铜器造型已由厚重转向轻巧，刻镂由深沉转为浮浅，纹饰由简单、神秘趋向复杂、实用，代表了春秋末期的先进文化。

太原出土的青铜虎灶

同时代，晋阳也是熙攘利来的货币铸造中心。晋阳布币，铜制，耸肩尖足，外形像农具铲，左右对称，含有退火、淬火、回火技术，币文规范，布排得体。小小一枚钱币，既融合了锻、焊、抛光处理等多项技术，又具有相当的书法价值。自春秋及唐宋，直至明清，太原都是著名的制币中心或者官营作坊所在地，一枚太原钱币可以穿越千年王朝。

新中国成立以后，我国一角硬币一直采用铝材制造，在货币流通过程中，常被氧化和污损。从2004年开始，

晋阳布币

太原钢铁集团与中国印钞造币总公司合作,经过研究与试验,确定以400系产品的一款不锈钢产品作为新的造币材料,之后,开发出了具有世界领先水平和防伪技术的不锈钢材料——"太钢牌"造币钢。2005年版第五套人民币问世,其中的壹角硬币,系中国首次采用不锈钢铸造人民币硬币。由此太钢实现了造币用不锈钢的国产化,为推动中国造币事业的发展贡献了智慧和劳动。

在炼铁工艺方面,必须提到綦毋怀文。綦毋怀文,南北朝时期著名冶金家,灌钢法的实践者和改良者,也是春秋时晋国大夫綦毋张的后人,"昔在晋阳为监馆"。綦毋怀文选用品位比较高的铁矿石,冶炼出优质生铁,把液态生铁浇注在熟铁上,经过几度熔炼,使铁渗碳成钢。这一创新缩短了冶炼时间,提高了生产效率,增加了钢产量,金属品质有所提高。经过綦毋怀文大胆改良,新的灌钢法在中国推广开来。

唐代时,并州铁的质量非常好,刘禹锡在《和乐天以镜换酒》诗中赞美:"把取菱花百炼镜,换他竹叶十旬杯。""菱花百炼镜"是一面用百炼钢铸造成的铁镜。唐代铁镜生产数量多,质量好,咸阳、太原都是著名的铁镜产区。有诗赞曰:"锋芒利如欧冶剑,劲直浑是并州铁。"可知"并州铁"在当时很有名气。用并州铁制造的剪刀也很有名,"焉得并州快剪刀,剪取吴淞半江水"、"并刀难缩竟何人,每成此物如有神",诗人之笔皆为其生动写照。并州刀,砍骨不卷;并州剪,剪毛不沾。到明代,晋派刀剪更是声名大振,国内各大商埠、码头都设有专营商号。新中国成立后的太原刀剪厂是就在原晋府店刀剪社基础上发展起来的,产品曾经远销几十个国家和地区。

宋代时,太原炼铁和炼钢产量比前朝有所增加,冶炼技术发展速度也很快,这直接带动了以钢铁为原料的相关手工业的发展。首先是铸造业。宋代太原铸造的铁钟、铁人,代表了当时的工艺水平。晋祠圣母殿前有四个铁人,其中三个为北宋时铸造,共用铁数万公斤,尤其是身上铸有"北宋绍圣四年"的铁人,形态生动,铠甲鲜明,比例适中,永不生锈,是中国北宋时期的铁铸精品。其次是兵器制造业。太原具有悠久的兵器制造传统,各朝各代均优势突出。北宋庆历元年(1041),并州杨偕派阳曲县主簿杨拯以所制神盾、劈阵刀、手刀、铁连槌、铁简等兵器和《龙虎八阵图》献与朝廷,宋仁宗在崇政殿观看表演后,"降诏奖谕"。在与西夏的征战中,杨偕在太原制造了大量的兵器,供给军用。再次是民用炼铁。民用炼铁也促进了铁制农

晋祠铁人

具和日用品工业的发展。在太原境内出土的文物中,有许多宋代制作的铁犁、铁犁铧、铁镢、铁碗、铁锅等。

唐宋时期,胆铜法技术在太原推广使用,这项炼铜技术促进了铜产量的提高与品种的增加,降低了成本。太原铜镜表面亮洁,影映清晰,造型精致玲珑,装饰自由活泼,常有器物寓意着吉祥富贵。唐代时太原出产的铜镜和铁镜,质量和造型甚佳,二者皆为贡品,岁入京城,"晋人用铁,其或五金同铸,百炼为钢。调镌而云龙动色,磨莹而冰雪生光,灿成形于宝镜"。

北宋时,太原所产的铜器尤其是铜茶具,在全国颇负盛名,素有"太原铜器甲天下"的美称。北宋朝廷责令太原每年上贡"大铜鉴"10面。

孟家井在宋代已经是著名的瓷器产地,称孟家井窑,亦称榆次窑。制陶是中国古老的手工业,在春秋战国时的晋国,更加兴旺发达。晋墟出土的陶器数量惊人。北宋时,太原陶瓷业蓬勃发展,曾设有官窑。孟家井瓷窑附近有较优质的瓷土及煤矿,具有烧造瓷器的有利条件。据《景德镇陶录》记载,孟家井窑,唐代已产瓷,土粗质厚而古朴。

　　孟家井瓷器属于山西老窑瓷。山西老窑瓷始于西汉釉陶期，魏晋时出现青瓷（产于大同），到唐代黑釉出现，真正的瓷器艺术成熟于宋辽，在金元时走向鼎盛。

　　山西南部窑口至太原为界，瓷器胎质细密轻巧，造型秀雅，有中原汉文化的传承。太原以北至大同、阳高，瓷器胎质粗疏厚重，造型粗犷，带有游牧文化的气息。

　　太原琉璃制造的历史很长，战国时已经有琉璃制品问世，但工艺不精，质料不纯。到了唐代，琉璃制品绚丽多彩。琉璃瓦首创于山西，唐代盛行于太原。

　　山西是中国琉璃艺术之乡，千余年来琉璃艺术制作行业相承不衰。其分布之广、匠师之多，在全国居于前列。山西琉璃是陶瓷艺术继秦砖汉瓦之后在建筑领域广泛应用的典型范例，其生产历史之长、工艺之精、质量之高、选型之美、色泽之艳，均为全国之首，最有名的有河津吕家、太原苏家及阳城乔家，产品繁多，光亮如镜，色艳久鲜，防腐防潮，坚固耐久，选型精美。

　　元代，山西琉璃遍布全省各地，品类、造型、工艺、色彩都有较大发展，明清宫殿以黄色琉璃为尊贵，雕塑装饰的规模超过以往，寺庙的遗存实物也很丰富，如太原的晋祠、平遥的武庙、城隍庙等等。明代中期，山西琉璃工匠师傅带动了北京琉璃业的发展，使北京琉璃制造工艺形成山西系的官式做法。

　　在建筑方面，太原晋祠圣母殿不啻为宋代建筑的代表作，斗拱创意大胆，变化丰富，结构技能弱化，装饰意味趋强，殿内殿外数字计算缜密，数字关系极为规律，说明宋代建筑各工种操作方法和工料估算已有十分严格的技术规范。史籍虽载"结飞梁于水上"，实物却只有晋祠圣母殿前的鱼沼飞梁，是宋代砖石建筑技术的孤例和杰作，在桥梁史上占有重要地位。

太原出土的北齐贴花瓷瓶　　太原出土的北齐螭柄鸡首瓷壶　太原出土的唐青瓷樽

鱼沼飞梁

天龙山石窟历经东魏、北齐、隋、唐,时间长达四百多年。窟内装饰较少,趋于简洁朴实,造像瘦直,曲线较少,更加注重造像的身体结构,雕刻较深,立体感增强,宗教气氛相对减弱,更加贴近人间生活。天龙山石窟开启了中国雕刻技法的一个重要转型期,其作品技法成熟,造型饱满洗练,表现细致流畅,接近劳动者的生活气息,富有浓厚的民族性和地方性,以"小而精"著称,被誉为"天龙山式样"。

水利是农业的命脉。"智伯渠"是春秋时期智伯攻打晋阳时因"攻城三月不下",开渠筑成的水利设施。战后若干年,劳动人民加固大坝,开渠引水灌田,变水害为水利,原始的筑坝取水由此诞生。这在山西农田水利建设发展史上,是颇具特色的一页。宋金元时期,晋水四河的开通,出现了以水为能源的水磨生产。明清时期,太原地区大兴水利和发展农业,水利事业达到辉煌。

总之,太原技术史不但与中国科技史同源头、共始终,而且是中国科技史的一个较完整、较典型的缩影和例证。太原在石器技术、铜器技术、铁器技术、建筑技术及壁画绘制技术等方面的完整性、先进性以及艺术性,对中华民族的精神、风俗、习惯的形成产生了重要作用,对中华五千年文明史产生了巨大的辐射力、渗透力和影响力。

文化交流：
中西融汇益经济

对一个城市而言,经济是实力,文化是魅力。没有强有力的经济支撑,文化建设就没有物质基础,也缺乏文化发展的需求和动力;没有文化的繁荣,也形不成城市的灵魂与传承。晋及三晋从春秋中期到秦统一之前,一直是中原和北方的超级大国,且晋为姬周之嫡亲,又居唐尧故土,汲殷商之精华,承华夏优秀文化,众多因素集于一身,是当之无愧的华夏文明之代表和载体。晋人在漫长的历史长河中,因居于中国对外交融之地,见证经济、文化融汇的历史,创造了灿烂的文化成果和繁荣的商业奇迹,给华夏文明增添了许多新内容。

山西在华夏文明形成中有两个地区的贡献功不可没:一是作为中原地区的重要组成部分,孕育、培植了许多文明因素的晋南文化区;二是作为连接北方文化圈的纽带和过渡地带,既把中原文化因素源源不断地向北输送,也承担着北方游牧文明与中原礼仪文明融合的使者任务的晋北、晋中文化区。

晋文化与戎狄文化的影响首先表现在经济上。晋及三晋主要是农耕经济,在农业、林业方面积累了丰富的种植技术与经验;而戎狄多居山区高原,长期从事畜牧业,对各种畜类特别是牛、羊、马的牧养具有丰富经验,两种文化影响渗透的结果,使戎狄部落学会了农耕和定居生活,而晋人则掌握了因地制宜发展畜牧业的技术。其次是在军事上的影响。过去晋人只有单一的车战,而戎狄则只有步兵和骑兵,到战国末年,三晋诸国作战均以步兵和骑兵为主,而戎狄人似乎也能领略乘车的舒适与宽敞。还有在文化方面的影响,比如晋人的文字、青铜冶炼技术、制陶和修筑房屋,都逐渐为戎狄人所接受;而戎狄人小巧玲珑的刀具和骑马技术,也很快为晋人所吸收。从考古资料中也可以看出两种文化相互影响、相互渗透的结果。如太原春秋大墓的主人,在其墓中随葬的青铜器中,至少有两三件礼器是受戎狄文化影响所致。带耳的扁壶在其腹部一侧有一桥形耳，颇似游牧民族的汲水器；而腹上的器耳，似为流动作战方便所设。另一件是帐顶，这是比较典型的戎狄器具。还有一件是与甄、釜配套的青铜虎形灶。灶是古代山西的典型炊器，但把灶铸成带有提链的青铜器，全国尚属首例，而且似为流动方便才带有提链，此器也是晋文化与戎狄文化融合的结晶。又如河北平山县发现的中山国王墓。中山国族属戎狄无疑，但在其国王墓中从指示墓葬方位的兆域图铜板及文字，到随葬的大批铜礼器，都是典型的中原文化风格，其中晋及三晋的因素最多。虽然墓中也有帐顶和"山"形器等戎狄遗存，但总体风格已经中原化了。

公元前230年至公元前225年，韩、赵、魏相继被秦吞并，三晋作为政权从此在历史上消亡了，但是晋的优秀文化因素却为秦汉唐宋等相继的独立王朝所吸收，从而成为汉族文化乃至中华民族文化的重要组成部分。

有容乃大。包容是太原自古以来的城市品格，古代中原农耕文明与北方游牧文明的交融，不仅在文化上实现了学习，共同谱写中华文明的华彩一章；也从经济上促进双方的互通，共同提高了生产力，延续了文明。

20世纪80年代娄睿墓，其中出土的壁画内容让我们产生了无尽的猜想。壁画中描绘了很多健壮修长、短胡高鼻、浓眉深目的人，他们头戴高筒毡帽，展现出波斯人的气质。他们是什么人？来这里做什么？到后来出土的虞弘墓、徐显秀墓，我们渐渐明晰起来。魏晋南北朝是古代中国的又一个民族交融的大时期，最终奠定了隋唐大繁荣的局

娄睿墓壁画

徐显秀墓壁画

面。这期间，太原因其地理位置的极端重要性和人文环境的复杂多样性，不仅继续扮演着民族交融舞台的角色，而且是欧亚文化经济交流的大舞台。

虞弘，是来自中亚阿姆河与锡尔河流域的粟特地区的鱼国人。他13岁就出使波斯、吐谷浑等国，19岁便率领粟特商人沿丝绸古道来中国北齐，不仅从事经济活动，而且先后在北齐、北周和隋朝任职，做过都督、将军刺史等职，曾作为检校萨保府，管理在华外国人各项事务，成为迄今为止唯一一位在我国古代三个朝代任职的外国人。最高官职任仪同三司，为正五品官员。59岁在晋阳逝世。

我们可以想象，在魏晋南北朝时期，民族交融、中西交汇非常频繁，限制非常少，这可以从虞弘墓石椁浮雕中略知一二。在虞弘墓石椁浮雕中，有的表现豪华阔绰的宴饮场面，有的表现欢乐祥和的歌舞情景，有的表现乘象杀狮和行旅射猎，有的表现火坛祭祀和祆教礼仪，有的表现果葡采摘和居家生活。其中的人物形象，体现出各国、各族人民完全已经融为一体，或生活，或经商，或欢愉，非常和谐，文化与经济相辅相成，互相促进。据此我们可推断，娄睿墓中那看似奇怪的形象是西方波斯人。

南北朝至隋唐时期，太原是当时各民族交流融合的边关重镇，也是接纳异域风情、汇通海内外经济的重要窗口。被列为"2002年中国文物界十大考古发现"之

虞弘墓猎鹿图

一的徐显秀墓壁画，就大量吸取外来造型艺术特质，其中除含有佛教犍陀罗艺术风格外，还受到中亚的萨珊波斯文化以及印度笈多艺术的影响。出行图和回归图反映了远在万里之外的西域、波斯以及中亚等地区的国家，不仅给太原带来了文化，还带来奇珍异宝与农作物产品，是中西方丝绸之路贸易的延续，是文化交融益经济的代表。

虞弘墓猎狮图

到唐代，佛教文化开始盛行，女皇武则天及玄宗、肃宗、代宗、德宗等皇帝都非常信佛，太原乃至河东是当时佛教的重要发展地之一。在东方的日本、朝鲜都派出使者来到大唐，学习政治、文化、经济、教育等方面的制度，这样，印度恒河地区到西藏，到大唐三都，再到韩国、日本，形成一个文化带，也就形成了一条经济带，促进了沿线地区的文化交流，进而形成经济互动和物资交流。以韩国、日本为例，大唐浩浩荡荡的文化气象，使两国上层皆以大唐风尚为美，如今很多饮食习惯、民俗记忆、服饰等，都是唐代城市居民生活的复原。

越五代而至宋辽金元时期，太原又被称为中原地区汉民族与契丹、辽、西夏等

马可·波罗

少数民族进行互市的重要枢纽。意大利旅行家马可·波罗曾记录了本人在元朝政府供职十七年的所见所闻的大量事实，在描述太原府时这样描写："出太原府，过桥三十里有大片园，还有很多酒……"这里的葡萄园指的就是清徐的葡萄园。

到明清时期，晋商货通天下，称雄商界五百年，汇通天下，执金融界之牛耳。尤其是万里茶路的开辟，在中国福建沿海到中俄边境的买卖城恰克图，再到俄罗斯境内，架起了一座文化之桥、经贸之路，这是经济带动文化的又一例证。

通过对两千多年史实的研究，给我们的启示多多。首先，便是学会利用资源优势，变资源优势为经济优势。实现资源型城市的过渡与转型，需要在结构调整中，破解发展煤炭与发展旅游相悖的死结，争取互动双赢。利用煤焦工业聚集的资金发展以文化为内涵的旅游业，把旅游业作为转型接替产业，做大做强。其次，要强化文化与经济的结合。文化、经济二者的互动发展与一体演进的协调度如何，将构成更深层次的区域发展状态和模式。要深挖太原特色文化优势，走规模化和品牌化文化产业之路，如"晋商文化"、"民俗文化"和"遗址文化"等，要积极包装，融入旅游、展览、商贸等产业中去，实现产业间的融合发展。同时，还要积极扶持、引导和推动文化创意产业的发展，通过改善文化产品的设计、造型、款式、包装、商标、广告等，大力提高文化产品的影响力和知名度。如此，以经济保文化，以文化促经济，经济发展与文化建设并进，硬件与软件匹配协调，既具有现代化城市的设施硬件，又拥有晋阳文化特色的高素质软件，才能真正让千年古城焕发生机与活力。再次,要将人文精神的培育融入区域经济发展之中。人文精神是构成社会凝聚力以及提升文化品位和区域竞争力的关键要素,所以,在地域文化发展中,要推动商业文化、企业文化、社区文化建设协调发展,构建终身教育体系,强化人文精神在人的各个阶段的培育,积极塑造有利于经济发展的、全新的、具有时代特征的人文精神,并将其内化成人们的信念,引导人们的经济观念和经济行为,外化为政策、制度、法律等,规范经济运行和经济秩序,以提高区域经济发展的自觉性,减少盲目性。

总之,太原经济要想走出困境,就必须扬弃传统的地域文化,吸收外来先进文化,强化区域经济发展的文化支撑力。

义利之辨：
"富安天下"理想中的价值选择

中国古代先秦诸子百家的经济思想已经有了相当的发展，完全可与古希腊思想家的经济思想相媲美，其中"义利之辨"便是中国经济思想中的主要讨论命题，尤其是晋商对于传统义利之辨经济思想加以突破，并融于实践，成为典范。

中国古典经济思想并没有构建古典经济学所必需的理论抽象和一系列基本范畴，如商品、价值、价格、货币等。司马迁可以说是中国较早的经济思想家，也没有达到构建类似于古典政治经济学那样的完整经济理论体系的理论抽象高度。中国古代经济理论范畴和经济概念具有非确定性，无论外延、内涵都因时因地因人而异，比如本末、奢俭、兴利、除弊、富民、长技、商战、轻重、子母等，都没有明确的公认的定义。这恐怕和中国传统文化有密不可分的联系，在中国经济思想中具有浓重的道德伦理色彩。

西欧中世纪经济思想具有浓厚的宗教色彩，文艺复兴运动及人文主义将经济学从神的统治中解放出来，经济学因此跨上了理性的轨道。然而，中国古代在儒家思想支配下的中国经济意识形态领域里，具有的不是宗教色彩，而是道德伦理色彩。历代思想家研究经济问题，在他们的思想中夹杂着道德伦理意识，克制那种"最激烈、最卑鄙、最恶劣的感情"阻碍经济思想肯定人的谋利动机和谋利行为，反对围绕"利"思考社会经济生活，反对基于此组织社会经济生活。

司马迁以降，先秦典籍如《管子》中许多优良传统，例如重视用数字、重量、尺度统计方法研究经济问题，重视理论探讨和充分说理的学风等，都没有被继承下来。中国历代经济思想家从来没有想到通过深入研究、仔细观察建立真正"以不变应万变"的理论体系。征赋纳税的办法、修正方案倒是有很多，但是没有赋税原理；铸钱、行钞议论纷然，但是没有货币理论；土地问题时常出现，土地改革方案汗牛

司马迁　　　　　　　　　　　　　　　　　　　　　　　　　　　亚当·斯密

充栋,但是没有国土经济原理;抑商喊了两千多年,商人照旧衣锦食肉,但是没有人对商业资本进行过认真研究。两汉以后,经济思想的实用性更加明显,在理论上很少突破先秦经济思想基本框架中经济思想的实用性,大大妨碍了它本身的一般性指导意义。

中国经济思想大致有两个趋势:一是纯中国的,以整个古代和资产阶级改良派经济思想出现以前的经济思想为代表;一是纯西方的,以资产阶级改良派经济思想出现以后的经济思想为代表。西方经济思想即便是在早期也是开放型的,亚里士多德、柏拉图等几乎成了西方所有国家的人类的精神童年偶像;托马斯·阿奎那一个人几乎代表了西欧中世纪的思想,亚当·斯密的理论影响遍及欧美各国。

由于上述原因,中国古代辉煌的经济思想并没有像西方古代经济思想那样,自然演化产生了影响深远的古典经济学和后来的现代西方经济学等系统经济学理论。通过以上中西对比,分析出中国古代经济思想的天生缺陷,不难得出中国经济学发展的落后仍然是社会经济演进的合理结果。这也正好印证了经济学本身的历史属性:经济学理论自身的发展过程,没有任何超越历史性质的要素产生,因为任何经济学理论都只能产生于历史发生过的经济问题与经济现象之中。

义利关系是中国古代思想史上长期争辩的一个问题,是关于人们求利活动与道德规范之间相互关系的理论。"利"主要指物质利益，"义"是指人们行动应遵循的道德规范。义利关系是中国古代思想史上长期争辩的一个问题。儒家承认求利之心人人皆有，因而不反对求利，但是他们把义放在首位，认为求利活动应受义的制约，主张重义轻利，先义后利。这就是说，要把合乎封建等级利益的规范，作为求利的前提。尽管当时(如法家)和以后也有重利轻义或义利结合的主张，但是儒家贵义贱利的理论仍占统治地位，成为中国封建社会长期束缚人们思想的僵化教条，妨碍了人们对求利、求富问题的探讨和论证，也在一定程度上影响了商品经济在中国的发展。

"义利之辨"曾是中国历史上的一个重要哲学命题，虽然各家学派的义利观念存在着一定差异，但总体来看中国传统文化在对"利"给予一定承认的同时，反对"义"外之"利"，肯定"义"中之"利"。如孔子认为"富与贵，是人之所欲"，"不义而富且贵，于我如浮云"；墨子强调要以"义"制"利"，即"不义不富，不义不贵，不义不享"；《左传》中亦有"义，利之本也""利，义之和也"之说。因此，一方面，传统文化在承认"利"是人的本性要求的同时，强调"利"的获得必须以"义"为前提，在二者发生冲突时，"利"要从属于"义"。另一方面，提倡在"义"的前提下，努力促进"利"的实现，实现"义利合一"。

在"义利之辨"的义法中，"义"代表的是儒家的根本价值、根本理念和根本精神，这就是所谓"质"。儒家的根本价值、理念和精神怎么才能落实在现实社会生活中，怎么才能与现代工商业文明相结合而成为"世间法"，这就是现代儒商的时代使命。中国的儒商，为完成这一历史使命必须强学达性，加强自身修为，努力提升自己的人格和生命境界，完善生命形态，成就自己"商界君子"的人格风范，进而"希贤希圣以希天"。同时，又要搏击商海，做出巨大的事功，创造宏大的事业，用自己的商业行为和成就服务于社会，造福百姓，为民族的复兴作出自己的贡献，为人类的幸福作出自己的贡献。要勘破财富，超越自我，不为物欲所累，以"达则兼济天下"的胸怀，散财于民，热心公益；以仁爱之心，怜贫惜孤，倾心慈善。"以商弘道"，"以利弘义"，这就是儒商的外王事业。一个儒商不仅要有"内圣"的功夫，成就商界君子的人格风范，同时，也要有"外王"的事功，做出辉煌的业绩。只有达到了内外兼修、内圣外王的境界，才能使儒商的生命真正地趋于完善，从而实现儒商的理想人格，达到生命的光辉境界。

　　晋商是明清时期我国古代商帮的重要代表，有着五百年的商业辉煌史。在长期的经营过程中，晋商形成了具有民族特色且较为成熟完善的商业文化。特别是在处理"义"与"利"之间的关系上，晋商成功地将中国传统文化中的诚信思想、义利思想运用于商业文化，形成了独具特色的义利观念。这种建立在诚信基础上的义利观念，成为中国商业文化精髓的集中体现和典型案例。

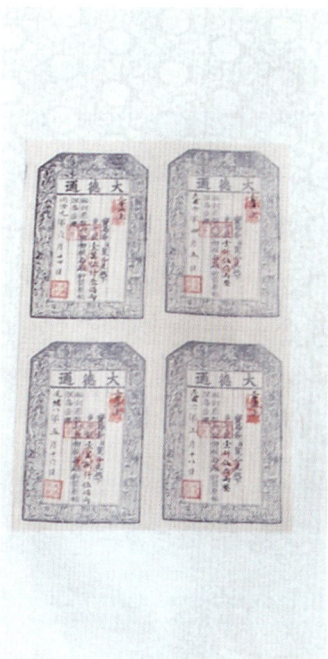

大德通

　　一是体现为对顾客的责任。"义利并重，以义制利"的义利观念对晋商的经营观念有着深远的影响。他们认为"利"的实现必须符合社会公义的要求，那种有损顾客利益、违背商业道德的事情宁可赔本甚至破产也不能做。如，1930年中原大战之后，山西本地的货币"晋钞"大幅贬值，几乎成为一张废纸。以"大德通"为代表的山西票号在兑付顾客的存款时，在可以支付"晋钞"的情况下却选择了支付新币。为此，当时原本就已经陷入经营困境的"大德通"，最终因亏空三十万两白银而元气大伤，并在两年后歇业。在做出这一选择时，"大德通"的财东乔映霞说："即使是大德通为此倒闭，也不至于让自己人陷入衣食无着的地步。但对于储户来说，如果我们不这样做，对他们的威胁将会是身家性命。两者相比，孰重孰轻，不言自明。"

　　二是体现为同业之间的和谐相处。在晋商中相互友好的同行称为"相与"。"相与"关系必须在彼此充分了解且认为可以共事时才能建立，是信义基础上彼此之间相互扶持、患难与共的合作关系。一旦成为"相与"，就必须善始善终，即使无利可图，也不可中途绝交。"相与"之间的相互支持与信任在晋商的持续稳定经营中发挥着重要的作用。仍以前述晋商乔家为例，乾隆时期，乔家早期经营的商号"广盛公"面临破产，当时"广盛公"的许多生意伙伴认为"广盛公"东家为人处世不错，不忍看其破产，相约三年后再来收欠账。三年后，乔家不但还清欠款，生意还重新复兴，并于嘉庆年间把"广盛公"改名为后来颇负盛名的"复盛公"。

　　三是体现为财东与掌柜之间的充分信任。晋商财东在选人用人上有一整套严格的程序，一旦选定了合适的人选就会坚持"用人不疑"的原则。财东对于商号具体的经营过程采取了超然态度，资本、人事全权委托掌柜负责，一切经营活动不加干预，日常的盈亏也不过问，只是静候账期决算。即使遇到年终结算发生亏损，只要不是人为失职或能力不足造成的，财东不但不加以责怪，反而会立即补足经营所需要的资金。这种充分信任也使掌柜们遵守"受人之托，忠人之事"的行为准则。如，清朝初年晋商曹家在沈阳开设的"富生峻"钱庄经营初期连续多年亏损严重，而财东每次都对亏损原因进行认真分析，认定责任不在钱庄掌柜，仍旧继续追加资本，鼓励其重整旗鼓。正是这种信任才成就了后来"富生峻"钱庄在沈阳金融界的大户地位。

中国古代的义利之辨思想有着深厚的文化根基，对中国古代经济的发展有很大的影响。但是晋商能够跳出这一价值框架，构建自己的实践性经济思想理念，更具积极意义，也正给予市场经济以有益启示。

晋生织染工业厂股票

国币壹千圆

壹股

城市是经济发展的产物,城市化也是经济发展的动力;城市是文化的产物,中国的城市是中华民族文明的载体。太原城两千五百多年的兴起和发展历程,参与了中华文明的塑造并深刻影响了中国历史,是当之无愧的中国历史名城。

距今一万至五千年以前,大型农业聚落出现了,多个血缘关系的氏族结合为一个部落,共同进行农耕,并生活在同一个聚落里。聚落已有了明显的功能区分,有供人们生活和活动的居住区,有进行生产的生产区,大房子位于聚落中心地带,为议事的场所,其前面的广场,为祭祀活动和举行庆典的地方。这里不但是聚落的地理核心,也是当时农业社会经济、政治和社会活动的核心。距今五六千年以前城邑出现,城市一般为方形,以硕厚的城垣或护城壕为设防工程,城内有一定的建筑布局和设施,宫室建造在城内的要冲地位,城内有手工作坊等设施,大房子摇身变成邦国的城市,展开对土地的争夺和对大量劳动力的控制与管理,形成社会阶级分化。邦国都城的主人,不再如大房子中的"头人"一般,与他所管治的邦国居民具有血缘关系。扩大了的大房子拥有坚固的夯土城墙,而其核心区宫殿和宗庙都建在夯土台阶上。国都和城市规划,自"大房子"以来,经夏、商,到周代逐步完善和条例化。《考工记》系统总结了国都建设的结构原则和不同等级的城市相应的建设标准,体现了中国城市的行政和宗法、教化的主要功能。由汉至清代,中国的城市体系基本是中央集权式的行政体系的载体,主要的城市都是地方官府和士人集中的地方,又是科举与官学等教化机构所在,以推行与农业经济直接有关的农田水利、河道整治工程,负责地区文化和社会建设,包括教育、刑名、救灾、福利和医疗等服务的提供。清代后期是中国历史发展的一个分水岭,传统文明赖以支撑的旧式农业已经走到了尽头,外来文化强势介入,政府及有识之士图强自奋,大力建造铁路,设立现代军火和机器等重工业,以及现代采矿等,出现了有别于传统文化的城市空间、结构新模式,形成一股城市发展的新力量。新中国的城市发展目标是建设成以工业为主要功能的"生产型"城市,这成为全国性或地区性的发展中心目标,城市是为工业化服务,而传统中国城市主要为周边的农业经济服务,城乡关系变成主要是由农业和农村支持城市的工业化,这个发展模式持续了约三十年。自1978年改革开放,经济转型,一个以市场为导向的市场经济模式成为新的城市化发展的动力。在每一个城市区域内,新建的效率高的高速公路和轨道交通将它们融合为一个高度经济一体化的城市经济体系,市中心出现了中央商务区,集中了金融、贸易和信息部门的产业,强化了商品流通控制中心的功能,与世界接轨又具中国特色的城市文明正在形成。

我国古代的城池,起源于公元前3000年左右的龙山文化时期,城池多为方形,是古代城池建设基本样式。战国时期形成的周王城图,是总结史前及先秦时代的一些城池绘制的,特别是《考工记》补入《周礼》后,周王城图便成为城池的标准,我国的城池即比较趋于一致,从此以后,全国各地的城池,基本上都是正方形的。春秋战国时期,各诸侯国分别建造都城,依照已经成熟的城建基本理论,城内宫殿区、作坊区都有明确的规划,对于城池的形状、城门的数量、道路的设计、宫城的安排都遵循理论指导,城建进入了新的发展时期。秦汉至唐代城池亦基本沿袭春秋战国时风格,同时也出现了一些创造性的建设思想,城市采取里坊制度,建得非常齐整,每个街坊都建有坊墙,四面坊门早开晚闭,城池里还建设有寺院、庙宇以及各种衙门。从宋代开始,城池里出现了大量的商店、酒楼、货栈、餐馆以及各种店铺,改变了城池封闭状态,这种风格一直影响到元明清。元明清时期,城池采用大街小巷的布局,大街两边有商店,车马通行,而建在东西巷子里的住宅,使城内居住的人格外安适,这是城池历史一个比较大的转折。明代以前,各地城池大都用土做城墙,明代以后技术进步,大量生产青砖,把城墙的内外都用砖砌,砖墙看起来非常美观,又很坚固。砖城的建造是中国城池建设史上一个关键的变化。

著名学者马正林先生认为:"有无城墙并不是城市的必然标志,但是,由于中国特殊的历史环境,多数城市是由官府设立的政治中心而形成的,城墙就为中国城市的主要标志。"台湾学者陈正祥也认为:"城是中国文化的特殊产物。"古代城市军事防御体系经过历朝历代的改进和提高,至明清时期已发展到更加坚固和完善的地步。城墙的防御作用,主要体现在防止敌人入侵、保护城镇的居民和财产安全上,"筑城以卫君,造郭以守民,此城郭之始也"。高大的城墙建筑,不仅出于居住者的安全意识,而且它的雄伟气势已成为吉祥的象征,民俗有"城头高运气高"的说法。

我国古代夯土筑城起源很早,古人筑城的方式主要是用夯打土,用外力作用使局部地基、墙基达到整体坚固的程度。版筑是用木板做土墙,立柱挡住板,夯打层层移板。战国朝代筑城,常用拉绳方式,在立板立杆的两侧用绳拉紧,以防夯土时将两侧木板或木杆外胀。商代时技术已经成熟,郑州商城是分层夯筑的,城墙夯土坚实,东周王城的夯土非常坚固耐用。战国时期各国城墙坚如磐石,城墙全部用夯土版筑。赵王城城墙土质坚硬,土质混合石灰面,更加坚硬。汉代城池城墙都用夯土建筑,有些采用芦苇等植物来固定土,以防止雨冲刷墙土,还可增加土墙的强度。唐宋元代因之,明代开始,城的两个侧面,包上砖表皮,城墙既实用又美观,城市形象为之大变。

太原城是中华文明发展的产物,同时它也有自己独特的发展路径,是具有鲜明特色的城池。按城市类型,它是地区性行政、军事中心城市,曾在某一时期被封建政权或地方政权定为陪都或首都。在这里,让我们回眸她曾有过的辉煌,期待她跨越式的发展。

晋阳肇建：
城池初立晋水边

公元前497年，晋阳这个城市突然出现在两千多年前历史的地平线上。以前发生过什么，史书失载，可以确定的只有一点，晋阳城的建设者赵简子拥有了这片后来扬名天下的土地。晋阳城崛起后，曾经有九个独立王朝在这里建立了国都或陪都，累计三百余年，时间跨度近一千四百年，其对中国历史的发展产生了重大影响。

浩荡的汾河穿过的太原盆地，为先民们提供了富庶的土地，或许他们也曾聚落而居，建造了大房子，生生不息，努力创造着日臻灿烂的文明，晋阳城的出现顺理成章，其故址在今太原市晋源区古城营一带，因城建在汾河支流晋水之阳得名。它是载入史册的太原第一座城市。

春秋末年的晋国，日益壮大的六卿们把持着朝政，而且不停地展开对权力和土地的角逐，身为赵氏宗主的赵简子，"名为晋卿，实专晋权"，就处在这一社会剧变的政治大舞台上。在人口密集的晋国统治中心地区开拓领地容易引起诸卿间的矛盾，受晋国长期以来成功向戎狄地区开疆"启土"经验的启迪，赵简子将拓展的重心放在晋国的边远地区。这一时期赵氏宗邑在晋阳，晋阳归属赵氏的时间史籍缺载，但无可置疑，赵简子已将其作为赵氏新的政治中心。

在那个年代，城建理论已经趋于成熟，大约成书于战国时代的《管子》中《乘马》篇有这样一段精辟之论："凡立国都，非于大山之下，必于大川之上，高毋近旱，而水用足；下毋近水而沟防省；因天材，就地利……"意思是说，选择都城的位置，不要很高，也不要很低。因为高了取水困难，适当低些才能取到足够的城市用水；很低了靠水太近，防洪任务太重，适当高些才能节省防洪排水工程的费用。随有利的地形条件和水利条件而建，不必拘泥于一定的建筑模式。《度地》篇讲："故圣人

旧式的河灌

之处国者,必于不倾之地,而择地形之肥饶者,乡山左右,经水若泽,内为落渠之写,因大川而注焉。"意思是说,建设都城不仅要在肥沃的土地上,而且还应该便于布置水利工程。所建城市应当水脉周通,便于取水,更应该排水通畅,直注江河。既注意供水又注意排污,有利于改善环境,改善排洪条件。《问》篇讲:"若夫城之厚薄,沟壑之浅深,门闾之尊卑,宜修而不修者,上必几之。"意思是说,都城的防洪、引水、排水是十分重大的事,它的标准君王都应当过问。我国古代都城及其水利建设基本内容的具体化,就是供水、防火和航运,防洪和防卫,农田水利和水产养殖,改造和美化城市环境。晋阳位于太原盆地北端,西临汾河,土地肥沃,交通便利,战略地位十分重要,符合建城的基本理论。

　　建造晋阳城的人是晋卿赵简子的家臣董安于。他利用这里西依悬瓮山、东临汾河水的险要地形,修筑了坚固的城堡。他集中劳动人民的聪明、智慧和力量,用版夹夯土成墙,修治晋阳城廓。城高四丈,周回四里,用狄蒿、苦楚等坚韧的山木为墙骨,冶炼青铜铸成宫殿大柱,战时即可用来制作弓箭,这些都是春秋之际建筑方面的一个创举,使晋阳成为城高池深、宫苑壮丽的城堡,成为赵国初期的都城。据考证,春秋战国时代的城市在功能上强调了军事和工商的重要性,反映在城市营造上,也反映在"城"之外,大量的市民和工商活动被防卫性强的墙保护起来,成为"外城",出现了"廓"。《吴越春秋》有记:"筑城以卫君,造廓以守民,此城廓之始也。"

晋人多把宫城建在城市的中北部,平面布局为三城相连的"品"字形或两城并列的"吕"字形。宫城城墙高且厚,而且为了使其坚固,在墙基下铺垫石块,墙体夯土中立木椽并灌米浆。史载,晋公在新田遇乱而退守固宫,赵鞅、赵无恤两次奔保晋阳,这样的城防能坚持数月乃至数年不被攻陷,其坚固是显而易见的。在宫城南侧,一般为手工业区和生活区,即所谓的"市",这种前城后市的格局,开中国建筑格局的先河。时至今日,晋及三晋富丽堂皇的宫室、宗庙建筑已荡然无存,所能看到的只是大型的夯土和石砌的台基以及随处可见的瓦砾。尽管这样,从晋阳古城遗址中还是能够感受到泱泱大国的恢弘气势,史称晋灵公"厚敛以雕墙",信也。

邯郸为晋阳之后赵国的国都所在,根据现有研究成果,综观赵邯郸城以及齐临淄城、郑韩新郑城、燕下都等同时期诸国都城遗址的考古发掘材料和文献记载,可知晋阳等一批战国时代城市的面貌。赵都邯郸故城,系不规整的规划布局,由赵王城和大北城两部分组成。赵王城是赵国的宫城,平面呈曲尺状,由"品"字形布局东、西、北三城组成。总面积达 512 万平方米,周围残存高 3—8 米的夯土基台,系宫殿遗址,呈左右对称状,主次分明,有尊卑之分。位于中轴线上的龙台规模最大,长 285 米,宽 265 米,高 19 米,系主体宫殿基址。大北城位于赵王城的东北部,呈不规则的长方形,南北长 6100 米,东西宽 4000 米。城内有制骨、冶铁、制陶等手工业作坊,还有商业区和居民区。特别是城内东北部,还保留有"丛台"中的一座遗址。其建筑有多方面特色,各城多建在依山傍水的平原地带,因地制宜,合理利用地形和水道。除个别城市外,墓葬区均在城外;诸侯国都城,僭越西周礼制,出现多元的局面,其规划布局多不规整。外城(郭)附在宫城的一侧或相邻两侧。城墙因势转折,不求方正。其规模不受"不得超过王城三分之一,五分之一,九分之一"的限制,也不遵"城角高七雉(雉高一丈),城墙高五雉"的规制。都城遗址均有夯筑土城墙,除王室居住的宫城的"城"以外,还有与"城"并联或包在"城"外的"郭"。郭也有城墙,居住贵族或一般国人,体现出筑城以卫君、造郭以守民的原则。王室直接掌管的铸币、兵器等作坊,有的置于宫城内,但大多数手工业作坊分布在郭内,体现了"郭"对"城"的供养、"城"对郭的依赖。在高台上建宫殿是战国时代最普遍的做法,台皆由夯土坯筑成,即所谓"土阶"。赵邯郸城内高大土台就有 15 处,并有成排石柱础。推测其上的宫殿建筑物凌空相连,形成后来所谓的"阁道"。高台宫殿的具体做法是以土台顶部为中心,沿各级台边和台顶建造体量不等的屋、廊,上下层相叠二、三层,形成一组雄伟的建筑群,采用内陛登台的方式(包括内部木梯)。这种结构方法,说明高层建筑的木结构尚不能独立,真正的楼阁类建筑还未出现。可能是在木架结构不发达的条件下,建造大体量建筑的原始办法反映了"高台榭,美宫室"的以宫殿为中心的防卫和审美的要求及以宫室为中心的南北轴线布局的形成。邯郸的赵王城和燕下都均已经有了在轴线上以宫殿为中心的布局方法,与《考工记》所载大体相符,对以后都城规划和大型建筑群平面布局皆产生重要影响。

据《考工记》"面朝后市"的有关记载,不难推测战国时代各国都城已有了集中的市场,有的建"重楼",有的"列楼为道",它是随着手工业和商业的发展而产生的,是都城布局的重要组成部分;闾里的形成,根据《管子》和《墨子》的记载,春秋战国时各国都城已有闾里为单位的居住方式。可能此时期一部分闾里杂处于宫阙和官署之间,至东汉以后才分区明确,不相混淆;战国时代,基本建筑类型已齐备,有台坛、殿堂、廊庑和以高台为依托的楼阁等。配置则有城垣、阁道、庭院及苑囿中的池沼、树木等。屋顶形式有四阿式(即以后所称的庑殿式),是最尊贵的建筑形式,多用于宫殿等重要建筑,悬山、硬山、攒尖式建筑也同时使用。此时尚未出现歇山式建筑;关于斗栱的使用,西周初的青铜器"令簋"上,出现我国已知最早的栌斗和散斗,但没有栱,所以屋檐不挑出。战国出土文物中已有形制较完备的斗和栱,是我国最早的斗栱组合形象。但这时的斗栱只是雏形,没有外挑的功能,还是依靠擎檐柱来支持出檐;建筑材料,中国建筑以木结构为主,柱、枋等建筑主体框架全用木材。战国时代的木材框架已脱离了原始的萌芽状态,但仍处于成长阶段。除茅茨屋顶外,筒瓦和板瓦在宫殿上也得到较广泛的使用。装饰用的砖也出现了,尤其突出的是在地下所筑的墓室中,使用长一米许、宽三四十厘米的大块空心砖,可见当时制砖技术已达到相当高的水平。战国晚期还出现造型优美的栏杆砖。涂料和彩饰的使用,源于对材料的防护和建筑审美的双重需要。春秋战国时代已在抬梁式木构架建筑上施彩绘,而且在建筑彩绘方面有严格的等级制度,并有在瓦上涂朱色的做法。

公元前453年,智伯联合韩、魏攻赵。赵襄子牢记父亲赵简子的嘱咐,退保晋阳城。智、韩、魏三家之兵围晋阳城一年之久,智伯引晋水灌城,环城不浸着三版,民家的炉灶都淹没在水中,生出了蛤蟆,城里高悬着锅子炊煮,甚至交换孩子来吃。然而晋阳城的人民却毫无背叛之心。在这紧急关头,张孟谈潜出城外向韩、魏两国力陈"唇亡齿寒"的道理。随之历史改变了它的方向,韩、魏反过来与赵联合,共同灭掉了智伯,瓜分了他的土地。晋阳之战的结果,导致了几十年后三家分晋的结局,春秋由此进入战国时代,一般认为这是社会转型重要的分界点,中国社会开始了长达两千多年的封建时代。

史称:"赵襄子以晋阳之城霸。"赵襄子建立赵国,晋阳为初都二十九年间,太原地区得到了充分的开发,而且从此成为中原文明的组成部分,没有再倒退和反复过。因此,晋阳城的崛起,引发了一个重大历史后果,即为山西政治文化中心从晋南转移到晋中奠定了基础。晚至西汉,太原的中心地位已经确立,不可撼动,更不可逆转。

北齐别都：
当年霸府气如虹

历史学家谭其骧先生指出："从 4 世纪初刘渊起兵一直到 6 世纪后期 577 年北周灭北齐，山西在中国北方的地位一直很重要，平阳、平城、晋阳，先后更迭成为很重要的政治军事中心。"出于政治管理、经济发展和军事斗争的需要，各族统治者无疑会强化晋阳城的建设，其中西晋并州刺史刘琨和北齐高氏父子最为突出。

在西晋末年内乱频仍，中央政府控制力削弱的历史背景下，匈奴、鲜卑、羯族等，或直接从山西起家，或外来进据山西地区，进而向其他地区辐射扩张，攻城略地，纷纷建立国家政权。公元 306 年，刘琨出任并州刺史，晋阳城内是一片荒凉景象，野兽出没，荆棘丛生。人民耕田既没有牛，也缺乏农具，而且随时都有遭受抢劫的危险，农夫耕田还得携带武器。刘琨到晋阳后，首先将人民组织起来，采取了一些安民措施。不到一年，流亡的人看到晋阳有了依靠，纷纷归返，荒废的晋阳城逐渐恢复起来。他深刻认识到晋阳城雄踞并州腹地，历来是兵家必争之地，它实际上成为西晋政权在北方的立命之本。为了加强防御，他组织晋阳军民，对残破的晋阳城进行修整，加筑壁垒，扩建城垣。其位置在今晋源区罗城一带，为两座城池，一座是在汉晋阳城部分城池基础上加以完善，一座是与晋阳城呼应的城池，称罗城，两城面积 15 平方公里，直到唐代依然在使用。坚固的晋阳城池，成为刘琨抵御外侵的坚强基地。对于力量不够强大的刘琨来说，这一基地显得更为重要。刘琨凭此城与刘渊之子刘聪、刘渊之孙刘粲及石勒等进行了长达近十年的殊死战斗。如果说刘琨修筑太原城是出于军事斗争的需要，那么南北朝统一北方大部的北齐王朝在太原市拓展城池，盛治宫室，却更多出于政治经济发展的需要，因而为太原城留下了浓墨重彩的一笔。

公元 396 年，北魏拓跋珪发兵 40 万从平城攻入晋阳，晋阳成为北魏南下中原、东出河北的交通枢纽与军事基地。北魏皇帝拓跋珪、拓跋嗣与拓跋宏都曾亲临晋阳巡视,其后百年,晋阳局势相对稳定,城市得到恢复发展。公元500年,秀容部酋长尔朱荣盘踞晋阳,以太原王的身份操纵北魏政权。公元532年,尔朱荣部将高欢进驻晋阳。后北魏分裂为东、西魏,高欢深知晋阳的地理形势与军事地位之重要,在晋阳建起"大丞相府",以大丞相身份独揽东魏大权,常年坐镇晋阳。公元550年,高欢之子高洋夺东魏政权而立北齐。东魏、北齐两朝,晋阳虽为别都,但其政治、军事地位实比都城邺城(今河北临漳县邺城镇东)更重要,经济实力和奢华壮丽也远在邺城之上。

北齐都城在邺城,多位皇帝却喜欢住在晋阳的大丞相府里,北齐六帝,有四位即位于晋阳,他们以晋阳为"陪都"和"别都",史称"霸府"。他们不遗余力地经营晋阳,在城西南的天龙山修建了避暑宫,创建晋阳宫、大明殿、"十二院",在汾河东建立了晋阳东城。晋阳宫城,位于晋阳城西北部,城高四丈,周回七里左右,建造的目的是"以处配没之口"。晋阳宫城占据高亢之地,是晋阳城中最辉煌的建筑。晋阳宫南门曰景明门,次门曰景福门,门内景福殿、殿后门曰昭德门,次西昭福门,次西寝殿曰万福殿,殿北曰玄福门,又北曰玄德门,又北即玄武楼。殿西曰西闱门,次西曰威凤门,殿东曰东闱门,又一门昌明门,殿院东少阳院,殿西射殿,次西院太液池亭子,有宣德殿、崇德殿等。大明宫城位于晋阳城南郭,城高四丈,周回四里左右。仓城位于晋阳宫城之西,周回八里。仓城建在宫城之西,除了便于控制外,地势较高也是一个重要原因。这一组宫城位于晋阳城的西北部。

公元550至559年,北齐在晋祠大起楼观,穿凿池塘,飞桥架水,兴建凉亭水榭,命名"难老""善利"二泉,建"望川亭"于悬瓮山,颇具"别都之胜"。又将唐叔虞祠修葺一新,由当时著名的文学家祖鸿勋作《晋祠记》,"晋祠"之名从此著称于世,被郦道元称为"晋川之中最为胜处"。北齐诸帝经常到晋祠游乐,在晋阳西山广建佛寺,著名的有童子寺、定国寺、开化寺、圣寿寺、法华寺、天龙寺等。开凿石窟,镌刻佛像,这就是今天的天龙山石窟。

晋阳城更是繁华无比,商贾聚集,他们除进行商品贸易之外,与权要人士交往也非常密切。商人凭借其雄厚的经济实力,渗透政治领域,"富商大贾朝夕填门"。当时晋阳城内显官贵妇聚居,外国使节和商人往来不断,各方珍奇异宝荟萃于此。高欢依附尔朱荣时,"因刘贵货荣不要人,尽得其意",被任命为晋州刺史。因此,晋

晋祠圣母殿

州等地的金银珠宝涌入晋阳城,再通过这些"要人"及其命妇,流到市场。尔朱荣死后,高欢为摆脱其子尔朱兆的控制,决定带六镇流民动迁,但受到慕容绍宗的猜忌。绍宗多次提醒尔朱兆防范高欢,而"兆左右受神武金,因谮绍宗与神武有隙,兆乃禁绍宗而催神武发"。高欢东迁,他的一部分金银留在晋阳"兆左右"。但很快,随着高欢军事上的节节胜利,不仅这些财产大多回归,而且各地的金银宝物也被高欢军队搜刮到晋阳。这些财宝又通过掠夺、赏赐、流通等方式在晋阳流动。

关于北齐时晋阳城奢华壮丽的景象,我们或可以从当时都城邺城的规制上寻找出想象的依据。清代著名学者顾炎武对北齐都城邺的修建情况有精辟概括:

> 邺都南城,其制度盖取诸洛阳与北邺。然自高欢营之,高洋饰之,卑陋旧贯,每求过美,故规模密于曹魏,奢侈甚于石赵。夫以洋之才,征伐四克,威振戎夏。一旦沉湎矜伐,崇修宫室,殚淫巧,竭财力,焦思尽智,继之以狂惑丧心,靡所不至。厥后,蹈袭奢迹,去而不返。高纬增益宫苑,夜则以火照作,寒则以汤为泥,百工困穷,无有休息。周师至矣,实欲丐身为贫儿不可得也。

邺城建设如此,晋阳城壮丽更过之,北齐政权存在较短时间内完成了许多壮丽建筑,人民无有休息,国家为此困穷,连统治者自身也付出了代价,仅二十八年便亡国,却为太原城留下珍贵的文化遗产,这就是历史的辩证法。

太原在五胡十六国时期曾成为北方各少数民族南下中原的跳板,也成为其势力扩张的根据地。究其原因,一方面由于山西具有独特的地形地貌,表里山河天然四塞的环境,具有易守难攻的战略优势地位;另一方面由于山西地处北方少数民族与中原汉族的接壤地带,属于北方草原游牧文化与中原汉族农耕文明的交界地区,民族冲突相对缓和,民族融合趋势明显,天然成为北方少数民族南下内迁的首选之地。匈奴刘汉、羯族石赵、慕容鲜卑燕国、拓跋鲜卑代国都曾以山西为根据地或主要势力范围,向外扩张,进而攻城略地,列土封疆,成为纵横北方的强大政权。

综观这八百年间的太原城,规模扩大,建筑增多,人口增加,消费上升,佛教迅速传入,并很快进入社会生活各个层面,晋阳一直以区域政治、军事、经济中心的地位,成为群雄竞相争夺的地方。特别是东魏、北齐时,晋阳是实际上的都城,城市建设、商业、手工业空前发展,相当于如今直辖市的地位。

大唐北都：
跨汾连堞建三城

隋朝结束了自西晋末年起两百多年的大分裂局面，统一了以黄河、长江两大流域为中心的中国，两代帝王励精图治，将中国历史推进了一大步，繁荣程度超越两汉，在他们的眼里，太原绝对是举足轻重的军事重镇；先后派五位皇子中的三位来到这里，任内都不断大兴土木，盛治宫室，扩建城市，在新城之西筑起城高四丈、周长七里的仓城，与原春秋古城之北齐大明城成品字形鼎足而三，成为城里有城、城外有城的"一都之会"，是黄河流域仅次于长安、洛阳的第三大城市。

太原城大规模的建设其实是隋代一个缩影，当是时，隋朝全国就是一个大工地，隋文帝、隋炀帝父子二代修筑了 300 公里广通渠，连通潼关和首都西安 2800 公里的大运河，连接杭州、洛阳和北京，加上许多类似太原城的建设，全国共动用了 360 万民工，占全国人口的十分之一。隋代帝王宏大的治国方略，超越了社会的承受能力，大量的人口长期从事非农生产，使农业经济受到了严重打击，引起广泛的农民起义，他们的理想和王朝，在民众的反对声中，在李渊父子义军的沉重打击下，仅三十八年就结终了。其巨大工程和其他成就，却使后代得利，特别是它的继承者。同样，太原城的建设并没有因此而中断，代之而起的是一个空前强盛的王朝，把太原城的建设推向了一个历史新高峰。

唐朝的城市布局和建筑风格的特点是规模宏大，气魄雄浑，格调高迈，整齐而不呆板，华美而不纤巧。不仅都城、宫殿、寺庙如此，衙署皆然。建筑艺术在南北朝成就基础上，创造出了统一和谐的风格，取得了辉煌灿烂的成就。

从大唐建立起，两百多年时间里，由于家国层面的高度重视，历任地方长官对太原城进行了持续建设，使太原城的规模与首都长安和东都洛阳并列，成为唐代最伟大的城市之一。唐代晋阳城跨汾河而建，由西、东、中三城组成。《新唐书·地理

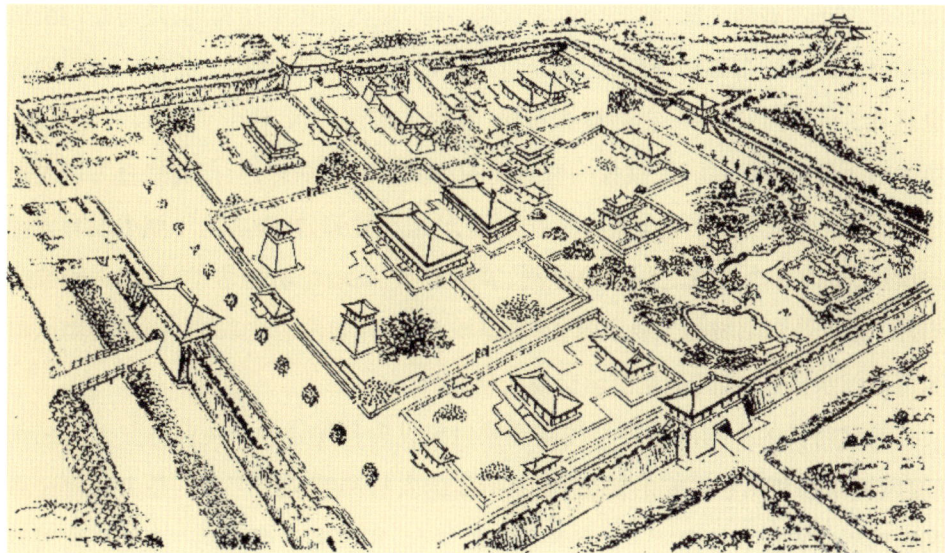

晋阳宫城复原图

志》云："晋阳宫在都之西北,宫城周二千五百二十步,崇四丈八尺。都城左汾右晋,潜丘在中,长四千三百二十一步,广三千一百二十二步,周万五千一百五十三步,其崇四丈。汾东曰东城,贞观十一年长史李勣筑。两城之间有中城,武后时筑,以合东城。宫南有大明城,故宫城也。宫城东有起义堂。仓城中有受瑞坛。唐初高祖使子元吉留守,获瑞石,有文曰'李渊万吉'筑坛,祠以少牢。"《晋阳记》曰:"城周四十二里,东西十二里,南北八里二百三十二步,门二十四。""按唐步五尺,唐尺大小不同,取尺合今公制 0.311 公尺计(本文有关长度均取此数值),则唐北都长约 6.7 公里,广约 4.8 公里,周垣共计 23 公里有余。"唐北都太原城在结构上分为四个层次:第一层次:唐北都,包括东城、西城、中城三个城。第二层次:西城、东城、中城。西城包括太原府和晋阳县城,合称州城,即并州城;东城太原县城。第三层次:太原府城、晋阳县城、太原县城。太原府城又包括三个城,即大明城、新城、仓城。第四层次:大明城(又名大明宫)、新城(又名晋阳宫)、仓城。这三个城紧密连接,为城中之城,也是唐北都太原城的核心部分。

　　唐代见诸记载的城门共有 24 座,西城东有东阳门(可能是正东门)、大夏门(可能为东门中偏北)、延夏门(可能是东南门),北有五龙门(可能是正北门)、玄德门、沙河门,西有白虎门(可能是正西门)、延西门(可能在正西门之北)、西明门等,城门建有城楼、阁等,此外西门有一水门,为晋水入城之通道。三座形如"品"字形的宫城位于古城西北部,约当今古城营村一带。城内采用里坊布局,政府衙门机构应围绕在宫城的东部和南部,而佛寺建筑分布在各个里坊之内。北都(太原)的坊也是0.5平方公里左右,它的整体布局,大约是东西六坊、南北九坊的六九之制,坊为封闭形,四周有坊墙,就像一座封闭的小城市。"室居栉比,门巷修直",坊内居住的院落并列排列,封闭式里坊的目的在于"虽有暂劳,奸盗永止"。城中设有固定的市场,城内各个区域之间条块分割,界限分明,高墙将坊与坊、坊与市之间彼此隔开。晋水是晋阳城的主要水源,河水穿城而过,并架汾而注东城。而汾河则承担城市的污水排放,同时也是漕运交通的核心。

封建时代的中国的城市是按照儒家思想设置和规划的,负责将上天的德荫(即风调雨顺和国泰民安的德化)向其所属的农村和腹地推广,即:是为农村经济和农民提供农业和社会所需的各种服务的平台。军事和工商活动一直处于附属或次要地位。大统一的唐朝在皇帝大力的推崇下,将儒家文明推向新的高峰,西方学者认为唐代是东亚文明由中世纪转入现代社会的转折点,而唐朝亦成为东亚文明的核心,为周边地区如日本、新罗、南诏、吐蕃、越南、回纥等所仿效,历史学界认为唐代是儒家模式的黄金时代。

具体到城市经营和建设上,在城市结构和规划方面,唐代比汉代更符合儒家礼乐和等级的主要精神,唐代城市空间的布局体现了秩序、等级和统一等礼乐原则,由城市主干道形成的南北中轴线贯通全城,道路系统具有非常典型的方格网特征,白居易赋诗长安城:"百千家似围棋局,十二街如种菜畦。"城区棋盘街道宽度为40—70米不等,除三品高官外,住宅皆不能在城墙开门,在国内重要城市建设官仓、官立学校,城市的商贸活动亦由官方严格控制,并只准在市肆内进行,而市肆亦只许人口过3000户的州县治开设。在城市的规划、城市等级体系与行政等级相配等原则上,唐代均成为邻国(如韩国和日本)的城市化和城市规划的蓝本。商贸和手工业的蓬勃使同一类商品在市肆也结成行会。唐代记载共有220行,行的头人负责商品质检,监督买卖合同的执行,也协助市肆负责人——市长对商品质量分级和定价。

宗教建筑是唐代城市的一道新风景,包括道教、佛教和西方一些宗教的寺庙成为长安、广州和太原的城市特色,体现了新的国际价值和视角,尤其是高耸的佛塔。在北朝时仍保留外来文化特征的佛塔,在唐代终于被本土化而成为宝塔,充满着新时代的理性逻辑和形态,有些成为城内标志性建筑。佛寺中的佛塔对中国古代城市天际线景观生产了重要的影响,弥补了中国古代城市建筑多以平面布局见长的差异小的不足,大片低层的院落式住宅,成为城市景观的背景,以一些宫殿、寺庙、较为高耸的城楼还有一些高塔及景山的亭台建筑,增添了城市节奏感,形成了一条生动的城市天际轮廓线。

　　唐代的太原城从皇帝的重视到地方长官的不遗余力,加之唐代社会创造了前所未有的财富,一代又一代接力建设,不难想象数百年的发展结果。据统计,到中唐时,全国城市共有 1639 个,太原城为当时三大城市之一;唐天宝年间,唐玄宗以东都洛阳为东京,北都太原为北京,与京城长安号为"三京",其地位及重要性相当于今天的北上广等一线大城市。史家一致认为太原城的发展进入了历史上最辉煌的时期,其规模和影响达到了后来的古太原城再也无法超越的高度。

古镇新城：
大城、小城和关城

城池可以毁掉，治所可以移走，人财可以迁走。但是，太原作为历朝历代中原王朝北方的中心城市之一和防御北方民族南下的屏障，这种不可或缺的政治、经济和军事战略地位，始终无法改变。公元 979 年，北宋灭亡北汉，烧毁晋阳，将并州治所迁于榆次。然而，事与愿违，三年时间的实践证明，"榆次地非会要"，起不到率领并州北拒强敌的作用。知并州符昭愿在晋阳城废墟之北二十公里的唐明镇修筑新城，称之为"唐明监"。宋太原城，即今太原市旧城区，包括迎泽区大部和杏花岭区一部的繁华地段。公元 982 年，宋太原城告竣，并州治所由榆次迁回。

宋太原城的规模，据《永乐大典·太原府》所载："周一十里二百七十步，宋太平兴国七年建。四门，东曰'朝曦'，南曰'开远'，西曰'金肃'，北曰'怀德'。"与唐"太原三城""周四十二里，东西四十二里，南北八里三十二步"相比，真可谓小巫见大巫。宋太原城自创建后，因其为并州治所，更因其地处宋与辽两国相接的边陲之地，为加强其军事防卫能力，在公元 992 年后，又陆续增建了南关城、东关城和北关城。史载，之所以增建这三座关城，就是为了"以处屯兵"。

宋太原城大体为方形，四城门方位确定后，城的四个城角也可基本确定。东南角，即明贡院"古角城"遗址，在今起凤街太铁宿舍院西北。东北角，在原上肖墙街红星电影院旧址，即今江南大酒店一带。西北角，在今新建路三桥街道办事处东。西南角，在今新建路南段路东山西科技报院东。

宋太原城中的子城，是一座规模可观的城中城。它周长"五里一百五十七步"，几乎占去宋太原城一半之地；它有四座城门，南门为正门，有"河东军"城额，其他三门按所处方位分别命"子东""子西""子北"之名。从《永乐大典·太原府》中可知，子城中均为各类官署、仓库和监狱。

宋太原城中共有二十四坊,每坊均有坊门、坊栅,白天打开栅门,通过小巷互相沟通,晚上实行宵禁,闭锁坊栅各自为政。据载:南门正街东有朝真坊、广化坊、袭庆坊、观德坊、富民坊、葆真坊、懋迁坊、乐民坊、安业坊、将相坊、皇华访、澄清坊;南门正街西有法相坊、立信坊、阜通坊、宣化坊;西门正街南有惠远坊、周礼坊;东门正街北有寿宁坊、金相坊、聚货坊、迎福坊;城西有慈云坊、宰相坊。

宋太原城的东门——朝曦门,在今桥头街中段,桥头街之名,正由宋太原城东门护城河桥所得。其东城墙从朝曦门南去,直至民国年间尚遗存于明贡院之左的"古角城"。从朝曦门向北去至今"东后小河"、"小二府巷"一带。明晋王府城的西城墙,很可能是沿用了宋太原城东城墙的北段。

宋太原城北门——怀德门,在今三桥街北段,清末火柴公司旧址。原鱼池、后小河、东后小河等街名,正是宋城北城墙外护城河遗址。

宋太原城南门——开远门,则与明太原城"迎泽门"在南北向的同一轴线上。宋城南门正街,与明大南门街乃同一条街。由于明城向南拓展,所以"开远门"处于"迎泽门"北去数十米的大铁匠巷与旧城街处。其南城墙,东起"古角城",西与西城墙连接。

城门是古代封闭的严格管制的城墙的出入口,因而是城市对外交通的起点,城市主要干道与市际道路是合一的,城门是城市内外交通的结合点,往往形成城乡交流的集市、车马店、栈房等。

进入宋城河东军门,街东为大备仓,此仓极大,几乎占去整个子城的三分之一。街西为司录厅、士营厅、仪曹厅、土曹厅,在这四厅之后又为作院、刑曹厅、刑椽厅、右狱、户曹厅。在这三厅一狱之后又为作院、通判北厅、通判南厅、机宜文字厅、拣马厅以及谯楼。进子东门,街南为大备仓,街北为府狱、毯场路、毯场厅、都作院。进子西门,街北为太原府衙、军器库、军货库,街南为两个作院。进子北门,街西为太原府衙后门、天王堂,街东为草场。子城的正中是宣诏厅,为宣布和传达皇帝制诏的地方。它处于子城中显赫的位置,从四座城门均可直达。子城,是宋初并州,后来太原府的中枢,说它是一座官衙麇集之城,毫无过誉之嫌。

宋代的城市仍拥有重要的行政功能,但却打破了自商周以来传统的封闭式城市的里坊(或闾里)制和官办市肆的两大体制。宋代城市居民享受到前所未有的从事工业制造、贸易、营商和演艺娱乐的自由,这些自由在宋城市内几乎不受时间和

宋代太原城的轮廓，至晚清民初仍然存在

空间的限制，衙门、寺观、住宅等附近已有各种商店，还有定期的庙会，府、州、县的治所当然是商业集中的地方。同时它们也导致了城乡之间的分离，使城市渐渐和其所处的农村地区出现分野。宋代开创了中国城市发展的新面貌，在性质、功能、土地利用和空间结构上开拓了新的境界，大型、繁忙的工商贸活动沿着主要街和河岸延伸，街道不仅商店密集，还有大量的酒店、茶楼、休闲娱乐场所，成为城市发展的新动力。夜市经济发展起来，城市市场成为完全开放的市场，地点开放，时间开放，有商圈夜市，流动夜市，有饮食夜市、传统娱乐夜市、文化娱乐夜市、休闲旅游夜市，夜市消费的多样性、集中性与平民性特征，在大中城市夜市形成规模经济，成为一种新的经济形态。

　　太原如开封和临安一样，工商业非常发达，商货南北集散，交流频繁。据考证，太原城区西南有米市街、南市街、柴市巷、菜市巷、麻市巷，这些地方就是宋代的米、柴与日用品的市。当时工商不分，作坊也进行销售，如帽儿巷、靴巷、纸巷、剪子巷、帘子巷、盘碗巷、砖瓦巷、麻绳巷、毡房巷等即是。东羊市、西羊市街是当年买卖羊的市场，其北面的活牛市街，就是买卖牛的市场。由此可知，城内的大道两旁，百业汇聚，形成"酒楼茶肆勾栏瓦舍日夜经营，艺人商贩填街塞巷"的繁华商业街，宋代画家张择端《清明上河图》描绘的正是这一"士庶塞门"、"四野如市"的盛况。

北宋时期,山西一带是宋朝开展对辽、夏贸易的主要地区之一。商业经营的繁荣,主要表现在官方的榷场交易和民间的交易上。宋朝向辽输出的商品主要有香料、犀角、象角、茶、缯帛、漆器、粳糯等,辽输入的商品主要有马、牛、羊、皮货、毛毡等,双方贸易成交量很大,作为河东路首府的太原,更是商贸的重要场所,贸易活动十分活跃。1077年,河东路的商税总额约为22万至25万贯,按照当时宋朝政府给河东路各州所规定的商税比例推算,并州地区的商税额约为4万贯之多,而如果按当时平均税率2.5%计算,则太原地区的商业额约达160万贯,约占整个河东路商业总额的近1/4,由此,可知太原商业之发达、经济之繁荣。

宋太原城,规模和等级虽远逊于被焚毁的晋阳城,但一座大城套一座小城,还有三座关城,共有五城之多,仍为北方地区经济、政治和军事重镇。百余年后,这里发生了金国和宋国战争,区区弹丸十里的小城,虽使宋太原城受到重创,但竟抵御了金军强大马步兵两百余天的围攻。

两宋以后,太原城在国家战略格局中的地位大幅下降,不再具有牵一发而动全身的地位,成为一个区域性的大城市。并州自古多豪杰,战争五代几百年。刀光剑影的历史终结后,作为连接北方地区与中原地区商贸交流的重要地位凸显出来,经济地位上升了,金元时期,太原经济持续发展,到明清两代社会经济繁荣,汇通天下五百年之久的晋商走上了历史的舞台。

壮甲天下：
明清锦绣太原城

　　明清时期的太原城是汉满两个民族合力建设的成果，作为中国古代历史的最后两个王朝，一统天下达数百年之久，城市建设综合历代的成就又有新的发展，青砖大量使用，城市面貌完全改观，大街小巷的设计完善了城市功能，等等，成为我国古代城市建筑文明的终结者。

　　明代，经济迅速发展，制砖技术也很快地达到一定水平，因而烧砖业大力发展，在全国大量建砖墙，砖城墙有了突飞猛进的发展。砖城墙的顶端、垛口、枪眼都用砖块砌出，完完整整，做工规矩，墙顶各处包括墙顶表面，都用青砖包住，一点不露土；其他如马道、踏步，也全部用砖块砌筑，非常整齐；城墙用砖块砌筑，使城墙达到了非常坚固的状态。它可以防雨，经历时间虽久，但砖墙各处从不坍塌，固若磐石，非常美观。明太原城从1371年始建，到1565年完工，历时194年，最终形成了由府城、晋王府、南关门、北关门和新堡五座城池组成的庞大的城市建筑群。

　　晋王府乃1370年所封晋王朱棡及后续历代晋王之府邸。晋王朱棡是明太祖朱元璋的三子，受封之时，年仅13岁，并未就藩。依明制，藩王不得留京，须赴封地开府。所以，晋藩受封不久，皇帝即委永平侯谢成临太原建晋邸并扩建太原城。谢成既为明朝开国功臣，又是晋王朱棡之岳丈，到太原后遂精心选址，打造晋王府。史载："洪武四年，太原古城修建晋府宫殿，木架已具，一夕大风尽颓，遂移建于府城。"可见，当年谢成为其爱婿建府邸时，曾选址于李唐"龙兴之地"晋阳古城。怎奈"一夕大风""尽颓""木架"，遂以为"上天示警"，重选址于宋太原城东北郊另建。此载告诉后人"晋王宫城"起创于洪武四年，地处宋太原城之外东北隅，虽与府城毗连，却各自为政，后来府城扩建时才圈入城中。晋王府，殿宇高敞，宫闱宏丽，有大殿、东西配殿、灵寿宫，开三个门，叫"东华门"、"西华门""南华门"。围绕宫城的还

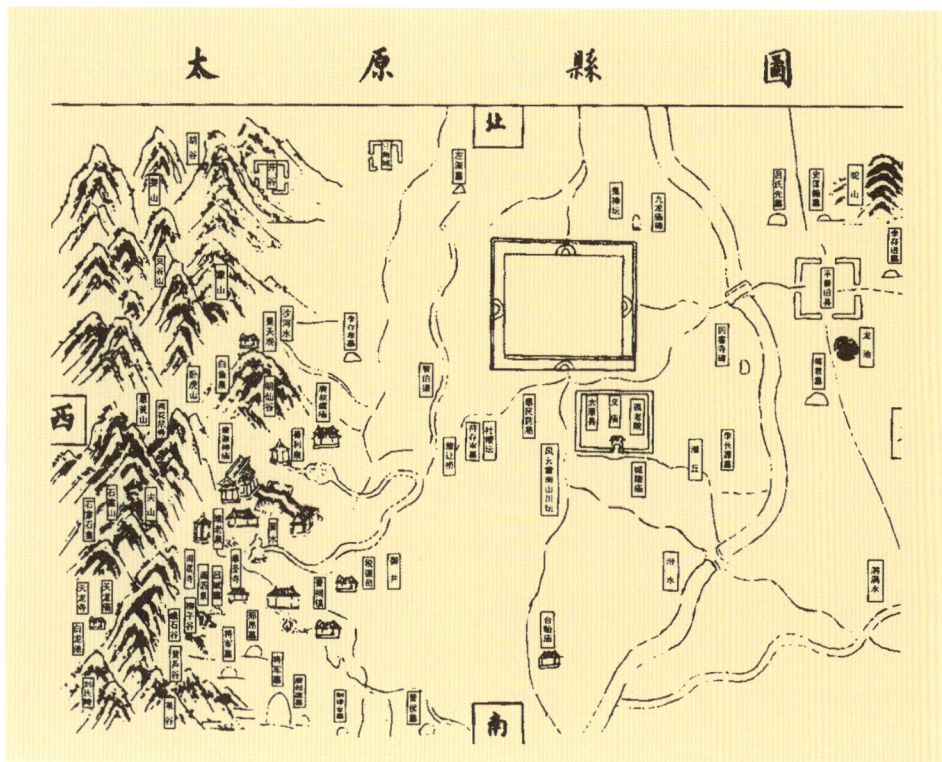

有外城,外城的城墙分别叫做东肖墙、西肖墙、南肖墙、北肖墙。在肖墙以内还修建了为晋王府服务的各种设施:举行祭祀的天地坛,管理膳食的典膳所,游玩赏乐的花园杏花岭、松花坡等等,它是明代诸藩王府中规模最大的府邸。

晋王的宗族分封为王之后,纷纷修建了宁化府、临泉府、方山府、大小濮府等等。府城,是明洪武八年在宋太原城基础上扩建的明太原城。《永乐大典·太原府》载:"洪武八年七月,辰量作二十里。"万历《太原府志·城池》载:"洪武九年,永平侯谢成因旧城展作东南北三面,周二十四里,高三丈五尺,池深三丈,门八。"洪武八年七月扩建宋太原城,规划为周二十里,但竣工时,则周二十四里有奇。面积约 8 平方公里,周围 12 公里,城墙高 11.7 米,外边砌砖,内夯以土。明太原城开八门:东为宜春(大东门)、迎晖(小东门);南为迎泽(大南门)、承恩(首义门);西为振武(水西门)、阜城(旱西门);北为镇远(大北门)、拱极(小北门)。城壕深 10 米,八座城门和城墙四角上建大楼 12 座,周垣小楼 92 座,敌台 32 座,使之成为"坚逾铁瓮"的城堡。

　　1450 年，山西巡抚朱鉴又在太原南城门之一的迎泽门外修筑了南关城，在北城门之一的镇远门外修筑了北关城。南关城为土城，高 8.33 米，周围 2.57 公里，西、南、北各设一门，东面设二门。北关城也是土筑，周围 1 公里，城高 8 米，仅开一门。1565 年，又于北关城西侧修筑"新堡"。同年，将南关城土城包砖。

　　太原城的扩建，主要是为了防御蒙古军队的进扰，为此在太原周围挖了很深的护城壕，这样人们往来就非常不方便。为了解决当时人们的交通问题，明朝当时修了很多桥，以便于人们通行。出城的有迎泽桥，在城南迎泽门外，明初建，木结构。1608 年，巡抚李景元重修，改为石桥。太平桥，在迎泽门内。承恩桥，在晋王府城南。永固桥，在晋王府城门外。宣春门外桥，在大东门外。迎晖门外桥，在小东门外。振武门外桥，在旱西门外。镇远门外桥，在大北门外。拱极门外桥，在小北门外。渡越汾河的有汾渡桥，在城西十里的汾河上。南屯桥，在城西南十五里的汾河上。跨越晋水的，有赤桥，在城西南三十七里的晋水上。北神桥，在晋水北渠上。南神桥，在晋水南渠上。跨越其他河渠的，有蒲淤河石桥，在城西北三十五里的兰岗村。南寨村石桥，在城西北二十五里。南社村石桥，在城西北十里。成晋驿沙沟桥，在城北七十里。东黄水村义济桥，在城东北八十里东黄水镇。

　　史载："晋藩殿宇宫闱，宏丽冠诸藩。"明代中叶的大文学家王世贞莅临太原时，看到如此壮观的太原城，有如下感叹："太原城甚壮丽，其二十五睥睨辄作一楼，神京所不如也。莽苍有气概……"其时王在南京任高官，这时北京城已经是明王朝的首都，说明至迟到明中叶太原城规模和气势仍可以和北京城或明王朝早期都城南京城比肩。

　　清代，中国城市多了一个新的元素——民族分隔。它体现在清代国都北京和主要城市如西安、太原和广州等满城的建构上。1649 年划定太原西南之域为满洲官兵居处之所，也即"满城"，一般称为"旧满城"。满城建成后，其西、南两面凭借府城城墙，北东两面与府城仅一街之隔，北面紧邻水西门街和西米市（今水西门街），东面临靠大南门街（今解放路）。1886 年，汾水泛滥，大水决东堤，城西一带被水冲没，清廷不得不迁建满城，在府城内选择可建之地。起初城中满族居民和旗兵只好迁居暂住在府城贡院（今起凤街铁路宿舍），第二年春在太原府城东南西起文庙、崇善寺，东至府城墙根，北起山右巷南口东岳庙，南至全府城墙根的一片土地，重建满洲城，取名"新满城"。太原旧满城南至城根，北至西米市，东至大街，西至城

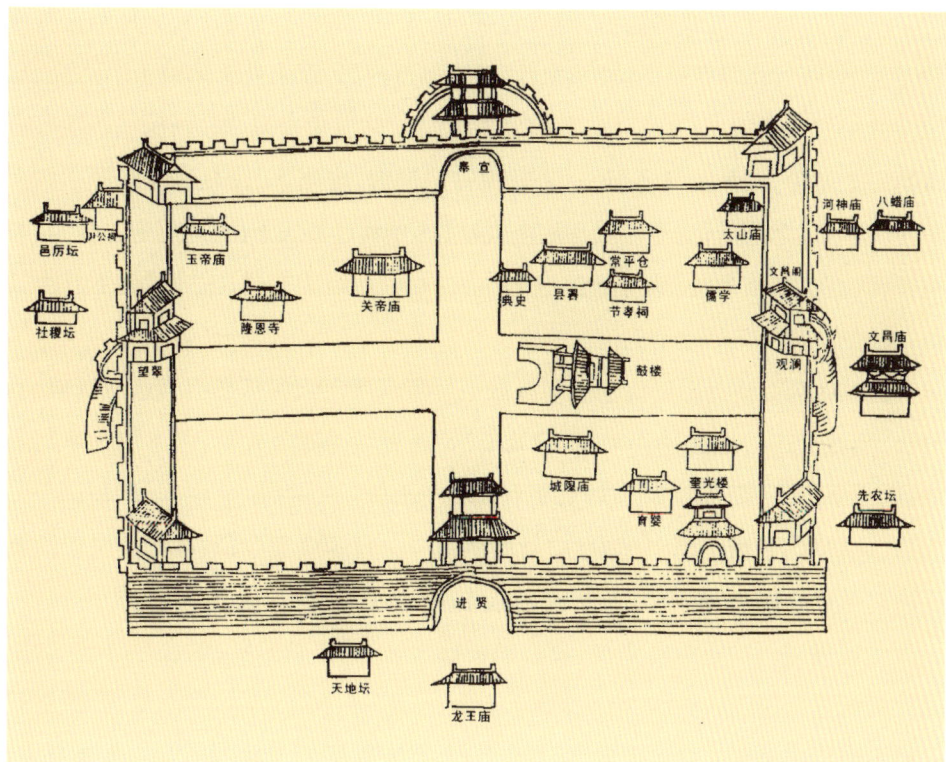

清乾隆太原县城图

根，"计南北长二百六十丈，东西阔一百六十一丈七尺"，为南北较长的方形，南北要比东西长约 100 丈，"周围八百四十三丈四尺"，合 2811.33 米。新满城则位于西起文庙、崇善寺，东至府城墙根，北起山右巷南口东岳庙，南至全府城墙根的一片土地，"周三百九十二丈"，约 1306.67 米，规模较之旧满城大大缩小。从《阳曲县志》城内建置图来分析，新满城南北城垣仍较之东西为长，跟旧满城有相似之处。

旧满城和新满城都有两面城墙借助了原有府城城墙一部分，旧满城西、南两面分别利用了太原府城西、南城垣的一部分，新满城的东、南两面城垣则是利用了府城东、南城墙的一段，因此两者分别有两面城墙的建制跟府城城墙一致。按太原府城北宋朝公元 982 年建，公元 1376 年，明代拓展东、南、北三面，城墙"高三丈五尺"，"外包以砖"，所以新旧满城凭依府城城墙的城垣部分也当具有如此特征。旧、新满城另两面城垣皆为新建，旧满城"东北二方，设立栅栏为门为界"，东面城墙面临大南门街，北面则近水西门街和西米市街，而新满城城垣则北起山右巷东泰山庙，西起文庙、崇善寺。

旧满城"东门二,北正蓝旗,南镶蓝旗,北门一",共有两个东门,分别由正蓝旗和镶蓝旗驻守,北门有一个,紧邻水西门街,靠近西门,而未处于满城正中位置。与旧满城相似,新满城也"门三座,东南处未设门"。就城角来说,旧、新满城各括有府城的一个城角,城角上又各有一角楼,设有威远炮、虎尾炮、花瓶炮等武器,"西南角楼。头号威远炮六位,二号威远炮十九座,三号威远炮三十位,虎尾炮二位,花瓶炮十四位","东南角楼,头号威远炮七位,二号威远炮十九位,三号威远炮五十二位,虎尾炮二位,花瓶炮十五位"。

满城内部都建有主要街巷。旧满城中一条东西向大街从东门直达西城根,当时叫"满城大街",也就是后来的"旧城街"。新满城内四条大街,基本均为南北走向,取三个街名:新城街、新城西后街和新城东后街。上世纪 30 年代,新城街一分为二,北段称"新城北街",南段称"新城南街",一直延续至今,两者皆是由于满城驻防而形成的街巷。新满城内另有一条小街,即小五台后空地曰"东岗村街"。

太原满城就功能分区来说,存在官员衙署区、兵丁营房区、学舍区、祠宇区以及外部的军事训练活动区,相关设施包括衙署、营房、祠宇、学舍和教场等,所以其既是军事性质显著的驻防区域,又是包含教育文化、祭祀文化等内容的重要空间。

1909 年时的太原城远景

晚清时的太原南海街

晚清时的太原旱西门

而且,满城内部布局比较有序,主要街道贯穿内部,脉络清晰,并影响至今,成为太原城街巷历史文化内容的重要组成部分。

清朝之所以要在太原布设驻防,修建满城,当与太原所具有的独特自然地理形势和战略地理位置有密切关系。太原府城所在的山西省东、北边地分别与华北平原、蒙古高原交壤,西、南隔黄河与陕西、河南相临,一直是诸多部族迁徙的通道,为一个可攻可守的安全地带和非常适宜的文明策源地。而且汾渭盆地的自然地理比较完整,由此往东可抵山东,往南则达云梦洞庭,交通地理位置上的优越性不言而喻。太原府城所在地区地貌总轮廓是北、西、东三面环山,中部和南部一角为开阔的河谷平原,汾河自北而南纵贯府城西边,两岸沟渠纵横,这种依山傍水的优越地理位置,可为太原府城提供足够的水源保障,也能在军事上增加易守难攻之势。因此,太原府城都具有军事上需要的有利的自然地理形势,而这正是清朝在此府内布设八旗驻防、修筑满城的一个重要原因。

太原驻防以及满城的设置,在整个驻防以及满城体系中占有重要的地位,其一方面是畿辅外围八旗防线的重要驻地之一,另一方面则是整个山西八旗驻防南部要点。清初设防非常重视对京师以及畿辅地区的戍卫,顺治至康熙前期,畿辅驻防经过多次调整,形成了三个层次,其中,顺义、昌平、三河、良乡、宝坻、固安、采育、东安为第一层次,为靠近北京城的最近防线;霸州、玉田、滦州、雄县是第二层次,构成第二道防御体系;而较远一点的太原和保定、沧州、德州则为京师驻防体系的最外一圈。太原驻防还是整个山西防御体系的重要内容。有清一代,整个山西地区的驻防除太原城外,尚有归化城、绥远城、右卫等处。太原处于山西行省的中部,驻防于此可顾及该省中部和南部的安危。清朝以少数民族入主中原,满城的建造构成了其军事防务的鲜明特色,也不仅是太原城多了一道风景而已,这个城中之城,是城市建设史上的新创举,其在清朝两百多年管理中,特别是在清后期内忧外患的局势下,对保持城市稳定甚至中国社会的基本稳定,满城的作用功不可没。

一个城市呈现给人们的是视觉所感受的城市景观,包括城市的立体轮廓、城市外围及城市内部的标志性建筑、变化的街景、城市建筑的色彩、城市的广场、城市道路或河道的交点等等。明清城市中的基本组成单元为低层院落式住宅,城市立体轮廓,建筑密度高,公共空地、绿地较少,一些庭院中一般栽种树木或者藤架、葡萄架,因此,城市绿化水平很高,从高处俯视,整个城市掩映覆盖在绿荫中,城市中的城楼以及较高大的宫殿、寺庙建筑,形成一些制高点,使平缓的城市立体轮廓起了一些变化,并在空间布局突出了这些建筑。古代广场多是内向型,一般多是大型建筑如宫殿、寺庙、会馆内部的庭院形成,有戏台或庙时作为临时商市,形成市民的活动中心。

对现代人而言,明清历史就是古代史,人们生活中感受到的文化是经过明清两代演变的文化,人们日常所能见的古建筑多数为明清两代所建。的确,对城市规划建设来说,明清两代一脉相承,清王朝统治者虽是满族人,却十分崇尚汉文明,以继承明大统自任,他们不像历史上新兴王朝对城市建设大刀阔斧重来,而是基本保留明代的文化,其中最具象征意义的是保留北京城,继续以之为国都,尤其清代的皇帝和明代的皇帝使用同一大朝和同一寝宫,其示范意义不容小觑。太原也像全国其他城市一样,其基本格局未有大的变化,由此可以说,明清六百年两个王朝合力建设了太原城。

沧桑旧影：
话说民国太原城

　　太原市这个称谓出现不过百年。1921 年设太原市政公所，管理太原城事务，此为太原市制的雏形。1927 年，国民政府定都南京，废道一级行政区，实行省、县制，山西省统辖 105 县，省会设阳曲县。置太原市建制，1947 年 4 月重新审核，颁布太原市为省辖市，山西省省会设在太原市，太原县改为晋源县，1948 年阳曲县县治移黄寨镇。称谓的变化不能简单视为行政区划的改变，它是开始建设现代化国家的重要步骤。"太原市"这一称谓成为这里人们的精神时空和心理归属，从此几代人有了为之奉献的标的，它就成了数千年古文明走向现代文明的分界点。民国以来，一批具有革新思想和才能的政治家、企业家走上了历史舞台，他们在经

民国初年时的太原城

20 世纪 40 年代西北炼钢厂炼钢炉

太原兵工厂制造的枪械

济、政治、文化等领域规划着这个城市全新的未来。思想开放，风气维新，实业兴邦，一些全新的时代元素在太原城出现，以星火燎原之势，推动着这座城市向着现代文明迈进。如果说晚清政府开始了中国向现代文明转型，民国政府则全面开始布局。让我们撷取一些民国城市镜像，以做窥豹之观。

民国太原城的天际线不仅有巍峨的城门楼和高耸的双塔，在这个街、那个巷，许多吞吐黑云的烟囱在不断长高，渐渐增多，这显然是现代工业的初期标志。以工业文明为代表的现代化进程，对城市的发展生产了巨大推动力。以巨大厂房、轰鸣机器及闻所未闻的工业产品为标志，它改变了城市格局、建筑的面貌，直至人们的生活方式。这一时期与全国其他地方一样，工业发展成为地方政府重要任务，1933年 1 月，山西省政府出台《山西省政十年建设计划案》，省政府创办了"国营企业"西北实业公司，其大部分企业都开办在太原。其经营行业有冶金、采煤、机械、化工，最多时企业达到 33 个。其中军火工业表现突出，全盛时期军火工业的规模和生产能力与全国最大的汉阳兵工厂、沈阳兵工厂不相上下，呈三足鼎立之势，晋军参加北伐、对奉军作战、绥远抗战、忻口战役，山西军工业的贡献功不可没。在某些方面，太原地方实业的生产力丝毫不逊于民国的中央国企。南京中央政府当时所经营的国营企业中，主要有中央机器制造厂、国营钢铁厂、中国酒精厂、温溪造纸厂和中国植物油料厂等五个大型企业。这些实业在西北实业公司都有。中央机器制造厂投资 310 万元，西北实业的机器达到了 538 万元，前者年产值为 226 万元，后者达到了 352 万元。据南京国民政府对"1928—1936 年全

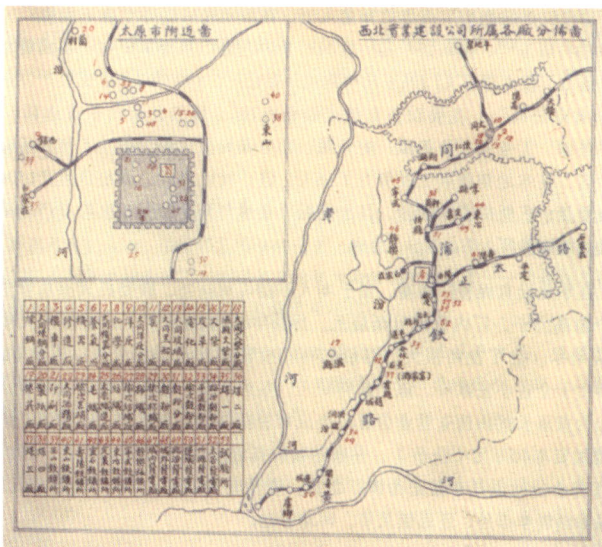

民国时期西北实业建设公司所属各厂分布图

国最重要工作"的统计，1936 年，西北实业公司工人总数达到 18 597 人，占到全国工人总数的 4.6%，其中机器业工人占全国机器业工人总数的 40%，机器业资本占全国机器业资本的 60% 左右，反映出山西工业在全国的领先地位。现代企业发展必然改变了传统的城市格局，与传统的手工业相比，它需要更多的厂房安装设备，需更大的库房储放产品，需更多的宿舍供工人居住，需更宽的道路运送物资，等等。厂房高过了住房，烟囱高过了城楼，小巷忙过了大街，电灯亮过了油灯，机车动力超过了马车，城市需要适应现代化，城市的面貌也在现代化。西北实业公司发展

民国时期闻名全国的西北实业公司

山西大学堂

的直接后果是确立了后来太原以重工业为主的现代化工业城市的地位。

　　1919 年 6 月，正当后来作为新民主主义革命序幕的五四运动在全国如火如荼展开的时候，山西省立国民师范在太原小北门开办。这是太原市国民教育推进的重要步骤，早在一年前的 5 月，山西省长公署设立"山西教育实施委员会"，公布了《山西全省施行义务教育规程》，促进了本市国民教育的发展。城市现代化需要大量有别于传统教育的现代化人才，在旧式教育已经不能适应现代化太原发展的情况下，对教育的全面规划并不断推进对城市发展意义重大。短短几年内，学龄儿童入学率由 1918 年的 38% 提高到 1925 年的 70% 以上。1923 年，著名教育家陶行知在《中国之教育统计》中称，山西当时的教育在量上为全国前列，其中师范学校每校学生平均人数、小学生人数占人口总数的百分比、初小女生人数及占学生总数的百分比、高小学校学生平均人数等四项指标均为全国第一，一个涵盖国民教育、职业教育、人才教育和社会教育的全面教育体系初步形成。包括中国三大学府之一山西大学在内的高、中、低教育层次结构合理，门类较齐全，公办私立合力，城乡全面布局，教育事业繁荣，提升了太原人文化知识水平，从而推动了太原城迈向现代化的进程。从太原街头背着书包的幼小学童到夹着书本的莘莘学子来去匆匆，从太原繁华的闹市到较偏远农村学校里书声琅琅，两千多年前的孔老夫子有教无类的教育理想在这里成为现实。

　　民国时期太原市出现了许多新式建筑，它们明显有别于明清建筑，或中西结合,或洋气十足,既实用又美观,展现了当时建筑艺术的最高成就,成为新的地标性建筑。太原火车站,占地面积2.47万平方米,候车面积961平方米,是太原最早的火车站。咣当咣当火车来了,国父孙先生来了,他高度评价太原首义之功,号召实业救国;美国哲学家杜威博士来了,他带来了西方理念;文化学者胡适先生来了,他看到了连北京都没有的能容纳千人的大会堂;印度著名诗人泰戈尔来了,与山西学者一起探讨中西方文化;著名建筑学家梁思成、林徽因伉俪来了,他们感叹太原及山西古建筑的成就。咣当咣当火车走了,山西的学子们、山西的商人、山西的工业产品走出了娘子关,走向全国甚至世界。太原火车站成为现代文化、物质交流的窗口。

山西大学堂,光绪二十八年(1902)由英国传教士李提摩太利用清政府"庚子赔款"兴建,为哥特式风格建筑。建筑规模宏大,布局整齐,建筑风格为中西结合,是近代中西文化交融的产物。中轴线上建有大礼堂、大成殿;西区为学生宿舍、中斋讲堂、中斋讲习宿舍;东区分别建有西斋的藏书楼、阅报室、仪器室、博物馆、西斋教室、西斋宿舍等。山西大学堂的大礼堂为当时全省唯一的无大梁和内柱的新式建筑。礼堂由主楼与两侧翼楼组成。主楼宽三间,拱券式门洞,其上楼身两层,顶部辟有平台,上建方形钟楼一座。楼两侧宽各为10间,高二层,下辟拱券式门窗洞,上为方形窗洞,窗口上装饰有西洋式倚柱,两坡水屋顶。建筑外观平衡对称,具有韵律感。

山西省立国民师范学校,占地面积24万平方米,房屋890余间,学校布局统一,教学设备为当时山西一流水准。学校建筑群整齐划一,排列严谨,风格一致。从

国民师范学校大门、教学楼和图书馆

学校大门到办公楼各建筑，无不采用严谨而端庄的对称形式，强调校园的中轴线，并体现了近代建筑所特有的新旧并存、中西交融的基本特点。学校大门中间拱门洞和顶部的三角形山花形成对比，使入口部分非常突出，造型独特，具有典型的山西近代建筑特色。图书馆窗洞与壁柱的分割具有节奏感，造型厚实沉稳，比例匀称。学校礼堂主体为砖墙，形式简洁对称，从侧立面可见传统的歇山顶采用新式屋架建成，礼堂高大的体量与操场对面的办公主楼相呼应，共同承担了强调中轴线的重要职能。国师各建筑不拘中西，新旧并用，服务于总体布局的需要，同时也彰显了各自的特点，生动而新颖，是民国建筑中的精品之作。

这些新式建筑，增加了太原市的高度，丰富了太原市建筑的形态，受现代教育，乘动力火车，太原地平线有了新的风景。到工厂就业，看无声电影，太原人生活方式有了新的变化，许多现代化的元素都在这里孕育。

民国从1912年算起，到1949年，仅持续了三十八年。除去日军侵华占据太原整整八年时间，不到三十年的发展时间，对一个时代来说是太短了。即使这样，山西包括太原也有不俗的表现，教育事业可圈可点，走出了许多经国治世的人才，如徐向前、程子华、薄一波、王世英等。现代工业不让当时，以太原为中心的工业基地的建立，为全省工业的发展作出了历史性的贡献，也为新中国成立后太原成为中国的重工业基地奠定了基础。历史有时有惊人的巧合，隋代的历史也正好三十八年，国人公认其为唐代的辉煌创造了条件。那么，民国对于新中国的建设发展也从各个方面做了基础性准备，恐怕不应该有异议。民国时曾在全国范围内评选省、市、县先进地区，山西与广西为仅有的两个模范省。八十多年后，站在已经可以全面观察民国历史的今天，从包括太原在内的山西的情况看，应该是实至名归。

善建不拔：
彪炳晋阳第一街

　　宝贵的城市资源公地开放和使用，体现了新的城市建设理念，人民的城市人民管理，人民建设，人民享有，极大地改变了城市格局和市民的生活方式。城市的空间理所当然属于人民，这一时期，城市公共空间扩展，单体建筑体量庞大，外观美观，新时代特色鲜明，确立了新中国有别于旧时代的城市新形象。以此，强化了市民对新太原的认同和归属。

　　主轴线是中国古代城市建设独有的创造，新中国成立后，太原市古为今用地运用这一概念，以规划为引领，成功完成了新中国成立初期的城市建设。1954 年规划整个城市建设的"骨架"是东西线以迎泽大街为中轴，南北以汾河为线，受到当时国务院的表扬，现在太原市城市建设的整体格局基本上维持了这个思路。

　　迎泽大街为新中国成立后在迎泽门外的护城河上兴建，因地处迎泽前门，1958 年被命名为迎泽大街，为太原市道路的主轴线。大街横贯太原市区中部，东起火车站，西至河西南寒，全长 10.99 公里。全街分三段：火车站至迎泽大桥称迎

20 世纪 50 年代的迎泽大街

20 世纪 70 年代的迎泽大街

泽东大街,长 5.2 公里;迎泽桥西至南寒叫迎泽西大街,长 5.28 公里;迎泽桥长 0.512 公里。迎泽大街总宽为 70 米,横断面结构为三块板形式,中央为 28 米的快车道,两侧各有 4 米宽的绿化隔带、7 米宽的慢车道和 10 米宽的人行道。大街平直宽阔,气势雄浑。

迎泽大街作为城市的主轴线,从东到西,把太原市南北方向的主干道,如建设路、五一路、并州路、青年路、柳巷南路、新建路、解放路、桃园路、晋祠路复线、和平路、千峰路、宪流路等连成一体,形成了全市四通八达的道路网骨架。通过对现有城市干道的利用、改造、明确分工、分散车流,以及在迎泽大街的两侧平行开辟辅助性道路等措施,使迎泽大街成为交通便利、安全、迅速的通衢大道。当时仅次于北京长安街的宽度,被誉为"中国第二街",从而改变了旧太原城的格局,包括迎泽大街在内的城政建设也进入飞速发展时期。按照国家批准的太原市第一个城市总体规划方案,太原市开始了拆除城墙、改造街道、辟建广场和公园等基础工程建设。到 1957 年,迎泽大桥建成通车,城北排水系统和太原第一座污水处理厂建成,迎泽公园动土兴建,解放北路和迎泽大街等主要干道框架初步形成。时任北京市市长彭真来并看到迎泽大街街道宽阔,两边的建筑布置有前有后、有高有低,还有公园,布局很好,而北京有的街道两边齐齐地站着一样高的房子,形成一个沟式的通道,很不美观,就安排北京市有关领导前来参观学习。

坐落在迎泽大街两侧的南宫、湖滨会堂、迎泽宾馆、迎泽公园等公共建筑和设施成为新中国城市建设的新地标。湖滨会堂是在露天剧场的基础上改建的,1958年建成,剧场为马蹄形圆顶建筑,全部采用钢结构架构,最长跨度达 42 米,结构复杂,占地面积 15 000 平方米,建筑面积 4000 平方米,可容纳两千多名观众,是当时山西最大的剧场,也是太原市公认的山西"人民大会堂"。湖滨会堂一直担负着省、市政治、经济、文化等重要活动的接待任务,国内外许多知名文艺团体曾在会堂演出,成为省城最大的政治文化中心。

迎泽公园于 1954 年开始挖湖堆山,大规模绿化建设,1956 年正式开放,占地1000 亩,园内有藏经楼、旱冰场、七孔虹桥、水榭、牡丹园、儿童乐园等,公园布局结合了古典园林的艺术和大众公共休闲的需要,是当时全省最大的综合性文化游览公园,多年来一直是太原重大节日举行游园活动的中心和市民休闲娱乐的好去处,成为迎泽大街整体布局一大亮点,目前仍然是太原市中心城区最大的公园。

太原工人文化宫位于太原市迎泽大街中段南侧,1956 年动工,1958 年建成,该建筑为苏联专家设计。楼坐南朝北,砖混结构,平面呈"山"字形,建筑占地面积6500 平方米。工人文化宫由主楼和东西楼组成,主楼三层,东西楼均为二层。主楼楼顶为朱德同志题词"工人文化宫";东西楼外墙体镶有向日葵及三面红旗图案,外墙半圆形通天柱顶部饰有东方红图案。太原工人文化宫气势宏伟,是太原市 20

20 世纪 80 年代的迎泽大街

世纪 50 年代代表性建筑之一,具有鲜明的时代特色。

迎泽宾馆西楼位于迎泽大街中段北侧,与迎泽公园隔街相望。1977 年建成,当时为太原市最大的旅馆建筑,也是当时太原市的标志性建筑。建筑主体 10 层,平面呈八角形,造型别致,具有采光面大、防震力强等优点。其设计打破了传统的矩形平面形式,故又名为"八角大楼"。该楼至今仍然是省市政务活动重要的公共场所。

新中国成立后,城市建设由"消费型"向"生产型"转变。大规模的企业现代化建设跨出了前所未有的步伐。国民经济恢复时期,政府把没收的 47 个官僚资本主义工业企业,合并改造成 34 个社会主义工业企业,并投资 639 万元对太原钢铁厂、太原矿山机器厂和西山煤矿等 31 个企业进行了扩建和改造。第一个五年计划时期,太原市被列为第一批国家重点投资建设城市之一,全国 156 个大型骨干工业企业建设中,山西有 13 项,落户太原市 11 项,国家投资 8.4 亿多元新建了太原

21 世纪的迎泽东西大街

化工厂、太原化肥厂、太原磷肥厂、山西纺织厂、太原矿棉品厂等28个大型骨干企业,并扩建改造了一批老企业。到1960年,全市厂房建筑面积达217万平方米。20世纪50年代至60年代的这一时期,太原建筑业不仅技术水平、管理水平和队伍数量、素质均达全国先进水平,而且这些扩建改造后的企业其产品质量也迅速提高,有的达到了当时国内领先水平。1953年,太钢试制成功高铬耐热钢;1954年,太原矿山机器厂试制成功玻璃引上机,太原第一热电厂开始发电。1955年,工人陆福庆试制成功全国第一台电动织袜机;太原重型机器厂试制成功50吨桥式起重机;太原、榆次、阳泉间高压输电线竣工交付使用。经过三年恢复国民经济和执行"一五"计划,初步奠定了太原的社会主义经济基础。一个以重工业为主,农业和轻工业为辅,全民所有制经济为主,集体所有制经济和私营经济为辅的经济结构框架也初步形成。1957年,全市社会总产值达到10.1亿元,工业总产值达到5.42亿元。

如果说民国时期的太原城仍然有浓重的"古代"色彩,经过数年建设之后,主体以现代企业建筑或建筑群为标志,太原市的城市面貌有了脱胎换骨的变化。太原市已经突破了旧太原城墙的界线,北部是特大型企业太原钢铁公司和大型企业太原矿山机器厂,西部为大型企业西山矿务局和太原重型机器厂,西南部是特大型企业太原化学工业公司,东南部则是中型企业如太原灯泡厂、太原肥皂厂等企业,这些企业片区包括其周围的居住及生产等配套设施,多数占地十多平方公里,企业建筑烟囱高耸,高炉林立,厂房庞大,机器轰鸣,构成了太原新市景画。太原工业迅速发展,人口进入爆发增长时期,1957年人口总数达108.7万多人,比1952年底净增91.58%,大量的外来人口进入企业工作,人口以机械性增长为主。人口结构也发生了很大的变化,基本人口(主要是工业就业人口)比重提高,服务人口和被抚养人口比重降低,1957年大、中、小企业职工占太原总人口的近40%,全市近一半劳动人口在企业工作或为企业服务。工业人口成为市民主体,极大改革了城市面貌,劳动创造新生活,工人最光荣,以工作服和工装服为代表的灰、蓝色成为城市的主色调。由于产业工人人群庞大,行动统一,甚至被外国人称为"灰蚂蚁",这是当时包括太原在内的大中城市独特的城市景观。工矿企业大规模发展,城市空间布局发生巨大的变化,城市区域形成一个同心圈层体系,它包括大小不同的城市聚落和农村,市或核心区有一个外围的由工业和附属住区组成的郊区工业组团带,它们以工业为功能,附以自给的服务性功能,其他郊区主要是城市的农副产品生产和供应基地。由此,城市以行政方式将城市和周边农业腹地结合为一个经济和生态系统,打破了城市和农村的隔膜,形成了一个高度互补的城乡关系。

这一时期,在全国大城市中,中西部的兰州、太原、西安增长最快。作为国家重点建设城市,太原市的城市面貌发生了翻天覆地的变化,在全国城市重要性权重方面稳居前十五位。

梦回龙城：
长抱奇崛开盛业

　　穿越悠长的时空隧道，我们轻轻撩开古城太原的面纱。历经 2500 多年的岁月流光，这座从历史深处走来的城，延续着千年的辉煌，一步步走向充满美丽梦想的明天。

　　山河来天地，人物变古今。两千五百年前，董安于这位古晋阳城的缔造者，以其睿智和卓识，远离其他五卿势力集中的太原盆地北缘，在背依龙山、面临汾河、南凭晋水、千畴沃野的汾河西畔，为赵鞅肇建了一座军事地理位置非常优越的晋阳城，也为赵氏立国奠定了坚实基础。沧桑岁月、战乱动荡抹掉了曾经的繁荣与喧闹，历史最终将忠肝义胆、殚精竭虑的董安于和他精心建造、全力守护的晋阳城镌刻在记忆的丰碑之上。经历了北朝繁荣，晋阳城至唐代达到鼎盛。作为李渊、李世民父子的起兵之地、一代女皇武则天故乡的首府，晋阳古城受到唐王朝历代帝王的重视和青睐，先后升置为太原府、北都、北京，而且对城池也大加扩建和增建，成为横跨汾河、东西两城相连的大都市，其恢宏的建筑为太原历史上所仅见。五代纷争，饱经战火，惜赵宋一炬，竟化名都为灰烬。那座在古城废墟东北三十五华里汾河东岸唐明镇新建的宋太原城，终未能敌金元南下的铁蹄。明初，朱元璋册封较有才干的三子朱棡为晋王，驻节战略要地太原，在宋太原城基础上进行重新修建，这是历史上第四次大规模修建太原城。明代的太原城虽然只是唐代太原城的一半，但比起宋代的太原城来，规模扩大了一倍。当时的太原城，规模不在北京之下，是中国北方最大规模的城市，已基本确定了清代、民国的城市规模。岁月更迭，历史远夫。辛亥革命的枪声划破晚清政府沉重喑哑的夜幕，带着两千四百多年的沧桑故事，太原城的历史翻开了新的一页。辛亥革命胜利后，太原城内格局街巷一仍其旧，山西省政府首先清理了城东南新满城的城栅、栅门等设施，扩建和重修清末正太铁路太原车站,沿太原城垣修筑环城铁路,向太原城垣之外发展。同时,积极发展太原军事工业、冶金工业、矿业窑业,随着其西北实业公司的创建,太原城北城垣外西北实业公司的下属企业,诸如西北钢铁厂、西北机器厂、炮厂、枪厂、火药厂,纷纷问世。太原城北门之外逐渐成为太原近代工业的聚集之所,城区面积迅速扩展,太原的工业经济和城市建设进入一个较快发展的时期。经历了解放战争惨烈的城市攻坚战后,这座明清以来享有"锦绣太原"之誉的古城在血与火的洗礼中迎来她的新生。

新中国诞生之后,经过半个多世纪的艰苦创业,太原已在社会主义建设当中成为举足轻重的城市,拥有全国最大的特种钢生产基地、全国最大的主焦煤生产基地、全国最大的煤炭综合利用加工基地、全国最大的热电厂、全国最大的原料药生产基地。改革开放以来,太原人民沿着中国特色社会主义道路,朝着梦想的方向,昂首步入一个春意盎然的崭新时代。

历史的枝叶鲜活地反映着城市的脉络,印记着城市所走过的坎坷与艰辛。循着筑梦的足迹,这座城在现代化车轮的呼啸声中加快了科学发展的步伐。2010年,随着国家资源型经济转型综合配套改革试验区的确立,山西转型发展上升为国家战略层面。山西要在中部各省纷纷崛起中占有一席之地,必须快马加鞭,打造中部地区发展的"北引擎",这一"引擎"便是太原城市群和经济圈。从国家中部崛起的战略看,太原经济圈与武汉城市圈、中原城市群、长株潭城市群、皖江城市带

滨河两岸

太钢——花园式的厂区环境

和昌九工业走廊并列为"中部六极"。省委、省政府从全国和全省发展的大格局中审视太原，规划未来，以太原都市区为核心，以太原、晋中同城化为重点，以阳泉、忻州、吕梁为支撑，在晋北、晋南、晋东南发展三大城镇群，从而形成山西省"一核一圈三群"的大城市体系。积极推进太原与晋中同城化，按照整合资源、优势互补、整体推进、协调联动的原则，以"三带五圈"建设为重点，进一步加强太原与晋中、阳泉、吕梁、忻州的区域合作，稳步推进"广域同城化"，形成"一小时经济圈和生活圈"，增强太原作为省会城市的龙头带动作用。着力推进太原盆地城镇密集区发展，依托太原省城优势，构建盆地东部旅游城镇带和中部汾河生态带，把太原打造成在全国具有重要影响力的旅游目的地城市。经历了两千五百年的风云变幻，这

座城市的发展被赋予空间地理位置拓展和国际化双重色彩。

不谋全局者,不足谋一域;不谋万世者,不足谋一时。围绕省委、省政府发展战略,立足实际,着眼长远,太原提出建设一流省会城市奋斗目标,在筑梦与圆梦的更迭中,不断完善太原都市圈和南部区域规划,积极、有序地推进太原城镇化进程,促进城市与区域,城镇化与乡村,城镇化与人口、经济、资源、环境的协调发展。增强太原市中心城区实力的同时,培育太原市周边多个中心城镇,使其发展成为中等城市,带动太原市外围城区城乡一体化发展,促进太原市城镇体系更加合理,逐步形成"一核、四区、五脉"的城镇空间结构。在城市规模快速扩张的基础上,以中心提质、周边提量的发展原则,推动城镇化跨越发展。通过太原晋中同城化,带动区域城镇化健康有序发展,在提高太原市中心城区的城镇化质量的同时,不断提高太原市外围地区的城镇化水平。如今,太原市与晋中市两市的道路、轨道交通、公交运营、供水供热、污水处理、广播电视有线网络等基础设施和科教、文化、旅游、户籍等公共服务一体化正在稳步推进。两市结合部的"共建区"建设,整合协调两市之间的开发区和物流园区,共建装备制造业基地和大型综合物流园区,推进徐沟、修文潇河经济带建设,加快人口和产业集聚,努力打造发展新引擎,在规模扩张、完善功能、统筹城乡等方面将为全省提供新的范式。

城市的变动见证着城市骨架的延展,时光匆匆的脚步,让人们在每一次转身回望时,总会感受到这座城市日新月异的变化。曾经太原的中心以迎泽大街为轴心,谱写了往日的辉煌。随着城市化的快速发展,单中心城市向多核心城市区域发展,已成为世界城市空间结构形态演化的客观规律。在"南移西进"城市发展战略进程中,太原的城市中心也由唯一的以迎泽大街为轴心向迎泽大街、长风大街、龙城大街多中心城市空间结构迈进了。按照区域服务中心、创新科教先锋、交通枢纽门户、现代产业基地和文化宜居名都的功能定位,南部区域成为这座城市发展的重点区域,其发展和建设成为太原市实现转型跨越的重要支撑和太原市"十二五"期间城市发展的关键。此时此地,一幢幢大厦拔地而起,汾酒集团、国新能源集团、焦炭集团等一批大型国有企业总部在这里落户,一批国际知名五星级酒店陆续开工。南部区域将企业总部基地、核心商业金融区、综合服务区、功能发展区、空港物流区、生活居住区集于一身,吸引着一个个知名企业及品牌在这里云集,汇聚了一批批高精尖人才于此间竞逐,成为太原最为活跃的现代商务中心。此时此地,中国

（太原）煤炭交易中心巍峨耸立；省图书馆和省科技馆傲然挺拔；省科技馆从设计到施工，无处不闪耀着科技的光芒，成为"省城十大建筑"中最具辨识度的建筑；新建的太原南铁路客运站作为山西省面积最大、设施最先进、外观最典雅的综合性交通枢纽，大幅缩短太原与北京及周边中心城市的时空距离，其建筑风格充分体现了"唐风晋韵"和太原作为一个历史文化名城的独特气质；山西大医院，是迄今为止山西省历史上由政府一次性规划、一次性投资建设规模最大的医疗卫生项目，建筑风格上，引入具有北方四合院建筑特色的北方园林概念，并融入山西建筑传统细腻的风格，创造出富有特色的山西大医院总体布局和空间结构；山西大剧院、山西体育中心、太原美术馆、太原博物馆、太原国际机场新航站，一个个设计一流、造型独特、舒展大方的建筑群，不断丰富着人们对这座城市的想象，它们作为太原都市名片的省城十大建筑，以其独特的语言，把现代气息、文化传统和太原的地域特色融合起来，予以完美展现，成为承载现代文明的传世之作和塑造城市形象的点睛之笔。

　　在城镇化健康有序发展中，太原加快城乡生态化的步伐，坚持"绿色、低碳、洁净、健康"的发展理念，倡导资源节约、环境友好的生产方式和消费模式，多措并举，综合施治，努力建设蓝天白云之城和青山绿水之城。

森林公园

今天，漫步于太原，满眼尽是青翠如茵的草坪、郁郁葱葱的树木和清澈碧绿的流水。远望西山，蜿蜒起伏。城中汾水，景色宜人。2010 年太原市荣获国家园林城市荣誉，2012 年年底，太原市园林绿化覆盖率达 39.07%，绿地率达 34.18%，人均公园绿地面积达 10.66 平方米。东西两山绿化，城郊森林公园建设，"城乡清洁"工程实施，汾河流域生态环境修复，水资源管理和地下水保护，边山支流全面整治……信念承载着使命，行动诠释着非凡，成果演绎着精彩。东山山庄头垃圾场，曾经填埋生活垃圾千万吨，土壤、水源、生态植被都受到严重的污染。经过大面积、全方位的整治，如今这里已成为集旅游观光、生态采摘、苗木培育为一体的森林公园。汾河公园，太原一处标志性景点，潺潺的汾河水自北向南贯穿了整个太原市区，以水为墨、以绿为彩，绘就了一幅美丽的长河画卷。汾河西岸，"晋汾古韵"、"梨园余音"、"五环生辉"广场，分别反映了悠久的三晋历史文脉、博大精深的戏曲文化和活力四射的体育健身场景。汾河东岸，"汾河晚渡"、"雁丘"、"沙滩碧水"、"超越时空"等景点，可领略到现代文明与大自然的完美结合。

山上的绿色越来越多，生态景区日益妩媚多姿，城市中的一处处"绿肺"、一条条"绿带"、一片片"绿屏"，点缀、交错出片片美景……美丽的太原，景色更加秀美宜人，"山如黛染，水似碧玉"的旖旎风光终将再现并州大地。

"让全市人民群众呼吸上新鲜空气，是最大的民生工程。"这不仅仅是一句承诺，更是一种魄力和一份担当。太化、煤气化、狮头水泥等一批重点污染企业，曾经为太原经济发展作出重大贡献，但在产业循环化、低碳化、生态化转型已成为一种潮流的环境下，"退城入园"成了一种必然选择，整体关停搬迁也促使它们走出了一条健康协调可持续发展的转型之路；城中集中供热扩网，雨污分离，污水全收集、全处理，"五河一渠"截污工程实现新突破，天然气置换工程全部完成，市区煤炭消耗总量大幅减少，采暖期燃煤总量下降；以治理雾霾天气为重点，开展 PM2.5 来源分析研究，整治扬尘和机动车排气污染，进一步完善快速公交系统，公共自行车成为龙城市民出行的重要方式。"绿色、低碳、洁净、健康"的发展理念及资源节约、环境友好的生产方式和消费模式渐渐深入人心，为了"蓝天白云，繁星闪烁"的景象常驻龙城，这里的人们不断努力着。

龙城之美，美在锦绣山河，更美在灿烂文化。2012 年，太原积极探索，在全国省会城市中率先凝练出"包容、尚德、崇法、诚信、卓越"的城市核心价值观，展示了

汾河公园

太原人海纳百川、多元和谐的开放胸襟,突出了向善厚德、重礼守节的城市品格,彰显了敢为人先、争创一流的奋斗精神。作为一座拥有五千年文明史和两千五百多年建城史的历史文化名城,这里的一草一木、一砖一瓦皆浸润着古老城市的历史文脉和深厚底蕴,这些都决定了它特色鲜明的个性。"要有多留遗产、少留遗憾的历史眼光,宁受一时怨、不挨百年骂的责任担当,坚持规划的百年尺度和审美高度。"正确的思想指引着前进的方向,高水平的规划决定着城市发展的未来。传承着开拓进取、敢为人先品质的太原人,怀着憧憬和期待,坚持"以现代化为基干、特色化为神韵、人性化为根本"的理念,围绕塑造"唐风晋韵·锦绣龙城·清凉太原"形象,按照"建设新城,疏解老城,保护古城"的思路,正激情满怀、锲而不舍地构筑着一个以汾河为轴线的多中心、组团式、生态型,山、水、城、林、人和谐共融,历史感、生态性、文化味并存的现代化都市。以崇善寺、纯阳宫、文庙、国民师范、文瀛湖为中心的历史街区保护,以双塔寺为中心的大景区、晋祠大景区的综合整治,明太原城保护复兴和晋阳古城大遗址保护工程的启动……这一切延续着锦绣太原的城市文脉和历史记忆,都将成为承载文明的传世之作。

"城市即人。"人创造了城市的历史,城市的未来在人的手中。城市与自然、城市与乡村、城市与历史……种种关系背后,其实就是一个"人"字。因此,这座城用它两千五百多年的温情默默守护着这方水土上的人民。从四种蔬菜一元价常态化到"先住院后付费"的新农合服务模式在全国试点推行,从一幢幢保障性住房拔地而起到入选首批国家创建"公交都市"示范城市,从"百院兴医""百校兴学"工程到文化惠民活动……住房、医疗、教育、文化、就业、出行、食品药品安全等方方面面,不管是大事还是小事,一项项民生工程,如丝丝甘露,滋润着人们内心与生活;一件件实事,如一缕缕和煦的阳光,温暖着千家万户,让生活在这里的人们在时时刻刻都感受着幸福的温度。收入越来越高了,住房面积越来越大了,就业门路越来越宽了,社会保障体系越来越完善了……这还不足以表达这座城市对深爱着她的人们的厚爱。公园里、广场上到处动人的歌声、婉转的音乐节拍和翩翩起舞的身影,形成一道道靓丽的风景线,人们都以自己喜欢的方式休闲着,愉悦着,尽情享受着生活的乐趣;文化活动中心报刊、书籍应有尽有,电视、电脑设施完备。文化精品走进街头巷尾,文化惠民演出深入农村社区,群众文体活动阵地越来越多,人们的精神生活越来越充实……这座城市给热爱生活的人们带来无限的希望和憧憬。

两千五百多年风雨,两千五百多年荣耀,山水形胜的禀赋是自然赐予的灵气,文化灿烂的底蕴是历史注入的魂魄,昨日的风采已随时光刻入历史的年轮,今天,在科学发展进程中,一群群充满希望和追求的人,怀着对未来的信心和渴望,从两千五百多年的接力点出发,朝着梦想的方向乘风破浪,扬帆远航了……

年谷独熟人多资

汾晋惠泽·素汾千载傍吾居

农牧之区·司马迁画出『龙门碣石线』

智伯故渠·筑坝引水成典范

草木欣荣·古柏含烟柳溪月

甲兵之本·并州好马应无数

美产良业·水磨生产在晋祠

水上西山·郁郁苍苍三百里

国色天香·古寺里的『紫霞仙』

槐菊同馨·城市的象征和标志

生态高效·都市农业绽魅力

农业是人类的"母亲产业",农业养活并发展了人类。世界古代重大文明成就,都是在农业发展的基础上取得的。中华民族以农业立国,几千年来农业作为古代中国最基本的经济形式,始终在国民经济中占有重要的位置。农业在古代始终是国力强盛的决定性力量,以农为本,一切围绕农事治国,成为历代封建王朝奉行不渝的经济指导思想和政治统治思想。

重农思想在中国古代始于西周,止于鸦片战争爆发之前,是中国古代经济思想的一根主线,也是中国古代的主流经济思想。在儒家文明中,儒家学者和受儒家思想影响的统治者,始终把发展农业作为富民强国的重点,把发展农业生产放在国民经济的首位,形成独具特色的农业发展观,同时重视构建以农业为主的大农业,主张农业、林业、畜牧业和手工业合理协调,对封建社会的经济发展产生了深远的影响。

太原所在的山西中部,属于北方游牧民族和中原农耕民族的交汇地带,农耕文明和游牧文明在此冲突交融。从历史的角度看,文明融合的流向是从高文明向低文明流动,农耕世界更具有一种强大而潜在的文化势能,每当遭到游牧民族的武力入侵时,被征服了的农耕文明往往能够发挥以柔克刚、以静制动的特性,在历史演进过程中逐渐销蚀掉野蛮入侵者身上的暴戾之气,使征服者反过来成为先进文化的被征服者。太原是中原文明的一个北部窗口,北方游牧民族在此迈开了游牧型经济向农耕型经济转化的步伐,并逐渐进行着汉化的嬗变。

太原盆地长约 150 公里,宽约 30～40 公里,面积达 5000 平方公里,平均海拔约 800 米。太原以南汾河两岸,阡陌相连,加以有潇河、风峪河较大支流,灌溉方便,为农业发展提供了有利条件。太原位居盆地北缘,为四季分明的北温带大陆性气候,冬无严寒,夏无酷暑,昼夜温差较大,年均气温 12°C,日照充足,无霜期和植物生长期较长。在优越的自然禀赋和独特的历史条件下,晋阳以及周边地区呈现出以农业经济为主,兼有畜牧业、林业经济和手工业经济的经济结构格局。春秋时期,古代晋国之所以能发展成为黄河流域的一大强国,韩、赵、魏三国之所以能在列国争雄的战国时代维持两百年之久,其重要原因在于农业生产的发展做了重要支撑,这也是太原历史辉煌的实质所在。公元前 177 年,汉文帝回晋阳巡视,问民疾苦,赈济穷困,赏赐官僚。这时太原平川五谷丰穰,稻香千顷,城郭繁华,土地富庶,被称为"东带名关,北逼强胡,年谷独熟,人庶多资,斯四战之地,攻守之场"的边防重镇,成为抵御匈奴南下的一道巨大屏障。

《北齐书·唐邕传》记载,文宣帝高洋幸晋阳,曾登西山望并州城,问重臣唐邕:"此是何等城?"邕答:"金城汤池,天府之国。"天府之国——一般传统概念,大凡指土地肥沃,物产富饶,风调雨顺,气候适中,生态良好,人文昌盛,环境宜居,社会恒定。说起天府之国,人们自然会想到成都。然而,天府之国并非成都的专利,据史载,海内曾有过七处天府之国,太原即其一。此后成为唐代繁华甲天下的北都;元代则交通辐辏,工商殷繁,家家植桑,户户养蚕,更"有无数最美丽的葡萄园";直至明代,犹有"花花真定府,锦绣太原城"之谚。

具有五千年文明史的太原,最为凸显的是勤劳智慧的劳动人民创造的农业文明:有应势造河、逐水而居、惠泽世代的晋水汾河,有兴修水利、挖渠灌溉、滋养百姓的平川沃野,有创新改造、促进生产、改善劳动的晋渠水磨,有柳溪夜月、草木欣荣、锦绣如画的繁盛美景……在这块充满无限希望和梦想的土地上,记录和浓缩着黄河流域农业文明的漫长演进,见证着太原从原始农业走过传统农业,今天走在现代农业的大路上的辉煌历程。

汾晋惠泽：
素汾千载傍吾居

"太原"一词，最初不是专指今日的太原地区，而是泛指汾河中下游一带的广阔平原。大河之畔适于农业耕作，远古人类逐水而居，文明傍水孕育而生，太原五千年的文明史与河流休戚相关，汾水的涨落荣枯带给了这座城市刻骨铭心的幸福和苦难。作为黄河的第二大支流，独跨山西境内的最长河流，山西人的"母亲河"，汾河穿越百万年历史风霜奔流不息，世代惠泽，滋养出太原这方水土最初的人间烟火，积淀成三晋文明深邃的血脉源头。

但是太原盆地出现初期，因为汾河泛滥，并不适宜人类生存。洪涝季节，汾水四处漫溢，"阴气滞积，水道壅塞"。面对汾河的肆虐，出现了一个应对挑战并成功的人——台骀。作为中国有史记载以来第一个治理水患的英雄先贤，他使汾河流域水患得到根治，又带领百姓开荒拓土，使太原成为一片适宜人类生息的沃土。当然，大禹是更为人熟知的治水英雄，太原也是他治水的主要活动区域，民间有禹"打开灵石口，空出晋阳湖"的故事，方志中有禹在太原北部系舟山停泊的传说。汾河经台骀、大禹疏导，茫茫大水退去，变成大平原，人们从此把它叫做太原。经历了世事沧桑、无数变迁后，这个名字更变得意义非凡，因为这是中国唯一一个沿用了五千年的地名。

英国历史学家汤因比认为，中华文明之所以首先在黄河流域诞生，是由于这里的居民遭遇了艰苦环境的挑战，而他们也应战成功。纵观人类发展史，文明诞生现象莫不如此，往往是气候剧烈变化的时候，或者是突遭恶劣环境的境遇下，恰恰也是文明、文化走向繁荣的重大转折点。这说明，逆境更易激发起人的潜能。

太原文明的出现同样遵循了这样的规律。春秋末期的公元前497年，汾河岸边这片由台骀肇始、华夏文明之火始终绵延的太原盆地上，崛起了一座城池，是晋

台骀塑像

国六卿之一赵简子为战备而建,这就是太原城的前身——晋阳城。它不仅成为春秋五霸转向战国七雄的主要策源地,而且数次见证并改变了中华民族的文明进程。

晋阳城位于晋水与汾水交汇处,夹在两水之间,即《唐会要》所谓"左汾右晋"。晋水源于太原西南十里的晋祠泉,"源出悬瓮山麓,晋祠宇下。水源不一,有善利、难老、鱼沼等泉,而难老泉为最,波浪汹涌,混混不穷"。难老泉有"晋阳第一泉"之美誉,亦被称为"南海眼"。鱼沼是晋祠的第二泉,隐于圣母殿底。第三泉善利泉有"北海眼"之称。这三泉汇合"如碧玉"的晋水,使得山西出现了"小江南"的美景。波涛汹涌、水源充足的晋水,灌溉了晋祠的大米,成全了晋祠方圆的民众,不仅"生民无旱年",也无饥渴之忧。它满载着历史的记忆,哺育了流域内的农耕文明,造就了十分独特的以水为中心的祭祀建筑形式及水神信仰体系。

关于晋水利用最早的记载是春秋战国之际的晋阳之战——智伯水灌晋阳城,结果智伯反被赵襄子所灭,赵与韩、魏三家瓜分了智伯的领地,由此发端,三卿坐大,进而瓜分晋国,史称"三家分晋"。"三家分晋"事件被史家看作是我国由春秋时代进入战国时代的标志性事件,也是我国由奴隶社会过渡到封建社会的标志性事件。我们熟知的史学大家司马光,便是以公元前403年韩、赵、魏被正式册封的"三家分晋"事件作为战国年代的起始年,开始编写他的《资治通鉴》的,这表明了这一事件的里程碑意义。

赵襄子的父亲赵简子,是晋国的上卿,在政治上、军事上颇有建树。他执政时期,农业经济飞速发展,出现了用牛耕田之情形。当时人们用和牛有关的字起名,成为一种时尚。晋国卿大夫窦犫,字鸣犊。犫,古义为牛的喘息声,鸣犊即小牛在叫。他曾提出"不患寡而患不均,不患贫而患不安"的著名见解,因政见不同,反对赵简子实行新政,被赵简子杀死。窦犫生前曾在太原盆地的西北边缘挖渠引水,灌溉农田,他所造工程是我国最早的引泉灌田水利工程。正是由于窦犫在农田水利方面的贡献,当地人民在他挖渠引水的洌石寒泉旁为其修建了窦大夫祠,以示纪念。当年孔子周游列国,曾驾车专程来访,可惜未入山西,听说窦犫被杀,便中途折返了。窦犫的名字及其挖渠引泉灌溉农田,也从另一个侧面反映了当时太原地区生产力水平、生产工具的改进和当时晋阳人改造自然的能力。

王朝更迭数千年,宛若弹指一瞬间。而晋水仍在缓缓流淌,时时蕴蓄着一股不可阻挡的力量。到了清乾隆年间,据《太原县志》记载,汾河的主要支流风峪河口堰北的一段被冲毁 85 丈,乾隆十七、十八年间南部的一截被冲毁 45 丈,这竟然引来了乾隆皇帝深切关注的目光,到了乾隆四十一年,巡抚觉罗巴公延多次饬责藩司黄公检派人重新进行勘测,七月十九日开始兴建,堰高 2 丈,厚 5 丈,用灰石堆砌,从峪口开始兴建,北抵罗成阁,东至大柳树,深挖疏通河道 1600 余丈,宽 5 丈,深 5 尺,一直延伸到大柳树,东至汾河,占地面积约 58 亩,接挑有 1100 余丈,宽 2 丈,深 1 丈,在十个月内竣工,建成后使城北村落永久免于水患。

今天,我们谈"治国理政"、"依法治国"的"治",文字的来由就与"治水"有直接关系,由"治水"最终产生"治国",治国走向了我们今天的文明。在人类与水漫长的相处过程中,文化和思想也受到了水的浸润、水的濡养。在群经之首——《易经》中论述,坎卦为水,险,一阳被二阴所困,又由两个"坎"组成,六爻中四阴二阳,造成群阴困阳的卦象。此卦象形似乃水流的汇集,重险的际遇。坎卦卦辞提示我们:"习坎,有孚,维心亨,行有尚。"当重重险阻不期而至,要"习坎",不断练习而熟知水性的无常与有常,并勇于涉越它。遇坎,要"有孚"。孚为信,执着内在的信念,至诚不移,挟群阴之柔,行阳刚之志,向着既定的方向前进。像台骀、尧舜、窦犫诸多的先贤,面对水,"习坎"前行,执着信念,始终如一,就会化险为夷,行龙化雨,名垂青

生养不息的汾河

史。

　　而在老子《道德经》中说："上善若水，水善利万物而不争，处众人之所恶，此乃谦下之德也。"孔子闻言，恍然悟道："先所处尽人之所恶，夫谁与之争乎？此所以为上善也。"上善若水、柔弱胜刚、从善如流、海纳百川的水德不仅是两位智者间心领神会、妙不可言的灵犀默契，千百年来也一直是历代文人士大夫修身处世的至境。水在圣贤书中好恶的云泥之别看似矛盾却并行不悖、经年共存的两种观点，体现了先哲们精微广博的智慧和东方哲学朴素的辩证思想。

　　先贤的思想脉脉涌动，随晋水滔滔、汾水长流自成岁月，穿越千年。唐代时有一位名为薛能的人，家住汾河岸边，仕宦显达，官至工部尚书，爱好辞赋，写过一首题为《怀汾上旧居》的诗。其中有句说："素汾千载傍吾居，常忆衡门对浣纱。"汾河的水可以浣纱，不用细说，是相当清澈了。北宋词人沈唐在《望海潮》开首写道："山光凝翠，川容如画，名都自古并州。"清顾炎武在《天下郡国利病书》中载："自太原以南，其泉溉田最多利民久者，莫若晋祠泉。"可见晋水福泽悠久，附近农田深蒙其利。每每读到这美丽的歌咏，都忍不住赞叹汾河、晋水滋养出的这片山川形胜、风物俱佳的厚土。

如今，汾河再展新颜：烟水浩渺，波光潋滟，两岸涌绿，人欢如潮，汾河已成为城市赖以呼吸的新鲜而阔大的肺叶和命脉所系。汾河公园新建的雁丘前，经常牵动着游人驻足，解读"问世间、情为何物，直教生死相许"的永恒爱情密码。联合国人居环境署授予汾河景区"联合国迪拜国际改善人居环境最佳范例奖"。汾河，终将继续见证城市的光荣与梦想。太原人，终将诗意地栖居在晋水汾河之畔。

农牧之区：
司马迁画出"龙门碣石线"

　　《庄子·让王》有言曰："日出而作，日落而息，逍遥于天地之间而心意自得。"反映了远古时期小农经济下人们的理想和追求。在早期的史料中依稀能见的记载说明，农业种植业在太原的文明开化初期即已开始，适应于这种生产方式的劳动人民也已从游牧部落逐渐向定居的农业养殖过渡发展。

　　麦浪滔滔，平畴如织。伴随着中原王朝与游牧民族间的长期攻伐，历史客观地将太原摆进了一个特殊的历史文化地理位置。据史学家司马迁在《史记·货殖列传》中规划的农牧地区分界线——龙门碣石线，龙门为今山西河津市和陕西韩城

富庶康乐越千年

市之间黄河两岸的龙门山,碣石在今河北昌黎县西北。由龙门至碣石山的农牧分界线从太原盆地的西北边通过,龙门碣石以北的物产为马、牛、羊、旃裘、筋角,这些都是畜牧地区的产物。此线以南为农耕地区,在当时是区分地区经济的一条明确标志,后世依然有其重要的作用。司马迁也因此在历史地理的研究中厥功至伟,它符合于生态环境,有利于农牧业的生产和发展,推进国计民生的富庶康乐。

太原郡倚线处于这条界线以南的农业文化区,为农业文化和游牧文化频繁碰撞的前沿地带。太原农业的发展,自古就得天时和地利:从天时的角度讲,太原处于中纬度,气候属于典型的温带大陆性季风气候,夏季暖热多雨,冬季干冷多风。年均气温 8.3—11.6℃,年均日照 2360—2796 小时,属于高照率范畴,无霜期149—175 天,年平均降水量 500 毫米,其中 60%集中在夏季的 7—9 月份。光照充足,雨量集中,水资源丰富,季风环流交替明显,这成为农业生产发展的重要条件。从地利的角度讲,全市土壤除棕壤、山地草甸土、盐土外,褐土分布最广,占土壤面积的 56%,PH 值 7.5—8.5,为弱碱性,为作物生长提供了适宜的酸碱度。特别是汾河流域,土层深厚,地势较平,肥力较高,水源丰富,具有发展农业生产的优良条件。

太原地区土壤种类多,山川丘陵广阔,优越的自然地理条件,赋予这里丰富的物产。中部、南部的平原和丘陵区为主要农耕区,以生产小麦、水稻、玉米、谷子、高粱、蔬菜为主;果类品种繁多,品质优良,主要有葡萄、苹果、梨、桃、杏、枣、核桃等。西部和北部山区,以产莜麦、荞麦、豆类、马铃薯及油料作物胡麻、向日葵为主。西部山区是天然牧场,从汉代起设监牧管理畜牧业。

农业的生产对象是植物,植物是生态系统中的第一生产者,是人类赖以生存的物质基础。它源远流长地为人类提供生活和生产资料,人类依托地理环境条件而生活生存,地理环境又通过生物,主要是农作物而发挥对人类的更大作用。在漫长的历史长河中,太原地区的气候冷热交替,地貌景观发生过巨大的变化,农作物种类以及农业生产随之演化发展。

周朝时代,叔虞册封为唐侯,积极发展农牧业生产,政绩斐然可观。于是"感召"上天,唐地稻田长出特别高大丰硕的植株"嘉禾",这在当时被视为农业丰收的祥瑞之兆。叔虞派使者将这种天降福祉的"嘉禾"献给朝廷,受到周成王的嘉奖和周公的赋诗歌颂。据说,为了纪念其先君唐叔虞向周天子和周公晋献"嘉禾"的荣

清徐葡峰

宠,将其国号"唐"改为"晋"。篆书的"晋"的上半部分其实是两个谷穗,它正是唐叔虞向周成王所献的"嘉禾"。由此可见"晋"这个字从使用之初就象征着太原地区的农业富庶。

　　春秋时代,生产力飞速发展,铁犁的使用和用牛耕田,使大量的荒田被开垦,太原盆地的农业进一步发展。尤其中末期,晋国疆域扩张到太原盆地以北,诸卿势力纷至沓来,在盆地内划分势力范围,开垦私田,发展农业。代表新兴地主势力的晋国"六卿",在盆地内改革税制,极大地促进了农业生产的发展。赵简子在盆地北端的晋水之阳建造晋阳城后,经过董安于、尹铎两任官员的治理,晋阳周围的农业经济迅速发展,很快使晋阳成为一座"府库足用,仓廪实"的战略城邑。春秋战国时期是晋国社会大变革、经济大发展和民族大融合的时期,也是原始农业转变为传统农业、耕作管理迈上新台阶时期。

　　秦统一全国后,太原郡的农业经济得到了一定的发展。当时太原盆地主要种植稻、谷,汾河两岸则多种莜麦、荞麦和黍,另种植蔬菜和果物。然在秦的暴政下,人们尚不能丰衣足食。至西汉初期,汉王朝实行"与民休息"的进步政策,大规模推广了牛耕,"徙民屯田,皆与犁牛","劝民务农桑……使卖剑买牛,卖刀买犊"。尤其

晋祠稻田

是汉文帝刘恒初为代国王,即皇位后曾于三年(前177)幸太原,免除晋阳的三年劳役、赋税,使更多的人投入到农业生产中去。张骞出使西域,促进了中原和西域的经济交流,丰富了农作物的品种,并州开始了西瓜、葡萄的种植。这一地区的农业生产有了较大的提高,经济繁盛,人口密集。据《汉书·地理志》载,汉元始二年,太原郡已拥有680 488人。当时的农耕经济,主要生产资源是农业劳动力,所以人口的聚集就是经济发达的主要标志。汉宣帝时,太原郡已发展成为供应京师粮食的一个重要基地,每年都有大量的粮谷沿汾河、渭河运往长安。东汉初期,出于边防战争的需要,统治者十分重视山西地区的农业生产。建武十三年,汉将杜茂增曾"引兵北屯晋阳、广武,以备胡寇"。这些情况自然刺激了太原地区农业的发展。但到东汉末年,军阀割据,并州为激烈争夺之地,农业生产惨遭破坏。曹操占领并州以后,以梁习为并州刺史。梁习利用当时相对安定的社会条件,积极恢复农业生产,出现了"百姓布野,勤劝农桑"的盛况。

西晋末年，并州发生饥荒，又遇刘渊攻掠，经济凋敝，民不聊生，乃有两万户随并州刺史司马腾"乞活"于冀州。所幸继任刺史刘琨勤政善治，很快就在并州重现了鸡犬相闻的局面。

隋唐时期，随着晋阳以政治、军事、经济及统治集团感情等诸因素，成为隋唐王朝在北方的统治中心，上升为仅次于长安、洛阳的大都市。这一有利的政治条件，使得晋阳经济空前繁荣，汾河流域已成为著名的农业经济区，粮食储备十分充足，至李渊晋阳起兵时，晋阳储粮犹可"食支十年"，成为经济支撑战争的典型史例。唐天宝元年（742）太原府辖14县13万户78万人，宋崇宁元年（1102）太原府辖10县16万户124万人，在太原历史上首次突破了百万人，成为当时的大都城。人口数量的累增在封建社会是经济繁荣的标志，也印证了当时农业经济的兴旺。

宋金元时期历经四百余年，太原地区的农业，经历了恢复—发展—衰败—再恢复—再发展—再衰败循环往复的演变过程。宋元两代，当政者将恢复和发展农业作为首要政务,推广先进农具,改革耕作制度,在防治病虫害方面有一定成就。在农作物品种方面,引进和发展了蔬菜和棉花等经济作物,晋祠稻开始闻名于全国。但朝代末期当政者腐败,官吏盘剥,税负沉重,自然灾害侵袭,再加之元朝末期地震连发,农业的破坏和衰败程度甚于宋代。

明代,太原为"九边"之一,太原及其北部地区驻有大量的军队,军粮的供给自然成为一个重大问题。太原及其以北地区,明以前一直处于农牧相间的经济状态,农业经济尚未得到较好的发展。因为供给军需的压力很大,明朝以前,这里开始了大规模的屯田。太原地区未见民屯,只是明太祖时移太原民赴大同屯垦,明成祖时又移太原民赴北京屯垦。太原的土地多为军士屯垦,而且收获可观。如洪武年间,"太原左卫千户陈淮所种样田,每军余粮二十三石,帝命重赏之"。宣德六年,明宣帝又命侍郎柴车经理山西屯田。经其治,太原到处兴屯垦耕。从宣德年间内使刘信等人状告晋王擅取囤粮 10 万余石,准备谋反之事,足见当时太原地区军屯成效之可观。此时,晋祠的稻米更具盛名,诗人张颐曾赋诗《晋溪流水》:

> 唐叔祠前溪水碧,泉涌颓波挟崖石。
> 一弘清溜泻寒声,千载居民仰灵泽。
> 小小渠平古殿凉,西风十里稻花香。
> 剪桐遗事今犹昨,血食如何祀女郎?

清朝初期,清廷肆意圈占土地,窒息了农业生产的恢复。康熙年间,为了缓和满汉矛盾,采取了下令停止圈占土地,修改顺治"垦荒定例"等一系列政策措施,同时改革耕作制度,实行科学种田,扩大农业生产规模。太原地区培养传统粮食品种,开发新农作物品种,如茄子(原产印度)、番茄(原产美洲)、玉米、番薯等新品种。太原晋祠继续以晋水育稻,驰名全国,清代许荣写下"晋水源流汾水曲,荷花世界稻花香"的楹联,赞誉晋祠水乡万头攒动的荷花和遍地黄金的稻田。康乾盛世的稳定和平以及经济作物的普及,特别是棉花的大面积种植,成为贸易和私营工商业的新发展动力,促进了新工商城镇的出现,孕育了汇通天下、纵横五百年的晋商。

智伯故渠：
筑坝引水成典范

城市出现于什么地方，也并非偶然。因为城市的人口密集，商品交换、生活和生产都离不开水，市的选址首先就是以水作为根据，河、湖、泉和井是城市的主要水源。相传"伯益作井"，伯益是一个跟随大禹治水的人，说明我国用井历史悠久。在早期文献中，经常出现"市井"的字样。"古未有市及井，若朝聚井汲水，便将货物于井边货卖，故言市井"，这就是"因井为市"、"处商必就市井"的道理，城市与水的关系不言自明。没有水，就没有城，所以城市水利在历史发展的长河中有其特殊的光彩。

水利是人类生存、生活、生产、商品交换、经济发展和社会安定所必须面对处理的大课题，虽然世界各国在各个不同的经济发展时期有着不同内容的水利工程，但水利活动始终是人类与自然界斗争的主旋律，无论是古代农业社会还是现代工业社会，水利都是国民经济的基础设施和基础产业。原始社会生产力低下，人类没有改变自然环境的能力。人们逐水草而居，择丘陵而处，靠渔猎、采集和游牧为生，对自然界的水只能趋利避害，消极适应。进入奴隶社会和封建社会后，随着铁器工具的发展，人们在江河两岸发展农业，建设村庄和城镇，遂产生了防洪、排涝、灌溉、航运和城镇供水的需要，从而开创和发展了水利事业。通观历史，人类与水一直存在着既适应又矛盾的关系。随着人类社会的不断发展，人与水的矛盾也在不断变化，需要不断地采取水利措施加以解决，而每一次大规模的成功的水利实践，都会进一步提高水利在人类发展过程中的重要地位。

农业经济是古代社会经济的主体，与农业利益攸关的水利业随着社会生产力的发展而不断发展，并成为人类社会文明和经济发展的重要支柱。水利工程作为农业的命脉，分为三类：灌溉工程、运河工程和堤防工程，而智伯渠是灌溉工程浓

晋祠雪景

墨重彩的开篇之笔。智伯渠位于山西太原南郊的晋祠镇，渠首是晋祠三泉之一的千古名泉——难老泉，由军事目的而成为中国第一个有坝引水的灌溉工程，历史悠久，管理制度完善。

春秋战国时期，各个政权为了争霸称雄，纷纷建造堤坝工程，大打用水消灭对方的主意，百姓苦累不堪，却由此对农田水利建设事业带来了意想不到的效果，使水利建设由开渠疏导引水进入筑坝取水的阶段，智伯渠就是一个典型案例。公元前455年的晋阳之战，虽然在悬瓮山晋水发源地一带"山北高阜处掘成大渠，预为蓄水之地，然后将晋水上流坝断，水尽注入新渠。待大雨过后，山洪暴发，水位陡涨之时，决堤淹没晋阳，使全城浸没在水中"，智伯以邻为壑，得出"吾今日始知水之可以亡人国也"的结论，却不敌张孟谈"唇亡齿寒"的道理，落了个身败名裂的下场。水可以亡人国，水亦可泽人国。有趣的是，为战争而修的"智伯渠"，后经当地劳动人民修竣，成为泽及万世的"灌溉渠道"。《水经注·晋水》中记载："沼水分两派，

北渎即智氏故渠也。"

　　然而,就知名度而言,智伯渠的名气远远没有人们熟知的都江堰和郑伯渠大。"问道青城山,拜水都江堰。"都江堰在四川灌县,是世界闻名的古老而宏伟的灌溉工程。它是秦昭王(公元前306—前251)时蜀守李冰领导人民修筑的。它是由分水工程、开凿工程和闸坝工程组成的一个有机整体,使成都平原大约三百万亩良田得到灌溉,从此"水旱从人","沃野千里",使四川从此成为"天府之国"。

　　郑国渠是秦国于公元前246年修建的另一大型灌溉工程,是由韩国的一位名叫郑国的水工设计开凿的。据《史记·河渠书》记载,郑国渠"凿泾水自山西邸瓠口为渠,并北山东注洛,三百余里","溉泽卤之地四万余顷","关中为沃野,无凶年"。

　　可以看出,智伯渠是历史上有坝引水灌溉最早的灌区,因为它修建在公元前455年至公元前453年,比李冰父子修建四川都江堰早了两百年左右,比当时"三家分晋"后的韩国水利工程师郑国修建陕西的郑国渠早210年左右,也比当时魏国大将西门豹修建引漳十二渠早了两百年左右。从历史事件可看出，当时"三家分晋"后的相当长的一段时间里，韩、赵、魏三国已掌握和拥有了许多水利工程技术和大量技术人才。他们发奋图强，兴修水利，建了许多的灌溉工程，各自走上了强国之路，并从三晋向外扩张。韩国从建都山西平阳，东南部发展到河南禹县、新郑一带；赵国从建都太原发展到河北邯郸一带；魏国从建都山西运城发展到河南大梁（开封）一带。三国均成为中原大国，加上秦、齐、楚、燕四个大国，称霸百年左右，史称"战国七雄"。

智伯渠的渠首渐渐成为一个著名风景区，就是晋祠。难老泉是晋水的源头，作为仁道的象征，它受到士大夫阶层的世代吟诵，在这种集体崇拜的意识心理下所产生的一系列水神祭祀建筑，则成为晋水流域社会文化的空间表征与物质体现。在"难老泉"上方，有一座水母楼，里边供着水母娘娘，千百年流传着"饮马抽鞭，柳氏坐瓮"的动人故事。

围绕智伯渠周边还有许许多多的传说故事和文物古迹，如"剪桐封弟"、"豫让击衣"、"张郎七分水"、"金人渡河"等故事。晋祠是历史文化的大观园，文物古迹有300多处。如水镜台、会仙桥、金人台、对越牌坊、献殿、鱼沼飞梁、圣母殿、三台阁、唐叔虞祠……所有这些故事和文物古迹大多是以难老泉、智伯渠为基础。智伯渠水文化还有一个最大的特点，就是故事多围绕着"忠信"二字展开。水母娘娘的传说是"忠信"，"剪桐封弟"的故事讲的是"忠信"；张郎的故事也是"忠信"，"豫让击衣"更是"忠信"。可以说，水文化与人的精神道德是紧密相连的。

水是生命的源泉，也是文化的源泉。咏叹智伯渠的诗文也是最多的。历代文人墨客从不同侧面描写泉水的秀美，或歌颂灌区惠泽百姓的美德善利。诗仙李白陶醉其中，在他的回忆里几度流连，几番致意："时时出向城西曲，晋祠流水如碧玉。浮舟弄水鼓箫鸣，微波龙鳞莎草绿。"宋代范仲淹写道："神哉叔虞庙，地胜出佳泉。一泽甚澄澈，数步忽潺溪。"大

智伯渠

文学家欧阳修云："并人共游晋水上，清澈照耀涵朱颜。晋水今入并州里，稻花漠漠浇平田。"最让我们欣慰的是晋祠因梁衡先生的生花妙笔在全国中学语文教材中"活"起来，激起了一代又一代人的无尽向往。晋祠的楹联有 100 多幅，大多与水和灌溉有关，看后令人回味无穷，感思良多。如颂晋祠的楹联有："山环水绕无双地，神乐人欢第一区。""晋水源流汾水曲，荷花世界稻花香。""唐国封桐七百年，功存王室。晋渠水灌三千顷，泽及生民。"更有唐太宗李世民刻在唐碑上的治国理念，如"德乃民宗，望惟国范""惟德是辅，惟贤是顺"等，这与"水能载舟，也能覆舟"的思想可以说是融通一体的。

唐武则天执政时，并州长史崔神庆在东城和西城之间跨水连堞，建造了中城，亦称"连城"。晋阳三城相连，规模宏伟的建筑群，成为唐朝的北方屏障。因为东城内井水苦涩难饮，唐代名将李勣受智伯引水灌晋阳的启发，修筑了从西城把晋水架过汾河引到东城的引水工程，这一项规模较大的引晋跨汾工程，叫晋渠。这一渡槽跨度很大，为汾河上出现的第一个渡槽工程，在古代城市水利工程中实属少见，反映了当时太原水利工程技术已相当发达。其后，河东节度使马燧又修建了东城引晋水工程，又把汾水分出许多小流环城流绕，两旁都栽上杨柳。晋水擦西城而过，汾河穿中城南流，晋渠穿西城，过中城，跨汾河达东城，使之流水哗哗，杨柳飘絮，楼台相望，宫阙巍峨，蔚为壮观，城市交通四通八达，经济富庶，文化荟萃，人才辈出。正如李世民在《晋祠之铭并序》中所描述的："金阙九层"、"玉楼千仞"，与长安城隔空相望，相映生辉。

宋代晋水灌溉系统进一步完善，溉田面积达到鼎盛时期。时太原尉陈知白鉴于"晋水奔流，溉田无多，诸多田畴，水虽能及，乃民皆惧以水增赋，悉不敢溉之为用，水竟付之东流"的现状，剀切晓谕，浚晋水水源为十分，并划定三七配水比例，使晋水管理有了简而易行的制度。于是，"凡溉田数万亩，民利于是大溥"。

唐宋以后直至元末，太原成为中原统治者与北方少数民族政权长期争夺交战的重地。宋太平兴国四年，宋太宗赵光义第三次征讨北汉，放火焚烧经营千年的晋阳古城，次年又复演智伯旧剧，引晋水、汾水狂灌晋阳废墟，晋水又一次扮演变利为害的角色。连绵不断的战事，使晋水渠系遭到严重破坏，争水冲突日趋激烈，所谓"水利虽云溥溥，而水争则极纷纭"。

草木欣荣：
古柏含烟柳溪月

古晋阳历经沧桑演变为今日之太原，周柏是历久未变的见证者。晋祠中最古老的遗物当属周柏，又称龙柏。两株柏树同年种植于圣母殿前，合称"齐年古柏"，原想天长地久，生死相依，可惜另一株凤柏在清道光年间被砍伐。周柏虽皲裂斑驳，历经沧桑，却依旧树干挺直，枝叶长青，静卧一旁，如苍龙欲飞。

周柏，没有寒风中挺立的雄姿，也没有繁枝茂叶，只有不屈的精神和不老的心。千万不要小看了这棵周柏。明傅山曾立石上书："晋源之柏第一章。"无疑，周柏是晋祠的根。周柏不仅守望了晋祠三千年的历史，也是晋祠三千年延绵不绝的庇护神。宋欧阳修曾感叹道："地灵草木得余润，郁郁古柏含苍烟。"

沐浴了三千多年风雨的周柏，是一位智者，更是一位禅者。它知道，凭自己的单薄之身，是难以抗御自然界风雨雷电的打击，也难以抵御漫漫岁月的无形销蚀，因此，它使自己的身子倾斜下来。这不是屈服，而是换一种方式抗争。在寂寞与冷清中，一待就是几千年，历尽了岁月沧桑，阅尽了世态炎凉，悟透了一切，淡泊名利，宠辱不惊，大智若愚，修炼成佛。

苏东坡有词《哨遍·为米折腰》曰："观草木欣荣，幽人自感，吾生行且休矣。"草木是古诗词中常见的抒怀类意象，以草木繁盛反衬荒凉、内心的落寞，通过物是人非的对比抒发盛衰兴亡的感慨。细读草木诗，总是诉不尽的情怀。从《诗经》开始，直接以草木为名或涉及草木内容的篇目便比比皆是：《卷耳》《匏有苦叶》《蒹葭》《何草不黄》……"五柳先生"陶渊明有"采菊东篱下，悠然见南山""榆柳荫后檐，桃李罗堂前"；孟浩然与友人饮酒，"开窗面场圃，把酒话桑麻"；杜甫说自己"平生憩息地，必种数竿竹"；白居易则"小松未盈尺，必爱手自栽"，"栽松满后院，种柳荫前墀"。柳宗元被贬之后，却在"种柳"的过程中找到了乐趣——"柳州柳刺史，种

晋祠周柏

柳柳江边"……

　　咏草木以明志，歌花草以抒怀。周柏、唐槐、柳溪月色往往成为诗人笔下生动的古晋阳风景。元朝僧人小苍月有诗《柳溪胜景》："一城春色富河东，万古中州悉听从。地贵自然芝草出，天高长是瑞之封。堤边翠带千株树，江上青螺数十峰。海晏河清无个事，画楼朝夕几声钟。"不由让人掩卷凝神回望彼时之太原。宋代的太原城，周回 11 里，虽说比肇建伊始的晋阳城规模稍大，但较盛唐时周回 42 里的北都晋阳城小得多，且为土城，可谓狭小简陋，然而在当时却赢得了"锦绣"之誉，以致有"花花真定府，锦绣太原城"的佳句传世，的确让人觉得不相称。其实，时人所云之"锦绣"，主要是就其外围环境秀丽壮观而言。当时，太原城西侧"柳溪"溢彩，东山和天龙山林木蔚然，晋祠殿宇壮观，芳林寺香烟缭绕，为太原城增光添色，也促进了太原城经济的繁荣。

　　柳溪，是宋代太原地区的汾河堤防工程。宋代的汾河，非今日汾河能比，水势浩荡，时有溢决。宋时，每逢夏秋，"汾水屡涨"，太原城常有沦入水泊之患，使得"民

晋祠唐槐

辄忧忧"。可见太原城复建之仓促,因居民而围城,未经慎重选择,以致在晋阳城几度遭水灌之祸后,仍将太原城建于汾河之"禁区"之中,使太原城再遭水患。宋天禧年间,陈尧佐任并州知州,为消水患,它让人们在太原府城西　里的汾河东岸,即今新建路以西旱西关至水西关一带,修筑长堤。堤长5里,呈马蹄印形,口向汾河,是一个西有缺口的围堤,意在减轻汾河对堤堰的冲力。堤堰建成之后,从缺口引入注水,形成了一个规模相当可观的人工湖泊。为了加固长堤,人们又在围堤四周"植柳万株,(故)曰柳溪"。

　　柳溪工程建成后,有效地防止了汾河涨溢冲击府城的隐患,确为一善举。但以今日之眼光回望,柳溪不单单是一项防洪工程,更像是今日汾河公园之于太原,亦可视作古时之"人居范例"工程。当时的政府率领百姓,相继在围堤之上、垂柳丛中，建造了"彤霞阁"、"四照亭"；在湖泊之中，建造了"枞华堂"、"水心亭"，并种植了大片的莲花，整个湖泊被美化得分外清雅别致。春夏之日，湖水荡漾，垂柳依依，成为当时游览和避暑的胜地，"太守泛舟，郡人游观焉"，实可谓太原的水上公园。

元代，柳溪仍为一处胜景，官宦、文人时常流连此地，以致元人陆宣在《游汾河》诗中曾有"翠岩亭下问棠梨，上客同舟过柳溪"的佳句。清代文学家魏子安在其长篇小说《花月痕》中对柳溪美景有这样的描述："十年前太原太守率官民吏卒，立汾神台骖祠，因复旧迹。彤云阁是上下两层，溪北最高之处，四面明窗，俯瞰柳荫中，渔庄稻舍，酒肆茶寮，宛如天然图画。溪南一带桂树，遮列如屏，便是枞华堂。东边一带垂柳，汾水环绕，四边池水一弘，纵横数亩，源通外河，便是芙蓉州。"其后汾水日益萎缩，柳溪也渐渐干涸、圮废。尽管如此，它为太原历史成就了一段灿烂的画卷，为今日太原留下一条翠绿动人的街名——柳溪街。如今太原人只能从街名中遥想当年的胜景，寄托那份向往宜居环境的不变情愫。

在太原，还有一个和"柳"有关的地名——柳巷，位于市中心的商业闹市区。至于这条街为什么要叫柳巷，老柳巷人的口中，代代流传着这样一个故事：朱元璋在北伐灭元的战争中，挥戈直指元军的军事要塞——太原。驻扎太原的元军凭借太原城高池深的地理优势，垂死固守。明将军常遇春为了解敌情，装成樵夫，混进太原城，却被元军探子跟踪，他情急之下钻进城墙根下巷北的一个破旧小院。院里住着一位孤寡妇人柳氏，她的丈夫被元兵残杀，儿子又被元军抓去，一去不归，所以，她恨透了元朝统治者。她眼看这位樵夫被元兵追杀，同情之心油然而生，便把常遇春仔细藏匿，避开了元军。

常遇春获救后，为感谢老人救命之恩，顺手摘下院中树上的一根柳枝，告诉她把柳枝插在街门上，明军进城后会尽心保护。柳氏知道战火将起，不忍街坊四邻再遭战火，便走家串户告诉大家门上插好柳枝。攻入城中的明军士兵，看到门上插有柳枝的院子，便格外小心，秋毫无犯。战后，为了感谢柳氏，百姓把门上的柳枝植入门前街畔。这些柳枝便生根，抽枝，发芽，吐翠。插入街头巷尾的柳枝，随着时光的推移，这条不起眼的小巷，绿柳成荫，枝条婀娜。于是，一个美丽的街名"柳巷"来到了太原的大地上。

柳巷之柳印证了太原人乐善好施、仁义忠厚之德，柳溪之柳寄托了太原人建设家乡、美化家乡之情。经年累月，劳动人民胼手胝足、摩顶放踵，尤其近三年，本

着优化生态环境、提升生态品位、增强生态功能的理念，围绕"东山、西山构建生态屏障，矿区、郊区修复生态环境，库区、湿地提升生态功能，城市、乡村共建美丽太原"的主题，东西两山整体推进林木绿化与生态修复并举，打造布局合理、植物多样、总量适宜、结构稳定的城乡生态系统，构建省城三大生态圈。今日，城市的森林蓄积量519万立方米，森林覆盖率16.18%，综合性公园31个，专类公园11个，带状公园4个，街头游园104个，社区游园42个，街旁绿地47块，人均绿地面积10.66平方米。其中，环城森林公园已初具规模，宛若一条翡翠项链环绕着城市，形成了一条"三季有花，四季常青，乔针灌草结合，经济生态景观林网配套"，长90公里、宽3公里、总面积30万亩的绿色生态景观走廊，"让森林走进城市，让城市拥抱森林"的美景成真，呼之欲出。

2010年太原建成了国家级园林城市，目前力争2015年申请国家级生态园林

森林公园

城市。生态园林城市与传统城市相比,不仅具有园林的观赏、美化环境等特点,还具有诸多的生态学特点,如:丰富的生物多样性、公共性与共享性、协调性和变化性、无界性与一体性以及综合性和完备性,将自然美、艺术美和社会美融合在整个生态系统中。在功能作用上,生态园林城市不仅能调节小气候,维持碳氧平衡,衰减噪声,美化市容,提供游憩的空间,而且还能增加经济收入和就业机会,最大最优化地实践了园林经济学。生态园林城市是一个生态的城市,体现着生态城市的特点,具备生态城市的功能;同时,它又是一个人工制造的生态系统,是一个地区政治、经济和文化的中心,因此,现代的生态园林城市不仅体现了生态文明和物质文明,也是城市精神文明的体现。这个愿景凝聚着中国传统的审美情趣,凝聚着太原人一如既往的绿色城市情结,我们翘首期待"虽由人做,宛自天开"的生态园林境界。

甲兵之本：
并州好马应无数

唐代大诗人白居易有诗《偶咏旅怀寄太原李相公》：

驿路崎岖泥雪寒，欲登篮舆一长叹。

风光不见桃花骑，尘土空留杏叶鞍。

丧乘独归殊不易，脱骖相赠岂为难。

并州好马应无数，不怕旌旆试觅看。

可见唐朝时为了防备来自草原民族的威胁，止铁骑于大漠，太原作为重要边境城市驻有大量军士和战马巩固边防。

王翰最负盛名的《凉州词》曰：

         葡萄美酒夜光杯,欲饮琵琶马上催。

         醉卧沙场君莫笑,古来征战几人回。

    马成为引发诗人心灵共振的载体。太原自古靠近游牧部落,边塞战事不断,因此,这里民风彪悍,且作为都城之一,保家卫国的信念深植于民间,上前线的太原人众多,所以,这里的边塞诗人众多,所写诗词多描述边塞风光、古代战争、农牧业及北方风土人情,具有刚健而雄阔、真诚而直率的风格。晋阳诗词中马是出现频率很高的歌咏对象,牧马业之兴盛由此可见一斑。

    在山西古代经济中,畜牧业始终是仅次于农业的支柱产业。从司马迁《史记》所记载的"龙门碣石"农牧分界线来看,畜牧业在山西所占的面积大于农区。夏商西周时期,土方、鬼方以及诸戎群狄在此游牧,说明这里非常适合畜牧生产,这一带遂成为传统的牧业区域。正因为经济实力和牧业的发展,才为晋国称霸及以后三晋称雄几百年创造了物质基础。正如孟子所言,晋楚之富,天下不可及也。赵氏家族势力进入盆地后,将其家族畜牧养马传统发扬光大,畜牧业发展如鱼得水。赵简子在此"有食谷之马数千",赵襄子灭代后,将代国之马豢养在晋阳周围,使这里成为赵国的畜牧基地。1988年,太原发现的春秋末期赵卿大墓,出土大型车马坑,坑中有44匹战马和17辆战车。一次出土如此多的战马,充分说明了春秋战国时

番骑图

期太原地区畜牧业的发展状况。

战国中期,赵武灵王"胡服骑射",锐意改革,国力大盛,而后"四十余年秦不能得其欲",赵国成为东方唯一能与西方强秦抗争的强国,而牧马业正是实施"胡服骑射"的物质基础。赵国迁都后,晋阳逐渐成为赵国的畜牧业发展基地。

考古学家苏秉琦曾经说过:

> 陕北、晋北、冀北及内蒙古南部,这个大体东、西的燕山南北长城地带,从史前到三国时代历来是北方畜牧文化与黄河流域农耕文化接壤过渡地带,并不是一条线,而是竟数百公里的带,直到近世,这一带仍是那达慕(蒙语,意为游戏、竞技)盛会的分布地带。太原处于这个地带中段的边缘地区,是南、北真正接壤和过渡地带。

走廊地带接壤区域造就了太原的军事地理优势,造就了具有内长城作用的晋阳城。晋阳城在历史上固然以军事重镇而闻名,然而,每当战争过后,晋阳就成为繁华的商业闹市,即使在战争期间,这种马匹的贸易往来也在民间悄悄地进行。太原素有"北收代马之用,南资盐地之利"的说法,足见马匹流通数量之多、畜牧贸易之发达。

秦王朝时曾有班氏家族由南方徙居楼烦(今宁武北部)。班壹所养马、牛、羊达"数千群",成为山西北部最大的畜牧业"专业户"。班氏以畜牧致富影响和带动了当时山西乃至中原的畜牧业发展,秦王朝以班姓命名班氏县,这在中国郡县史中尚属首例。司马迁说他们所获得的财富,"皆与千户侯等"。

秦末汉初时期,因战争需要,马、牛类的大牲畜急剧增加。《后汉书·马援传》载:"马者,甲兵之本,国之大用。"秦末汉初社会动乱,边境

古代战马

不稳定,社会经济凋敝,军马严重缺乏,甚至出现了"自天子不能具钧驷,而将相或乘牛车"状况,有的地方匹马竟贵至百金。为此,西汉朝廷在边郡大力发展官营牧场,同时也在内地广建官马厩,并且采取鼓励民间养马的措施。从汉高祖刘邦开始,娄烦就列入皇家牧苑地。据传,在"鸿门宴"上显忠良的樊哙曾来此做过监牧官。文帝时,随着经济的逐步恢复和匈奴袭边的加剧,国家对军马的需求更加紧迫,于是文帝前元二年(前178),西汉政府根据晁错的建议,颁行"马复令","令民有车骑马一匹者,复卒三人",用养军马一匹免三人徭役的办法鼓励民间养马。这项措施大大调动了民间养马的积极性,景帝时继续实行。当时并州太原就置有"家马官"一职。臣瓒曰:"汉有家马厩,一厩万匹。"汉武帝时,卫青抗击匈奴,曾派人到河东、太原买马,霍去病骑这里产的战马英勇善战,闻名于世。

随着骑兵的迅速发展,其军马牧养制度也趋于充实和完备,畜牧经济和农耕经济的交融发展,大量养殖军马,太原成为全国军马基地,超过了秦代。到武帝初年,民间养马遍及城市大街小巷、千家万户,乡村田间道路更是到处充斥着来往的马群。不仅军马数量大大增加,而且养马制度也进一步完善,从而保证了强大的骑兵部队的建立和对匈奴作战的不断胜利。

晋阳地处交通要冲,是北方马匹输入中原的必经之地,也是河西马匹进入中原的中转站。河西马匹进入中原以前,必须在晋阳一带驯养,以适应中原的气候环境。《魏书》记载:"每岁自河西徙牧于并州,以渐难转,欲其习水土而无死伤也。"可见,魏晋时期晋阳附近常年喂养着数千匹马,这些马经过晋阳流通到各地,以至江淮。

在隋唐和五代时期,骑兵已经确立了在军中的地位,在这一时代骑、步并重,各国的骑兵规模虽不及南北朝时期,但是骑兵仍是一支重要的力量。唐朝以武功开国,太宗李世民本人就善于使用骑兵,他著名的6匹坐骑被称为"昭陵六骏"。这六匹骏马载着李世民驰骋汾晋,为收复大唐王业发祥地——太原,立下了战功。因此,唐太宗李世民称赞它:"应策腾空,承声半汉,入险摧敌,乘危济难。"所以唐代,特别是唐初对骑兵的建设也是很重视的。

唐从起兵始就建设完善自己的马政建设,以备军用。唐在边地多置监牧,属太仆管理,监牧马5000以上为上监,3000为中监,3000以下为下监。唐初宪州辖楼烦、天池、玄池三处牧马监,为唐北边疆军马主要来源地,时有"楼烦骏马甲天下"

昭陵六骏图

之谓。楼烦马是西域马和汉地马的杂交种，兼收两种之长，史称具有"卧而显小，立而显大，能驮善走，体格健壮，力大无比，性情温良，不拣水草，不畏风沙，耕不知疲劳，战可避刀枪"的优点。今太原市的娄烦县唐初为楼烦监牧地，置监牧使。唐代的骑兵最为强大。盛唐时期的大唐骑兵完全可以同突厥骑兵进行正面对抗，而且胜率极高。

宋朝以后，太原的畜牧业一直处在发展之中，这不仅因为当地有发展畜牧业的良好自然环境，也因为北宋及金、元少数民族建立的政权都十分重视畜牧业。北宋时，为供应军队马匹的需要，在一些适合畜牧的地方设了监牧，以蓄养孳生马匹。太原就设有监牧，它是以唐代楼烦监为基础的，规模较大。同时，在欧阳修的建议下，在太原附近又设置了元池、天池（均在今山西静乐县）两个养马监。熙宁元年（1608），又在交城设置养马监。

金、元初时，太原及其周围地区的养马业维持了北宋的数量。元成宗时，诸王小薛阿只吉部驻在太原，在太原养了14 000匹马和骆驼，因扰民太甚，廉防使程思廉奏请成宗，只允许他们饲养100匹。元王朝虽"以弓马之利取天下"，但逐步由国家经营大牧场，主要在边疆和江南腹地，在内地则搜刮汉民马匹，禁止汉民养马，所以自元代起太原地区养马逐渐趋于衰落。

如今，一些地名依稀可见当年畜牧业之影踪，比如位于清徐马峪乡的马鸣山，地处白石沟东北中段，距清徐县城15公里，山势陡峻，松柏成林，环境幽雅，海拔1258米，是清徐的最高峰。旧志中清源八景之一的"白石云松"即是指此。相传汉文帝曾牧马于此，有驹蹄印迹。此山上还有一处神泉叫马跑泉，相传汉高祖路经此地，口渴无水，有神马跑山上，泉遂涌出，故名马跑泉；另一则说，唐王李世民曾狩猎于此，以马刨泉饮其水因而得名。此泉冬夏不竭，乡人称神泉。娄烦县有"马"字的地名更多，马家庄、马家岩、马道沟、老马坪……从这些故事可看出，太原乃至山西是一定历史时期国家畜牧业基地所在。

牧马业丰富了层出不穷的文人笔下诗词歌赋的题材，也成就了众多彪炳史册、刚烈忠魂的武将。在太原独有的地理环境和人文气质滋养下，铮铮铁骨的基因世代相传。杨家将、呼家将、郭子仪等作为马背上的英雄，他们疾如飙至，劲如山压，横扫千军，所向披靡，或以家族式的悲壮捍卫故土，或以铁血丹心的个人豪情征战沙场，与他们的骏马一起为国家留下传奇的一生，印刻在战争的记忆里绵延至今。

美产良业：
水磨生产在晋祠

《晋祠水利纪功碑记》："太原，泽国也，利在汾晋二河，汾则迁徙靡常，晋则一成不易。"据《读史方兴纪要》："宋熙宁神宗八年，太原人史守一修晋祠水利，溉田六百有余顷，以晋水源出祠下也。"晋水大约形成于两百万年前，分为四股，一是海清北河，即形成于春秋末期的智伯渠。二是隋开皇四年开的鸿雁南河。三是鸳鸯中河。四是北宋嘉祐五年开的陆堡河。隋开皇六年（568）"引晋水灌溉稻田，周回四十一里"，宋嘉祐年间稻田浇灌面积曾达到了万余亩。著名作家吴伯箫在《难老泉》中说："这道泉水……除了供应居民食用，可以灌溉三万亩农田，开动一百盘水磨。"正是这四河的开通及改造自然能力的提高，人们在河上建起了房屋，安装了水磨，形成水磨生产。四河灌溉三十多个村子的 3 万余亩耕地，带动着 72 盘水磨的生产。如此众多的水磨缓缓地转动，转到人们心中，便有了生活富足殷实的踏实感。

传说有鲁班作磨，杜元凯造连机水磨。虽然传说不尽是事实，但在古老的传说里，包含着先民们对磨的一缕温情和敬意，因而当我们偶尔回望时，磨作为一种粮食加工的机械便显得不那么坚硬和冰冷，我们仿佛看到土地里长出的金黄的谷米、饱满的麦粒、晶亮的豆类，跳动在厚重的磨盘上，随着缓缓的碾压散发出粮谷最质朴的香气。拉磨的或许是一头被蒙了双眼的小毛驴，或是辛苦劳作的人在推转磨盘，在日复一日，

河岸水磨图

艰辛备尝的漫长岁月中期待着劳作方式的便捷和改良。

水磨的发展与东汉南阳太守杜诗发明水排有关，其原动力为水力，通过曲柄连杆机构将回转运动转变为连杆的往复运动。马钧约在227至239年间发明了一个由水轮转动的大型歌舞木偶机械，包

水磨景观

括以此水轮带动舂、磨。无疑，这是根据当时流行的水碓、水磨而设计的。在马钧之后，杜预造连机碓，其中也可能包括水磨。祖冲之在南齐明帝建武年间（494—498）于建康城（今南京）乐游苑造水碓磨，这显然是以水轮同时驱动碓与磨的机械。几乎与祖冲之同时，崔亮在雍州"造水碾磨数十区，其利十倍，国用便之"，这是以水轮同时驱动碾与磨的机械。可见水磨自汉代以来，发展蓬勃，而到三国时代，多功能水磨机械已经诞生成型。直至晋代，发明了用水作动力的水磨。

水磨是中国古人智慧的结晶，与石磨之区别在于其借自然之力的动力系统，生产效率因源源不断的水流而大大提升。它主要由上下扇磨盘、转轴、水轮盘、支架构成。上磨盘悬吊于支架上，下磨盘安装在转轴上，转轴另一端装有水轮盘，以水流冲转水轮盘，从而带动下磨盘的转动。磨盘多用坚硬的石块制作，上下磨盘上刻有相反的螺旋纹，通过下磨盘的转动，达到粉碎谷物的目的。它的物理学原理就是利用水的重力势能，根据能量转化原理，水从高处流下，由重力势能转变为机械动能，水不停地冲动木轮转动，通过木轮传动带动石磨转动，机械动能使两石盘摩擦挤压，从而粮食粉碎，这也是水力发电动力原理的原始形式。一盘水磨一天可加工两担面，碾三担米，大磨可磨面四五百斤，在当时大大提高了古代农业劳动生产率，减轻了劳动强度，改善了饮食结构，提高了食物营养，是中国古代科技发展的又一标志。

既然依靠水作为原动力，水磨的形成和运转就必然依靠丰沛充足、源源不止的水源。晋水流域地势西高东低，水流湍急，利用水流的重力势能带动石磨加工粮食的水磨业由此形成。圣母殿内杨廷璇的一副楹联形象地概括了晋水的特点：

　　溉汾西千顷田,三分南,七分北,浩浩同流,数十里淆之不浊;

　　出瓮山一片石,冷于夏,温于冬,渊渊有本,亿万年与世长清。

　　现代科学测量表明,晋水水温常年为 17.5℃,并含有丰富的钾、矾等矿物质,加上晋水流域土壤肥沃,略带碱性,是北方地区少有的宜于农耕的"水田沃土"。晋水浇灌了源远流长的三晋文明,同时赐给了晋水流域特有的水利产业。

　　水磨业是得晋水之利的一大产业。据嘉祐八年(1063)《重广水利记》中"碾竖之具鳞次而动"推断,作为时代产物,曾作出过重大贡献。1955 年实行公私合营后,粮食的统购统销,加上水量的减少、电磨应用的普及,水磨逐渐荒废。现在随着晋祠申报世界文化遗产工作的成功、晋水的恢复,水磨模型重新展现在广大游客面前,给人以动的感觉、快的乐趣、美的享受,成为体验式旅游的项目之一。

　　由于晋祠磨坊业发达,甚至影响太原的粮食价格,获利颇厚。晋水南河王郭村 73 岁的阎老先生说:"水磨都是有钱人家的。"该村 75 岁的任老先生提到过去本村一位王姓财主,拥有 3 盘磨、900 亩土地,得意地宣称"三盘连夜转,九顷不靠天",就是说,即使在大旱之年,依靠水磨的转动,仍能获得丰厚的利润;即使老天不下雨,他家的田靠晋祠水也能丰收。沈从文的《边城》中老船夫在盘算心爱的孙女翠翠婚事时,他无比羡慕团总的女儿能有一个碾坊作陪嫁,而他穷困寒酸,伤感地说翠翠的婚事是"又无碾坊陪嫁,一个光人",可见碾坊、水磨之类的生产资料意味着衣食无忧、殷实富足的生活。

　　晋祠风俗,富者以有水磨为美产,商人以守水磨为良业。昔日商贾林立,车水马龙,水磨旋转,市场繁荣,晋祠遂成为米面交易中心,每天早上都有一批送面队伍将磨好的面粉送到市区和清源等地,又有一批队伍将河东刘家堡、北格等地的粮食陆续运到晋祠加工。西山煤矿众多,拖煤要用大量青壮年,因此晋祠附近成为粮食和米面的主要贸易区和消费区。

　　水磨加工的粮食必须经过水洗,去除杂质、秕子,以保持食品的纯净。石盘和水洗的食品不易传热,转速均匀而慢,温度低,水洗的食品易粉碎,品质不易破坏,因此水磨加工的食品营养高,味道正,品质良,口感柔软,肉筋,有股醇香的味道。经水磨加工的晋祠大米美味可口,久负盛名。晋祠大米栽培于风景如画的旅游胜地晋祠东部,是山西最大的水稻生产基地,历史悠久,西汉即有大面积种植。宋代范仲淹用"千家溉禾苗,满目江南田"的诗句来描绘晋祠稻田生产的盛大景象。晋祠大米颗粒饱满,色泽晶莹,性软而韧,连蒸数次,仍然粒粒分明,吃起来清香爽口,素有"七蒸不烂"之说,因而,人们把晋祠大米与天津小站大米一起列为华北名产,晋祠由此而享有"北国江南"之美誉。

据史料记载,水磨除了磨面的基本作用以外,多用于酿酒业、造纸业、制香业、榨油业,是当时手工业最广泛的一种动力装置。晋水流域另一个得水利、水磨之益的产业是造纸业。由于造纸的原料主要是当地的稻秸和麦秸,故又称草纸。这种草纸的制作一般要经过石灰水浸泡原料、蒸草、洗草、粉碎制浆、手工捞纸、室外晒纸、整纸成型数道工序。可以看出,造纸的整个工序需要充足的水来保证,粉碎纸浆的程序又依赖于水磨而便捷。这样,在晋水流域拥有特权、地处晋水出口的总河流域便在造纸业方面具有"近水楼台"的优势,其中纸房、赤桥历来造纸业十分发达。世居赤桥的乡绅刘大鹏在其《退想斋日记》中多次提到:"里人生涯资耕作者十之一,资造草纸者十之九。"民国之后,造纸业虽有衰败之象,但仍为当地农业生产之余的收入之一。1935 年的一份社会调查,纸房村制纸家数 21 家,占全村家数的 47.73%,年收入 6720余元;赤桥村 78 家,占全村家数的 61.4%,年收入在 2 万余元。造纸业虽系"小规模之手工业副业",但一般家庭也没有足够的固定资本,"各村的资本,多数皆系他人投资,如纸房之资本,半数均系晋祠商人、农人所投"。

晋祠米香

杏花酒旗

"赤桥村里没闲人,春夏秋冬生意浓。刮风下雨不能息,男女老幼作纸忙。"这首流行在当地的民谣,既道出了造纸人的辛劳,又蕴涵着温饱生活的惬意。

作为受益于水磨技术的下游行业之一,山西的酿酒业出现得较早,这从出土的秦汉时期的众多酒具可以得到证实。《北齐书》中记载,北齐武成帝高湛从晋阳写给河南康舒王孝瑜的文书中说:"吾饮汾清二杯,劝汝于邺酌两杯。"说明山西汾酒在北齐已出现,且为北齐朝廷御酒。在杏花村用于酿酒的古井旁,有清朝汾邑举人申季庄撰《申明亭酒泉记》石碑一座,称汾酒是"凡王公士庶,逢月夜花辰,莫不以争先一酌为快"的好酒。清代乾隆晚期文学家、大诗人袁枚编纂的《随园食单》被公认为中国饮食文化的经典,他在介绍山西特产汾酒时是如此描述的:

> 既吃烧酒,以狠为佳,汾酒乃烧酒之至狠者。余谓烧酒者,人中之光棍,县中之酷吏也。打擂台,非光棍不可;除盗贼,非酷吏不可;驱风寒消积滞,非烧酒不可。

可见汾酒口感之浓烈是因其酿造工艺中独特的二次发酵法对高粱、大麦的特殊酝化。至于晋裕汾酒股份公司1924年所注册中国白酒业的第一枚汾酒商标,因何设计为五株高粱穗和二十三颗饱满的高粱,现已无从考证,或许是汾酒酿造七大秘诀之"粮必得其实"的一点体现,或许是"酒正五齐之式"遵古法酿造的意思。

回望往昔,不管是水磨的使用还是汾酒的酿造,都体现了劳动人民对粮食的热爱之情,他们用勤劳智慧赋予了这些谷物以精微的形式和曼妙的味道。

水上西山：
郁郁苍苍三百里

　　根据地质学的划分，从现在上溯三亿年，为古生代的石炭纪。那时地球上还没有人类，河畔、海边满布着又高又大的木本羊齿科植物，水边生长着大量腕足类、纺锤虫类、海百合类植物。到了下石炭季末，华北大陆开始沉降，海水高涨起来，原来茂盛稠密的森林，被水冲浸，终于腐朽沉积，分解而成石炭。经过相当久的年代，海底升起，露出水面，出现了太原附近的石炭二迭级地层，并有广大的煤层分布，地质学家叫做"太原系"煤。上古以前，直至一千多年前的中古，太原地区森林覆盖率仍达40％多。沧海桑田，时过境迁以后，森林就化为沉睡在我们脚下的乌金。山西的煤炭储量占全国的四分之一还多，足见当时林木茂盛和葱茏。

　　大唐盛世，太原西、中、东三城跨汾河相接，引汾、晋水，环城绕流，"丽汾环城，

汾水长流

树柳固堤"。平川流水哗哗,杨柳飘絮,桑枣棋布,"城槐临渚","林塘沛泽"。前山近山区遍布高耸茂密的天然森林。还在隋朝时,薛道衡、李德林等大臣陪隋文帝巡幸晋阳时,多次称颂西山"松风远更清"、"静谷禽多思,风高松易秋,远林才有色"的松林美景。唐太宗的《晋祠铭》中也有记载:"绝岭方寻,横天耸翠……松萝曳影,重谷昼昏,碧雾紫烟,郁古今之色……霓裳鹤盖息焉,飞禽走兽依也。"即满山以松为主,森林耸翠,重重山谷被林木遮掩,白天也觉得昏暗,轻轻薄雾,环绕林端,美景如画;许多珍禽异兽,栖息于林,系"林木郁然,一方之胜"。唐后期,兰村一带,满布"林峦"。至五代十国末的北汉国,天龙山还是"群山邃谷……怪石灵泉,藤萝荫乳窦以夏寒,黎挂响晴汤而冬绿,涧溜清泚,自激清音,蔓草繁清……群木荫翳"的林多、泉水遍流的避暑胜地,东山则有更多高大茂密的森林。唐末,榆林坪一带"万木丛来",晋王李克用在此筑避暑宫。后唐重修晋阳城等宏伟宫殿群,在北涧河上游采伐成批大柁木,溜于贮木场,名曰"溜柁",再将大批巨木良材,顺北涧河入汾,水运至晋阳城下。

天龙山秋景

阳曲、古交、娄烦人烟稀少,山林更是满布。如娄烦一带是唐皇朝最重要的牧养军马基地,白居易诗云:"并州好马应无数。"柳宗元亦有"晋国多马,腹梢众木"之说。马对草质和水清澈度的要求,比牛、羊、驼严格得多,只有山上有大量森林,才能水草丰美,才能饲养起大批军马。当时的林木繁茂确是可想而知。

由于那时本区森林众多,故气候调匀,水源丰盛,河流安澜,水质清澈,泉池众多,土田良沃,人物阜殷,物产富饶,除大批骏马供国家军用外,还有甚多余粮外调。自然灾害绝少,旱灾平均五十多年一遇,受灾轻微。唐朝以前,"汾河不闻有泛决之急",枯水季水"深丈余",可通航,"漕汾晋之粟,以给京师(长安)"。唐末徐彦伯《汾水新船赋》曰:"载运泛流,行舟乃乘素波,假道于河……负重以致远。"

那时太原山川秀美,生态环境优越。正如唐代文人柳宗元所说:"以稼则硕,以牧则畜,以渔则庶,而人用是富,而邦以之阜。"系全国几个著名的经济富裕区之一。

经宋金元和明朝前半期约六百年间战争等人为因素破坏,到明后期太原山林已被"砍伐净尽",少许选筑用材也要从孝文山、芦芽山偏远高山、深山运来,或拆毁旧屋,利用旧材。如万历十四年(1586),因汾水危及省城,用丈椽千多根为筑堤桩木,皆取自芦芽山一带。万历十九年,重修清源城,因无林可伐,只好拆毁两座山寺,供翻修城楼之用。因木价昂贵,故万历《太原府志·宫室》曰:"晋自万历年来,富有资者,宏开木厂,毁人垣屋,以规厚息,里无完巷,家无完壁,毁宫室为园囿,变乐土为丘墟,触目萧条……可甚悲愤。"大量拆毁旧屋售木,可见太原地区已无木材可伐。估计太原地区残林覆被率已降至5%左右,且都是久经破坏后再生的低矮杂林。明朝又在太原山区一再"扩大屯田",晋藩诸王也不断扩大庄田,大肆焚烧草木,辟坡为田。坡田"错列在万山中,岗阜相连",已到了"即山之悬崖峭壁,无尺寸不耕""尽坡上下则为田"之地步。

由于毁坏了森林,灌草也备受摧残,总生物量大减,自然灾害频发,灾情越来越重,受灾面越来越广。明朝时太原旱灾已加速到三年一遇,且常有"人相食"之重灾。汾河上中游水土流失加剧,泥沙俱下,到明朝更成为"太行山西浊汾流"状样,河道迁徙,常发生诸如明嘉靖四十五年(1566)"汾水大涨,环抱省城……居人夜坐屋上"的大水灾,溺水死者甚众。万历《太原府志·物产》有这样的记载:"今反贫瘠,其所产不及三吴、百越之一大邑,虽山谷原隰,泱漭无逿,而不睹林麓之胜、禾黍之茂、畜产之繁……旬余无甘露降,则陵巅不华,而丘中之节事立槁。"可见太原已变成缺林少草、穷山恶水、水源贫乏、土地瘠薄、庄稼不旺、畜牧衰退、物产缺少的干旱贫困地区。

到清时,本区森林已接近消亡。因一味地破坏植被,陡坡开荒,广种薄收,走向越垦越穷、越穷越垦的恶性循环,生态恶化至极。汾河太原段更恶化成"水势暴狂,迁徙不常,淹没农田,多被其害"的害河。虽一再筑堤设防,仍防不胜防。顺治九年(1652),"当水泛涨,城没大半,登城野望,田禾房屋,尽被淹没倾圮,百姓随流而死者,不可胜数"。光绪十二年(1886),汾河泛滥,冲毁堤坝,逾墙穿屋,冲毁城门,半壁西城,顿成泽国,众多民宅,荡然无存,灾后,全太原城人口不足三万。

太原生态环境之殇,看西山之变亦可以斑窥豹。金元文豪元好问在登临太原西山时,看到莽莽南去的山势,有感而发,写下歌吟太原西山的诗句:"水上西山如卧屏,郁郁苍苍三百里。"

何为之"屏"?《诗经·小雅·桑扈》曰:"君子乐胥,万邦之屏。"《毛传》:"屏者,蔽也。"郑玄解释这句诗意为:"王者之德,则能为天下蔽捍四表患难矣。"通俗地讲,就是屏障、挡蔽之物。在元好问的笔下,太原西山是太原府西美妙的挂屏。但还有一句可能是出自武人的诗句,以"山形高下远相吞"来形容太原西山的雄壮气势,把它比做太原的西部屏障。时过境迁,及至近代,西山沦落为一颗蒙尘的珍珠。

太原西山在农业社会时期,地处北国,却产南粮。由于地肥土沃,河泉充沛,南植晋祠水稻,北产府西(兰村)大米。此情此景行宫太原的北宋名相范仲淹身历目见,不禁吟出"千家溉禾苗,满目江南田""皆如晋祠下,生民多旱年"的佳句。早在东汉时期太原西山的农业经济就非常发达,史称"年谷独熟,人庶多资"。农业的命脉是水,太原农业的发达,仰仗的便是这一方土地的丰茂水源,而太原之水最旺盛、最密集的地段,便在太原西山一线。咆哮的汾河,从太原西山北端东入太原盆地后,流速忽缓,转北而南。它沿西山山地的凸凹,浊流婉转,徐徐南下,沉积下肥沃的黄土层,形成太原西东两山间的洪积、冲积扇平原,为太原农业的发展打下了良好的基础。

上世纪初,太原近代工业滥觞,也看中了汾河和汾河的支流,也着眼于太原西山,于是在上风上水的太原西山及城北,冶炼业、矿业、采掘业、制造业……不问青红皂白,纷纷上马。西北实业公司在冽石口寒泉,兴建了造纸厂;沿汾水太原北段,建起了钢铁厂;在西山白家庄、西铭、杜儿坪,大肆发展煤矿、石膏、水泥等矿业、采掘业。太原西山从此陷入青山变灰、绿水不再的万劫之渊。自然和人类的生态平衡、和谐相处,逐渐被人类破坏,自然对人类的惩罚也由此拉开帷幕。

毋庸讳言,工业的发展,是人类科学技术发展带来的必然,西方的资本主义就根植在工业迅速发展的基础之上。觉醒的先哲,向西方学习,从提出"洋务"到掀起"洋务运动",中国的工业在亚洲东部的原野崛起,太原西山也在这种崛起中觉醒。短短百余年,尤其是新中国成立后的六十多年,更为显著的是改革开放三十多年

绿化西山

以来，太原的工业，依托太原西山，迅猛发展，日新月异。从接管官僚资本西北实业公司，西山按照第一个《太原市总体规划》制定的城市定位——"山西省的工业中心"，先后组建成西部煤矿工业区、中部重型机械工业区、南部化学工业区。太原能源重化工业的发展，无疑给太原的经济社会发展、人们生活水平的提高带来了强劲的动力，但是，其资源型、粗放型的醒目特征，导致了科技含量低、经济效益差的后果，而且污染了大气，污染了水源，污染了土地。

近年来，新一届市委、市政府提出了建设一流省会城市，创建国家森林城市，全力建设青山绿水之城和蓝天白云之城的目标，以"敬天为民"理念，果断决策，壮士断腕，拉开了西山地区科学整治的大幕，采取"政府主导，市场运作，公司承载，园区打造"的生态建设模式。政府主导，就是由政府主导编制西山地区总体规划，在靠近城市的西山前山区域规划了 21 个主题不同、各具特色的城郊森林公园29.8 万亩。市场运作，就是把西山山水作为市场资源配置，作为资产运作，实现西山山水生态资源资本化、市场化、产业化。公司承载，就是充分发挥公司的力量，公园绿化和项目建设由企业承担，谁投资谁受益。园区打造，就是做到一个园区一个特色、一个公园一个主题，启动了一批现代服务业项目建设。通过产业引领，实现西山地区生态建设的可持续发展。通过实施生态新政,极大调动了国有、民营企业积极性,已有 14 家企业参与了西山城郊森林公园建设,总占地面积约 15.8 万亩,累计完成投资 38 亿元,主要实施了绿网建设、路网建设、水网建设和污染治理四项工程。

生态新政将恢复西山重要的生态屏障和水源保护地的地位,建设西山城郊森林公园、"一环多廊多园"的绿地系统,打造"工业遗产旅游之路",恢复历史文化风景带,建成万亩生态园。我们期待,再过几年,西山地区成为一座天然优良氧吧,一组美丽生态产品生产区,一处吸引市民休闲娱乐的好去处,一片城市发展的新空间,重焕林霭幽郁、百木富饶之貌,重现"水上西山如卧屏,郁郁苍苍三百里"的胜景。

国色天香：
古寺里的"紫霞仙"

太原城东南，郝庄的向山脚畔，矗立着一座三晋名刹——永祚寺，俗称双塔寺，始建于明万历间，已在市景繁华、风雨飘摇中走过了四百多年。这里绿树红墙，宝塔梵殿，龛阁玲珑，碑碣栉比，是全国唯一的一座全砖结构建筑。寺内双塔直冲云霄，挺拔巍然，凭此可俯瞰太原城的恢宏壮丽、繁华如织，一直以来被视为太原的城市标志，在国内外久负盛名。今天，双塔更成为太原的城市名片。

寺内有一副楹联，曰："古寺独享牡丹花，双塔同揽娇媚月。"每年的春末夏初之际，这里风檐展铃，牡丹逸香，游人摩肩接踵，争相观赏，置身于缤纷斑斓的牡丹花间，构成一幅花海人潮的春游赏花风俗画。寺内6600余株牡丹花争奇斗艳，这当中，身份最尊贵的，当数有着永祚寺花魁之称的七株明代紫霞仙了。紫霞仙历经四百多年风霜，老干虬枝，却喷芳吐艳，每年花期总是率先绽放，引领群芳。

此处的牡丹与洛阳、菏泽等地牡丹相比，虽盛名难齐，但若论起身世血统——明代牡丹和最古老的寺院牡丹，就不得不提它一笔。她被誉为太原的百草群芳之首，明代中叶从洛阳徙植于太原，其栽种年代与寺院建造同在明万历年间，名字叫做"紫霞仙"。它植根于寺院主殿大雄宝殿前的方形花坛里，花型为单叶，也叫做单瓣型牡丹。据牡丹花种研究者讲，紫霞仙为早开晚收的牡丹花种，花期较长，花叶深绿，初开之时花瓣呈肉红色，盛开之际呈淡紫色，临近晚期则为正紫色，花期约20天。每当大部分品种的牡丹花开过盛期，临近凋谢或已经凋落时，正是紫霞仙喷芳吐艳，馨放沁香，蓬勃盛开之际。那时节，它独树一帜，花团锦簇，紫中透红，红里发紫，绽开的花朵超过了碗口大，有的直径超过了20厘米。最大的一株紫霞仙，个头超过2.4米，树冠直径超过3米，单株最多绽放300头花，灿如云霞，甚为壮观，无愧为牡丹花后期之佼佼者。为此，太原双塔寺文管所已经成功举办了30届双塔牡丹艺术节，经济效益、文化效益、生态效益、社会效益四者兼得。

难怪金元大诗人元好问看到盛开的紫霞仙时，备感惊奇，欣然提笔曰：

天上真妃玉镜台，醉中遗下紫霞怀。
已从香国编熏染，更怕花神巧翦裁。

他把"紫霞仙"比作醉酒的杨贵妃从天宫重返大地，酣卧于古刹院中。这极为传神的名字"紫霞仙"，如今还焕发着妩媚与娇柔的"古典美人"气息。名如其花，花更胜其名。人们探幽访古看"紫霞"的风姿绰约，穿越时空的羁绊，探访年轮留在它身上的时代印迹……

牡丹是我国的传统名花，因万紫千红、艳压群芳故称"国色"，又因香而不酽、清心沁脾被赞作"天香"，誉为"国色天香"。《本草纲目》所言："群花品中，以牡丹为第一，芍药第二，故世谓牡丹为花王，芍药为花相。"

古牡丹是华夏文化灿烂而悠久的历史见证，具有重要的文化价值和观赏价值。目前全国的古牡丹有二十多处，多数与宗教及名人联系紧密，具有浓厚的人文色彩，是稀缺独特的自然旅游资源。更为宝贵的是，古牡丹资源作为牡丹的重要自然科学资料，对于牡丹种植资源有很大的意义，被称为是活的"基因库"，有生物学和文化经济价值。

山西的古牡丹有三处，除双塔牡丹外，还有一处位于晋城市陵川县崇文镇西溪水源附近龙王庙旁被称为"西溪牡丹"者，相传种植于金代。另一处位于临汾市古县三合村，是野生的白牡丹品种，相传为武则天所贬，逃至这里。话说武则天当了皇帝，一年冬日饮酒赏雪后在白绢上写下："明朝游上苑，火速报春知。花须连夜放，莫待晓风吹。"写罢叫宫女焚烧，以报花神知晓。第二天，除牡丹外，其余花都开了。武则天见牡丹未开，一怒之下一把火将众牡丹花烧为焦灰，并命人将周围其他牡丹连根拔起，贬出长安。这就是"焦骨牡丹"的传说。

牡丹的文化品质大体分为十个方面：大气、美丽、高贵、福祥、坚韧、孤傲、包容、谦让、典雅、自信。这些文化意象集中了中华民族的多重文化品质和精神性格。花为天地之灵物，人为万物之灵长。吟诵牡丹的诗词歌赋浩若烟海，最得高名的当数刘禹锡之"唯有牡丹真国色，花开时节动京城"和李白之"云想衣裳花想容，春风拂槛露华浓"。

双塔牡丹

　　当代著名女作家张抗抗写过散文《牡丹的拒绝》，另一位著名作家王蒙评价说："写绝了。"她独辟蹊径，通过对牡丹花开花落的描写，着力赞扬牡丹不慕虚华。她在结尾处写道：

　　　　于是你在无言的遗憾中感悟到，富贵与高贵只是一字之差。同人一样，花儿也是有灵性、品位之高低的。品位这东西为气为魄为筋骨为神韵只可意会。你叹服牡丹卓尔不群之姿，方知"品位"是多么容易被世人忽略或漠视的美。

　　她强调牡丹不应作为"富贵"被膜拜，而应作为"高贵"被颂扬。牡丹的拒绝是因为执着，执着于对自我生命质量的尊重；拒绝是为了坚守，坚守每一次的绽放都是生命最完美的呈现。

　　中国人的智慧和精致都会体现到食物上面。牡丹花馔，五代时期就已有之。牡丹花馔是把牡丹做成菜肴或点心，起初是出于保健祛病、益寿延年的目的，渐渐地，吃花馔之意不在吃而在品，极富诗情画意。宋代《山家清供》将牡丹生菜列为十六种花馔之一。南宋宪圣皇太后也喜食牡丹，"每令后苑进生菜，必采牡丹片和之；

或用微面裹,炸之以酥"。苏东坡的《雨中赏牡丹》有"故应未忍著酥煎",即指牡丹花馔,人称"东坡酥"。今日,河南洛阳、山东菏泽等地用牡丹花做"牡丹羹"、"牡丹饼"、"牡丹菜"、"牡丹宴",随着当代牡丹产业的发展,形成了特有的牡丹饮食文化。

牡丹还被作为常用的药材,入药部分主要是丹皮。中医认为,丹皮性微寒,是治血中伏火、除燥热的常用药物。其主要药用成分是牡丹酚,有抗菌作用,水煎汤剂可降血压,临床上常用于清肝火和凉血散瘀。著名的中成药"六味地黄丸"中丹皮即其"六味"之一。此外,牡丹皮也是"咽炎片"的成分之一,取其清热泻火之效,辅佐玄参、板蓝根用于慢性咽炎引起的咽痒、咽干,效果甚好。牡丹花茶、牡丹酒、牡丹花粉均有活血通络的功效,市场的认可度和热销度也逐年递增。

牡丹苗木产业由来已久,从唐宋时起就进入花卉市场销售。现在随着社会经济文化的发展,牡丹苗木有了更大的空间,从零星经营发展为规模化、产业化经营,实现了大规模种植和商业市场化。菏泽的苗木产值 2005 年已超 10 亿元。从事生产的农户已近 5 万户,除供应国内市场外,还远销国际市场。在欧洲的国际花卉市场,一些牡丹品种每株售价高达 50 美元。此外,牡丹文化产业、牡丹旅游产业、牡丹美容化妆产业,正随着牡丹产业的综合开发利用而延长产业链条,丰富了人民的物质文化生活,繁荣了地方经济。

"花开花落随人意,春去秋来不相干。"牡丹花之美,让人惊叹;牡丹花期之短,让人惋惜。在春去秋来、花开花落间,在赞美和叹息中,我们还能因牡丹或是为牡丹做篇什么样的文章?或许开发牡丹文化旅游产品已势在必行,结合牡丹特点,开发牡丹食品、牡丹化妆品、牡丹礼品、牡丹不凋花等牡丹系列产品,打造牡丹文化产业,增添经济增长点。每年的双塔牡丹艺术节,上百万的游客在领略花开高贵之美的同时,加深了对太原这样一个文化底蕴深厚城市的理解,为太原打造牡丹文化品牌增添了人气和动力。

槐菊同馨：
城市的象征和标志

城市的草木体现城市的品格，古时有之，今日亦然。这座城市的人们对国槐和菊花有着特别的喜爱和情感，其中蕴含着的气节和情愫由来已久。菊花又名寿客，为菊科菊属植物。它清雅高洁，花形优美，色彩绚丽，是我国十大名花之一，不仅供人观赏，布置园林，美化环境，而且用途广泛，可食，可酿，可饮，可药。我国古代文人对菊花倍加称誉，菊花被称为花卉"四君子"（梅、兰、竹、菊）之一，就是明证。菊花有其独特的观赏价值，人们欣赏它那千姿百态的花朵、姹紫嫣红的色彩和清隽高雅的香气，尤其在百花纷纷枯萎的秋冬季节，菊花傲霜怒放，它不畏寒霜欺凌的

黄菊

气节，也正是中华民族不屈不挠精神的体现。

太原市有悠久的栽培菊花的历史，四季当数秋天最美，而菊花是秋之仙子。北方的城，北方的秋，若缺了菊花，大约会失去一些风姿和韵味。"秋来谁为韶华主，总领群芳是菊花。"早在1987年6月菊花就被定为太原市市花。

我国历代诗人画家，以菊花为题材吟诗作画众多，因而历代歌颂菊花的大量文学艺术作品和艺菊经验，给我们留下了许多名谱佳作，且流传久远。根据经典的记载，我国栽培菊花已有三千多年历史，最早的记载见之于《周官》、《埠雅》。《礼记·月令篇》："季秋之月，鞠有黄华。"从周朝至春秋战国时代的《诗经》和屈原的《离骚》中，都有菊花的记载。《离骚》有"朝饮木兰之堕露兮，夕餐秋菊之落英"之句。

汉朝《神农本草经》记载："菊花久服能轻身延年。"《西京杂记》："菊花舒时，并采茎叶，杂黍米酿之，至来年九月九日始熟，就饮焉，故谓之菊花酒。"当时帝宫后妃皆称之为"长寿酒"，把它当作滋补药品，相互馈赠。这种习俗一直到三国时代还很盛行："蜀人多种菊，以苗可入菜，花可入药，园圃悉植之，郊野火采野菊供药肆。"晋人傅玄有赋称菊花"服之者长寿，食之者通神"。宋代文豪苏东坡一年四季都食菊，他春食菊苗，夏食菊叶，秋食菊花，冬食菊根。明代李时珍的《本草纲目》则明确指出，菊花有"利五脉，调四肢，治头目风热，脑骨疼痛，养目血，去翳膜，主肝气不足"的功效。从这些记载看来，我国栽培菊花最初是以食用和药用为目的的。

魏晋以后，菊花的功用与审美价值逐渐产生分化，其药用保健作用在医学和道家养生术以及民俗中继续受到重视。而在文学艺术领域，人们却愈来愈欣赏菊花的审美价值。写有"采菊东篱下，悠然见南山"的陶渊明不愿为五斗米折腰，辞官归隐，过着与世无争、清贫宁静的田园生活。这两句诗正表现了他不慕荣利、超然物外的人生境界，质朴自然，毫无斧凿痕迹，成为后人推崇和学习的典范。"东篱"也成了菊花的代名词。自此之后，许多人写菊都少不了提到陶渊明，似乎陶渊明与菊不可分开，人为菊之魂，菊为人之形。

毛泽东主席不欣赏陶渊明那种避世的闲淡生活，他要的是在风云变幻的时代激流里彰显英雄本色的生活。他喜欢黄巢的一首菊花诗：

待到秋来九月八，我花开后百花杀。

冲天香阵透长安,满城尽带黄金甲。

1929 年九月,毛泽东正身患严重的疟疾病,由几个赤卫队员用担架抬着,从福建永定合溪一路护送,来到刚解放的上杭城,住在临江楼二楼的东厢房。工作之余和傅柏翠(当地留学回来的农民领袖,时任中共红四军前敌委员会委员)闲聊:"黄巢把菊花瓣设想为战士盔甲,既形容菊花秀色,又暗喻战袍。语气双关,何等气势!这是封建文人们想也不敢想的。"第二天是九月初九,清晨,他伫立临江楼二楼正厅前,迎着深秋劲风,望着对岸漫山遍野盛开的菊花和逝者如斯的汀江水,看着楼内十来盆盛开的大菊花,回想着红四军入闽半年多来的战斗历程和闽西土地革命如火如荼的景象,触景生情,挥手写就了《采桑子·重阳》:"人生易老天难老,岁岁重阳。今又重阳,战地黄花分外香。一年一度秋风劲,不似春光。胜似春光,寥廓江天万里霜。"成为咏菊诗词中又一名篇。

如今,这分外清香的"战地黄花"成了每年秋季太原市民的最爱。迎泽公园、晋祠公园一年一度的菊花展,吸引着人们纷至沓来欣赏它那千姿百态的花朵、姹紫嫣红的色彩和清隽高雅的香气。太原人种菊、赏菊由来已久,据《晋祠志》记载,清乾嘉年间,晋祠种菊者甚多,品种甚富,文人雅士品菊赏花,即兴赋诗,说明晋祠的地理环境非常适宜菊花栽培。在汾河公园南延二期工程中,以菊为题,辟建菊花坪,用不锈钢材为质,制成三百米长卷于汾河东堤。千尺之轴洋洋洒洒,写满伟人名士的咏菊诗词,成为汾河景区中的新亮点,而扛鼎压轴之作就是毛主席的《采桑子·重阳》。

菊花成为市花的同时,国槐成为太原的市树,二者一起成为城市的象征与标志。国槐,又名中华槐,对二氧化硫、氯气等有毒气体有较强的化合作用,故耐烟能力强,有净化空气的功用。槐花富含蜜汁,是夏季的重要蜜源树种。新花蕾、花朵和荚果均可入药,有清凉、收敛、止血、降压之功能。槐树树体高大,树荫浓密,自古以来就是我国绿化、观赏树种之一,是很好的行道树和庭荫树。树干坚韧,耐水湿,用于建筑、造船和家具等。槐树除用作观赏、用材等外,对畜牧业的饲料平衡起着重要的调剂作用,可用于饲料、造纸、治沙、生物发电,兼具经济和生态功能。

说起槐树,太原人对它格外亲切,这不仅是因为在太原的大街小巷随处可见槐树,而且太原市还保存着许多古老苍劲的大槐树,存活千年以上的珍稀古槐有几十株，如晋祠隋槐和唐槐，天龙山最粗的古槐，赤桥村豫让桥边的古槐及狄村相传为狄仁杰母亲所植的唐槐，柳巷、北肖墙、东缉虎营、红市街都可见到历经沧桑的古槐。一百年的树龄可称为古树，而三百年以上的树龄就是珍稀古树。古树是活的文物，是历史的见证。最年长、最著名的三株槐树现存于晋祠。一株是东岳祠旁的汉槐，高约丈许，干粗两围，最为年长，可惜已经枯萎。另一株为关帝庙院内的隋槐，为隋朝文帝时代所植。相传因晋唐叔虞是隋朝国姓杨氏的始祖，故隋文帝龙登大宝之后，亲自驾临晋王祠祭祖并植隋槐。如今在关帝庙内的这株隋槐，已经历一千五百年的风霜刀剑、沧桑流转，粗至六人合抱，老干新枝，盘根错节，浓荫四布，生机不衰。还有一株是水镜台前的唐槐。"三兄弟"中数它最年轻，但树大根深，枝繁叶茂，英姿勃发，在戏台旁边织出一片阴凉，是盛夏游人纳凉的绝佳之处，想必也是那时看戏的观众最理想的位置。

　　市区内的三墙路、白华馆、东缉虎营、柴市巷、食品街、云路街、迎泽西大街、精营街、三桥街等街巷都散落着古槐树，可谓千姿百态。市区最高大的古槐当属新民北街军区一招门前的那株；而生命力最顽强的应属于柴市巷1号，它的树干虽已枯朽，成为空心，有关部门已用砖头水泥填满其中，但它通过活着的树皮向上输送

晋祠唐槐

营养,枝干部分仍然绿叶满枝。而食品街那株槐树的树干更是显现出千年沧桑的厚重痕迹;云路街那株古槐树呈三杈形状生长两个主干已经枯死,但仍有一个看上去是后来生长出的主干依然顽强地活着,仿佛在向后人展示自己要把太原市的历史和发展一直见证下去的决心。精营西二道巷这株更有说头了,它不在巷子的路上,而是生长在巷子里面一个叫作四通集贸市场的正中央,每天这里从早到晚买菜的人川流不息,做买卖的商贩的叫卖声不绝于耳,遮阳布横七竖八地固定在树的周围。可以说它见证了太原市过去的岁月和改革开放以来一个普通街巷老百姓日常生活的琐碎和繁杂,也是太原市诸多此类的巷子经济发展和百姓生活的缩影,同时也向世人显示了它那顽强的生命力。而三桥街、城坊东街、食品街的古槐因树干上被人绕上了红布,更使这些年代久远的古槐披上了一层神秘的面纱。据当地老人介绍,在民间人们对古树的崇拜比较普遍,古树,尤其是古槐,常常被认为是神灵附着之物,那些高大茂盛、粗壮古老、形状怪异的国槐,更是带有一些历史传说和故事,常被一些人们敬拜、祭祀。即便是在进入 21 世纪的太原市,这种崇拜仍然存在,并延续下来,这就是槐树的树干上时常缠绕着红布、树下时常贡奉着祭品的缘由。

宋代修建的太原城是在原唐明镇基础上扩筑而成。城周 10 里, 城墙夯土砌筑。四面各设一门,东曰朝曦,西曰保德,南曰太平,北曰怀德,平面为北宽南窄的梯形结构。现太原市后小河城西水系为宋旧城西城濠,其北有东缉虎营街,东有上肖墙、柳巷,南有棉花巷,如今这里依然存活着十数株古槐树,南北成行,东西成列,长势旺盛,树龄相当。它们的存在,不仅为宋代太原府城布局提供了有力的佐证, 是宋代府城的标志性遗存, 还为今天太原市区的街景增添了一抹靓丽的街景。

槐树在全国都广为栽植,全国各地都有大槐树,最为著名的是山西洪洞县的大槐树。史载,明朝永乐皇帝迁都北京,由于当时河北人口稀少,所以从人口较多的山西移民,外迁的移民在洪洞集结,留恋故土的移民们,多采集大槐树的种子、枝条,将它种植到新家。因此直到现在,在河北、山东、东北各地,这一民谚仍然家喻户晓:“问我老家在何处,山西洪洞大槐树。”还有一棵槐树,曾见证了一个王朝在历史长河中的终结,它就是北京景山上的一棵槐树,明朝的崇祯皇帝面对败落的江山无力回天,在此饮恨自缢,时年 35 岁。

在名家作品中，槐树是那样细腻忧郁、优美深沉。高中课本的一课《故都的秋》中写道：

> 北国的槐树，也是一种能使人联想起秋来的点缀。像花而又不是花的那一种落蕊，早晨起来，会铺得满地。脚踏上去，声音也没有，气味也没有，只能感出一点点极微细极柔软的触觉。扫街的在树影下一阵扫后，灰土上留下来的一条条扫帚的丝纹，看起来既觉得细腻，又觉得清闲，潜意识下并且还觉得有点儿落寞，古人所说的梧桐一叶而天下知秋的遥想，大约也就在这些深沉的地方。

字里行间寄寓着郁达夫对故都自然风物的眷恋，流露出一种沉静、闲淡的心境，这种心境恐怕只有他这样一个具有平民倾向又饱受颠沛流离之苦的读书人才能体验得到。用触觉和听觉来描写北国槐树的落蕊，每每读起都感怀深切，意味隽永。

四季如歌，槐菊同馨。春天，风吹醒城市，槐树便高兴地开了花，城市的大街小巷里到处飘散着淡淡的槐香。盛夏时节，槐树枝叶婆娑，为行人撑起一片树荫。秋来菊花怒放，人们乘兴相伴到公园里欣赏它的清隽高雅和傲霜风骨。到了冬天，总会有一场纷纷扬扬的大雪飘落，给城市带来了亮色和生机，也装饰了城市来年的梦想。这样的梦想，也蛰伏在开落过的槐树的年轮和菊花的种子里。

生态高效：
都市农业绽魅力

　　太原自古民风淳朴，物产丰富，文化璀璨，在两千五百多年的历史长河中，演绎和展示着它前进发展的独特魅力和历史足迹，也印证了"锦绣太原城"的美誉。近年来，城市化进程不断加快，经济社会全面进步，有着古老文明的农业发展，在经历了刀耕火种的原始农业和铜铁工具的传统农业阶段后，正处在传统农业向现代农业转变的新阶段。特别是在率先转型跨越发展和建设一流省会城市的大背景下，太原农业走出了一条集生产、生活、生态为一体的都市现代农业发展之路。

　　近年来，太原农业立足"依托城市，发展农业；服务城市，富裕农民"的发展定位，以保障省城优质安全农产品供给和促进农民增收为目标，以打造都市现代农业十大主题产业示范园为引领，以土地集约、科技支撑和资本投入为抓手，大力实施"十园引领、百园兴农"战略，积极拓展农业的多功能性，明确"扩蔬菜、强杂粮、增葡果"的种植业结构调整方向，优化"退户入园，出城进沟"的养殖业生产布局，创新"扩规模、树品牌、拓市场"的加工业发展模式，推出"田园风光美、乡土气息浓、体验趣味多"为一体的休闲业精品亮点，统筹推进中心集镇和新农村建设，全面推进城乡基本公共服务均等化。2012 年，全市农民人均纯收入在全省率先突破万元大关，实现 10 779 元；农业产业化销售收入实现 101.3 亿元，粮食生产达到 31.95 万吨。

　　园区化引领都市现代农业发展。现代农业园区建设是推进农业现代化的有效载体，是创新农业发展体制机制的有效探索，是统筹城乡发展的有效途径，是促进农民增收的有效抓手，将是今后一段时期农业工作的重点。按照市委提出"用 2—3 年的时间，在全市打造一批各具特色、全国一流的都市现代农业主题产业园"的部署要求，从现代种养与集约土地、品牌塑造与文化传承、科技引导与示范推广、

山里人家

矿区复垦与生态涵养、产业转型与带动增收等层面,筛选确定了涵盖食醋、葡果、花卉、养殖、休闲农业、农产品加工、流通等不同领域的山西水塔醋文化产业园、山西梅芝园艺花卉产业园、山西九牛牧业循环产业园、山西康培现代农业科技产业园、华辰高科农业观光综合园区等一批现代农业主题产业园,并聘请农业部规划设计研究编制完成了《太原都市现代农业主题产业园建设规划(2012—2015)》,开创了"单体先进、系统一流"的都市现代农业发展新模式,启动了"十园引领、百园兴农"的一系列工作,为提高省会城市都市现代农业发展增添了活力,为引领和带动全省现代农业发展、建设一流省会城市夯实了农业基础。而"十园引领、百园兴农"的典型代表之一则为山西梅芝园艺有限公司。作为集花卉种植、批发销售、种苗研发为一体的专业团队,除提供花卉租赁、家庭园艺、绿化养护、苗木批发销售等相关服务外,还联合了周边花卉种植户250多户,成立了太原市晋源区怡花种植专业合作社,社区面积2900亩,专业从事红掌、凤梨、竹芋、一品红以及各种花草的种植及销售。公司为当地农民提供产前、产中和产后服务,使社员之间互相联合,利益共享,风险共担,实现由传统农业向现代农业的快速转化,实现了园区化引领都市现代农业的发展,为兴农、富农战略计划的实现作出了典范。

品牌化提升都市现代农业内涵。品牌是一张城市的名片,代表着产品质量、科技能力、管理水平及文化发展等多种信息,是提高市场竞争力的迫切需要。近年来,太原坚持"借全省资源,树太原品牌,打全国市场"的发展思路,大力推进农业产业化经营,围绕畜产品、制醋、干鲜果、蔬菜、粮油五大加工产业,强化标准生产,提升产品质量,加强品牌建设,全市培育国家级龙头企业6家、省级龙头企业24家,水塔老陈醋等5家企业获得中国驰名商标,六味斋等5家企业获得"中华老字号"、双合成等4家企业获得非物质文化遗产企业称号,汉波等5家企业成长为中国驰名商标企业称号,青玉油脂等14家企业成长为山西省著名商标企业,努力实现了以质量创优品牌、以品牌提升效益、以效益壮大企业、以企业引领产业的良性循环。在"品牌效应"的指引下,山西九牛牧业开发有限公司引进了瑞典利拉伐自动化挤奶和加工设备,采用国外先进的低温冷藏和巴氏灭菌技术,生产出了欧美国家充分认可的巴氏灭菌鲜奶,以自建牧场、供奶加工的独特形式,采用种、养、加一体化,产、供、销一条龙的奶业经营模式,引领国内牛奶产业的整合升级,在一定程度上提升了国内牛奶品牌的市场竞争力。

特色化彰显都市现代农业亮点。太原市地理条件优越,自然环境适宜,冬无严寒,夏无酷暑,四季分明,气候宜人,是"春赏花,夏避暑,秋品果,冬观雪"的宜居城市。特别是在现代农业发展上,区域特色明显,产品荟萃云集,立足生活城市优越的自然条件和资源优势,着力打造产业优势、产品特色。在基础条件较好的清徐

云顶山

县、晋源区和小店区，大力发展以无公害蔬菜、苗木花卉、观赏园艺为主的精品农业；在阳曲县、娄烦县等山区，大力发展以小杂粮、干鲜果、中药材为主的高效农业；在清徐县、尖草坪区、小店区等传统种养区域，大力发展标准化健康养殖和优质葡果特色农业。比如晋源的"晋祠大米"、清徐的"龙眼葡萄"、阳曲的小米获得了国际地理标注产品称号；晋源梅芝园艺生产的红掌、茱萸等花卉产品销售到全国2/3以上的城市，苗木花卉产业走在全省前列。同时，在老陈醋、肉制品、葡果、蔬菜、粮油等龙头企业的带动下，一大批特色农业生产基地发展壮大，已成为农民稳步增收的支撑。

多元化拓展都市现代农业功能。都市现代农业发展不仅体现在生产功能的单一层面，更重要的是要实现经济功能、社会功能、生态功能的有机统一。按照城乡互动、产业融合的发展要求，大力发展休闲观光农业，借助地域优势，在清徐县积极推进农业文化和乡村旅游一体化，培育了葡峰山庄、通和农场、绿源生态等三十多个休闲观光农业示范点。借助转型优势，鼓励从事煤、焦、铁等黑色产业的民营资本转型现代农业发展，如杏花岭区长沟村、清徐县的大禾新农业科技园、山西菩净生物科技园、尖草坪区众城生物农艺园、万柏林区九院村等景点，已成为"黑色经济"向"绿色经济"转型的典范。借助历史人文优势，发展以自然风光、民情风俗、历史古迹为特色的农家游，如晋源区发展起来的大寺荷风、蒙山农家乐、店头古村落等十多个景点；娄烦县依托汾河水源，开发了珊瑚生态农庄、汾河水库生态园林苑等特色渔家乐。借助特色种养，以休闲改善生态，以生态承载旅游，以旅游激活三产，打造了小店区华辰高科技农业观光园、清徐县通和农场、尖草坪区南翟村金滩采摘园等。借助农家风情，"吃农家饭，住农家屋，干农家活，享农家乐"，营造出了自然、清新、质朴、野趣的田园环境。目前，全市具有接待能力的休闲观光多功能园68个，清徐县打造国家级休闲农业与乡村旅游示范县1个，尖草坪区省级示范县1个，通和农场、宇文山庄等6个被评为省级示范点，市级示范点40个，全市休闲农业呈现出蓬勃发展的大好势头，为都市现代农业的多元化发展夯实了基础。华辰高科农业观光园区在建造之初就按照功能的特点进行了分片建设，其中有莲鱼混养垂钓区、生态水果采摘区、特色畜禽养殖区等区域的投建，本着以"享受农村气息，将无公害绿色产品带回家"的服务宗旨，实现了农业由单一化向多元化的转变。

休闲·生态

标准化保障都市现代农业安全。农产品质量安全已成为目前全社会关注的焦点和热点,在农业生产领域,实施标准化生产是深化源头管理,保障优质安全的农产品进城的重中之重。近年来,坚持以农产品质量安全为核心,深入推进农业标准化生产和"三品"认证,制定颁布农作物规范化生产操作规程(标准)42项,认证有机产品13个、绿色产品6个、无公害产品55个,注册品牌24个,通过无公害、绿色农产品生产基地的示范建设,带动全市农业标准化生产水平逐步提高。积极发挥信息与通信技术对现代农业发展的推动作用,选择大禾高效蔬菜科技产业园、梅芝园艺花卉产业园、九牛牧业循环产业园等为代表,积极推广运用物联网技术,通过控制和改善生产环境实现农业标准化生产。在标准化生产中以大禾高效蔬菜科技产业园为代表,园区在高科技智能温室种植模式下,引进荷兰先进的悬挂栽培技术,采用世界领先的有机生态型无土栽培、立体栽培、生物综合防治、污水生物净化等生物科技,在生产全程中广泛运用计算机自动控制等技术,加强各个环节的清洁管理,其生产的农产品均为绿色无公害产品;选择桥西批发市场、美特好物流配送中心、本草蔬菜产业园等,打造公共信息服务平台,进行农产品网上订购和电子交易,实现了产品与市场的有效对接;选择绿源生态、老农蔬菜等生产基地，建立生产、加工、配送全程数据可监管、可查询的追溯系统，提高了农产品的质量和品牌效应，实现了生产安全和产品安全。同时，不断健全完善市、县、乡三级农产品质量安全体系建设，通过开展宣传培训，制定管理标准，落实备案制度，采取集中整治与专项检查相结合的办法，深化源头管理、过程监控和市场监管，农产品质量安全水平大幅提升。

借助全省转型跨越发展和被列为全国综改试验区的有利契机，在拓展农业的多功能上下功夫，在农业科技创新上做文章，在示范引领全省现代农业发展上出成效，关注重点领域，抓住关键环节，加强宣传引导，努力营造农村天地广阔、农业大有作为的良好氛围。

物华天宝聚斯地

晋阳之甲：金戈铁马越千年

鼎铸春秋：赵卿大墓见宝藏

青色石膏：『加里东运动』的赐予

冶技撩谈：綦毋怀文铸刀剑

并刀如水：每成此物如有神

百炼成宝：五金同铸动颜色

西山石炭：史家高僧所见同

波斯银币：中西交流从兹证

『尹』姓押记：碧瓦朱甍照城郭

冶铁盈积：晋祠铁人岿然立

北方宋瓷：孟家井旁窑火旺

国家武库：刀锋不钝发硎磨

铸钱中心：财货万贯晋阳造

1979 年，联合国颁布的《世界自然资源保护大纲》中有一句名言："我们不是从祖先那里继承了地球，而是从子孙那里借用了它。"

地球只有一个，太原只有一个。善待资源，就是善待我们自己。社会发展，从某种程度上讲，就是资源利用科学化、最大化的竞争。

人类社会选择经济发展方向时，必然以自然资源利用为主要参照系。以历史而辩证的眼光，正确评价自然资源、可探明自然资源与生产分布之间的联系，以及自然资源与地区经济发展特点之间的关系，是资源地理研究的重要内容，也是经济地理学的重要课题。

太原历史上的铜铁冶炼、煤炭开采、瓷器窑烧、兵器制造等手工业领域的文明成果，曾经深刻地影响了这座城市，乃至中国和世界。

太原矿藏资源丰富，金属有铁、锰、铜、铅等，非金属有煤、石膏、硫黄、矾、硝石等。物华天宝聚斯地，古代晋阳不啻为兵器重地和冶炼重镇。从战国"晋阳戈"，到明清晋作家具，从一件件晋墟出土的精美陶器，到一枚枚留有掌纹的斑驳铜钱，太原手工业从旧石器时代走来，名扬天下，穿越千年。

太原是我国古代科学技术开发较早的地区之一。旧石器时期，古交人已能制造简单工具。在清徐县方山新石器时代文化遗址中，发现有陶器用品，当时太原地区的制陶技术已达到相当水平。

春秋末战国初，这里冶铜业相当发达，秦汉时太原郡有铁；"悬瓮之山，其上多玉，其下多铜；安邑、晋阳、娄烦有盐"。《汉书·地理志》记载，河东郡有"盐铁之饶"，战国时太原已有冶铁工场。

汉代开始对盐、铁产销实行官营，全国设置铁官 49 处，其中有太原郡的晋阳。煤炭、硫黄等矿产品开始开发，制铜业、制陶业已达到新的高度。汉代山西还有采金者，太原东太堡曾出土马蹄金等汉代文物。

魏晋南北朝时，太原成为北方主要的冶铁区。北齐时，晋阳冶、原仇冶（位于今盂县）见于史书记载。隋唐五代，太原冶金技术领先全国，设有专铸钱币的"太原冶"，并州铁、并州剪刀、太原铜镜闻名全国。采煤业、丝织业已在民间发展，水利技术具备相当水平，在汾河上架起了引水渡槽，太原煤炭已被广泛开发利用。

太原大通监是宋代官府在全国设立的冶铁业四监之一，北宋还在太原设有官窑，烧造瓷器。金元时期，太原手工业、商业繁荣，《马可·波罗游记》记载："太原府工商业颇盛，产葡萄酒及丝。"明朝官府在全国设立了 13 个官营冶铁所，山西布政司所属有 5 所，其中太原冶铁所规模最大。

也是在明代，西山采出的煤已用于冶铁、铸钱、烧石灰、烧砖、烧陶瓷、酿酒、制药、织染等方面，居民取暖也广泛使用煤炭，同时掌握了炼焦技术。在煤炭开采方面，普遍使用了斜井、竖井技术。

每一个历史节点，都能找到太原手工业的影子。资源，采掘于深山沃土，搬运于阡陌城乡，熔化于氤氲升腾，凝结于范式造型，陈列于殿堂桌案，交易于贩夫闹市……

艰难困苦，玉汝于成。

这是一次对古代太原手工业辉煌的检阅，在昨天的刻度里，寻找那些久违的丰饶，辨认那些闪光的珠贝，触摸那些文明的温度，并向栖居于历史册页中的勤劳的人们致敬。

晋阳之甲：
金戈铁马越千年

古代晋阳历来是兵家必争之地，从春秋战国时期的诸侯争霸到北朝时期的政权更替，从隋唐时期的英雄起事到近现代的共和响应和太原解放，一页页历史翻过，前浪远去后浪更磅礴。战争是人的血拼，是财力的巨耗，也是装备和资源的较量。

在《山海经》的记载中，点明确切地点的产铁之山有 34 处，分布于今天的陕

西、山西、河南、湖北、湖南五省，即战国时期的秦、赵、魏、韩、楚等诸侯国的统治地区，其中在韩、楚两个诸侯国较多。这些铁矿的广泛分布，为各诸侯国发展冶铁业甚至充实军力、发动战争提供了可能。

晋阳城所在的太原盆地四面环山，中间低平，汾河贯中而过，土地肥沃，人口集中，经济发达。北部有大湖晋泽，方圆十余公里，另有晋水与汾水交汇，晋阳城就位于这个交汇处，是理想的军事要地。

晋定公十二年（前500），赵简子命家臣董安于主持，开始修筑晋阳城，至定公十五年（前497）竣工，历时三年。城周长两公里，青石砌基，夹版夯土筑墙，墙内加荻、蒿、楚，即类似芦苇、野草、荆条之类植物，使其坚固。墙基厚丈余，高四丈。城四周各开一门，青铜龙纹装饰城门。四周开挖壕沟，犹如一道护城屏障。城内有宫室、家庙、粮库等。

晋阳古城宫室建筑的柱子均为铜铸，之所以在墙内添加荻、蒿、楚之类的植物，一是出于坚固，二是出于备战。当时晋国规定，卿大夫不允许拥有武器，否则以

鸟瞰晋阳古城

灭族之罪惩处。为了防备不测,赵简子和他的家臣就想出了上述办法,一旦有人攻打晋阳,荆条等植物可以用作箭杆,铜柱熔化后可以用作箭头。在董安于多年的苦心经营下,晋阳古城成为赵氏稳固的根据地。

春秋时期的晋国,内政昏乱,争权夺利的杀戮时常出现。当政者兴晋阳之甲,以"清君侧"的旗号征战。

晋阳城修筑后,在三家分晋前的四十多年中,发生过两次大的战争。第一次是建城后的当年,赵简子命邯郸大夫赵午征伐卫国,并将卫国进贡晋国的 500 名奴隶由邯郸迁往晋阳,赵午答应,但很快反悔。赵简子随即将赵午捕到晋阳杀害。赵午之子赵稷伙同他的舅父中行氏及中行氏的姻亲范氏,发兵围攻赵简子所在国都绛(今侯马市)的官邸,赵简子被迫北走晋阳。之后,晋卿魏、韩、智氏三家联兵抗拒范、中行氏,复请赵简子回绛执政。

第二次晋阳之战,发生在公元前 453 年,这时赵简子已不在世,其次子赵襄子列为卿,晋国由智伯执政。智伯向韩、魏两家各要"万家之邑",两家如数给了他。智伯又派人向赵襄子要蔺、皋狼之地(均在今山西离石境内),但赵襄子不给。于是,智伯勾结韩康子、魏桓子攻打晋阳。智伯攻城三月不下,又从晋祠悬瓮山下打开智伯渠,水灌晋阳,"城不浸者三版",城墙也不倒塌,可见晋阳城的坚固。智伯攻打晋阳三年也没攻破,但也使得"城中巢居而处,悬釜而饮,财食将尽,士卒病羸"。这时,赵襄子有些动摇,"欲以城下",问他的谋士张孟谈该如何办,张孟谈说:"臣闻之,亡不能存,危不能安。"他表示愿意去见韩、魏,说服他们倒戈。于是张孟谈潜行出城,游说韩、魏,申明唇亡齿寒的历史教训。韩、魏为了保全自己的利益,同意反戈,共灭智伯。按照约定,先杀了智伯守堤的士卒,毁堤决水反灌智伯军营地,造成大乱,韩、魏军从两翼包抄夹击,大败智伯军队。韩、赵、魏三家尽分其地。

晋阳之战,在中国历史上占有重要地位,为三家分晋奠定了基础。公元前 403 年,周威烈王封韩、赵、魏三家为诸侯,这是春秋与战国的分界。晋阳之战以前,吴越尚在争霸,中国处于春秋时期。晋阳之战后,三家分晋,七雄形成,中国进入战国时代。而春秋向战国的过渡,又将中国推进到封建社会,因此,也可以说晋阳之战成为中国历史由奴隶社会过渡到封建社会的重要标志。

历时常常出现惊人的相似。同样在太原,唐朝李渊父子从这里起兵而得天下,而隋朝的杨谅也从这里起兵,最后竟被终身幽禁。

晋阳古城遗址

　　杨谅是隋文帝杨坚的第五个儿子,曾任并州总管,统领西起太行山、东至渤海、北达燕门关、南距黄河的 52 个州。并州在当时是天下闻名的养兵之地,由杨谅长期据守。

　　当时,杨谅对杨广夺取杨勇的太子地位心怀不满,一直暗中准备起兵。隋文帝病逝,杨广登基,杨谅疑心更重,于是起兵反炀帝。608 年,杨谅坐镇晋阳,派大将军余公理率部兵出太谷,向河阳方向(今河南巩义市、孟州市一带)进攻;大将军綦良部出滏口(今河北磁县西北鼓山),进攻黎阳(今河南浚县);大将军刘建部从井陉关(今山西阳泉东)出兵,攻取燕、赵之地;柱国乔钟葵兵出雁门关;主力由柱国裴文安、纥单贵、王聃、大将军茹天保率部直指京师长安。征战中途,杨谅突然改变意图,命令纥单贵拆断黄河木桥,坚守蒲州(今山西永济西南蒲州镇),采取了分兵把口、消极防御的下策,任命王聃为蒲州刺史,裴文安为晋州刺史,薛粹为绛州刺史……隋炀帝杨广则任命右武卫将军丘和为蒲州刺史,镇守蒲津关,初战失利后,又派杨素率 5000 轻骑袭击蒲州。赶到黄河岸边时,已是夜间,杨素收买数百艘商船连夜渡河,清晨即发动攻击,纥单贵败走,王聃投降。

　　这次战役以后,炀帝任命杨素为并州道行军总管、河北道安抚大使,率领数万士兵征讨杨谅，以李子雄为上大将军，以长孙晟为相州刺史，征集山东兵马，与李子雄共同镇压谅军。李子雄又调动幽州兵步骑三万人，从井陉向西攻击杨谅部，在抱犊山下击退了曾经围攻隋军的刘建。朔州刺史杨义臣率步骑两万人，与杨谅的乔钟葵部交锋，以军中牛、驴数千头藏匿涧谷，等到两军交战时，命令士卒驱赶牛、驴疾进，同时鸣鼓，尘埃满天。乔钟葵军以为有伏兵，顿时溃散。之后，杨谅所部赵子开率领的十余万大军，又被杨素击败。杨素主力越过嵩泽天然障碍，再败杨谅亲自率领的十万人于清源（今天的清徐），进围晋阳。

杨谅兵败计穷，向杨素乞降。隋炀帝念其情意，除名为民，绝其属籍，终身幽禁。"杨谅之叛"彻底失败。

从晋阳之战到杨谅之叛，晋阳城古来争战不断，从而带动了兵器制造业。在古代兵器制造中，铜、铁占有重要地位。荀况在《强兵篇》中说，青铜器的制作在于"刑范正，金（铜）锡美，工冶巧，火齐得"。就是说，要铸造好的青铜器，首先要把型范制作好，选择好的合金原料，有熟练的操作技术，掌握好冶炼温度。这些都是青铜冶铸经验的反映。在山西侯马晋国铸铜遗址中，有大量的铸范和熔铸设备出土，反映了当时青铜业的兴盛。

在早期的文明国度和地区中，中国使用铜、铁等金属的年代相对较晚。但是，中国人善于在冶铸技术方面进行发明和创新，中国冶金业很快后来居上，跃升于世界前列，并以技术进步带动了生产发展，促进了社会文明进步。在太原古代历史上，以矿产资源利用和兵器制造来服务于军事战争的例子，比比皆是，为中国冶金史增添了一抹不可磨灭的光辉。

鼎铸春秋：
赵卿大墓见宝藏

龙潭公园的春秋大鼎广场，晨练的人们和着轻快的音乐翩翩起舞。

春秋大鼎巍然屹立，广场正南方立有石碑，铭曰：

> 稽古神禹，铸鼎安民。自时厥后，鼎彝是尊。赵氏辅晋，霸业斯昌。裔孙简子，城此晋阳。沉沉遗鼎，可纪可因。袭形取义，革故鼎新。

这是太原纪念建城 2500 年时，九十高龄的国学大师姚奠中撰写的《大鼎铭》，48 个字道尽铸鼎起因和寓意。春秋大鼎原型来自 1988 年发掘的赵卿大墓，大墓出土的附耳牛头螭纹蹄足镬鼎，曾经震惊考古界。

1988 年 5 月，在太原金胜村发掘了赵卿大墓，赵卿大墓是迄今为止所见春秋时期等级最高、规模最大、随葬品最丰富、资料最完整的晋国高级贵族墓葬，也是上世纪 80 年代以来我国考古的重大发现。获得各类随葬品 3134 件，其中青铜器 2100 多件，包括青铜礼器 148 件。最大的一件青铜鼎，即附耳牛头螭纹蹄足镬鼎，高 1 米，口径 1.04 米，重达 220 千克，是国内已知最大的春秋大鼎。出土乐器音质音色完好如初。车马坑保存

龙潭公园春秋大鼎

完好，兵车呈双列排列，国内罕见。

礼器是赵卿大墓中的核心，以鼎为代表，镬鼎、升鼎和羞鼎三类齐备。镬鼎用于煮牲，依形制大小分为牛镬、羊镬和豕镬。附耳牛头螭纹蹄足镬鼎应属牛镬，形体硕大，造型古朴浑厚，给人以庄严肃穆之美感。墓葬展现了主人奢华的生活场景，充满了晋文化雄浑豪迈的文化气息。

墓中一组形似编钟的乐器，可奏出由高到低 38 个音节，达到了七声音阶的先进水平，比湖北战国曾侯乙编钟早一百多年。盛酒器中最为精美的是鸟尊，雕刻精美，动感强烈。出土的青铜虎灶设计有烟道，堪称世界烟囱之祖。

赵卿大墓位于太原晋阳古城以西，属于春秋赵氏势力范围。它的发现，为研究晋国及三家分晋历史提供了可靠证据。出土的青铜器约占出土遗物总数的40.9%，器形和纹样属于典型的晋国青铜器，与侯马晋国铸铜遗址内的陶范如出一辙。考古学家认为，赵卿大墓中的绝大多数青铜器由侯马官营铸铜作坊所造，之后运至晋阳入葬。

在铸造工艺上，这些青铜器采用陶范浇铸，浑铸法、分铸法广泛应用，焊接技术更加先进。有的器物甚至集分铸法、浑铸法等焊接技艺于一身，显示了晋国当时先进的铸造水平。在器物的装饰工艺上，采用了镶嵌、错金、包金术三项新技术，浅线条镂刻技术更具特色。在纹饰表现上，夔、螭、虺等神怪动物花纹数量最多，表现出狰狞可畏的面貌，虎、牛、鹰、鸷鸟等写实动物多为浮雕，表现出亲善可爱的神态。总之，赵卿大墓青铜器的造型已由厚重转向轻巧，刻镂由深沉转为浮浅，纹饰由简单、神秘趋向复杂、实用，代表了春秋末期晋国的先进文化。此时，晋国的中心开始向晋阳转移。

中国开始冶炼青铜的时间晚于西方，在人类技术发展史上，使用青铜兵器和工具的时代，称为青铜时代。大约在公元前 21 世纪，中国开始了青铜时代，并持续了一千五百多年，从夏朝到战国后期，青铜器逐渐被铁器代替。虽然起步晚，但是中国青铜冶炼水平很快超过了西方。从重 875 公斤的司母戊方鼎、精美的曾侯乙尊盘、湖北随州编钟群，到晋国赵卿大墓内让人眼花缭乱的青铜器物可知，当时中国已经熟练掌握了综合利用浑铸、分铸、失蜡法、锡焊、铜焊的铸造技术，在冶铸工艺技术上已处于世界领先地位。

中国青铜文化以伦理政治为核心，是一种具有人文色彩的器物文化，《左传》

总结为"国之大事，在祀与戎"。当时国家的大事就是祭祀和征战，而祭祀和征战都与青铜器结下了不解之缘。旅美考古学家张光直的判断是："青铜即权力。"李泽厚先生认为，超人的历史力量构成了青铜艺术狞厉之美的本质，青铜器才具有了威吓众生的神秘力量，传达的是对神以及祖先的敬畏之情。

赵卿墓出土的铜鸟尊

　　铜是一种稳定的有色金属，熔点很低，是最早被人类发现和利用的金属。《汉书》记载："铜为物之至精，不为燥湿寒暑变其节，不畏风雨暴露改其形。"铜英文Copper，从拉丁文演变而来，是西方一个盛产铜的小岛的名字。西方的青铜以含镍和砷为特点，已知最早的人为加工的铜器出自伊朗叶海亚地区，时间约在公元前3800年。我国已知最早的青铜器物则是甘肃东乡林马家窑遗址出土的青铜刀，时间约在公元前3000年。

　　青铜器的发现首先是在两河流域一带的安那托里亚，人们已经懂得利用青铜，冶炼铜有近八千年的历史。在埃及，大概在公元前4000年进入青铜时代，欧洲和南美洲略晚，约在公元前3000年。印度大约公元前3000年也进入了青铜时代，但是很快衰落了。

　　青铜器冶炼技术发展从简单到复杂，逐渐出现了：组合法——内范和外范多块组合范造型法；分铸法——先将器物上各个附件分别铸出，在铸主体时，再将各附件与主体合为一体；焊铸法——在主体上铸出若干个蘑菇状的凹榫，在附件的芯上挖出响应的凹坑卯，将熔好的金属焊接剂注入坑卯内，与凸榫相套合成一体；失蜡法——用蜂蜡做成铸件的模型，用耐火材料填充泥芯和敷成外范，加热烘烤至蜡模全部熔化流失，再往模型内浇灌熔液，以便铸成器物。

　　中国青铜器技术自成一体，表现在三个方面：从加工方面讲，在欧洲或者其他文明里，青铜加工方法是锻造，或者锻造与铸造并行，中国则主要是铸造。中国是

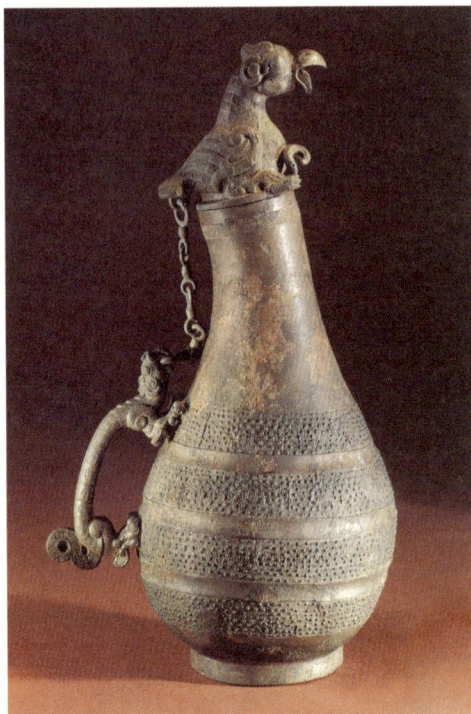

春秋墓出土的铜鸟尊匏壶

世界上最早使用陶范法铸造青铜器的国家，比西方锻造法更为复杂，利用铸造法加工的青铜器，器形更加丰富，饕餮纹等精美花纹跃然其上；从材质方面讲，中国的青铜合金里，锡的含量要比欧洲高，特别是普遍使用铅，铅在欧洲的青铜器里并不普遍；从装饰方面讲，西方有锻造传统，装饰方法是敲打和雕刻出来的，大量使用金和银，而中国青铜器也用金和银进行装饰，但金和银的出现晚于西方。

从器物用途看，同是青铜时代，西方以青铜工具、青铜兵器出现为标志，中国则以青铜礼器的出现为标志。青铜礼器是中国青铜手工业的核心。

铸铜工艺生产流程复杂，山西侯马牛村铸铜遗址发现证明，当时的铸铜业已经有了明确分工，如有人专门负责制作陶范，有人负责浇铸，有人负责打磨，严密的分工背后是复杂的社会管理。晋西南的中条山有冶炼纯铜遗址，自古就是铜矿主产地。当时，矿产资源按被严格控制，擅自采掘将受到严厉处罚。中原地区，人们近山开矿，把炼好的铜运到城里，在专门的铸铜作坊进行青铜器铸造。

炼铜工序繁复，需要强大的经济实力作后盾。冶炼 0.5 公斤铜，至少需要 40 公斤木炭，炼锡则更为复杂。由于需要大量的人力、物力，还需要进行精确分工和具有专业特长的技术工匠，单靠普通家庭是不可能完成的，因此，当时的青铜冶炼基本由官府经营，制作工匠和奴隶隶属于官府。专业工匠世袭制，同一个家族铸造的青铜器都是同一种风格。绝大多数铸铜作坊建在城内，有的就建在王室后院里，冶金工匠生活优越，属于社会中的精英阶层。

炼铜业牵动着国家的礼制。周天子可以用九个青铜鼎，与它相配有簋八个，叫"九鼎八簋"，诸侯和卿用七鼎，大夫五鼎，士只能用三鼎或一鼎，不能越级使用。祭祀的时候,每个鼎和每个簋该装什么东西,都有明确规定,不能随意搭配。

在铜冶炼的合金配比上,由开始的铜锡二元合金发展到铜锡铅三元合金。在战国时就有了著名的合金理论"六齐"。

《考工记》中所记载:"金有六齐。六分其金而锡居一,谓之钟鼎之齐。五分其金而锡居一,谓之斧斤之齐。四分其金而锡居一,谓之戈戟之齐。三分其金而锡居一,谓之大刃之齐……"这是世界上最早的合金配比的经验性科学总结,表明当时中国已认识到合金成分与青铜的性能、用途之间的关系,并已定量地控制了铜锡的配比,以得到性能各异、适于不同用途的青铜合金。

《考工记》中还记载有:"凡铸金之状,金与锡,黑浊之气竭,黄白次之;黄白之气竭,青白次之;青白之气竭,青气次之,然后可铸也。"说明当时的工匠已掌握了根据火焰的颜色来判定青铜是否冶炼至精纯程度的知识。这是后世化学中火焰鉴别法的滥觞。成语"炉火纯青",用以比喻功夫达到纯熟完美境界,由此引申而来。

"沉沉遗鼎,可纪可因。"今天的春秋大鼎旁,少年踏着滑板御风而行,歌者翻过一页简谱轻轻吟唱。清晨的阳光,撒在龙潭湖涟漪里,打在人们的笑脸上,光影从春秋大鼎的外壁上慢慢移动,升高,不再回头。

青色石膏：
"加里东运动"的赐予

在太原矿产中，煤资源蕴藏最丰富，铁矿次之，石膏位居第三。太原石膏质地优良，微粒块状，俗名青石膏，纯度在90%以上。

中国是世界上较早利用石膏的国家之一。古籍《神农本草经》就有关于石膏的发现与利用的记载。唐代以后，湖北、山西、甘肃、山东、江苏和陕西相继发现并开采石膏。

作为矿产，石膏的形成源于自然的赐予，即加里东运动。加里东运动是古生代早期地壳运动的总称，泛指早古生代志留纪与泥盆纪之间发生的强烈的构造运动，其典型地区是英国北方苏格兰加里东山，延至斯堪的纳维亚半岛西部的挪威，那里分布有褶皱山系和变质程度很高的岩石，对全球地质和生物演化影响很大。中国石膏矿床类型多，形成时代及分布范围广泛。几乎各个地质时期均有石膏产

石膏山

出，其主要成矿期有早中寒武世、中奥陶世、早石炭世、早中三叠世和白垩纪—早第三纪，这五个成矿期形成了中国最主要的石膏矿床——沉积类型矿床，它们具有明显的成矿规律与分布规律。

石膏矿石

从寒武纪至三叠纪，随着中国大陆的逐渐扩大与陆缘海的南移，海成石膏矿的分布位置也逐渐自北而南移，分布范围愈来愈大，成矿带的连续性也愈来愈好。

早、中寒武世石膏矿主要分布在辽宁东部与吉林南部、西藏东部、四川东南部与云南东北部，在贵州、湖北、湖南、山东及新疆等地，零星分布有矿化现象。中奥陶世石膏矿较集中分布于山西和河北南部，在河南、陕西、山东等地也有发现，属海积碳酸盐建造石膏、硬石膏矿床，矿层厚度大，连续性和质量较好，是华北地区主要的开采对象。

华北地区分布有石膏矿产地 24 处，共计保有石膏矿石储量 B+C+D 级 49 亿吨，保有储量 45 亿吨。已利用矿产地 9 处，共计保有石膏矿石储量 9 亿吨，主要分布于山西与河北。山西省是中国石膏矿的主要产区之一，太原、灵石等大、中型矿已开采五六十年，河北隆尧和内蒙古杭锦等矿也已利用。目前可供近期利用的矿产地 9 处，共计保有石膏矿石储量 36 亿吨，主要分布于内蒙古鄂托克旗规模特大的苏级矿中，保有储量 32 亿吨；其次分布于山西襄汾、临汾及潞城等地的大、中型矿山中。

石膏这种矿物质一般出现在地壳层内，像岩石一样，白色灰色居多。熟石膏的产生并不复杂，从矿山中开采出生石膏，使其脱水，经过一定的热处理，再研磨成细小的粉末，就变成了熟石膏。

早在古代，人类就能把石膏矿石制作成石膏浆，并用于房屋建设，在古埃及金字塔、长沙马王堆汉墓中都发现了石膏浆，这些古建筑中的很多装饰物以及艺术品都用到了石膏浆。所以，石膏从古至今都被人类广为应用，特别是建筑领域，随着技术的发展，愈加广泛。

20世纪以来,随着中国近代工业的兴起,石膏在工农业生产中的利用日益成熟,湖北应城利用资源与地利优势,首先发展起来石膏开采和加工业,1917年产量曾达14万吨。当时,湖南湘潭与浏阳、山西平陆、介休、大同等地石膏年产量共计1万吨,安徽贵池与休宁、云南楚雄等地也有少量产出。1937年后,日本侵略者曾在山西太原与灵石等地掠夺开采石膏,当时在抗战后方,有四川达县等地石膏矿被开采。抗日战争胜利后,因中国经济不景气,大多数石膏矿井关闭,至1949年只剩下湖北应城、四川达县、山西太原和晋城等几家石膏生产矿山,全国石膏年产量仅1.6万吨。

中国石膏矿床地质研究工作开展较早。1925年谢家荣、刘季辰发表《湖北应城膏盐矿床报告》,1937年王曰伦发表《中国石膏矿》,1943年何春荪发表《中国石膏矿资料撮要》,1949年刘国昌发表《中国之主要石膏矿》,上述著作对二十多处石膏矿床做了记述,对中国石膏矿的成因也进行了研究。

太原的石膏矿质量品位很高,在全国享有盛名,总储量非常丰富。石膏矿产主要分布在西山的圪嶛沟、晋祠和东山的孟家井、王家坪一带,计有晋祠、圪嶛沟大型矿床2处,孟家井北窑沟中型矿床1处,小型矿床4处以及矿点和矿化点9处,探明A+B+C1+C2级储量5435万吨,而且质地优良,产品纯度很高。

石膏性大寒,是以清解里热为主要功效的药物,被称为白虎。这一说法源于东汉张仲景所著的《伤寒论》。张仲景治疗大热、大汗、大渴,用的就是以石膏为主的方剂。其用意是,这些症状犹如炎夏火热,须有从西方来的秋凉爽风才能解热。而白虎汤正合此意,而且药力强大,疗效显著,所以石膏被称为白虎。

虽然石膏不是抗生素,但起到了抗生素抑制致病微生物繁殖发展的作用,且有广谱作用,对一切致病微生物都有效果,并且不发生耐药性,无副作用。现代药理研究证明,石膏对内毒素发热有明显的解热功效,并可减轻其口渴状态。

石膏经过火煅,传统中药叫煅石膏,有清热、收敛、生肌之效,多外用于疮疡溃破而不敛、湿疹及水火烫伤等症,常与黄连、青黛等研粉外用。

说石膏还得说到豆腐。豆腐的起源可以追溯到汉代。两汉时,淮河流域的农民已使用石制水磨。农民把米、豆用水浸泡后放入装有漏斗的水磨内,磨成糊状摊在锅里做煎饼吃。煎饼加上自制的豆浆,是淮河两岸农家的日常食物。农民种豆、煮豆、磨豆、吃豆,积累了丰富经验。后来,人们从豆浆久放变质凝结这一现象得到启发,终于用原始的自淀法创制了最早的豆腐。

相传汉代淮南王刘安最早将石膏应用于制作豆腐,他曾召集大批方士,以改进农民制作豆腐的方法。后来,采用石膏或盐卤作凝结剂,改良获得成功,这种豆腐更加洁白细嫩。据《清异录》记载,人们称呼豆腐为"小宰羊",认为豆腐的白嫩与营养价值可与羊肉相提并论。刘安这一创举提高了豆腐产出率,扩大了产量,使这一家常美食更多、更快地服务于百姓舌尖。

据石作玺《太原琐话》记载,民国初年即有人开采西山石膏,用以制造

石膏制作的唐乐佣

粉笔,在太原南门外开设融和祥石膏粉笔厂。1934年,西山的圪嶛沟、板窑凹、麻黄沟等处有零星开采,全是私人投资,采用包工形式开采,年产量在1.3万吨至1.7万吨,产品供应天津启新洋灰厂使用。1935年,西北洋灰厂成立后,在玉门沟开采石膏,供本厂生产用,年产1500吨左右。1937年,西北炼钢厂也开始采掘石膏。

新中国成立后,西山地区各矿点由太钢及省工业厅矿管处接管。1952年6月,太原西山第一石膏厂成立,这是山西第一个地方国营的石膏开采企业。同年,石膏产量4.59万吨,当时晋祠、晋源地区以露天开采为主,东社、圪嶛沟地区全是洞采。1953年后,东社地区开始矿山建设,铺设铁路专用线,采装石膏逐步实现机械化。圪嶛沟石膏矿区共13层,厚达90米,有硬石膏、雪花石膏、白云石膏、纤维石膏,多为一、二级品。1981年12月,西山石膏矿划归中国非金属矿公司,并投资1500万元兴建年产20万吨玉泉矿区,全矿生产规模达到年产石膏40万吨,列为非金属矿业中大型二类企业,1996年产量为16.9万吨。从20世纪70年代起,太原其他矿点也大量组织开采。1984年乡村产石膏55.3万吨,占全市总产量的

75.92%。

　　20 世纪 70 年代末，太原市开始加工石膏粉，有普通石膏粉、高强石膏粉、粉刷石膏粉三种。太原西山石膏矿、新店砖厂、由孟家井村创办的中美合资凯地石膏股份公司、太原矿棉厂、黄寨双益新型建材厂等生产企业，相继生产普通石膏粉。太原市地方建筑材料总厂 1989 年开始生产高强石膏粉，1995 年实产 9600 吨。山西北方石膏工业公司所产高强石膏粉，主要用于自产粉煤石膏空心砌块。1996 年，位于晋祠镇的新型建材厂试产成功粉刷石膏粉。其产品特点为黏结性强、不空鼓、一次施工、表明光洁，完全替代了沿用几十年的水泥砂浆以及白灰粉的粉刷。

　　现在的西山地区得到了有效保护，万亩生态园贯穿西山南北。石膏矿脉附近，郁郁葱葱，满目绿色，成为太原西部的一处绿肺，也成为太原人休闲宜居的幸福乐园。

冶技摭谈：
綦毋怀文铸刀剑

　　我国是世界上较早使用铁的国家之一，据《中国古代史教学参考地图集》称："晋阳产铁、王屋产铜，但规模不大，产量微弱。至北齐时，冶铁有所发展。"

　　西汉时，山西矿业已很发达。从北魏开始设置官冶，如晋阳冶、原仇冶（今天的盂县），铸造兵器。到了北齐，山西地区钢铁生产已具一定规模，成为北齐的主要冶铁地区。尤其是北齐綦毋怀文改良的"灌钢法"、首创的"淬炼法"，推动了冶炼技术的进步。

　　现在有必要回顾一下古代炼铁方法的演变。

　　块炼法。春秋以前使用，以木炭作燃料，热量少，加上炉体小，鼓风设备差，炉温比较低，不能达到铁的熔炼温度，所以炼出的铁是海绵状的固体块，称为"块炼铁"。块炼铁冶炼比较费时，质地比较软，杂质多，经过锻打成为可以使用的熟铁。

　　百炼钢法。出土文物表明，中国最迟在战国晚期有了"块炼渗碳钢"——一种初级的炼钢技术，之后发展到百炼钢技术。工匠在打制器物的时候，有意识地增加折叠、锻打的次数，所以称之为"百炼钢"。百炼钢碳分较多，组织更细密，成分更均匀，主要用于制作宝刀、宝剑。调整钢中的含碳量可使材料更加柔韧，"何意百炼钢，化为绕指柔"，就是这种冶炼技术的生动写照。

　　炒钢法。出现于西汉中晚期，基本方法是将生铁加热成半液体和液体状，然后加入铁矿粉不断搅拌，使生铁中的碳含量降低，去渣得钢，这就是炒钢技术。这项发明是炼钢技术的重大突破，使冶炼业向社会提供大量廉价、优质的熟铁或钢，满足了生产和战争的需要。

　　现在不得不提到綦毋怀文和灌钢法了。

　　綦毋怀文，南北朝时期著名冶金家，灌钢法的实践者和改良者。历史记载很少但贡献很大，只知道他喜好"道术"，曾经做过北齐的信州（今重庆市奉节县一带）刺史。

綦毋怀文是春秋时期晋国大夫綦毋张的后人。綦姓原本由姬姓演化而来。据史书记载，春秋时晋国有大夫綦毋张，他的后世子孙以祖名"綦毋"为姓，称为綦毋氏。綦毋怀文"昔在晋阳为监馆"。

关于灌钢法的最早起源，明确的文献记载是在南北朝，陶弘景在研究刀剑制造方面颇有成绩，当时灌钢已经用于制作刀镰之类的大路商品。在綦毋怀文之前，古代钢刀多用百炼钢制成，刀剑价格昂贵，一柄东汉时期的名剑，其价钱可以购买当时供七个人吃两年九个月的粮食，而且用百炼钢制作刀剑费时费力。三国时，曹操命有司制作宝刀五把，用了三年时间。

《北齐书·綦毋怀文传》说，綦毋怀文"又造宿铁刀，其法烧生铁精以重柔铤，数宿则成刚，以柔铁为刀脊，溶以五牲之溺，淬以五牲之脂，斩甲过三十札"。

綦毋怀文选用品位比较高的铁矿石，冶炼出优质生铁，然后，把液态生铁浇注在熟铁上，经过几度熔炼，使铁渗碳成为钢。让生铁和熟铁"宿"在一起，所以炼出

古代制铁法式图

的钢被称为"宿铁"。与百炼钢法或炒钢法相比,綦毋怀文的创新在于缩短了冶炼时间,提高了生产效率,增加了钢产量,金属品质有所提高,而且操作简便,容易掌握。要想得到不同含碳量的钢,只要把生铁和熟铁按一定比例配合好,加以熔炼,就可获得。按这种方法制成的"宿铁刀"锋利无比,可一下斩断铁甲三十札。

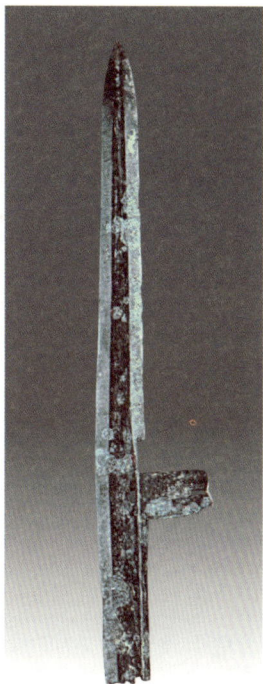

1979年山西省太原电解铜厂出土的汉代剑形戟

这段记述表明,綦毋怀文对钢铁性能有比较深刻的认识,能根据不同的用途合理选择材质。实际上,一把刀的背部、刃口起着不同的作用,刃口主要用于刺杀,因而要求具有较高的硬度,以保证刃口锋利,所以应该选择含碳量较高、硬度较大的钢料来制造。刀背主要起一种支撑作用,要求具有比较好的韧性,使刀在受到较大冲击时不至于折断,这样应选择含碳量较低、韧性较大的熟铁。綦毋怀文将二者恰到好处地结合在一起,既满足了钢刀不同部分的不同要求,又节省了大量昂贵钢材,大大推动了钢刀的推广和普及。

经过了綦毋怀文的大胆改良之后,新式灌钢法在我国逐渐推广开来。南北朝时期,民间已用它制作刀、镰等;到了唐朝,在今天的河北一带,许多冶炼工匠使用这种冶炼工艺;到宋代,灌钢法流行全国,已经取代炒钢和百炼钢,成为当时主要的炼钢方法;到明朝时,灌钢技术进一步发展,出现了新的工艺形式"苏钢",这是灌钢的高级发展阶段,直到近现代,在安徽的芜湖、湖南的湘潭等地,人们还在使用,可见其影响深远。

淬火属于钢铁热处理工艺,直到现在,一般淬火所用的冷却介质仍然是水、油和盐水这几类。钢铁热处理出现于战国时期,到秦汉达到相当高的水平。綦毋怀文在用灌钢法炼制成"宿铁刀"之后,"浴以五牲之溺,淬以五牲之脂",大胆使用了多种淬火冷却介质。牲畜的尿中含有盐分,钢在油脂中的冷却速度比水慢,可以获得比水更坚韧的性能,并且减少了淬火过程的变形和开裂。

綦毋怀文还可能使用了双液淬火法,即先在冷却速度快的动物尿中淬火,然后再在冷却速度慢的动物油脂中淬火，这样可以得到性能更好的钢，因为只用一种淬火介质难以两全其美，如果淬火介质冷却速度快，则容易引起工件开裂；如果淬火介质冷却速度慢，就会使工件韧性有余，硬度不足。双液淬火法是一种比较复杂的淬火工艺，掌握起来很难，它需要操作者具备过硬的技术和丰富的经验。既要掌握好开始淬火的温度——温度过高，淬火后工件发脆；温度过低，则硬度不够。又要掌握好从第一种介质取出的时机，即工件温度。在当时没有测温、控温设备的条件下，完全依赖操作者的感观来把握，难上加难。綦毋怀文能在这种困难条件下掌握如此复杂的淬火工艺，实在是一个了不起的成就。

綦毋怀文在一千四百多年前，就在钢铁冶炼、制刀、淬火工艺等方面，取得了如此杰出的成就。我国冶金技术能够在古代长期领先于世界，正是得益于以綦毋怀文为代表的千百万能工巧匠的辛勤劳动。

生铁柔化处理的工艺，在两汉南北朝时期得到了很大发展，这一时期出土的大批生铁铸件，按照需要都进行过柔化处理。两汉时期，不仅有了白心展性铸铁，而且有了黑心展性铸铁。一般国外认为，白心展性铸铁是欧洲人在 18 世纪发明的，因而被称为"欧洲式展性铸铁"。黑心展性铸铁，美国人在 20 世纪才试制成功，被称为"美国式展性铸铁"。而在中国，在大约两千年以前的晋阳城，就广泛应用这两种展性铸铁了。

任何一次工艺革新，旁边总是站着一个或一群富有革新思想的人。

并刀如水：
每成此物如有神

在《警世通言》第十九卷《崔衙内白鹞招妖》中，有一段对唐玄宗奏陈杨贵妃的话：

娘娘容颜愁惨，梳沐俱废。一见奴婢，便问圣上安否，泪如雨下。乃取妆台对镜，乎持并州剪刀，解散青丝，剪下一缕，用五彩绒绳结之，手自封记，托奴婢传语，送到御前。娘娘含泪而言："妾一身所有，皆出皇上所赐。只有身体发肤，受之父母，以此寄谢圣恩，愿勿忘七夕夜半之约。"

文中所说的并州剪刀，就产自太原。

春秋战国时期，劳动人民不仅掌握了块炼铁的锻造技术，还创造了生铁冶铸

磨剪图

工艺，使锻和铸并举，这就为钢铁在兵器、农具和工具等方面的使用开辟了道路。

生铁冶铸技术是一项杰出创造，生铁与块炼铁同时发展，是中国人在世界古代钢铁冶金技术发展史上摸索出的独特创造。在中东、地中海沿岸、两河流域、古埃及，最早开始冶铁都在公元前1100至公元前1300年以前。欧洲一些国家，在公元前1000年左右也进入了用铁时期，可是一直到公元1400年左右才有了生铁。

公元前513年，晋国铸造大鼎，将刑书铸在上面，《左传·昭公二十九年》记载："冬，晋赵鞅、荀寅帅师城汝滨，遂赋晋国一鼓铁，以铸刑鼎，著范宣子所谓刑书焉。"晋国在国都征收"一鼓铁"军赋，把成文的刑法铸在铁鼎上颁布，史称"刑鼎"，这是最早用铁的记载。所用之铁从民间征收，当时山西人用铁已很普遍。

中国最早人工冶炼的铁器约出现于公元前6世纪，即春秋末期，江苏六合程桥东周墓出土了这一时期的铁丸和弯曲的铁条。经鉴定，铁条属于早期的块炼铁，铁丸是目前鉴定过的最早的生铁。

欧洲最早的生铁出现在公元13世纪末至14世纪初，比我国晚了1900多年。实际上，我国生铁的起源可能比这还早一些。

战国早期，山西长治分水岭出土铁铲3件、铁凿1件、镢斧等5件。战国早中期，山西长治分水岭出土铁凿1件、铁锤1件、铁镢4件、铁斧5件。春秋到战国初期，铁器兴起。到战国中期，铁器已经普遍应用。

剪刀作为日常生活用品，一直与中华民族的文明史紧密联系。早在尧舜时期，我们就能看到剪刀的影子。关于"剪"的文字记载，《韩非子·五蠹》中说："尧之王天下也，茅茨不剪，采椽不斲。"说的是尧生活俭朴，做了王以后仍用茅草覆盖屋顶，且没有修剪整齐。《诗经·召南·甘棠》有"蔽芾甘棠，勿剪勿伐，召伯所茇。蔽芾甘棠，勿剪勿败，召伯所憩。蔽芾甘棠，勿剪勿拜，召伯所说"的诗句，描写周宣王时人民怀念召伯的仁慈德政，在召伯去世后保护他所休憩过的甘棠树，勿剪勿伐。

青铜削刀出现在战国时期，主要用于日常生活劳作。当时棉绸丝麻织物已经盛行，而裁制衣服只能用刀割，由于织物较软，切割很不方便。因此，生产领域和生活领域，都迫切需要新的生产工具出现。

有学者指出，剪刀和中国筷子的起源过程十分相似。筷子产生的主要契机是因为熟食烫手，先民就随手采来树枝、细竹做成小棍来捞取熟食，筷子的雏形由此出现。由于用一根棍子捞食仍然很难达到目的，用两根棍子捞取效果更好，久而久之就发展为用两只手拿着两根棍夹取食物,最后变成用一只手握两根筷子,轻松自如地进食了。同样,剪刀最初由一把刀切割布帛,发展到用双手拿两把刀切割,进而将两把刀的尾部连接起来,形成一个环,利用金属的弹性剪切自如。于是,一种全新的工具诞生了。

早期打制剪刀没有安装任何附件,自成一体,中间也没有支轴,只是把一根铁条的两端打成刀的样子,将其磨削锋利,然后将铁条弯成阿拉伯数字"8"字形或"U"字形。使用这种剪刀只需轻按两端的刀刃,就能剪断东西;一松手,两片刀刃就弹回原状,自然张开,像现在的镊子一样。这种"交股屈环"造型的剪刀叫弹簧剪。

我国目前能看到的最早的实物剪刀,是上世纪 90 年代湖南长沙出土的西汉时期南越国铁剪。这把剪刀"直背直刃,前端平齐,刃后双股交叉,把部绕成'8'字形,全长 12.8 厘米"。

唐代太原的矿冶业在当时经济生活中发挥了重要作用,山西冶铁点的数目占到全国总数的 32%,比西汉时期山西的冶铁点多出 1.5 倍,不但冶铁产量大,铸造工艺也有很大提高。并州铁的质量非常好,任华在《怀素上人草书歌》中,有"锋芒利如欧冶剑,劲直浑是并州铁"句,由此可知"并州铁"在当时很有名气。用并州铁制造的剪刀也很有名,杜甫在《戏题王宰画山水图歌》中说:"焉得并州快剪刀,剪取吴淞半江水。"唐代卢纶在诗作《难绾刀子歌》中赞美:"并刀难绾竟何人,每成此物如有神。"这说明当时太原城的铁兵器生产尤其兴盛。

唐代太原,铜、铁、铅等金属矿物的开采规模进一步扩大,具有工业价值的多种非金属矿物,如煤炭、石英、矾、硝石、石膏等,也日益见之于世。太原蒙山法华寺有两尊铁佛,就是唐代铸造的,

宋代铜剪

剪刀面

古代并剪

工艺精湛,可见当时铸造业之发达。

　　并州刀,砍骨不卷;并州剪,剪毛不沾。远在晋代已名扬国内,太原市内街道名字中,有铁匠巷、大小剪子巷,这些街巷在宋代曾经是生产剪刀的集中地。到明代,晋府店刀剪更是声名大振,国内各大商埠、码头都有专营商号。太原刀剪厂是在原晋府店刀剪社基础上发展起来的,该厂继承、革新了传统工艺,产品曾经远销几十个国家和地区。

　　从目前全国出土的唐代剪刀来看,当时剪刀制作仍以铁为主,形状也仍为"交股屈环"状,但工艺比汉代剪刀更进一步,整把剪刀呈"8"字形,在手把上形成一个小回环,使剪刀的剪切力更强。

　　在长期的使用过程中,人们逐渐发现"交股屈环"的弹簧剪存在不少缺陷,比如双刃张口偏小,无法剪切坚硬和粗大的东西;如果多次用力过猛,会导致弹性消退,剪刀也就报废了。最糟糕的是,屈环处还容易折断。

　　到了五代和北宋时期,工匠将剪刀的两刃分离,十分巧妙地在刀与把中间打一个小小的轴眼,安上支轴,将力的支点转移到刀与把之间,于是剪刀整体呈 X 形。这意味着传统的弹簧剪进步到了支轴剪,并成为现代剪刀的雏形。这在中国剪刀发展史上是一次关键的革新,从此剪刀利用杠杆原理,大大增加了剪切力度。直到今天,"X"形剪始终是剪刀的主流造型。

　　小小剪刀,有破有立,藏着历史玄机。

百炼成宝：
五金同铸动颜色

春秋战国时期，青铜器铸造需要经过采矿、炼铜、制模作范、配制铜溶液和后期修整等五道工序。《山海经》记载说海内产铜之山有 29 处，经近代学者考证，其中就有 5 处在山西，即今天的太原西山以及昔阳、盂县、平陆、垣曲等地。

制作铸造铜器的模具，是诸多工序中的关键一环，因为模具的质量直接关系到铜器的质量。据上海博物馆有关专家研究，晋国铜器已经采用了与失蜡法有着相同功效的焚失法制作技术。待陶范治好之后，掘一土坑，把内范倒置于坑内，用草泥糊好接缝，并在外范底部装一个楔形浇口，保证铜液能由浇口顺利注入内范与外范的空隙中，待铜液完全冷却之后，打碎外范，取下铸件，磨砺修整，就能得到造型优美、花纹精致的青铜器。

春秋末期，晋国人董安于为赵简子筑晋阳城宫室时曾冶铜为柱础。用铜之多、铸件之大、工艺之精，让人叹服。在太原屡次考古发掘的出土文物中，铜器都占有很大比例。

铜镜流行于战国时期，当时赵国青铜器的冶炼技术发达，其青铜文化遗址较多，集中于其统治的"东阳"地区及太原盆地，以太原金胜村、邯郸百家村等发现的赵国贵族墓葬出土的青铜器最为丰富，此外邯郸赵王陵墓葬中也出土了青铜器。金胜村大墓是目前所发现的最重要的赵国考古遗存，墓葬结构宏大，随葬的青铜礼乐、兵器的规模已超出一般诸侯。其中有

太原出土的瑞兽葡萄镜

太原制造的汉代晋阳钫铭文

大量的铜镞、铜镜、铜印、铜带钩、铜车马饰件等。

邯郸赵王陵出土有铜印、铜镜、铜带钩、铜把饰等。在殉葬坑内,有铜镜两件,质轻薄,背面有钮。一面是素镜,一面背面有四组兽面纹。在北棺内,有铜印一件;有刺铜器一件,表面满布锐刺,横竖成行,此物在河北其他战国墓中从未发现过;铜带钩一件,形同古筝,正面饰直棱纹,两端饰兽面纹;此外还有管形铜饰等。在车马坑内,有铜筒形车饰1

件、铜盖弓帽 8 件、铜节约 7 件、铜铃等。由赵王陵中铜器数量、种类之多,可以看出当时冶铜业在当时人们的日常生产生活中占有重要的地位。

此时赵国青铜器的装饰技术也是数一数二的。从太原金胜村出土文物看,72块小范拼接成一块大范,而且它的钮、舞、鼓、枚等各部位模范对称接缝,将青铜铸合法工艺发挥到了极致。金胜村出土的高柄小方壶,自上而下所饰的龙、鸟、凤纹就是先在器身铸好凸起的线格和鸟兽纹,然后在凹下部位填充或镶嵌绿松石,再打磨光滑,镶嵌技术高超。另外,出土的匕首为椭圆形,刻有兽纹和曲折点线纹,这也证明了赵国青铜器刻纹技术上的娴熟。

唐代青铜合金中锡和铅的比例加大,使镜面特别亮洁而泛现银白光泽,影映十分清晰,而且造型精致玲珑,装饰自由活泼,趋于世俗。常有器物寓意着吉祥富贵,以及对仙山琼阁的向往。

唐代太原出产的铜镜和铁镜,质量和造型甚佳,二者皆为贡品,岁入京城。《新唐书·地理志》记载,太原"土贡铜镜、铁镜"。唐代工部尚书乔琳写过《太原进铁镜赋》,赞美了太原生产铁镜的精巧和质量上乘:"晋人用铁,其或五金同铸,百炼为钢。调镑而云龙动色,磨莹而冰雪生光,灿成形于宝镜。"

咏叹铁镜的唐诗还有王建的《老妇叹镜》:

嫁时明镜老犹在,黄金镂画双凤背。

忆昔咸阳初买来，灯前自绣芙蓉带。

十年不开一片铁，长向暗中梳白发。

今日后床重照看，生死终当此长别。

开就是开镜，又叫磨镜，无论铜镜还是铁镜，用过一到两年以后，镜面就会发暗，需要开镜。那面"黄金镂画双凤背"的铜镜，长达十年没有开镜磨拂，镜面镀层几乎掉尽，只剩下了镜体"一片铁"了。

刘禹锡在《磨镜篇》里说："流尘翳明镜，岁久看如漆，门前负局人，为我一磨拂。萍开绿池满，晕尽金波溢。"又如刘禹锡《和乐天以镜换酒》诗中说："把取菱花百炼镜，换他竹叶十旬杯。""菱花百炼镜"是一枚用百炼钢铸造成的铁镜。唐代铁镜生产数量多、质量好，咸阳、太原都是著名的铁镜产区。

金错双凤铁镜、菱花百炼铁镜非常有名，所以文人墨客赞美它。2008年，在太原太山龙泉寺发现金棺，为石、木、铜、银、金五层套装。棺上镶嵌珠宝，并有龙凤、花鸟、飞天雕刻，均为手工制作，装饰细致，工艺精湛，堪称中唐武周时期精湛技艺的代表作。

唐宋时期，胆铜法技术在太原推广使用，这项技术促进了铜产量的提高与品种的增加，降低了成本，为太原以铜为原料的手工产品加工业创造了条件。

胆铜法就是胆水浸铜法，它是用胆水炼铜，是水法冶金的起源。把铁放在胆矾（硫酸铜）溶液里，人们把这种溶液称为胆水，胆矾中的铜离子被金属铁所置换，而成为单质铜沉积下来的一种产铜方法。有关胆水取铜的最早描述见于西汉成书的《淮南万毕术》，其中有"曾青得铁则化为铜"的话，曾青胆矾，指天然硫酸铜或其他可溶性铜矿物。这说明我国在西汉时期已观察到并记载了"曾青化铁为铜"的现

太原制造的汉代四神炉

太原制造的汉代孙氏家镶

太原金胜村出土的春秋匜

象。到了宋代，我国已把胆铜法应用于生产上，并使之成为大量生产铜的主要方法之一了。

胆铜法有很多优点，它可以就地取材，在胆水多的地方设置铜场，设备比较简单，成本低，操作容易，只要把薄铁片和碎铁块放入胆水槽中，浸渍几天，就能得到金属铜的粉末。与火法炼铜相比，它可以在常温下提取铜，既节省大量燃料，又不必使用鼓风、熔炼等设备。还有一个优点，那就是贫矿和富矿都能应用。

在欧洲，水法炼铜出现比较晚，17世纪后期，西班牙的里奥廷托铜矿最早采用水法取铜。胆铜法是中国对世界冶金技术的一项伟大贡献，在冶金史上、化学发展史上都占有重要地位。

北宋时，山西河东一带产铜，这为太原冶铜和铜器制造创造了良好条件。宋代欧阳修到河东察访，曾经谈到绛州（今新绛县）、稷山、垣曲的铜矿。北宋太原所产的铜器尤其是铜茶具在全国颇负盛名，素有"太原铜器甲天下"的美称。北宋朝廷责令太原每年上贡"大铜鉴"10面，还在太原设置"河东监"铸造铜钱。宋时毕仲游任官太原，"独不市一物，惧人以为矫也，且行，买二茶匕而去"。可见，当时太原所产铜制生活用具的名气已经很大。

擦亮一面宝镜，擦亮的是工匠如火的心。

西山石炭：
史家高僧所见同

石炭纪在全世界是最早的重要成煤时期，太原组是中国北部最重要的煤系地层。

山西人自古开采煤炭，用之于冶铁、冶铜、烧石灰、烧砖、制陶、酿酒等手工业生产，还催生了"旺火"习俗。清朝光绪年间《平定州志》记载："上元之夕，家家烧炭，至夜炼（燃）之达旦，火焰焰然，光气上属，天为之赤。"这种风俗也叫"塔火"、"棒槌火"，在有些地方一直保留着。在金代，还有一种用煤炭殉葬的习俗，这在洪洞县金代墓葬和稷山县南宋墓葬中都有发现。对煤的开采，不但促进了生产的进步和社会的发展，满足了生活需求，而且是国家财政收入的重要来源，并被运用到边防和军队的建设中。

太原煤炭开采历史悠久，利用煤炭资源，到隋代开始有确切记载。在《北史·王劭传》中，晋阳人王劭曾说："今温酒及炙肉，用石炭火、木炭火、竹火，草木、气味各不相同。"从王劭的话中可知，最迟在公元6世纪，晋阳一带的煤炭已与其他燃料并用。

王劭，生卒年不详，隋代并州人，自幼寡言语，爱读书，少年时以博闻强记而得名。北齐时，饱学之士论古道今时，有所遗忘或是模糊之处，就向王劭询问出处。王劭每问必答，毫不匆忙。查找对照，丝毫不差。

成年后，王劭在高齐做官。隋文帝杨坚即位后，因母亲病逝，王劭辞职归里，闭门谢客，专心致志于编修《齐书》。按照隋代制度，朝廷不准私人编修史籍，王劭嗜好经史，早为世人所知。隋文帝得知王劭私撰史书大怒，就下令没收。但在亲览其著作《北齐》时，发现王劭记史翔实，文笔严谨，于是大为赞赏，任命他为员外散骑侍郎。后来，王劭又被提升为著作郎。

　　王劭任著作郎近二十年，专门负责撰修国史。编著《隋书》80卷，内容庞杂，大多是起居记录、文帝言论以及口敕，其中不乏街头巷尾的传闻逸事。他把这些上至帝王言谈、下至民间传说的浩繁资料，分门别类，按类编排，终为著作。除此而外，王劭重撰编年体《齐志》20卷、纪传体《齐书》100卷、散记《平贼记》3卷，并且摘录经史写成《读书记》30卷。史论大家刘知几曾高度赞扬王劭作史"方言世语"的文风和"文皆诸实"的史德，王劭的《读书记》也以"内容精博"享誉当世。

　　王劭一生淡于仕途，读书撰文十分专注，著作几为史籍，终成一代史学大家。因此，王劭对于古代太原利用煤炭的描述，应当视为信史。

　　王劭是太原老乡，那么在外地人甚至外国人眼里，古代太原是如何利用煤炭的呢？

　　唐文宗开成五年，即840年，日本僧人圆仁法师在前往长安途中，亲历了太原附近普遍用煤烧饭的情形，他目睹太原西山，"遍山有石炭，远近诸州人尽来取烧"。这说明，当时煤炭开采业已经很发达。由于太原附近遍山有炭，从事采煤的不乏其人，黛面短衣之人填街塞路，呈蜂拥之状。

　　圆仁，日本佛教天台宗山门派创始人。838年，他随遣唐使到中国求法，曾巡礼五台山，在大华严寺、竹林寺跟随名僧志远等学习天台教义，抄写天台典籍。圆仁入唐前后历时十年，足迹遍及今江苏、安徽、山东、河北、山西、陕西、河南诸省，

中国煤炭博物馆

并留居长安近五年。他的《入唐求法巡礼行记》，是研究唐代历史的宝贵资料。圆仁的记述涉及唐王朝皇室、宦官和士大夫之间的政治矛盾，以及社会生活各方面，如节日、祭祀、饮食、禁忌等习俗，所经过地方的人口、出产、物价，水陆交通的路线和驿馆，新罗商人在沿海的活动，南北佛教寺院中的各种仪式等等。因此，他在日记里留下的关于唐代太原普遍使用石炭的文字，出于客观观察，是"外国人眼里的太原"，更值得采信。

时值唐武宗灭佛，圆仁只好携佛教典籍559卷归国。他去世后，留有著作百余部，最著名的就是《入唐求法巡礼行记》4卷，与玄奘的《大唐西域记》和马可·波罗的《东方见闻录》并称为"世界三大旅行记"。1955年，美国人赖肖尔将其译为英语。赖肖尔又自撰《圆仁在唐代中国的旅行》一书，两书同时在美国出版，并被译为德、法两种文字。太原古代利用煤炭生产生活的情形，也就传播到了海外。

其实，太原人利用煤炭，可能比隋唐更早。

山西地区煤炭的最早记载见于《山海经》，其《北山经》云："孟门之山，其上多苍玉，多金，其下多黄玉，多涅石。""贲门之山，其上多苍玉，其下多黄垩，多涅石。""涅石"就是古代对煤炭的称呼；而"孟门之山"，据考证是今天的吉县山区；"贲门之山"为泛指太行山地区。由此得知，早在春秋战国之际，人们对山西地区的煤炭就有了了解，而煤炭最初被发现利用的年代应当更早。

联系汉代桓宽的《盐铁论》中"盐、冶之处大概皆依山川近铁炭"的记载推测，富有铁煤矿藏的三晋地区，在汉代已经将煤炭运用于冶铁业中了。

到了北朝时，山西对煤炭的开采与利用也很普遍。《水经·水注》载："水发火山东溪，东北流出山。山有石炭，火之，热同樵炭也。"《太平寰宇记》说："火山在（云中）县西五里。"云中县即今大同市，河即今桑干河，源出山西代县。这就是说，山西人至迟北魏时已开始了对煤炭的开采利用。

三晋地区的冶铜、冶铁业发展很快，唐朝时太原的铜镜、并州的刀剪，都是驰名全国的精品。这些，均得益于以煤炭作为燃料的支持。

宋代时，以无烟煤作燃料和还原剂的方炉冶润炼铁法在三晋地区得到广泛运用，加速了冶铁业的发展，故有"河东铁、炭最盛"（《宋史·食货志》）的说法。据文献记载："石炭西北处处有之，其为利甚博。"宋代，在今天的陕西、山西、河南、山东、河北等省均有煤矿开采，山西和陕西的煤炭资源最为集中，但陕西用煤炼铁到北宋政和年间有所减小，而山西用煤炼铁的规模持续增加，相对稳定。

煤炭利润颇为可观，于是宋朝就对煤炭实行官卖制度，在产煤地区专门设置官署，掌管煤炭开采，实行专卖，向采煤窑户和卖煤商人课税。由于课税重，"煤利至微，窑户至苦"，一些地方官员也代窑户请求减除煤税，如庆历五年（1045）陈尧佐任河东路转运使（驻太原府）时，就曾上疏朝廷云："河东路以地寒民贫，仰石炭为生，奏除其税。"然而，向煤炭业课税的做法一直延续下来，元、明、清政府都把煤炭课税视为国家财政收入的重要来源之一。

在公元 10 世纪前后，中国冶铁业开始广泛利用煤炭作为冶炼生铁的燃料。在欧洲，英国、比利时等国在 13 世纪初开始大规模用煤，到 18 世纪 40 年代才使用煤炭。所以，当意大利人马可·波罗来到中国，看到人们广泛使用煤，觉得新奇，说中国有一种黑石头，可以作燃料，火力大，价格还便宜。当时，我们的先人用煤炭作燃料已经一千年，用煤炼铁也已经至少三四百年了。

今天，我们从西山取煤，仍然沿着祖先的路线。天地宽厚，一脉相承。大自然一直无私地赠予我们，无论古人与今人，以恒久的营养。

波斯银币：
中西交流从兹证

在中外文化经济交流过程中，太原一直是一个非常重要的枢纽点。

按照国内史学界传统说法，古代中国与西域波斯等地进行贸易往来，多是通过丝绸之路，时间是在唐代。但从太原的考古发现可推测，太原在唐朝以前就是一个多民族商业交流的中心城市。

目前我国境内发现波斯古银币的地点，主要分布在古代丝绸之路的沿线城市和地区，有新疆的吐鲁番、乌恰、库车，陕西的西安，河南的洛阳，青海的西宁，山西的太原等地。从陆续在太原出土的大量波斯钱币来看，当时东西方交流频繁。除了银币，还有金币。从太原虞弘墓、徐显秀墓的文物发现看，太原在北朝时期就已经是一个多民族聚居融合的城市。

1999 年 7 月 9 日，太原市王郭村发掘了隋代虞弘墓，经过山西省考古研究所考证，虞弘的祖先出自西域，从他的父亲开始，家族转为依附于一个柔然的部落，他在北周、隋朝受到重用，临终前为隋朝的仪同三司，食邑达到了六百多户之多。在他 59 岁时，卒于并州。虞弘在公元 579 年前后曾统领代州、并州、介州三州的检校萨保府。萨保府是专管入华西域人事务的机构，其首领多为粟特、突厥等胡人。由于职责特殊，萨保的身份非同一般，检校萨保府级别还要高于萨保，这就是虞弘。

在虞弘墓出土地 5 公里外的太原市王家峰，有北齐将军徐显秀的墓，墓内壁画墓主人仪仗队中也有胡人形象。太原之所以具有这

虞弘墓中出土的波斯银币

太原东太堡砖厂出土的西汉半两铜钱

样巨大的融合力，主要是由于晋阳向西与灵州相通，向南可达长安和洛阳，向北通漠北突厥，向东则可到达河北道重镇恒州和幽州。天然的地理优势，使山西地区成为民族融合的大舞台。从魏晋南北朝到隋唐，山西一直参与了与西域文明大交融，特别是素有"古代世界商贩"的中亚粟特人的络绎而至，带来了异域的物产、风俗与文化，在一定程度上强化了晋阳商业文化多民族融合的特点。

北朝时期，晋阳是各地物资集散地，晋阳地区贸易主要是以马匹为主的畜产品以及金银珠宝等物。

晋阳地处交通要冲，是北方马匹输入中原的必经之地，也是河西马匹进入中原的中转站。河西马匹进入中原以前，必须在晋阳一带驯养，以适应中原的气候环境。《魏书》卷中记载："世祖之平统万，定秦陇，以河西水草善，乃以为牧地，畜产滋息，马至二百余万匹，牛羊则无数。高祖即位之后，复以河阳为牧地，恒置戎马十万匹，以拟京师军警之备。每岁自河西徙牧于并州，以渐南转，欲其习水土而无死伤也。"可见，晋阳附近常年喂养着数千匹马，这些马匹经过晋阳流通到各地。

晋阳城内，不仅皇亲国戚有马，普通百姓也有马，市场上流通的马匹还有一部分是从征伐北方少数民族的战争中俘获的。因为战争频繁，这类马匹的数量很大，而且伴随着其他畜产品。当时入塞北伐，必须经过晋阳，因此，战利品源源不断地输往晋阳。

北齐晋阳城商业繁荣，商业云集，已有外国商人出现。太原晋源区王郭村北齐娄睿墓壁画中的载物驼队画，为首一人头顶光秃，鼻子高耸，浓眉环眼，好似大食人形象。右后一驼上，驮着一个大软包。两驼之间的一人，高大修长，高鼻短胡，浓眉深目，好像波斯人。后一驼驮着大软包、虎皮垂囊与丝绸等物。这些画面反映了当时晋阳与境外商人的贸易情况。

北朝时，晋阳城内酒的销售量很大，城中街坊多有卖酒者。"晋阳都会之所，霸朝人士攸集,咸务于宴集。"当朝皇帝曾经带领文武百官和六百嫔妃到斛律金家置酒作乐。当时,晋阳城是大都会,城内珠宝、锦帛无数。

隋唐时,晋阳的农业、矿业、手工业都得到长足发展,太原成了黄河流域仅次于长安、洛阳的第三大政治中心,同时是山西境内最大的军事、政治中心和商业中心。唐朝初年,朝廷在太原置监铸钱。这时的太原,"人物殷富",在发展本市商业的同时,还鼓励外地商人来并贸易,积极倡导与突厥等民族的互市。太原商人在国内主要繁华城市占领市场的同时,积极参与对外贸易。

1958 年,在太原金胜村古墓发掘中,曾出土一枚 3 厘米的圆形波斯银币,这是晋阳与西亚通商的实证。古代波斯又称安息,即今天的伊朗。公元 226 年,波斯萨珊王朝开始铸造钱币。这种波斯萨珊王朝货币是当时普遍流通的一种国际货币,在世界的许多国家和地区都有发现。钱币为银质、圆形、无孔,钱的正反两面都有花纹,花纹用模子打压而成。银币正面多是国王的半身像,头戴王冠,富丽繁缛。

太原出土的萨珊王朝银币等出土文物表明,太原在唐代已经是一座对外贸易的城市,商业贸易远通日本、中亚、波斯,国际文化交流与文艺的繁荣,使得太原进入经济文化的迅速发展期。

丝绸之路的丝绸是从哪儿来的?从历史上看,西安并没有那么多丝绸,它所运往西方的丝绸中,相当一部分来自山西。实际上,当时的丝绸生产地包括太原地区。

元、明、清以来,中国将首都定在北京后,太原一直是丝绸之路从西安到北京的中转站。西方商人来中国,一般是一个庞大的商队,即使是西方政府派出的使节团,也会有大量商人跟随。他们到了内地,如敦煌、酒泉、西安后,一些商人会留在当地,但相当一部分商人会从那里再出发,经过西安、运城、临汾,到达太原,再从太原出发,经河北去北京。他们在太原也经常进行贸易活动。这说明,太原在当时就是东西文化、经济、商业、贸易交流的核心城市。实际上,在

太原电解铜厂出土的新莽"大泉五十"钱范

中国商业的发展进程中,两条最重要的商路——丝绸之路和茶叶之路,都与太原有着密不可分的关系,历史上的太原就可称作"晋商之都"。

马可·波罗 1275 年来到中国,受到元世祖忽必烈的信任,留居中国十七年,他从涿州(北京)骑行来太原,竟走了十天。《马可·波罗行记》第一○六章《太原府国》中记载:"自涿州首途,行此十日毕,抵一国,名太原府,所至之都城甚壮丽,工商颇盛。""自此太原府城,可至州中全境。向西骑行七日,沿途风景甚丽,见有不少城村,环以墙垣,其中商业及数种工业颇繁盛,有大商数人自此地发足往印度等地经商谋利。"

太原当年交易的熙熙攘攘,由此可见一斑。太原自古繁盛,天时与人和,策应着地利。

"尹"姓押记：
碧瓦朱薨照城郭

太原晋祠圣母殿上，仍保留着古香古色的琉璃瓦。琉璃瓦是用浅红坩土做胎，瓜皮绿釉，有的表层以彩翳覆盖，已近似"银釉"色调。胎内有一方"尹"姓押记，与宋押风格一致。可见，北宋时期，太原琉璃瓦的烧制技术已具备相当水平。

为什么是"尹"姓押记呢？押记是古代匠人留下的一种印章记号，与今天的老字号相仿，带有一定的品牌意义。晋祠与晋阳古城遗址近在咫尺，晋阳古城的建造和维护与晋阳宰尹铎有关。尹铎是一位有眼力、有智慧、有担当的年轻官员，他爱惜民力，体恤民苦，更新税制，发展生产，监造仓库，积聚粮草，把晋阳城建设成为一个殷实而坚固的军事堡垒。在晋阳保卫战中，赵氏充分利用晋阳城的地利之便，反败为胜，拉开了三家分晋的序幕。尹铎两个字与晋阳城连在一起，声名远播。

今天，关于尹铎的资料非常少，晋阳百姓曾修建尹大夫庙纪念他。"尹"姓押记显然是一所琉璃作坊的字号，作坊主有可能是尹铎之后。

太原琉璃制造的历史很长。汉代的绿釉陶、唐代的三彩和后来主要用在建筑上的琉璃，都属于同一系统，只是由于用途和出现时间不同，才有了不同的名称。琉璃制品一般以陶为胎，施以琉璃，然后入窑烧制而成。战国时已经有琉璃制品问世，但工艺不精，质料不纯。到了唐代，琉璃制品相当绚丽多彩。琉璃瓦首创于山西，

晋祠圣母殿蟠龙及琉璃

在唐代盛行于太原。

汉代时，山西地区已经出现低温铅釉陶，北朝时期继续盛行，在使用范围上已突破了日用器皿和随葬品的范畴，开始运用在建筑屋顶装饰上。北齐魏明所著《魏书·西域国》记载："世祖时，其国人商贩京师，自云能铸石为五色琉璃，于是采矿山中，于京师铸之。既成，光泽乃美于西方来者。乃诏为行殿，容百余人，光色映彻，观者见之，莫不惊骇，以为神明所作。"这是琉璃用于建筑物上最早的记载。

山西是中国琉璃艺术之乡，琉璃制作艺术有悠久的历史传统。千余年来，这一行业传承不衰，留下许多优秀作品，其分布之广、匠师之多，在全国居于前列。历史上的琉璃多用于宫殿、陵寝、寺院、庙宇、宝塔等建筑上，使得这类产品在造型样式、装饰风格、工艺品质等方面都达到了相当高度，是中国传统陶瓷文化和建筑文化的有机结合，琉璃建筑也成为富有民族特色和传统文化内涵的建筑形式。

山西琉璃是我国陶瓷工艺发展史上一个非常重要的品类，是陶瓷艺术继秦砖汉瓦之后在建筑领域广泛应用的典型范例。山西琉璃生产历史之长、工艺之精、质量之高、选型之美、色泽之艳，均居全国之首，最出名的有河津吕家、太原苏家及阳城乔家。产品品种繁多，光亮如镜，色艳久鲜，防腐防潮，坚固耐久，选型精美。

魏晋南北朝时，山西的琉璃烧制技艺起步。盛唐年间，有"碧瓦朱甍照城郭"之说，这项技术在明朝万历年间达到鼎盛。千百年来，山西的琉璃工匠们用智慧和汗水创作了浩瀚的艺术精品，这些琉璃装点了包括北京故宫、沈阳故宫、大同九龙壁、介休后土庙、洪洞广胜寺飞虹塔、芮城永乐宫、太原晋祠圣母殿等在内的古代建筑。经过岁月的磨砺，这些琉璃作品至今闪烁着夺目的光芒。太原生产琉璃，以东山马庄一带较为集中。

太原晋祠重建圣母殿时所用的琉璃，大部分是明朝嘉靖年间所制。平遥东泉镇百福寺山门脊上有元代琉璃宝顶，其形制以立牌为中心，内塑一合掌童子，牌上用两个盘旋式绿釉狮子，驮着莲座宝瓶，牌左右是两个东西向的吞脊吻，粗缸胎，黄、绿、白、黑釉，釉汁较厚，是目前纪年琉璃中的重要作品。芮城永乐宫四个殿顶的彩灿琉璃雕塑是具有高超艺术水平、保存较为完整的艺术品。明、清宫殿以黄色琉璃为尊贵，雕塑装饰的规模超过以往，寺庙的遗存实物也丰富，如太原的晋祠、平遥的武庙、城隍庙，介休后土庙、城隍庙、五岳庙，赵城广胜寺，解县关帝庙，阳城寿圣庙，晋城海会寺等，此外，还有琉璃宝塔、楼阁、牌坊、照壁、香亭、神龛等。清代琉璃雕塑自康熙以来逐渐恢复发展，如临汾大云寺之琉璃塔，方形六级，每级四壁间均嵌以三彩琉璃佛像及花纹等。介体后土庙是一座建筑群，均以华美的琉璃雕塑作为装饰。

琉璃生产在山西境内有着广泛分布，其

太原琉璃

中以太原、阳城、河津、介休等地的影响较大。据传，阳城的琉璃烧造最早起于金元时期，明清达到鼎盛。阳城境内矿藏以煤、铁、硫黄为主，煤矿资源较为丰富，所产无烟煤质优量丰，为制陶业提供了充足的燃料。当地还出产优质的耐火材料，如坩子土、石英砂等，其次有铜、锰、铝土矿、方铅矿、滑石、石膏等。

法华又称珐华，明代中期以后在山西南部盛行，具有特殊装饰效果与独特民族风格。山西的法华器、福建德化的白瓷和江苏宜兴的紫砂器分别代表了明代这一手工制瓷领域的艺术成就。法华瓷器创于元末，从琉璃制作基础上发展而来，以明代制品最精也最多。它的制作工艺、配方，与琉璃的烧制有不少共同之处。法华器的胎与琉璃器的胎完全一样，釉的配方也和琉璃器大体相同，只是助熔剂有差异：琉璃以铅作助熔剂，而法华所用的助熔剂是牙硝。在器物的底色上，琉璃一般是黄、绿二色，但法华器则以紫或孔雀绿为主，缀以黄、白、孔雀蓝的花纹，艺术效果更加丰富和醒目。

高寿田先生在《文物》（1962年4期、5期）的《山西琉璃》一文中说，法华的装饰方法是"采用彩绘中的立粉技术，在陶胎表面上用特别带管的泥浆袋，勾勒成凸线的纹饰轮廓，然后分别以黄、绿、紫釉料，填出底子和花纹色彩，入窑烧成"。

景德镇在明朝嘉靖前后也仿制法华器，但与山西法华器不同：一是景德镇用瓷胎而山西法华用陶胎，烧成温度不同；二是山西所制的法华器，一般都是小件的花瓶、香炉、动物之类，而景德镇器物是饰以花鸟、人物的瓶、罐、钵等。

在山西众多门派的琉璃匠师中，阳城乔姓是其中人数最多、延续时间最长的一支。从明朝正统年间开始，一直到清朝顺治、康熙、乾隆、嘉庆年间，传承关系明确，班辈系列清晰。

琉璃产品分为模制和手工捏制两大类。模制的特点是规范统一，易于生产。手制的特点是造型生动，富于变化。制作琉璃要求艺人不但要有较强的立体造型能力，还要有一定的艺术鉴赏力。琉璃釉料的配比除了考虑颜色的差别外，还要注意与坯料的膨胀系数相匹配。只有经过长期制作实践，才能练就一套过硬的功夫。琉璃的釉烧，是整个生产过程成败的关键。窑位分布、烧成时间、窑温控制等等，每一个环节都能决定烧制是否成功。

琉璃的制作大体要经过备料、成型、素烧、施釉、釉烧等几个阶段。琉璃的原料大都是就地取材或就近取材，制陶匠人在原料选择上总结出了一套简便实用、行之有效的土办法，有经验的匠师通过"看"、"捏"、"舔"、"划"、"咬"等方式判断泥料的成分和性能。琉璃所用泥料是一种低铝坩土，好的原料呈黑灰色或青灰色，里外颜色一致。用手指将软坩土捏碎，凭触感判断颗粒的细度，细颗粒多的黏土结合性好，可塑性强，干燥强度也高。或者用舌尖舔舐黏土的断面，如果感到吸力大，表明其结合性、吸附性和可塑性都比较好。硬质黏土不论是哪种颜色，如果用小刀或铁钉在表层能划出白色痕迹的，这种黏土经煅烧后会呈白色或微黄色。如果断层不平整，像贝壳一样，可以粗略地判断这种黏土含氧化铝较高，耐火度也高。将黏土用牙咬感到有蜡状或油脂感，说明其含铝量甚低，塑性也好。咬时如有细沙状或土状，则含铝量高。

琉璃釉料的配制在这一行业中是最难掌握也最具隐蔽性的技艺，尤其是像"孔雀蓝"这类釉料的配方，匠人视其为绝技，故有"传媳不传女"之说。釉烧是最后一道关键工序，烧工完全根据火苗变化的颜色判断窑内温度的高低，釉烧失败意味着前面的工序全都作废。

2008年6月15日，山西传统琉璃制作技艺被国务院公布为"第二批国家级非物质文化遗产"。

地理文化专家马晓东先生介绍，在太原东山一带，仍旧保持着悠久的琉璃烧制传统。明朝时，这里的工匠曾为朱元璋三太子朱㭎修建晋王府，也曾被邀请到西安修建秦王府，后来定居西安，其后人现在在西安的聚居地仍叫"太原庄"。

有时候，乡愁可以是一块琉璃做的瓦。

冶铁盈积：
晋祠铁人岿然立

中国冶金史上的一个最突出的特点是，铸造技术占有重要地位，以至于铸造既作为成型工艺而存在，又成为冶炼工序中的一个组成部分，"冶"与"铸"密不可分。因此，在古代文献中往往是冶铸并称，并对中国文化产生了深刻的影响，如常用词汇"模范"、"范围"、"陶冶"、"就范"等，都是由冶铸技术衍生而来的。这种冶与铸密不可分的冶金传统，是古代世界上其他国家和地区无法比拟的。

宋代，中国用铁铸造相当普遍，在太原晋祠内铸有铁人，当时的坟墓内多有镇墓铁牛。赵州桥建于隋朝，桥宽9米，长50.8米，桥身的石拱之间铸有生铁。宋代修复赵州桥，"河中府浮梁，用铁牛八维之，一牛且数万斤"。

冶铁需要首先发现铁矿，春秋战国时期，金属冶铸技术大为提高，人们已经积累了较为丰富的找矿经验并作了初步总结。人们发现了矿苗和矿物的联系，《管子·地数》中说："山上有赭者，其下有铁；上有铅者，其下有银；上有丹砂者，其下有黄金；上有慈石者，其下有铜金。此山之见荣者也。"矿苗的露头铁矿表层呈红色，铅和银常共生，这是现代矿床学所证实了的规律。在春秋时期的晋国，人们得到的这些宝贵知识，显然更有利于探寻和开发矿藏。

晋祠宋铸铁狮

　　汉武帝刘彻于公元前119年实行盐铁专营,在全国设铁官49处,每处铁官辖属若干作坊,这些作坊的规模和技术状况少有记载。据统计,已经发掘出的汉代冶铁或铸铁遗址二十余处,其中有山西禹王城遗址出土的汉代铁官和冶铁作坊,位于"河东郡"的安邑(今运城市东北)、皮氏(今河津市)、平阳(今临汾市西南)、绛(今侯马市西南)。铁官作坊标志为:皮氏为"东二",平阳、绛均为"东三"。

　　史料显示,北齐时期,关于冶铁的管理部门,有诸冶东道,在首都邺都附近,即今天的河北邢台;有诸冶西道,在陪都附近,设有四个局丞:晋阳冶、泉部冶、大邗冶、原仇冶(今天的盂县)。

　　冶炼业是宋代太原地区的一个重要产业,首先是炼铁和炼钢。宋代官府炼铁业设有四监,即太原大通监(今天太原市西南)、徐州利国监(今天徐州市东北)、兖州莱芜监(今天莱芜市东南)、相州利安监(今天安阳市附近)。根据史籍记载,山西的冶铁分布情况为:太原大通监,治所在交城,"管东西二治烹铁之务也。东治在绵上县,西治在交城县"。晋州,全国铁冶二十务之一。泽州,"大厂冶旧置"。"太原境内,五台、平定皆有铁冶。""榆次县北寺古村,宋治冶于此。"蒲州,"土产有盐、铁之饶"。慈州,"土产:铁"。从以上记载看,宋代太原的冶铁以太原为中心,分布在晋南、晋东南、晋东、晋西南和晋北。

　　铁的开采和冶炼,有的由国家设置的监冶直接经营,有的由民间承包,承包者将采冶的产品"以分数中卖于官"。太原大通监产铁量很高,北宋咸平初年,河东转运使宋搏上言:"大通监冶铁盈积,可备诸州军数十年鼓铸。"说明宋代太原冶铁的规模和产量相当可观。

　　北宋炼铁技术有所进步,当时以石炭为燃料,采用土高炉炼铁,已能炼出质量很高的"百炼钢"和"灌钢"。宋人沈括曾记述当时的冶炼技术:"世间锻炼所谓钢铁者,用柔铁屈盘上,乃以生铁陷其间,封泥炼之,锻令相入,谓之团钢,亦谓之灌钢。"灌钢在当时已是品位较高的钢,可见北宋炼钢技术已经达到很高程度。

　　炼铁和炼钢产量的增加以及冶炼技术的提高,带动了以钢铁为原料的相关手工业的发展。一是铸造工业的发展。宋代太原铸造的铁钟、铁人,代表了当时的较高工艺水平。晋祠圣母殿前有四个铁人,其中三个为北宋时铸造,共用铁数万公斤。尤其是身上铸有"北宋绍圣四年"的铁人,形态生动,铠甲鲜明,比例适中,永不生锈,是中国北宋年间的铁铸精品。二是兵器工业的发展。宋代各州均设都作院,

晋祠铁人

按照规定的品种和数量制造兵器。北宋庆历元年（1041），并州杨偕派阳曲县主簿杨拯以所制神盾、劈阵刀、手刀、铁连槌、铁简等兵器和《龙虎八阵图》献与朝廷，宋仁宗在崇政殿观看表演后，"降诏奖谕"。在与西夏的征战中，杨偕在太原制造了大量的兵器，供给军用。三是铁制农具和日用品工业的发展。新中国成立后，在太原境内出土的文物中，有许多宋代制作的铁犁、铁犁铧、铁镢、铁碗、铁锅等。宋代对农具的产销政策，先是实行专卖，北宋熙宁年间，准许民户"自备物料烹炼"，十分为率，官收二分，其八分许坑户自便货卖。即冶户按照规定的税率上缴实物税外，其余的产品可以自行出售。

明代，太原炼铁手工业比较发达，当时，明政府在全国设立了 13 个官营冶铁所，山西布政司所属有 5 所，其中太原冶铁所规模最大。半坡街东侧原有镔铁坑，相传为明初焦驸马都尉锻钢作坊遗迹，后形成了镔铁祠街。

这个镔铁祠也不简单。太原镔铁祠是冶铁行业的祠庙，《山西通志》记载，太原府阳曲县"旗纛庙东，相传掘地则地陷。明初焦驸马都尉尝制刀甚利，后置旗纛庙内，风雨为灾，复入坑"。"镔铁祠在旗纛庙东。"清代王士禛在《分甘馀话》中根据《名胜志》记述：

> 太原府城内有巨铁，常露其顶，掘之则深入不出，曰铁母。今有镔铁祠，西樵游并州题诗云："块尔留其志，萧然覆古苔。气应千家纬，地已绝尘埃。知有藏锋用，无劳大冶开。胡风今已远，珍重宝刀材。

这里的西樵为王士禛兄王士禄，诗中点明了镔铁与胡人有关系，是做宝刀的材料。

另外，清代赵执信《因园集》中有诗《将游镔铁院以病不果》：

> 古院不一游，虚作并州客。
> 寒铁夜有芒，秋井水无色。
> 病思清冷对，梦觉钟梵寂。
> 想见静中僧，时时扫苔迹。

由此可见，太原府的镔铁坑，应该是一个冶铁遗址。巨铁很可能是古代高炉炼铁后残余的基铁，因为焦驸马"为刀甚利"，就被主观推断为是镔铁，镔铁指精炼的铁。后来在这里建起了镔铁祠，所以地名为"镔铁坑"或"镔铁祠"了。

清代，太原形成了炼铁手工业作坊聚集的场所，称前铁匠巷、后铁匠巷。民国时称后铁匠巷、大铁匠巷、小铁匠巷，并以此而派生了铁匠头条、二条、三条三个小巷。新中国建立后，后铁匠巷并入起凤街，大铁匠巷、小铁匠巷今天仍旧留存。

今天，晋祠铁人仍在站立在悬瓮山下历经风雨，我自岿然不动。

北方宋瓷：
孟家井旁窑火旺

太原金胜村位于古代的晋阳境内，在这里发现的汉代、北齐、唐、宋墓葬众多，其中以唐墓出土的陶瓷器最多，有一百多件，其中又以三彩瓶、香炉、粉盒、小瓶等最为精彩。

制瓷业的前身是制陶业，制陶是中国古老的手工业，在春秋战国时的晋国，更加兴旺发达。晋墟出土的陶器数量惊人，种类繁多，有各种食器，铸造青铜器物用的陶范、浇口、鼓风嘴，有纺织用的纺轮，也有用于建筑的角瓦、板瓦、瓦当等。

春秋晚期，晋国开始制作表面涂有黄褐色或茶色釉的质地坚硬的陶器，这是制陶工艺的一大进步；战国时期的陶器主要是鼎、豆、壶、鉴、尊等大量的仿铜陶；到了三家分晋时期，许多陶器表面开始出现红褐、黄色绘制的彩绘图案。其他陶质用具和板瓦、筒瓦等建材，虽然纹饰不多，但烧制火候好，器物质地相当坚硬。

北朝时期，太原地区的陶瓷手工业较为兴盛。1949 年以来，考古工作者在太原陆续发现不少这一时期的瓷器。尖草坪区发现绿釉汉壶，晋源区董茹村发现半陶半瓷的褐釉陶，市区发现褐釉瓷壶，龙山发现绿釉空心壶。墓葬出土陶器文物757 件，工艺水平都很高。

到了唐代，瓷器手工业产量增大，质量也很讲究，大多为不分贵贱的通用器皿。唐代的山西陶瓷业主要在太原，晋祠就发现有唐三彩壶、赭色釉瓷壶等。太原以外，晋北的浑源也是当年盛产瓷器的地方。

北宋是太原陶瓷业蓬勃发展的时期，北宋在太原曾设立官窑，1936 年，在坝陵桥一带曾发现瓷器仓库，内藏瓷器百余件，并伴随有"大宋河东路管药场"的铜印出土。太原的陶瓷制品除了供应宫廷外，民间烧造陶瓷器的烧窑也比较普遍。太原城东的孟家井，在宋朝已有精美瓷器出产，是宋代著名的陶瓷产地，生产黑白釉、青釉印花和纯青釉器,今窑址尚存。据记载,宋朝太原有一位瓷器发明家叫陈格,曾创制一种瓷器,灰白相间,花纹曲折,好像树木横截面的年轮一样,所以又称"木理纹瓷"、"交釉瓷"。当年太原近郊的马庄、孟家井都曾烧制这种瓷器,习惯上称为"北方宋瓷"。

孟家井,传说北宋时期作为杨家将一员的孟良曾于此地屯军,凿井取水,故名。宋代为著名瓷器产地,称孟家井窑,亦称榆次窑。

《永乐大典》卷5201记载:"瓷窑,在榆次县北六十里孟家井。按《晋阳志》云,窑五十座。"孟家井瓷窑创烧于宋、金,盛于元、明,废于清末,主要烧造民用碗碟,同时也烧造瓷罐、瓷钵、瓷灯、瓷枕等。釉色有黑、白、青、紫等,纹饰包括简单的绳纹和复杂的莲花、菊花、动物。兔毫釉、油滴釉、绞胎器是孟家井的典型器物。1959年、1962年、2000年,文物部门对这里进行了三次调查和试掘。

孟家井瓷窑附近有优质的瓷土及煤,具备烧造瓷器的有利条件。据《景德镇陶录》记载,孟家井窑,唐代已产瓷,土粗质厚而古朴。从发掘结果看,"土粗质厚而古朴"确为孟家井产瓷的特征,但目前尚未发现唐代的制品,从装饰及烧造工艺看,绝大部分应是宋、金时期的制品。

1959年及1962年,考古工作者对该窑址进行两次调查。从调查情况看,瓷片

孟家井

堆积物主要分布在村北的台地上和村西大道东侧。村北以烧造黑、白、青、紫釉器为主,村西大道东侧主要烧造白釉印花器。瓷片堆积面积有 2000 多平方米,器型以民间实用的碗、碟为多,同时还有罐、钵、灯、枕等器物。釉色以黑、白釉为主,另有少量青、紫釉器物。

白釉器造型以碗、碟为主,其中以白釉印花碗为精。其特征是:器型大而薄,碗内心有涩圈,印花多为菊花、牡丹及莲花。碗心多装饰月花锦,釉色柔和,似牙白色。

黑釉器造型有碗、钵、盒、罐、灯、碟等,以碗、钵为多,釉色多发亮,个别发灰。

榆次窑玉壶春瓶

青釉器数量不大,但比较别致,主要为碗、碟、枕,以碗为多。釉面有玻璃质感,釉色有的呈黄绿,有的发灰青,有的近似黑釉。碗大部分为印花,也有画花,明显受到陕西耀州瓷窑青釉器的影响。图案主要有宋金时期常见的菊花、牡丹、莲花,碗心也有同白釉印花一样的月花锦及文字装饰,书有“福”、“花”及“郝”、“万”、“金”、“巨”、“之”、“山”等文字。文字有的取其吉祥,有的以工匠姓氏作装饰。这种装饰手法具有浓厚的金代陶瓷特色。

紫釉器数量很少,主要为碟,釉色为紫红色,这一品种应是在烧黑色釉的过程中,改变釉中的铁含量而创造的一个新品种。

在烧制方法上,采用盘、碗内底刮釉一圈的叠烧方法,可以提高每窑的装烧量,既节省燃料,又提高产量,是金代陶瓷工匠的杰出创造。此外,还采用支钉、垫圈支烧等烧造方法。

孟家井瓷器属于山西老窑瓷。山西老窑瓷始于西汉釉陶期,魏晋时出现青瓷(产于大同),到唐代黑釉出现,真正的瓷及艺术成熟于宋辽,在金元时期走向鼎盛。

山西诸窑由南向北的分布大抵为:运城、临汾、霍州、长治、晋城、河曲、汾阳、介休、潞州、榆次、平定、寿阳、太原、阳曲、宁武、山阴、大同、浑源、阳高等等。在宋辽金出土文物中,碗、罐、瓶、灯、炉等经常出现,特别是黑釉剔画花梅瓶、画花梅

瓶,其娴熟的纹饰让人叹为观止。

作家唐晋曾与瓷器鉴赏家雪野有过一段对话,认为:山西南部窑口至太原为界,瓷器胎质细密轻巧,造型秀雅,有中原汉文化的传承。太原以北至大同、阳高,瓷器胎质粗疏厚重,造型粗犷,带有游牧文化的气息。胎质中含有瓷石颗粒,这与地方瓷泥材料有关。总之,山西南部瓷器纹饰大都写实,刻画细腻,而北部的纹饰大都写意、豪放,一只鸟可以一笔而成,有大朴大拙之美。

从唐、五代的三彩陶瓷,辽金的三彩陶瓷,到宋代的南青北白,山西陶瓷传承综合了各朝各代的具象审美,它将北方文化为背景的粗犷豪放、朴实的农耕文明和游牧文化,以及融合的民族情结,都刻画在了陶瓷之上,形成了山西黄土高原独特的琉璃珐华文化。

据考证,景德镇的珐华彩釉是明代大移民时被迁移的山西制瓷工匠南下,将此技术一并传播开来促成,并快速地推进了景瓷的一统天下。因此,山西人对中国瓷业霸主地位的建树,功不可没。

北方宋瓷,散发着温润的笑意,继续着传世的美丽。一种朴拙混合着细腻,跃然于碗底。

国家武库:
刀锋不钝发硎磨

戊戌深冬日南至,古冢撊出双铜戈。

斑痕点点凝寒霰,刀锋不钝发硎磨。

奇篆鸟书黄金错,仓颉史籀难遮罗。

……

这是著名考古学家、古文字学家张颔先生那首著名的《僚戈歌》,诗歌界对此评价极高,称其有韩愈遗风。1958年,山西万荣县后土庙出土错金鸟书铭文铜戈,铭文难以辨认。张颔先生经过研究辨认为"王子于之用戈"六字,并考证出这是吴王僚之器,后来写成论文,轰动全国。1964年,中山大学古文字学家容庚先生在著作《鸟书考》中,将这一双铜戈列为吴国四器之一。

春秋时期,晋国和吴国交往密切,因此山西屡屡有吴国器物出土。事实上,不

晋阳匕

赵卿墓戈

仅山西多有古兵器出土，而且太原自古就是冷兵器铸造基地。

1983 年年底，山西省博物馆从太原电解铜厂拣选了一批文物，其中有一枚铜戈是战国晚期韩国的兵器，非常珍贵。

从考古发掘情况看，春秋战国时期冶炼的青铜器种类已达几十种，包括兵器戈、矛、匕首等。这说明，当时的晋阳已经是晋国铜制兵器制造业的冶炼中心。

商周时候，王室、贵族用来作战和狩猎的车的形制已经比较精巧。《考工记》对车轮提出了一系列技术要求和检验手段，还对车舆材料选择以及连接方法，车辕、车架的制作，对不同车辆的要求等内容进行了叙述，这些都反映了当时车辆制作技术已具备相当水平。

革制品多数用于战事，制革业也属于官营作坊。赵卿大墓随葬的战车车毂上，发现了用皮筋包扎的痕迹，可以证明制革已是战备需要。从文献记载看，皮革主要用于制甲、固车、蒙鼓，制作弓箭矢囊，为冶铜冶铁炉制作鼓风皮囊等。将士的铠甲和战马的护甲都是用牛皮制作的。《考工记》记载，由于铠甲和护甲的用量很大，出现了专门制甲的"函人"。制甲时须选皮泡洗碾压，然后裁剪缝制。对于制弓、固车、蒙鼓、覆盾，只要将生革洗去污秽即可使用，即所谓的"生皮"。日常生活的皮制品，如人们御寒用羊皮制衣，王室贵族用虎、狐、狼、熊皮为裘皮等，则为"熟皮"。

晋国从建国开始就一直使用舟楫，掌舟楫的专门官吏称"舟虞"。当时晋国船只主要用于车马渡河和运送粮草辎重等。到了春秋晚期，随着战争规模的不断扩大，晋人也常使用舟楫作战，在晋国铜器"水陆攻战纹鉴"上，就刻绘着士兵乘龙舟激流鏖战的场面。

春秋时期，兵器生产的范围扩大。西周和春秋初期，兵器生产完全由官府垄断，民间不能自由制造，也不允许自由买卖。春秋以后，官府的兵器生产远远不能适应战争的需要。因此，民间军事手工业迅速发展，甚至出现专门制造军械的地区。民间兵器手工业的兴起，对各诸侯国军事经济的发展，起到了巨大的推动和促进作用。同时，兵器生产的规模、种类和技术都有较大发展。生产的兵器包括剑、戈、矛、标枪、斧、斤、戟、匕、镞、战车等。

关于弓箭的制作，有"弓人"、"矢人"、"冶矢"的专门分工，其制造程序有十分细致的技术规定。如弓干的制作，《考工记》就比较了七种材料的优劣，认为柘木最佳，竹子最差。

赵卿大墓出土的车马

对于不同用途的箭矢,如"矢人"所制用以战争的兵矢,用以弋射的田矢,"冶氏"所制用以田猎的杀矢,其镞的长短、大小,铤的长短、大小,铤的长短,铁管的设置,都有不同的比例规定。对于箭矢在飞行过程中起平衡和定向作用的羽毛的设置,则利用各个箭杆在水中的浮沉程度,查明质量分布的情况,再酌情设计制作到位。其中,已经能够体现飞行物体的重心、形状同重力、空气阻力之间的关系,并进行了箭矢飞行轨道的早期探索。

春秋的争霸战争,仍以车战为主,战争中兵车损耗十分惊人。出于战争的需要,各诸侯国十分重视和不断扩大兵车生产规模。春秋前期,每次战争动员的兵车最多不超过六百乘,但到了中期,增加到八百到一千乘。春秋后期,小国拥有的战车已达一千乘,大国则少则数千,多则一万。为了发展铁兵器生产,各诸侯国不仅重视冶铁业的发展,而且十分重视对铁的管理和征收。晋国很早就开始以军赋形式广泛收集铁原料。

晋人制作和使用的车按用途可以分为两类:一是贵族乘坐的车,叫做辂或者辇。辂是四马或两马牵引的车子,公元前632年城濮之战,晋军击败楚军,周襄王曾赐晋文公"大辂之服",就是这种车的车衣。辇是用人力挽拉的车子,公元前550年栾盈攻绛,范宣子穿着孝服"辇以如公",就是坐着这种车进入公室的。其形体可能比较宽大,能够装载辎重。

第二种车即晋人用于作战的兵车,当时又称为"戎车"。还有"广车",即横陈之车。从文献记载看,这两种车都是用于防卫敌军进攻的。几十年来,考古所发现的晋军车辆已有几十辆之多,其中,在太原晋国赵卿大墓和另一座车马坑中,各发现车十余辆。赵卿大墓车马坑是大墓的陪葬,由车坑和马坑两部分组成。葬马44匹,大多数马头枕在二层台上。马的骸骨大致排列有序，多为侧卧状，马首全部西向，面对车坑。车坑完好的木车 13 辆，是当时实际使用的车辆，分南北两列，排列整齐。车轮置入轮槽中，车轴紧贴在坑底部，掩埋时又经夯实。这保证了木车的主要构件至今未有大的变形。在车栏杆上还有骨制或铜制的小型管状车饰件。

战车的制作工艺足以代表当时的造车水平。晋人对兵车的制作分工细致，而且积累了相当丰富的造车经验。比如对兵车各部件的要求，《考工记》上都有详细的记载。轮径过大则人不便登车，过小则马不便引车；车辐必须头粗末细，否则车行泥道便拖泥过多。在选材上，根据各部件的不同用途选用不同的木材，如车轴、车厢、辕必须选用坚硬耐磨的榆木，车辅则用坚固而美观的檀木。伐木必取其时，树生于阳者中冬伐取，生于阴者中夏斩之。为了加固车子，车毂还要用皮筋多层和漆缠绕。车子制成之后，还要驾马验收，骏马奔驰千里不伤蹄，车疾驰垄亩之上车身平稳且部件不摧，才可谓合格的兵车。

从春秋到战国，兵器的制作数量随着战争规模的扩大而大大增加。春秋初期，各大国打仗，一般出动二三万人就不少了。到春秋末，推行县制，兵力倍增。到了战国，大国兵额达数十万人，如秦国就号称带甲百万、车万乘。三晋各国的兵器主要是由各武库(上库、下库、左库、右库、武库等)控制的作坊制造的，而"上郡"则是秦国重要的兵器制造中心。

战争对武器的种类和质量的要求相应提高。骑兵已经兴起，步兵大有发展，车战退居其次。除了戈、矛、戟等长武器外，剑这种短武器的地位日益突出，剑的外形变得平直锋利，重量有所减轻。著名的越王勾践和吴王夫差的宝剑，到现在已经两千多年，至今表面花纹清晰，光彩照人。1964 年山西原平出土的吴王光青铜剑是这一时期兵器的代表。

列国争战称雄，兵器制造业在官营业当中占有重要地位，三晋各国中央和县一级地方政权拥有铸造作坊，其监管制度"分为造者、主造者和监造者三级"，各有分工，责任明确。重要的制品，还要在制品上铭刻制造者的名字和产地、时间。除了中央或县的武库所属作坊制造兵器外，冶铸中心地以及铸币等官营工业作坊，一般也制造兵器。

立足于得天独厚的矿藏优势，春秋战国时的晋阳经济发达、军备充盈，武库作坊叮叮当当，一派繁忙。在各个历史时段，太原都是兵家较量称雄的主战场。

铸钱中心：
财货万贯晋阳造

　　晋阳城是春秋战国时的冶炼、兵器、货币制造中心，特别是一种铜质铲形铸币——晋阳布币的发现，证明当时的市场已经从实物交换进入到货币交易阶段。

　　晋人制币，历史悠久。《管子》所说的"禹以历山之金铸币"，可能是一种推想。司马迁在《史记》说得比较客观："农工商交易之路通，龟贝金钱刀布之币兴焉。"据说虞舜、夏到商朝，货币是由多种金、布、刀、龟贝等物品替代的，"及至秦"，货币才统一。在夏、商、周之间的将近1800余年，在商品交换对媒介物的选择与淘汰的过程中，晋阳一带是走在最前面的。

　　商代，山西地区出现了不少城市，特别是封国和方国的封地中心，比如今长治市西南、榆社、介休西南、太原南部、平陆县北、石楼县，都为商人们开辟了市场。此外，部落酋长的驻地和商王朝在山西统辖范围以外的周边部族，也是商人的贸易之地。他们用珠玉、饰品、食盐、织物、牲畜、毛皮以及奴隶等进行交易，酒不但在当时的社会上层不可或缺，而且是社会下层普遍需求的商品。当时有所谓"屠畜易酒"之说，指的就是一般平民。

　　那时太原地区是汉民族与北方游牧民族的交错地带，由于专门从事产品交换的人不断增多，逐渐形成了商人阶层，商业开始成为社会经济的重要组成部分。充当商品交换媒介物的物品种类由宽泛变得简约，在山西地区，有当地

晋阳布

农具铲子，有打仗或者自卫用的刀，有纺轮，也有来自海边的装饰品海贝。海贝数量不能满足需要，就用兽骨、玉石磨制骨贝、石贝。青铜出现以后，就用青铜仿制海贝。1971 年山西考古工作者在保德县林遮峪商代墓葬中发掘出铜贝 109 枚、海贝112 枚，证明商代时山西已经开始使用了铜铸币，堪称中国铜铸币之滥觞，也是世界上最早的金属铸币，比公元前 600 多年地中海地区一些国家铸币早 500 到1000 年。

贝币从殷商至春秋初行用较多，并经历了从真贝到铜贝的演变过程。铜贝行用约三四百年，东周初逐渐退出流通。侯马晋国遗址曾一次出土铜贝 1600 多枚，属东周初期货币。古晋国出土春秋战国空首布的地点有太原、榆次、寿阳、侯马牛村、运城李店铺、稷山吴城等地；出土平首布的地点有太原瓜地沟、太原金胜、祁县下王、交城、汾阳、高平箭头、阳高天桥、原平武彦、陵川、天镇等地；出土刀币的有交城、山阴故驿、永济薛家岩、高平箭头、浑源、神池、怀仁、左云等地；出土圆钱地点有闻喜苍底、侯马东门外、侯马、翼城上吴等等。

春秋战国时期，商品化程度提高，晋国经济富庶，手工业发展，很多农产品与手工业制品进入市场，加上汾河与黄河水上交汇，商业流通更加繁荣。晋文公登基时，把百工和商贾纳入政府管理之列，使之成为官工和官商，即所谓"工商食官"，制订了"轻关易道，通商宽农"政策，即减轻商税，除盗安民，商旅沿途往来安全。随着领主封建制向地主封建制过渡，"工商食官"制度逐渐废弃，自由商人大批出现。《史记·赵世家》记载，上党"有城市邑十七"。在这些城邑里，一般"列市成行，店铺林立"，牲畜也在交易之列。在太原以北以西地区，农牧相杂或以牧为主。以游牧狩猎为业的戎狄民族，不仅用牲畜和畜产品与商人进行贸易，而且"贵货易土"，连他们赖以发展畜牧业的草地和宅圃，有时也用来同商人交易，换取其所需物资，所以商人们在那里也开辟了广阔的市场。

地理文化专家马晓东先生介绍，春秋战国时期有一种赵国钱币叫新城布，在今天的太原古城村一带铸造。

布币的发现是青铜冶炼技术发达的又一例证。布币，一种铜质铲形铸币。战国时期的布币，已经变成了略具铲形的小铜片，布币的币面一般不铸有地名。从文献记载看："铸有地名的只有韩、赵、魏、齐几国的一部分货币……"在太原晋源镇北曾山上先秦货币"晋易（阳）平首布""晋阳方足布"，这从另一侧面也说明了当时的

晋阳布

晋阳是货币铸造中心。

晋国铸造钱币的数量很大，在侯马东周晋国遗址内出土空首布的地方，还清理出一处铸造青铜器的作坊遗址，于大量铸造青铜器的陶范中同时出土了相当数量的空首布陶范和范芯，范芯尤多，如一个 4 米×4 米的发掘方中，范芯的堆积厚达 60 厘米，所得范芯约有数十万件。有的布范内还留有尚未取出的空首布。这些现象足以说明当时铸造空首布的规模与数量是相当庞大。这个遗址显然是一个规模宏大的造币厂，比欧洲出土的公元 3 世纪罗马铸币工场早 700 年到 1000 年。

春秋战国时期，相当多的人从事小手工业和小商业，自己制造器物，自己出卖商品，促进了工商业的繁荣和贸易的发展。《荀子·王制篇》形容当时货物流通的情形说：北方的走马吠犬，南方的羽毛象牙犀皮颜料，东方的海鱼海盐，西方的皮革旄织品，在中原市场上都能买到。商业上货物交换需要货币，从而推动了铸币业的发展。

从春秋末期开始，货币种类和数量增多，流通范围扩大，往往在一个地区同时使用多种货币。货币一般分为四类：一为布币，以三晋地区为主，散及燕、秦、宋；二为刀币，以齐为主，散及燕、赵；三为金版蚁鼻钱，仅流通于楚地；四为圆币，出现最晚，流通范围较广。钱币质地多为青铜。

到了唐朝，朝廷在少府监下设冶署令，允许私人开矿冶铸，官收其税，所以矿冶业比较发达。唐代对晋州、蒲州、绛州、隰州、蔚州、平阳设监铸钱，其中绛州有炉 30 座，占全国 99 座炉的 1/3，铜料主要来自全国最大的产铜地中条山铜矿。蔚州有 10 炉，除了铸造铜钱外，还铸过锡钱。

《川陕晋出土宋代铁钱硫含量与用煤炼铁研究》一书中提到，宋代，山西的部分铁钱监用煤作燃料来铸钱，不仅解决了燃料短缺问题，而且大大节约了成本，提高了效率，当时铸钱数量相当多，这与燃料的进步有关。

宋代中国在经济文化上是当时世界上最先进的国家，北宋在太原设置"河东监"，专门铸造铜币。宋朝所制铜币在海南诸国流通，甚至成为对方的"镇库之宝"。另外，清代康熙通宝系列里的"元"字钱币，也是由太原局督造的。

一枚钱币，从矿石里炼出，生于斯，长于斯，用于斯。在手与手的接力中，磨洗铁销。

晋商纵横有谁似

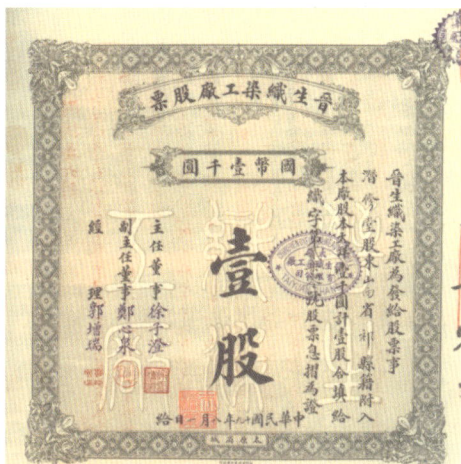

晋商之都：大本营的辐聚与驱动

大常秦家：乔家能贵发，肇始秦家人

青龙王家：从『百万绳中』到『一乡善士』

黄寨刘家：慈禧西逃途中的轶事

义字当头：品端金玉称王惠

徐沟王家：天禄堂里富珍藏

清源『白大驴』：小伙计闻名东三省

利以义制：太原商人的财富观

万里茶路：艰辛晋商辟新途

汇通天下：太原金融业掠影

　　回溯历史,守望晋商。在中国历史上,晋商的发展源远流长,《国语·晋语》中曾说晋文公:"轻关易道,通商宽农。"可知晋国早在春秋时期就已经成为"工而成之,商而通之"的诸侯国。晋国商人猗顿就被韩非子赞誉为"上有天子诸侯之尊,下有猗顿、陶朱、卜祝之富",可见当时晋国"千乘之国必有千金之贾"的商贾阶层已闻名于天下。

　　山西北控朔漠,南衔中原。我国近代思想家梁启超曾骄傲地说:"鄙人在海外十余年,对于外人批评吾国商业能力,常无辞以对,独至有此历史、有基础又能继续发达的山西商业,鄙人常以自夸于世界人之前。""山西商业"指的便是 14 世纪中叶到 20 世纪初(明清时代)以善于经营著称于世的晋商所创造的商业成就。他们活跃于商界 5 个多世纪,经营足迹遍及国内各地以及欧洲、日本等东南亚国家和阿拉伯国家,独领风骚,创立票号,引领了中国金融业近百年之久。晋商不仅是当时国内势力最大的商帮,也是国际贸易中的一大商人集团。

　　自晋商形成以来,伴随着商品经济的发展,太原晋商也不断发展。尤其是在唐朝时期,太原作为大唐北都,其特殊的政治地位以及交通的发达,足以使它成为唐代著名的商贸之都和文化都会。从欧洲、中亚、西亚来的众多外国人,千里迢迢来到晋阳进行商贸活动,大唐北都、中都分别与西京长安、东都洛阳构成了大、小两个"金三角地带",而"大金三角地带"又包含了"小金三角地带",成为当时唐代政治经济地理版图中最核心、最重要的"枢纽区"。

　　随着人口集聚和产业集聚的发展,清代山西境内形成了大量以经济发达城市为中心的城市群,在这里陆续出现了大量富可敌国的商人和商号,拥有令人叹为观止的财富,他们在经营规模、经营内容、影响范围方面都达到了新的高度,在世界商业史上占有很重要的地位。明人谢肇淛在《五杂俎》中对晋商的财富有形象的描述:"富室之称雄者,江南则推新安,江北则推山右……山右或盐,或丝,或转贩,或窖粟,其富甚于新安。"其中晋中地区便是以太原为中心,包括平遥、祁县、太谷、榆次在内的带状区域,这其中太原商人又是晋商历史中重要的力量。

明清两代,太原先后作为抚署、府治所在地,是山西的政治中心,各类政、军官员聚集。晋商为开展业务,纷纷与官场人物建立紧密联系,或来太原进行各种联络;或请政府官员到总号所在地游玩;为政府代办、代垫捐纳和印结,充当清政府纳捐筹饷的办事机构;汇总公款,为户部解缴税收,为各省关借、垫京、协各饷,缓解中央和地方政府危机,充当政府财政金库。再加上"正当孔道,交通之冲"的区位优势,使得太原在历史上形成了独特的商贸经济区,成为晋商商路的重要枢纽地带和重要活动地。

当时,各大商号、票号如平遥日升昌、蔚字号,祁县百川通、大德通、大德顺、合盛元等均在太原设有分号,是各总号的重要分支机构,承担着为各商家结托政府官员、拓展业务的重要职能。其时,太原作为"晋商之都",出现了一些富甲一方、声名显赫的商业家族,如大常秦家、青龙王家,形成一个群体,始终活跃在中国的经济舞台上,在创造物质财富的同时,在商业制度、经营艺术、商业教育以及对社会的风俗、礼仪等继承方面,也作出突出贡献,可以说构造了一个商业文明体系。这些都极具说服力地印证了梁启超先生的骄傲。

美国经济学家库兹涅茨在《现代经济增长:发现和反映》中认为:"一个国家的经济增长,可以定义为给居民提供种类日益繁多的经济产品的能力长期上升,这种不断增长的能力是建立在先进技术以及所需要的制度和思想意识之相应的调整基础上的。"晋商在兴起和发展中,既得益于天时地利,更得益于人和。太原商人的"人和"便是深受儒家文化"利以义制"伦理观影响,这些晋商扎根于山西悠久深厚的历史文化土壤中,依靠黄土文化赋予的吃苦耐劳、坚韧不拔、诚信笃实、刚健有为的精神,走出了一条创业进取之路。他们把中华儒家传统文化运用于商业活动之中,创造出了富有生命力的诚实信用、利以义制的商业制度和职业秉性,成为太原商人思维和行动的精神原动力。而在这种制序中,关于诚信的集体惩戒机制和以"义"为先的理念起着尤为重要的作用,也是晋商在激烈竞争中得以制胜的法宝之一,成为晋商称雄商界五百年的重要支撑之一。

由此可见,晋商历史、晋商文化、晋商精神,是太原的宝贵资源,是晋商之都的灵魂和内涵,是三晋文脉的重要传承和代表,也是我们这座拥有 2500 多年历史的文化古城的精神财富和无价瑰宝。

　　中国商业之盛，莫盛于西帮。晋商从太原走出，走向全国，走向世界，以执牛耳之商贸、金融横跨明清两个朝代五百多年，以锐不可当之势驰骋于华夏，推动了经济发展和社会变革，在世界商业史上谱写了一曲典范壮丽的独特篇章。

晋商之都：
大本营的辐聚与驱动

　　一个地区的商业，取决于该地的经济发展水平、物产、交通、人口等诸多要素，这些都是缺一不可的。而太原晋商的兴起是顺应天时、地利、人和诸条件而产生的必然结果。

　　山西是华夏文明的发源地，"尧都平阳，舜都蒲坂，禹都安邑"，山西有史以来即有经商的传统。舜帝曾"就时于负夏"，做过贩运贸易，是华夏商祖。周初的"启以夏政，疆以戎索"，也是意在适当维护夏人的传统习俗和制度的前提下，暂不实行以周礼为中心的宗法制度；同时依照游牧民族生产和生活习惯，来分配土地，便利农牧生产，实行了不完全等同于周朝的政治经济政策。由此，晋国孕育出政治上博大宽厚、兼容并蓄，经济上求同存异、自强不息的管理理念。而太原"唐风晋韵"的风貌便是滥觞于此。

　　太原处于中原汉民族与北

太原晋商博物馆

方游牧民族的交界地带,在商品交换流通中占有显要地位。

春秋战国时期,随着商品化程度提高,太原地区经济富庶,手工业发达,很多农产品与手工业制品进入市场,加上汾河与黄河水上交通优势,商业空前繁荣。在晋阳以北、以西地区,农牧相杂或以牧为主,以游牧狩猎为业的戎狄民族,不仅用牲畜和畜产品与商人进行贸易,而且"贵货易土",连他们赖以发展畜牧业的草地和宅圃,有时也用来同商人交易,换取其所需物资。

秦汉时期又是太原的一个大发展时期。据《汉书·地理志》记载,汉代太原郡"户十六万九千八百六十三,口六十八万四千八十八,县二十一"。当时,在今天的山西境内有人口252万,其中有近30%的人口生活在太原地区。虽然汉民族与匈奴时有战争发生,但因为地理关系,晋人出塞与匈奴进行贸易很频繁,且多在边关进行,称为"关市"。除了"关市"以外,还有一种市易叫"军市",即沿边驻军和军屯之地,都有小型市集。与北边游牧民族和边防驻军的贸易,始终是古晋阳商贸发展的一个特点。

在北齐(550—577)时期,太原城是各地物资集散地,大量的畜产品、手工业产品在此交易,与国内以至西域诸国贸易往来,甚至城内出现了依靠租赁店铺而获取利润的人。当时,中亚、西亚人成群结队,络绎而来,在晋阳地区进行贸易。政府还设立专门供西方商人开展贸易的场所,便利来华外商的生活和商务活动,促进了中外贸易的发展。

1999年7月9日,太原市晋源区王郭村发掘了隋代虞弘墓,经山西省考古研究所考证,虞弘的祖先来自西域,从其父开始,便在柔然国为官,曾出使波斯和吐谷浑,北齐时作为使节来到中原。随后又在北周、隋朝受到重用,临终前为隋朝的仪同三司,封爵广兴县开国伯,食邑达到了六百多户之多。在59岁时,他选择太原作为归宿之所。虞弘在579年前后曾统领代州、并州、介州三州的检校萨保府。萨保府便是专管入华西域人事务的机构,其首领多为粟特、突厥等族人,由于职能特殊,检校萨保府级别还要高于萨保府。

而在虞弘墓出土地东北15公里的太原市王家峰,还有一位北齐将军徐显秀的墓冢。其墓室内壁画描绘了墓主人出行盛况,其中便有胡人形象。太原之所以具有这样大的吸引力,主要是因为晋阳向西与灵州(在今宁夏吴忠境内,西北著名古城)相通;向南可达长安和洛阳;向北通漠北突厥;向东则可到达河北重镇恒州(在今河北保定境内)和幽州(今北京境内)。天然的地理优势,使晋阳地区成了民族融合的大舞台。从魏晋南北朝到隋唐,晋阳地区始终参与了与西域文明的大交融,特别是素有"古代世界商贩"之称的中亚粟特人的络绎而至,带来了异域的物产、风俗与文化,在一定程度上强化了晋阳商业文化多民族融合的特点。

隋唐时期,太原又迎来他的另一个繁荣期。太原不仅位列北都,而且城市规模不断扩大,府库殷实,户丁雄盛,成为除长安、洛阳之外最大的城市。更为重要的是,太原成为当时的国家铸币基地。隋开皇十六年(596),晋阳设五炉铸钱,每岁可铸三千三百贯。

元统一全国后,意大利人马可·波罗从西方经陆路来中国。他到过山西的大同、太原、平阳(今临汾)。其在《马可·波罗行记》中介绍说,太原周边的集镇极为繁盛,有许多好看的大葡萄园。而在城市中,"人烟极为稠密,路上常有成群的客商,所以人民皆互相亲爱。路上人多,是因为有许多货物在各城市间转运不息,城市里有定期集会的缘故"。

明清五百余年间,随着开中法的实施,太原商人势力得到进一步发展,特别是到清中期以后,太原商人势力逐渐超越平阳和泽州地区,尤其是货币经营资本迅猛发展,不仅当铺、钱庄、资本雄厚,而且创造了账局、票号等信贷金融机构,商品经营资本与货币经营资本相互支持,实现了晋商货通天下、汇通天下的奇迹,成就了晋商最为辉煌的时期。而太原及太原府,更是晋商活动的中心地带。晋商作为一种社会文化现象,在太原晋商之都的发展进程中写下了极为灿烂的篇章。

太原,历来是山西的经济、政治、文化中心。如果只是讲太原市的晋商,必然是简单地割裂了历史的延续。从行政区域划分和地域面积上来看,如今的太原确实变化很多。明清时期的太原,虽然屡有变化,但祁县、太谷、榆次、徐沟一直属于太原府,而平遥、介休则属汾州府。因此,太原商人不仅是当下太原市的晋商,而且是历史上太原府的晋商帮。其实,太原商人的发展轨迹是曲折变化的,明代太原帮的发展落后于平阳帮、泽潞帮,进入清代以后,太原帮商人逐渐兴起,特别是票号兴起以后,太原帮的实力脱颖而出,活动范围北至恰克图、蒙古国,南达云贵,经营行业涉及盐、茶、矿、金融等领域,为山西乃至全国商业、金融的发展作出了贡献,影响深远。

现在在内蒙古土默特地区,就有很多用太原地名命名的村庄和街巷,如阳曲

河南社旗山陕会馆

窑、盂县窑、代州营子、寿阳营子、忻州营子、交城坡、宁武巷、太谷巷、定襄巷等等，这些都曾是太原府所管辖的地域，足见当时太原府晋商的兴盛。

　　在整个明清时期，太原都是"抚署"和"府治"的所在地，这就从行政管理意义上确立了太原作为"晋商之都"的历史地位。晋商既然是山西的商人，当然要受到山西抚署的节制与管辖；今之隶属于晋中、吕梁、阳泉和忻州的一些县、市，既然在明清时期属于太原府治下的地盘，当然就更要接受太原的行治与管调了。这是太原作为"晋商之都"的一个不可或缺的政制前提，也是太原在三晋大地上得天独厚的政治优势。

　　再加上当时的太原，区位优势明显，东经平定、井陉可达京师；南经平阳、蒲州过黄河可至陕西潼关、西安；西经汾州，从军渡过黄河至陕西吴堡；北经忻州、代州达大同，可与蒙古高原相通；东北经繁峙、灵丘，过紫荆关入冀；西北经岢岚、偏头关，达陕西榆林等地；东南经沁州、潞安、泽州，越太行山入河南。而在省内，以太原为中心，有六条重要的官道驿路横纵交错，形成巨大的商贸交通网。

　　正是由于具备了这个条件，太原才有可能、有必要和有责任对晋商的发生和发展起到辐聚与驱动的作用，才有条件、有机会和有能力成为晋商"走出去，闯天下"的政治基础与精神砥石，才能为山西商人走向世界提供了一个很大的平台和跳板。"都"者，即一个具有辖治功能与特定地域的首府，或为一种以盛产某种东西而闻名的特色城市，也可以是一个在特定条件下以其资源优势、服务条件和辐射功能影响周边广大地区的大城市。

　　当时的太原，城制严整，城建恢宏，商业资源丰富，商业从业人员众多，店铺、市廛、街区之广、之繁、之大，均在全省名列前茅，其交易额和营业额咸可称冠。清代的太原城虽然规制承接前朝，但规模却比前朝更加宏大，总体为南北走向的长方形构制，城周24里，城墙3丈5尺，护城河深达3丈，共开有八座城门，按东南西北顺序依次为：宜春门、迎晖门、迎泽门、承恩门、阜成门、振武门、镇远门、拱极门等。与此八门相对应的城内主要街道也有八条，它们依次是：大东门街、小东门街、大南门街、新南门街、水西门街、旱西门街、大北门街、小北门街。在整个明清时期，太原的商贸和金融业都始终对全省起着引领作用。

　　正是在这个过程中，太原逐渐形成了许多商业街和老字号。像钟楼街、按司街、帽儿巷、柴市巷、柳巷、桥头街、大剪子巷、南市街、精营中横街、唱经楼街、开化市、五龙口、大南门、海子边、姑姑庵等，都是当时的商业闹市。在这些商业街上，坐落着许许多多闻名遐迩的商业字号，像创办于清嘉庆年间的宁化府"益源庆"醋坊，创办于清道光年间的"大兴号"酱坊、创办于清光绪年间的"丰盛泉"油坊等。与此同时，太原的饮食业、旅栈业、照相业、洗染业、典当业、票号、银行、保险业、理发和澡堂等服务业，也都随之发达起来，出现了正大饭店、晋隆饭店、林香斋、清和元、晋山饭店、晋瀛食堂、并州饭店、栖凤楼、宴华春、礼和饭庄、桃园春等特色浓、品牌亮、风味鲜、质量优的餐饮业名店，以及诸如老豆腐、丸子汤、醪糟、灌肠、脂

开封山陕会馆

聊城山陕会馆　　　　　　　　　　　　　　　　　　苏州全晋会馆

油饼、烧麦、元宵、糖醋鲤鱼、头脑等太原名吃。这不仅增强了太原的商业力量,扩大了太原的商业域值,而且也炽化了太原市的亲和力,增强了太原市的吸引力,足见当时太原的商贸之繁与市景之盛。

　　当然,更为重要的是,在实际上太原也确乎起到了它作为"晋商之都"所应起和能起的重要作用。作为唐尧故地、战国名城、北魏陪都、大唐北都的太原,既然两千五百余年前董安于就在太原建起了晋阳城,那也就意味着从那个时期起太原就已出现了商人和商业活动,因为城市的基本内容和主要功能之一,就是为消费者提供商品交换的场所,在周边地区形成物流的中心。更何况太原的北边有马,南边有盐,中间又盛产粮、棉、煤、铁,在太原形成物流中心本是自然而然的事。

　　既然名为"晋商",这本身就说明不管他们走到哪里、身在何处,都是以山西作为根基、作为依托和作为大本营的。也正是在这个过程中,尤其凸显了太原作为"晋商之都"的既定地位与本能作用。

　　如此之都市景象、气宇、风格和品位,在山西乃是唯太原才有,非太原莫属啊!

　　晋商之都,舍它其谁?

大常秦家:
乔家能贵发,肇始秦家人

　　电视剧《乔家大院》的热播,在全国引起了巨大轰动,晋商文化再度席卷全国。殊不知,在乔家的发家致富背后,还有一段不为人知的故事。那就是乔家的原始积累与清徐大常秦家有千丝万缕的联系,故时人谓之"乔家能贵发,肇始秦家人"。

　　大常的得名与古战场有关。据当地传说,大常曾为练兵、庆功、行赏之地,位于古时河北保定府从娘子关入晋,再向西南经风陵渡进入陕西的交通干线上,同时又是从太原去晋东南的通道。因此,至晚在唐宋,此地已形成"粮棉之路"了。如今,

乔家大院

村南仍有地名叫做"棉花地口"，是古时骆驼队从晋南及河东驮运棉花的必经之地，特别是秋冬季，过往客商甚多，商贸发达。作为商业集镇历经数百年，到清乾隆时达到鼎盛，之后虽渐式微，但民国年间，仍店铺林立，辐射周边。周边榆、太、徐诸县村民当时谚语有"二十七，提上篮篮赶集的"，赶的便是大常镇的集。在这样的背景下，诞生了很多重要的、有影响的晋商大家族。

秦家先前并不住大常，应该是从别的地方到繁荣的大常谋求生计。《晋商与清徐》一书中记载，秦氏祖籍山东，移居大常时间可

清徐秦家大院

能是明末清初。据《集义村志》考，秦家的先祖迁居至此，非常穷苦，但穷则思变，清康熙年间，秦家人开始以磨豆腐、生豆芽为生，逐渐发展成为小作坊。由于秦家的豆制品质量好，所以口碑佳，市场需求旺盛。再加上大常地处商贸大道上，来往客商多，秦家的生意越做越大。

到清康熙晚期，第三代秦家人肇庆出生了。自小受半农半商、耕读传家教育的肇庆，很早便显示出能打会算、精明过人的天赋，长大后不甘于久居乡村，立志要出去闯荡。在他十几岁时，便随姑父在外闯荡，到河南，闯关东，进北京。约在清乾隆初期，肇庆随姑父来到内蒙古萨拉齐（今包头市境内），依靠开旅店、买卖粮食，很快站稳了脚跟，生意也日渐兴隆起来。但是肇庆不安于做这些小本生意，梦想着把生意做大，做到包头去。正值此时，乔家先人乔贵发也欲开辟包头的生意，两人志趣相投，一拍即合，在包头创办了"广盛公"。

约在清乾隆十年，秦、乔二人在经营上出现了闪失。当时乔贵发由于生意成功，志得意满，不再将小钱看在眼里，认为买一把"树梢"（即春季垫钱给农民并签订秋季以某一价格收购农作物的远期合约）就能够顶上在铺子里辛辛苦苦蹲一两年。以前细致的气候分析没有了，辛苦扎实的农田收成察看没有了，谨小慎微的决策判断没有了，定价付款时精明的讨价还价也没有了。屡屡疏于算计，终于在一次"卖树梢"经营中栽了大跟头，亏赔甚巨，后来不得不把将积压的粮食等物品低价

处理后才勉强保住铺子。乔贵发觉得自己大意失荆州，连累了结义兄弟秦肇庆，便决定一人承担所有责任和损失，将自己所占份额的草料铺全部让给秦肇庆，自己只身回到山西祁县老家乔家堡。

而秦肇庆生性倔强，经过这回挫折，开始反思和总结。此时，机会眷顾。清乾隆二十年，包头一带大丰收，粮价普遍较低，黄豆尤为便宜，肇庆为来年磨豆腐计，大量购进黄豆囤积。结果第二年包头大旱，粮价暴涨，秦肇庆将头年囤积的黄豆全部卖出，获得巨大利润。为人正直诚信的秦肇庆，认为结义兄弟应该有难同当、有福同享，便回祁县将乔贵发请回包头重新创业。经过此事，同样正直的乔贵发非常感激，便将自己占大头的草料铺股份平分，两人义结金兰，发誓要互相提携。

兴旺时期，大常秦家和祁县乔家旗鼓相当，包头各商号每个账期下来数万两白银的红利滚滚而来。约清乾隆四十年，秦肇庆告老还乡，不再参与商业经营管理，而是坐享股份分红，在老家大常建造宅地，仅新建的九处宅院就占据了大常镇的东北一条大街，秦氏三余堂、九德堂、既翁堂宅第连片。

今天走进秦家老院，还能寻到现存的五个大院，虽已不完整，但仍使人惊叹不已。历经沧桑的老屋年久失修，但仍能感到秦家大院那雄伟的轮廓，连片的屋顶错落有致，层次清晰，有些场景如电视剧《乔家大院》的镜头再现。木、砖、石三雕艺术随处可见，图案各异，做工精湛，美不胜收。

秦肇庆与乔贵发合伙在包头创办了"广盛公"，但"广盛公"如何就更名为"复盛公"，有不同的观点。按道理讲，如果生意做得红火，一般是不会更名的。据《晋商与清徐》中考证，秦肇庆拉乔贵发出山后，二次创业，经过几年的艰苦奋斗，他们的商号得以迅猛发展，经营范围越扩越大，几乎垄断了整个包头城的贸易金融，便从"广盛公"扩展更名为"复盛公"。

还有一种说法是约乾隆四十年，秦肇庆告老还乡之后，乔家继续进取，到嘉庆年间，包头的"广盛公"便改为"复盛公"，乔家的股份超过秦家，在包头商界是乔家第一，秦家第

广盛公银锭

二。

郝汝椿先生的《晋商巨族二百年》中的记载有类似，但也有不同：清嘉庆初年，两家商号仍叫"广盛公"，但由于掌柜失误，在一次"卖树梢"中不仅将整个商号赔进去，还亏欠七万两白银，当时秦姓后人袖手不管，而乔家主事乔全义则将窖藏白银悉数拿出补亏，从而渡过这一难关。到清嘉庆六年（1801）两家在分红时，大掌柜建议六年前乔家补亏的四万两白银不能算借款，应该算股本，因为在当时的险恶情形下没有谁敢借钱给广盛公，只有股本金才敢冒这个险。当时乔、秦两家各有一万多两白银，加上这四万两白银，广盛公共有六万多两白银，计十四个财股，乔家十一股，秦家三股。由于股本改变违背广盛公创建时乔、秦两家股份各半的祖训，为使之合情合理和名正言顺，"广盛公"更名为"复盛公"。用现在的术语来讲，这次更名是完成了股权转让，大股东发生了变更。

到第四、第五代时，秦家开始走向衰落。清道光初，第六代孀妇郭氏孺人殚力补天，号称中兴，但运势难挡。清咸丰、同治年间，秦氏在河南的生意败落，与乔家合资的商业银号，股份之比为一比四。但秦家在徐沟仍居富户行列，据清光绪《徐沟县志·助赈记》中记载，徐沟富户依次是"王之翰、秦宪、刘有兰、张联耀……"

到民国初年，秦家进一步败落。究其原因，一是秦家人口增多，分家立户严重。第八代分东五门、西四门，西四门又有十四少，东五门分家也不少。堂名原是三余堂，后九德堂，以后又有既翁堂、明善堂、慎修堂……支派复杂，而没有祁县乔家那样的铁腕人物领导。十几个家庭各自为政，几十个子弟良莠难齐。二是社会动荡不安，而秦家却后继无人，缺乏战略性的发展眼光，丧失了发展机遇。虽女杰辈出，但难以长久延续。

秦家后人中最为有名的是第十代秦文蔚。他生于1873年，清末民初一直是秦门的当家人，大常村的村长、社首，徐沟县的四大乡绅之一。清光绪三十二年（1906）他主持创办大常镇"秦氏两级学堂"，是废除科举后，徐沟最早兴办的学堂，也山西省最早办的学堂之一。当时学校所聘教师代表人物有刘赋都、陈澍堂等，皆为当地名流，都先后担任过学校校长。尤其是刘赋都，自幼聪颖，博学多才，精通数学、物理、化学、生物学、地质学、音乐等，被视为奇才。后任金河书院山长，为徐沟教育普及竭尽全力。山西提学使骆成骧嘉奖曾亲临视察，赞赏说："山西教育之普及，将自该（徐沟）县开始。"《清徐县财政志》中记载：1912年，秦文蔚担任徐沟县首任财政科科长,曾筹资兴修县内水利事业,口碑甚好。1930年,议修《徐沟县志》,任事务部主任,并编纂部分内容,当时的县志总纂为刘文炳。

纵观秦、乔两家两百年兴衰史,秦家先入,乔家后起;秦家坐享其成,乔家励精图治;秦家逐步萎缩,乔家步步辉煌。如今乔家家喻户晓,而秦家却鲜为人知。尽管如此,乔家的起步与发展得益于秦家的帮衬却是不争的历史事实。

大常人善经商,不乏世代经商致富并入仕的大家族。其中,专营海盐两百年的刘家最为有名。刘家始祖刘仲礼于明洪武年间由洪洞大槐树迁来,便开始在大常镇及徐沟县城(今清徐县徐沟镇)经营粮食贸易,后发展到直隶、绥远,并转而经营盐业。到清朝初年,刘家成了在直隶长芦盐场经营盐业的世袭皇商。在清乾隆初,其十二世祖刘福财称得上是长芦盐界数一数二的人物。现有刘氏祠堂坐落在大常镇西头,规制宏大。

还有与刘家同宗的安家,也较为显赫。刘家商业,家政多倚重安姓。直隶的几个大盐店一直由安姓人任经理、掌柜。安家人兢兢业业,忠心耿耿,东伙关系十分融洽。民国末年,安茂林管理刘家几百亩土地,或雇工耕种,或出租。安替刘家积德行善,施恩惠于乡里,为刘、安二家留了个好名声。

此外,常家也是重要一支。大常的常家与榆次常家本为一族,除在本镇经营外,还积极向外拓展业务,并在一定积累后大力兴办工业和实业,特别是后人常天枢从禹州西关(今河南省许昌市禹州市西关街)访得古瓷制造技法,烧制出一种很有特色的瓷,它表面看似布满裂缝,实则质地细致坚固。这种瓷器深受行家赏识,行销洛阳及南方各地,还出口海外,后人称它为"新钧瓷"。

青龙王家：
从"百万绳中"到"一乡善士"

　　"青龙镇为南北往来通衢也"，这句话出自青龙村中遗留残碑，来源于清道光三十年（1850）村中重修文昌宫、龙王庙所立的记载石碑。其语足见青龙古镇作为当时太原城的"卫星镇"的地位非常重要，是南北商贸往来的中心。

　　青龙镇的旧名叫青蒿嘴，它始建年代已不可考，但在一些早期的方志和现存的清初碑刻中，我们已能看到它的名字。从旧志的记载来看，在清康熙朝之时，青蒿嘴还是一个小村庄，并没有青龙之名。在清康熙二十一年（1608）修纂的《阳曲县志·村落》中，青蒿嘴的名称首次出现史籍之中，而在村中清康熙三十五年（1622）的《重修龙王庙碑记》碑刻中，我们可以看到"青□"的字样，这个缺文应当是"龙"，而不可能是"蒿嘴"，因为它只有一个字的位置。到了清雍正十一年（1733）的《重修泰山庙碑记》中，已确切地提及"省北五十里许，名曰青龙镇"。此碑称泰山庙的修建为"开镇之大观"，由此我们可以判定，青龙镇的"开镇"年代应在清康熙中期，即

青龙镇全景

1608 年至 1622 年之际。

作为连接太原盆地和忻定盆地咽喉要道上的古村落，青龙镇目睹了太多的战火烽烟、兵荒马乱，经历了晋商兴衰、世事变迁。千百年来沉积的文化传统留存至今，鳞次栉比的古建筑、淳朴祥和的民俗民风都给这个古镇蒙上迷人的色彩。它的人是三晋文化的缩影，它的城是寻觅晋阳遗韵的胜地。

清道光《阳曲县志·舆地》载："青龙镇，距城五十里，旧名青蒿嘴，以其地产青蒿故名。有关帝、文昌、龙王、泰山等庙，福善寺。"大量宗教建筑的涌现，说明了当时青龙镇经济文化的蓬勃发展。这说明至中国近代史开始的前夜，青龙镇已经从一个小的村庄发展成一个大集镇。

青龙镇城楼

青龙王家应该是审视到青龙镇独特的地理位置和所蕴含的巨大商机而迁居于此的。王家始祖居住在距菁蒿嘴北面二公里处王家庄（今韩寨村），王家庄的王姓先人在当时可能已由务农为生转向经商。尽管后来明王朝结束了远航西洋的壮举，但王家的先祖通过下西洋开阔了眼界，意识到通过经商做买卖赚取财富远胜于农业生产，开始由农耕转向经商。王家先祖借助下海经商做买卖的机会，学得了一身做生意的真本事，致使王家的商号店铺，在当时已有了一定规模。如果这一传说得到证实的话，很可能王家就是山西最早的晋商。观念的解放给王家的发展壮大提供了良好的契机。

相传王家的先人最早是经营棉花生意，人称"王棉五"和"王棉七"，这是明朝中期的事情。当时他们在棉花价格低迷时大量买入，囤货居奇，在棉花短缺紧俏时将手中的棉花以高价卖出，从而获得高额利润。随着财富的积累，王家觉得原来居

住在韩寨村,交通不便,不便经商,因此便迁到交通更为便利的青蒿嘴定居,并修建房屋、宅邸,以期相传百代。到明光宗泰昌元年(1620),王家又出现了一位聪明无比的先人,据说此人长大后读书过目不忘,尤其精通珠算,后来独创"一掌经",将王家生意继续发扬光大,由最初的商品贸易转为加工、运输、贸易等多种形式,还修筑了建缸房院(酿制醋、酒)、豆腐坊,发展手工作坊,还成立车马队(运输服务)。到明朝末年,王家在青龙镇的商业已经具有相当的规模。

还有一种传说:当年明末李自成的辎重部队(骆驼队),曾在王家车马旅店借宿,将银两放在王家花园里,没想到当晚李自成兵败的消息传到青龙镇的军士耳中,军士们纷纷连夜逃跑,就将大笔的银两留在了王家。王家人当时并未动此笔军饷,但后来一直无人来取,王家就将此笔资金的一部分用在了青龙镇的建设当中,而且行善积德,仗义疏财,而把少量一部分用于商业经营中,为自身的发展奠定了基础,从此以后王家的生意蒸蒸日上。

此后王家的商铺逐渐分布到全国各地,字号日益增多,有"日进斗金"之说。此时的王家在青蒿嘴大量买房买地,大兴土木,修建店铺、亭、院、楼阁,生意越做越大。清嘉庆年间,青龙镇王氏族人王绳中向朝廷捐银百万两,轰动了当时的京城,皇帝龙颜大喜,册封为"兵部侍郎",并御赐匾额一块,上书"百万绳中";另赐大旗一面,上绣"青龙"图案,示意"满汉一家亲"。从此青龙镇王家便与朝廷有了密切交往。

清康雍乾一百多年间,王家商贸活动进入到鼎盛时期,开有蘑菇店、药店、绸缎店、食品店、日用百货店、当铺、农副产品、各种作坊等。此时王家生产经营呈多元化态势,比较有影响的是巨泰蘑菇店,当时垄断了整个北方的蘑菇经营销售市场,在全国有22个生产基地,最大的位于内蒙古的卓资山。据王氏后人王炳麟讲,当时王家最大的蘑菇店开在北京,专供皇室。而村中刘杰老人说,王家很可能是先利用本地盛产蘑菇的优势,经营蘑菇生意,再汇集天下蘑菇货源,统一营销,规模经营,逐渐占领北方市场,据说生意还做到俄罗斯。王家的部分子孙也随经营网络的扩展而移居全国各地,现内蒙古一带就有青龙镇王氏后裔。

清光绪三年阳曲县大旱,青龙镇村民颗粒无收,王氏家族通过以工代济的方式积极赈济灾民,村民人工背来一块石头即给工钱十文,以此帮助灾民渡过灾荒。传说1900年庚子之难时,慈禧太后与光绪皇帝从北京西逃西安时曾路过青龙镇,

在此借宿一晚，并向王家借
银百万两。到了清末民初，社
会动荡不安，王家日益衰败，
随后，战乱不断，最终摧垮了
王家的产业。王家遗留下的
亭台楼阁建筑也被破坏殆
尽，据估计王家留下的建筑
至少在 2000 间以上，90%以
上都拆除破坏了，留下的不
足 10%。据王家的后人王佩
英回忆说，王家到其爷爷辈

养和堂全景

已经衰败，靠卖房子维持生计（推算起来应是 1890 年到 1900 年间）。但是王家经
过几百年的繁衍，家族已分成许多支，虽多数衰败，仍有一些经营不错的，比如开
明照相馆、大中寺等都是清末民初王家经营的。民国时，青龙王家后人王嗣昌曾长
期居住太原，王家巷也因此而得名。纵观青龙古镇商业发展历史，比较出名的共有
十八堂号（另说"二十堂"），它们为青龙古镇发展作出了巨大贡献，成为"一乡善
士"，如养和堂堂主王嗣昌，官至晋绥军军长；慈顺堂堂主王进，民国年间曾任山西
省商会会长。

　　我们惊奇地发现，青龙镇由青蒿嘴小村落发展壮大并成为集镇，经历了从明
朝至道光朝三百余年，而这三百余年也正是晋商鼎盛的时期。这其中，特殊的地理
位置为青龙镇的兴起奠定了得天独厚的基础。

　　明万历《太原府志·形势》引《唐文粹》称，阳曲为"居天下之首，当河朔之喉"。
清道光《阳曲县志·古道》所载"由新店途径司徒凹、青蒿嘴（青龙镇）、黄土寨（黄
寨）、柏井、马铺头（马坡头）、三和店至石岭关"，是一条南北通衢；"由青龙镇经由
南洛阴、西殿、东黄水、凌井店、方山至东郭湫也是一条要道"。在清乾隆《太原府
志·关隘》中对这条古道也有详细记载："（阳曲县天门关）路通旧岚管州。其东北
崖，隋炀帝为晋王时所开，名杨广道。明弘治十年（1497），改天门关属阳曲县。天
门、凌井，一道相连，互为首尾。山之东尽为天门，去城可五十里；山之西尽为凌井，
可八十里。山势嶙峋，辨路一发。"

青龙镇古建筑

在"晋省通衢"的形势下，在青龙镇的附近，有许多驿站，如阳曲镇集（城北 30 里）、黄土寨集（城东北 60 里）、东黄水集（城东北 80 里）、大盂镇集（城东北 90 里）、阳兴镇集（城东北 130 里）等 17 处，清康熙《阳曲县志·舆地》中也记载有"成晋驿、西店、上站等"，黄寨镇、城晋驿（古驿站）、赤塘关、石岭关、杨兴镇等历代王朝均派政务和军事人员驻守。这些地名表明，最迟在明代，交通主干道上的地理优势已经使青龙古镇成为太原晋商往来北方的必经之路。如今在青龙古镇的关楼上，极目北眺，一条音尘渐绝的古道蜿蜒可辨，数百年来，作为太原晋商往来北方的必经之地的青龙镇迅速崛起。

历史上，青龙王家正是看准了这种形势，在青龙镇开设店铺，有布匹店、绸缎庄、饭店、杂耍、西洋片、买卖牲口，热闹非凡，客栈林立，商铺密布，为过往客商、马帮提供食宿服务。当时有饮食业、旅栈业、干鲜果品业等服务行业，有粮食业、油业、盐业、茶业、铜业、书业、棉布业、丝绸业、棉花业、颜料业、鞋业、皮货业、木材业、铁货业、药材业、洋货业等杂货商铺，还有古玩玉器、手工产品、土产酒醋的作坊。时至今日，青龙镇在周边地区中依然是重要的农村物资交流村落，每周四下午都会有定时的农村集市。

青龙镇仿古街市

青龙镇特殊的地理环境和商机造就了王氏家族的兴旺繁荣,历代王氏族人亦慷慨仗义,乐善好施,回报社会。在清乾隆至嘉庆年间,王绳中共向朝廷捐银23 000两,并与其他族人在建筑亭堂楼院的同时,致力于青龙镇公益事业,先后在古道途中修造五座阁楼,既增强古道雄风景观,又加强村中安全防范,还建造了十几座庙宇。王氏家族的不断兴旺发展,亦是青龙镇逐渐繁荣兴盛之时。这是青龙镇现今仅存的一些碑刻资料告诉我们的。如康熙三十五年(1696)所立的《重修龙王庙记》中,所记录的"纠首"为张国全、孙□、李□等,而王有凤、王有贵这些王氏祖先明显居于从属地位。这一条史料表明,王家其时已有先人从青蒿嘴东北四里地的王家庄迁来此地,不过当时王家势单力薄,在青蒿嘴还不算著姓。

这种现象直到清雍正年间才有转变,王姓逐渐成为青龙镇的名门望族。从雍正十一年(1733)的《重修泰山庙碑记》中可以看到,当时王氏族人已成为修庙纠首,而从碑文来看,整个修庙的资金也由"王君讳道宪等多捐囊金"。此时的王家已经在青龙镇发展成具有经济实力且具有一定号召力的大姓望族。

如在咸丰四年(1854)青龙镇《重修凤头寨碑记》中有"邑绅士王绳中之长孙荣怀施钱贰仟肆佰陆拾千文"字样,这与《晋商史料全览》中所述"阳曲县青龙镇王家"所言"给嘉庆皇帝捐资一百万两白银"的王绳中，在时间上是吻合的。王绳中的长孙王荣怀的名字也见于道光《阳曲县志·廪贡附》，为"署繁峙县教谕"，村中清咸丰四年(1855)的《重修凤头寨碑记》中也有"邑绅士王绳中之长孙荣怀，施钱贰仟肆佰陆拾文"的记载。

青龙王家发挥着通衢地位的优势，苦心经营，历久弥新，使得青龙镇的布局建设别具一格，绝不是普通的村镇建设。这一方面是出于交通要道的考虑，可以成为商贸往来的补给地和重要的供养中转站；另一方面，也可以作为府城太原向周边各处传递信息的驿站。据《晋商史料全编》记载，青龙王家当年富甲一方，而其财富的主要用途便是修筑故乡家园。纵观青龙镇的军事遗址，不仅村内每隔一里就修建阁楼（岗洞），还在村外凤头寨、土怀沟寨、会沟寨等处修建防御设施，再加上烽火台、古堡、地道等军事遗迹的存在，足见历代王家经营家园的良苦用心，最终把青龙镇建设成为一个具有完整军事防御体系的古镇。具体而言，就是阁、堡、寨交错布局，具有典型的自我防御和自我保护特征，这些都与晋人生处战乱之中而逐渐树立的保家耀祖思想不无关系。

据村中《重修凤头寨碑记》中记载，凤头寨就是青龙重要的防御建筑，"明季守之不失"就是讲凤头寨光荣的防御功绩。而此碑所立年代正是清咸丰四年，当时正是太平天国运动汹涌澎湃之时，正所谓"咸丰二年南省不靖"，因此，全村有"修寨之举"，以保境安民。"旧寨地基仅有五亩零"实在无法起到强敌入侵之时的防御功能，"恐人众地狭楼止维艰"，因而动员本村乡绅，修葺堡寨。由于经费充足，凤头寨的防御功能更加完备，"房屋有三五间相连"，"或为一巷一院者"，"互相联络"，形成全民防御的作战体系。其周边还有土怀沟寨、会沟寨等，在有动乱之时，全村百姓都可以撤出村子，进寨、入堡来躲避灾难，

而在村中，青龙镇五阁发挥着堡垒作用。阁，类似城门楼的建筑，镇中每隔一里便有一处阁楼。头道阁位于镇中央，以贯穿南北的古道为线，向南、北各修两座阁楼，构成村内"五阁防御"的结构。特别是中间三道阁，起到了城中之城的作用。据村中老人讲，过去这三道阁都装有铁大门，白天开门与外沟通，晚上关门有守夜、打更之人负责夜间巡逻。此外，一旦遇到特殊情况和自然灾害，便关起大门，自成一体，对三阁之间居住的王氏家族起到保护防御的作用，这就形成了一套完整的民间防御体系和工事。

这就是青龙王家依据古镇上下起伏、左右弯曲的地形,在东面兴建文昌宫的基础上,在其对面修建龙王庙,北面筑起凤头寨,形成东文西武、南龙北凤,龙凤呈祥的总体布局,构成一条长约五华里、活灵活现的巨龙。从村南走进青龙镇,一座巍峨的城楼屹立在主街中央。门洞之下,全是大块的青石铺就,虽然历经行人车马的行走碾压,已全部变得油光锃亮,但是那青石路上清晰可见的两道车辙,见证了青龙古镇昔日的辉煌。

黄寨刘家:
慈禧西逃途中的轶事

用现代的搜索工具,不论是谷歌还是百度,都搜索不到黄寨刘家这个老晋商家族的只言片语。但是刘家历史上的发达,却让当地人欷歔不已。

特殊的地理环境和久远的历史积淀,赋予了黄寨深厚的文化底蕴,不失为太原北部一个重要的驿道集镇。

古代商贸交通工具基本为人力运输,日行里程数极为有限,因此相隔一定距离就需要设立驿站。黄寨是太原通往东北方向的必经之路。从黄寨经城晋驿、杨兴镇、东黄水镇、大盂镇、小五台等出境可到忻州等地。由西南经过东北穿村而过的古道约两公里,村落即依托两侧山地形阶梯式建成。特殊的地理位置,自然成为理想的商贸流通集市。再加上黄寨从战国以来,便是当地政治、经济、文化活动中心,阳曲县城向各处补给供养或军队换防,必经此地。因此,当地商贸活动延续至今,经商习惯代代传承。据调查,黄寨村古道两侧街面有义德堂、聚丰源、润发源、鼎泰丰、永昌盛、义隆当等客店、货栈、铺号,经营项目有典当业、绸布、日杂、百货、粮油等。村中在外经商的人也不乏其人,尤其是黄寨刘家在北京、上海、澳门、绥远等地开设的钱庄、当铺、绸布、皮毛、杂货等店铺,颇有名气。

此外,黄寨村还是晋北各县及河北、内蒙古进出太原城的货物集散地和商贸批发市场。每年阴历五月十三至十六日是该村古

黄寨

庙会,家家户户清扫街道、院落及住处,迎亲送客。陕西、河北、内蒙古及山西周边各县市南北往来的商家小贩、四乡八村的乡亲,都会纷沓而至,俗称"日进斗金"之重镇。

黄寨老宅院

自古英雄磨难就多,人穷了就会思考着改变。黄寨刘家几代人的经商之路就是这样逐步积累,渐成规模的。

据村中刘家后人回忆,刘家的起家是从自己的高曾祖父刘勤修开始的。其高曾祖父年轻的时候,家里很穷,没办法生活,因此,他借了盘缠到了张家口,给店铺当伙计,没承想,干了一年左右的时间,那家店铺也倒闭了。

当自己以此为生的店铺倒闭后,刘勤修有了回家的念头,但转念一想:回家做什么呢? 他很快打消了那个没有意义和前途的念头,用自己挣的钱,买了一两匹布,开始倒腾着卖布。那时候只是摆个小摊子,逐渐地,刘勤修聚少成多,小生意做得有声有色。

在内蒙古"练摊"的过程中,刘勤修碰到了阳曲县的老乡——来自青龙镇的一位姓王的商人。两人合伙做起了买卖,租了门面房,还给门面房起了个名字"庆德正"。有了门面房,他们卖的就不只是布,还有各色物品,和现在的百货公司一样,上至绸缎、下至针头什么都卖。再过些时候,刘勤修和王家就开始分开做生意。刘勤修继续做"庆德正",后来还有了"庆德义"、"庆德恒"分店,逐渐地越开越多。

当时刘家的生意,不仅在塞外,还在北京、太原、榆次等地都开了店铺。尤其是在太原开设了百货店、粮店、钱庄、糕点店和洋货庄等,具有代表性的商铺有专门卖绸缎的"德裕兴"、粮店"大有丰"、钱行"晋和诚"。而在黄寨镇,也有"德裕兴"分号,有专卖糕点、干菜的"锦泉润",有专门卖布的"锦泉茂"、"庆业正",可以说奠定了黄寨村商业的规模。

但后来,随着社会的原因和自身的困境,刘家渐渐式微。据刘家后人回忆,大约是民国时候,刘家还开了"义隆当"当铺。店铺占着三间门面房,有十来个伙计,买卖很兴隆。从繁华到衰退,似乎也快得很。大约是 20 世纪 30 年代后期,日本人来了太原后,生意便一落千丈"德裕兴"、"锦泉茂"、"锦泉润"先后倒闭,只有粮店还开着。再到后来,战争不断,刘家的实力也就渐渐消退了。

1900 年 8 月 14 日,八国联军开始攻打北京城,慈禧吓得六神无主,接连五次召见军机王大臣商讨对策,最终决定"出京"做"暂避之计"。第二天凌晨慈禧便带着光绪皇帝及大阿哥溥俊等人仓皇出逃。估计,当时的慈禧并没有想到,这一逃便开始了一年四个月的西逃生涯。

1900 年 9 月 9 日(光绪二十六年八月十六),慈禧逃到阳曲县黄土寨(今阳曲县黄寨镇)。《庚子西狩丛谈》卷三中记载:"十六日,至阳曲县。太原府许君涵度、阳曲令白君昶,均在此接驾。"据说,当时慈禧、光绪还在黄寨刘家留宿一晚,可见当时刘家的兴盛。据刘家后人刘映景说,在慈禧和光绪皇帝西逃路上行至黄寨,刘家向慈禧捐银二十万两,并因此获得"五品顶戴"。翌日,即"八月十七,车驾至太原",抵达山西省会太原府(今太原市)。从史料记载来看,并考虑古代车队的行进速度,慈禧在距离太原五十公里的地方留宿很有可能。当然,后世对慈禧到底留宿哪里,观点有所不同。一说在今尖草坪区阳曲镇,仍待考证。

义字当头：
品端金玉称王惠

太原王氏，闻名遐迩，而太原市小店区刘家堡村王氏就是其中一支。据《太原王氏族谱》记述："我王姓本姬姓也，周灵王太子晋，好直谏废为庶人，因以王为姓者……世居太原，远显于汉、唐、宋者固不可考，其可考而知者，则自元始，元之时，有子诚、子实、子昭者，此我始祖之可考而知者也。"

到明代，太原王氏中较为著名的是经历三朝的户部、兵部、吏部尚书王琼。清李东阳撰《太原王氏柳林世墓碑铭》对王氏的起源和变迁有所记述，说王氏"见元有子实处士，居邑西之蚕石"，即现在晋源区姚村镇蚕石村。后"生二子，长处士均圮，次良，仕元，知潞州兼管本州兴学、劝农事，有惠在民，老而无子，以兄子伯聚为后"，元末，"至正之乱，故家大族，焚掠殆尽，伯聚自山寨别墅，亦褓负子女避乱于外，及国初肇定版籍，始卜居柳林（即现在的小店区刘家堡村）"。

刘家堡村王氏现在珍藏一本明代天顺年间修的王氏族谱，是世居太原王氏存世的唯一的一本家谱。家训为："凡我同宗，务要勤俭谨慎，读书传家，尤望后世子孙读书明理，为子尽孝。"刘家堡村现在保存有世居太原王氏的两块石质文物，即明代王琼故居的上马石和清代刻制的《尚书恭襄王琼故里》碑。

世居刘家堡村的王琼十四世孙的王惠先生可以说是太原王氏在民国年间的典范。王惠先生一生崇信儒学，疏财仗义，有过诸多善举，曾投资治理潇河，资助北格三高小，联合太原县乡绅名士，从日军手中把正在盗运的国宝唐代《华严经》石幢抢救回来，被乡民誉为"品端金玉"之人，深受群众爱戴和拥护。1915年4月28日，太原县知事李锡畴在县署召开四路绅士会议，会商全县有关社会治安等大事，东南路参加会议的就有王惠。

王惠幼年时家境并不富裕，但聪敏勤奋，立志苦读，与其弟王宪双双考取了晚

王琼事迹图·芸窗肄业

王琼事迹图·金榜登名

清秀才。辛亥革命后，社会发生巨变，王惠先生清醒地认识到晚清的腐败，重新投身社会事业中，与其弟王宪积极投身实业。社会变革，百废待兴，这些都为中小民族工商业的兴起提供了极好的时机。王惠兄弟二人极有商业头脑，也极富有经营策略，先在太原柴市巷创办"晋汇丰"钱庄，后在东米市开办"晋泉通"粮油店。加之他经营有道，业务发展非常迅速，在北格、小店、晋源、晋祠等镇分设支店多个，后又在天津设立"懋记货庄"，投资粮油加工，很快便积累了相当的财富。

发家后，他义字当头，乐善好施，报效桑梓。其开办的诸多商铺、名号全部用"义"字打头，诸如"义和成"、"义合泉"、"义恒当"、"义和贞"、"聚义升"、"天义成"之类。据当地的老年人们讲，每月的初一、十五，他都要在他家开的"义合泉"商铺内施舍财物，济贫救急；他家的磨坊里备有全套的碾、磨和拉磨的牲畜，供乡亲们免费使用；每年冬天，他还要把无家可归的乞丐和因吸食鸦片烟而败落的烟民们集中到村北的庙院里，给他们安排一些力所能及的活儿干，让他们自救并帮助他们改掉恶习。

王惠先生在取得商业经营成就的同时，热心筹办地方公益事业。1894年暴雨成灾，汾河水暴涨，淹没了良田，围困了刘家堡村，王惠从外地买回了德国制的大型抽水机把水抽干，才缓解了间里之困厄。为防止汾、潇二河出岸泛滥，先生慷慨解囊，并出面联络附近诸村的富户共同出资，组织沿河群众于潇河北岸修筑堤坝，对长约一公里的险段进行了加固，底部砖砌约两米高，还建了四道闸门，可调控流量，使水害变为水利。还利用水有重力势能的优势，改进了水磨技术，提高了劳动生产率。水磨的原理就是根据能量转化，由重力势能转变为机械势能，水不停地冲动木轮转动，通过木轮转动带动石磨转动，两石盘摩擦挤压，把粮食粉碎，形成各种粮食制品。其中下油磨是第一佳磨，也称全河水磨，便是王惠先生所造。

　　王惠先生还以启发民智、提高乡民素质为己任，注重投资文教事业，兴学育人。废除科举制度后，1913 年太原开始创建新式学校，当时与刘家堡村毗邻的北格镇拟草创太原县三区高级小学，但苦于资金不足。先生知情后慨然出资相助，使好事落到了实处，因此荣获"注重学务"匾。其后，他又与另一乡绅阎佩礼共同出资 1770 银圆，在太原麻市街筹建了太原县学界会馆。会馆内建房多间，专供同乡学子投考中等学校免费食宿，平时并为闾里乡亲们进城办事时提供方便，一直维持了三十多年。王惠先生个人爱读书，亦爱藏书。他曾在太原柴市巷的宅院内盖小楼三间，题名为"齐芳堂"，专用做收藏民间珍贵图书，像《四部备要》、《丁酉文库》等极其珍贵的版本都在堂中。此外，王惠先生收藏的其先祖王琼的著作也非常全面，并出资印行了《王恭襄公年谱》，成为今人研究王琼的重要文献。20 世纪 50 年代，王惠先生将其非常珍爱的《万有文库》第一集共 2000 册及附带的分类目录卡 3000 余张，无偿捐献与山西大学图书馆，显示了一代"儒商"的大家风范。

王琼事迹图·职掌十库

王琼事迹图·点选官军

　　作为一名地方绅士，王惠先生不仅注重个人行为，还非常注重培育一乡风土，他在地方文物的保护上也有可嘉之处。在 20 世纪初，晋祠景区内的王琼祠和晋溪书院两处古迹年久失修，次第颓圮。先生倡集王氏族人合力捐资整修，施工期间遭逢日军侵华

王琼事迹图·经略三关

晋溪书院

晋祠王琼祠

被迫停工,新修部分全被日军拆毁,将材料用于修筑碉堡。后来,先生独自出资15 000银圆,才将这一工程善始善终地搞完。如今,这两处古迹成为海内外王氏族人寻根问祖的重要场所。晋溪书院门前的横匾"晋溪书院"四字,是其弟王宪所书;晋溪园王琼祠门前的楹联"举朝汹汹,谁知讨擒宸濠,此事已付王新建;公论啧啧,试看总督甘陕,厥功何如杨应宁",即出自王惠先生之手笔。

　　王琼祠在晋溪书院西,前临鸿雁南河,后倚悬瓮山麓,右邻难老泉,左有鸳鸯水亭。祠前有古银杏树两株,雌雄同植,树干有十围,树高二十米以上,枝繁叶茂,形同华盖。金秋季节,满身黄袍袈裟,累累银杏有如金果,传说此银杏树为王琼亲手所植,距今最少有五百年光景。近年来,海外"太原王氏宗族",回归问祖,常来瞻仰祭祀此地。

　　作为一名地方名士,王惠先生热爱祖国,有民族气节。侵华日军进入太原后,先生便教育子弟不为侵略者做事,不出卖国家利益。同时,他积极捐赠粮食等物资,支持活动于潇河流域的抗日革命武装力量,并多次掩护我党地下工作人员的活动,被当时中共清太徐革命政权誉为"开明绅士",深受群众爱戴和拥护。1946年12月,为了稳定局势,发展统一战线,中共太原县民主政府在同过村召开了县参议会议,全县各村代表和知名人士一百五十余人参加了本次会议。当时,县委派人进驻刘家堡村筹办革命政权参议会,王惠先生因思想开明,在群众中声望较高,被推荐为参议员候选人。在村民以投豆粒代替选票的选举中,王惠先生以全票当选参议员,出席了中共太原县委召开的革命政权参议会,以一颗赤诚之心情系地方,积极投身于地方社会建设事业,发挥了自己的余热。

徐沟王家：
天禄堂里富珍藏

徐沟是一个物阜民丰、山川秀美的地方，有着悠久的历史和璀璨的文化。就其商业史来讲，完全可以和平遥、榆次、祁县、太谷媲美。

徐沟王家天禄堂，古董财主远名扬；各地生意数百处，奇珍异宝宅内藏；自从明朝发了富，中兴要数王五昌；传至后代王仲华，日军侵华破了家。

这简单的民谣明了地道出了徐沟及王家天禄堂的兴衰史。

历史上徐沟曾为县，今虽是镇，但商业贸易却始终繁盛。其境内无山，从古便是商业贸易、南北往来的交汇之地，京官道（北京至西安）和府官道（太原至临汾、运城、长治、晋城）横穿其中。据刘文炳先生《徐沟县志》记载，清乾嘉年间，中俄贸易的领袖商号即"四万盛"，其运输路线，即恰克图贸易亭，以驼运经库伦大道，长途直达张家口或多伦，一向东南运于北京，一向南运于徐沟，然后向四周扩散，当时获利颇厚。在没现代交通运输的情况下，这里就成为北方的一个旱码头，加之城池完备，四坊四关，市楼矗立中心，街道整齐，大街小巷，铺面林立，一派繁荣景象。因此历史上就说徐沟"居民善贾"。

说起徐沟居民善贾的历史，就不得不先从王家开始说起。徐沟王家究竟是何年何月开始在北京做的生意，如今已无从考证。据村中白尚贤老人回忆说，大约在明宣德年间（1426—1435），王家在北京开了一家古董店，名为"茂盛永"，专营珠宝古玩、碑帖书画，同时在徐沟城内有一字号为"茂盛王"的杂货铺。他们秉承着"先求不赔，而后谋挣；先为不败，相机取胜"的经商之道，生意只是勉强维持，并没有质的飞跃。但王家生意就这样稳扎稳打，发展了一百多年后，到16世纪中期有了一次大的飞跃。

据白老人回忆说，这可能是源于一个故事：有一天，有两个人牵着两头毛驴，每头驴子背上驮着一个装满东西的毛口袋，来到王家徐沟的店铺"茂盛王"，自言远道而来，受人委托，将这两个口袋暂存于"茂盛王"。掌柜的以为是京城捎来的东西，便收下不再理会。事隔多日，不见有人来取，掌柜无奈，将此事禀告在家的少东家。又过多日，还是无人来取，少东家决定拆开一看。谁知封口甚严，而且层层包裹，及至彻底开封，却见口袋内装的都是各式各样的珍珠玛瑙，两人非常惊诧，只好依旧严封密藏，等老东家回来处理。待几年后，老东家由京回来，经过仔细分析，才得以解开这个谜团。

原来奸相严嵩被革职前，将一部分家藏珍宝分送自己信得过的戚友家代为保存，且为了自己失势后代存者不受株连，尽量避免存放于官宦人家，而王家作为在北京专营珠宝古玩的买卖人，其老家徐沟就成为严嵩看中的一个比较安全的代存点。之后不久，严嵩革职忧死，子孙群小，有的被诛，有的被拘远戍，家产全部被抄，一败涂地。等王老东家由京城回徐沟之时，已事隔几年，加之王家本就经营古玩，于是"茂盛王"便入情入理地、安安稳稳地享受了这两袋珠宝。当然，这只是传说，王家的兴起，靠的还是敏锐的商业头脑和辛勤的劳作。

王家家业在清光绪年间达到顶峰，仅在徐沟镇就有银号、典当、绸缎布匹、粮油、日杂等店铺，包括广和隆、晋源当、晋兴隆、晋裕川、天源盛、通源盛等十多家字号。在王家经商的启迪和帮扶下，徐沟人亦农亦商甚至弃农经商的人渐渐多了起来，到了王启恩这一代，徐沟王家的发展势如破竹，更上一层楼。

王启恩，1836年出生于徐沟西南坊，字锔堂，号瑞臣，晚年又号"五昌"。徐沟王家是官宦之家的杰出代表，从王启恩上推六代，均有在朝为官的子弟，多人曾任内阁中书、翰林待诏、兵部员外郎、兵部郎中等，号称"六世功名"。据民国《徐沟县志》载：王启恩"曾祖照临，为部曹。祖余庆，官都司，有战绩。父之翰，道光十九年（1839）举人，官兵部郎中，喜蓄汉瓦，蒐辑拓印成册，又刻有《槐荫轩丛贴》"。

王启恩在清同治元年（1862）的乡试中中举，出任户部员外郎，虽然只是小官，但是为人做事却深得名士赏识。当时，大学士祁寯藻致仕居京，深感其才，谓"宜读书以广其材，毋逐为俗吏"。也就是当时，祁寯藻劝他说，你应该继续读书增长才

天禄堂牌楼

王启恩书"天禄堂"

干,不可急于做一般官员。王启恩遂返乡读书。1867 年,捻军从陕西进攻山西,当时寿阳祁世长居家守孝,朝廷命令王启恩和祁隽藻共同办理山西省的治安问题,整顿纪律,以保治安无忧。而在镇压太平天国起义中,王启恩也在筹措粮饷、保境安民方面多有建树。1877 到 1878 年间,山西发生饥荒,朝廷命令阎敬铭督查赈灾,山西巡抚曾国荃也下令查办太原、汾阳两地受灾情况和捐赈事宜。王启恩经常拿出米粮或俸银帮助灾民。赈灾结束后,山西巡抚曾国荃写了副对联赠给他:"廉孝相承,世载其德;刚柔相济,功加于民。"到 1897 年,王启恩被保举任知府,赴户部等候任命。赴京后,由于他谈论事情,理直气壮,从容不迫,有谋有断,便与显赫一时的李鸿章、左宗棠有着亲密关系,结成拜把弟兄。传说慈禧太后还将其认作义子,足见其魅力过人。不幸到 1898 年,王启恩在京城寓所辞世,享年 62 岁。

纵观王启恩一生,其主要作为有:

一是古玩立家,以义制利。民国初,曾在王家当过学徒的武敬老先生在《徐沟天禄堂见闻琐记》中写道:"提起天禄堂的古董来,可以说是珊瑚串、玛瑙瓶、琥珀烟缸、翡翠斑指、名人书画、稀世金石、秦砖汉瓦……都有收藏。即以瓷器一项来说,有远自汉唐宋元,近至明清两代的高瓶低缸、大盘小碟、万绽裂、朱砂红;有出自古墓中的陶瓷、彩瓷、陶俑、瓷俑……"王启恩是远近闻名的大财主兼古董文物收藏家。书中还介绍,天禄堂建有暗室、地窖,许多特殊珍宝,是人们无法想象的。据村中老人回忆,故宫珍宝馆所藏的翡翠葡萄架是当年慈禧太后西行过徐沟时带走的。据说,当时日军入侵时从王家拉走了古董书画几十汽车,足见王家当年家室之盛。如此家世,究其原因,除了王启恩父子的运筹经营外,根本原因是天禄堂"宽厚待人，和气生财，经营有道"的家训，以及王启恩艰苦实干、以义制利的财富观，这些都教化王家人诚信经商，才使得王家的生意达到历史高峰，天禄堂才能置身商海而数百年长盛不衰。

二是扩大经营，财源广聚。王家通过古董交易实现原始积累后，其他各行各业商号也在晋、冀、鲁、豫、关东诸地像雨后春笋般开张，最鼎盛时能达到数百处，仅河南就有六十多家店铺。每个账期(一般三年)下来，各路白银滚滚，汇入天禄堂，此时的王家真是富比王侯。有人评价说："天禄堂于清中叶后在山西的地位，远远超过了榆次常家、太谷曹家、白家，而与介休冀家、平阳亢家相媲美。"而天禄堂的代表人物王启恩，又扩大经营范围，将祖业发扬光大，广聚财源。

三是上贡下施，舍财市义。清末朝廷财政拮据，"以晋为根本饷源"，经常要富户捐输。王启恩"出资，不可数计"，达官贵人结交无数。传说，左宗棠去西北赴任，路经徐沟，住在官道旁的行辕。知县王薰祥前去拜见，左宗棠不予理睬。听说王启恩来到，马上起立，前去迎接，并让座。当然，此事并无记载，但村中耆老口耳相传，确曾亲见左宗棠与王启恩平起平坐，谈笑风生，而徐沟知县王薰祥不敢就座的情形。还有老人回忆说，当年王启恩病逝于北京，慈禧太后曾下谕：用十六抬独龙杠抬送回原籍。路经保定府时，李鸿章曾让管家李春华护送，后李春华便落籍徐沟。总之，当时的王启恩上至皇亲国戚、下至普通百姓，都有所交往，因此北京、天津、沈阳等地的王家"盛"字号的银票，是市场上的硬通货，犹如白银一般，可以等价流通。

此外，王启恩对乡党邻里宽厚忍让，《徐沟县志》中记载，其"不为世俗龌龊骄侈态……自其曾祖至本身，数世皆京外秩，晓大体，以其家富慷慨出资者，不可以数计"。清光绪初年，华北地区发生特大旱灾饥荒，山西全省饿殍遍野，史称"丁戊奇荒"。又因河南、山西旱情最重，又称"晋豫奇荒'、"晋豫大饥"，时任山西巡抚的曾国荃称之为"二百余年未有之灾"。当时徐沟县赈灾中，富户输银最多者为王家，一次3000两白银。此外，邻里有特殊困难，他也经常资助米粮或解囊相助之。"有饥民卖女为婢者，询知为廪生女，给以钱，且代策存活。"

四是亦商亦儒，科举入仕。王启恩幼耽书，年少时曾跟随寿阳秦东来游历，其间曾经用扫帚在雪地上写了丈余大的字，秦东来很欣赏。长大后做了县诸生，临摹的书法帖子积累了一包又一包。据《徐沟县志》中记载：王启恩曾经东登泰山，把大

王启恩题"云路先声"　　　　　　　　　　　　　　　王启恩题"峻岭"

字刻在石壁上。今天我们登攀泰山时,在斩云剑北约 300 米路东侧石壁上,会看到一组比较密集的清代道光、光绪时期石刻群,其中有题刻"峻岭"的摩崖石刻,便是王启恩所书。此题刻刻于光绪十三年(1887),字面高 1 米,宽 2.1 米,横列,楷书,苍劲有力。"峻岭"题刻下面的"郁确其高"也为王启恩所书,"郁确其高"其语出自先秦《公陵之歌》(唐本也作《丘陵之歌》)诗:

　　　　登彼丘陵,峛崺其阪。仁道在迩,求之若远。遂迷不复,自婴屯蹇。喟然回顾,题彼泰山。郁确其高,梁甫回连。枳棘充路,陟之无缘。将伐无柯,患滋蔓延。惟以永叹,涕霣潺湲。

　　王启恩亦擅文章,遗著有《云斋金石考》、《五砚轩笔记》、《泉币令集古录》、《茶余闲话》等。

　　据记载,天禄堂王家大院,是一组规模宏大、气势雄奇、结构完整、布局错落有致的建筑群体,是明清时代的豪门巨宅,始建于明宣德元年(1426)。其建筑规模之庞大、气派之豪华,在当时三晋大地上是极为罕见的。连颇有声望的榆次常家、太谷曹家、祁县乔家,都有点相形见绌。后人所说清代山西有"三大家族"(介休冀家、平阳亢家、徐沟王家),天禄堂便位列其中。据考证,天禄堂整个建筑群可分为两个大区,一是位于城内西南坊的住宅生活区,占地约 6700 平方米;二是位于城南的游览园陵区,包括一座肃穆的陵园、两座秀丽的花园,占地约 48 000 平方米。两区总面积近 55000 平方米。住宅生活区,又可分作三个组成部分,即建于南北中轴线上的主体庭院 3 所,以"凹"字形组合环扣主体的庭院的外围庭院 9 所,以及附近的家祠、车马院等附设建筑,共计 14 所,占地 10 亩。1900 年,八国联军进北京,慈禧、光绪西逃时曾到过山西徐沟,即把天禄堂作为临时的行宫。而王启恩将王家的金禄堂三进大院修葺一新,粉刷彩绘,张灯结彩,院内布置好戏台,装点了假山,凡慈禧衣食住行可能用到或经过的地方,都用红毡铺地,黄缎围墙,整整用去了白银五万两,博得了慈禧一笑。后来由于战争,初建于明、扩修于清的天禄堂建筑群至此所剩无几,如今只剩被清徐县徐沟镇信用社所占的绣楼了。往事如烟,令人欷歔不已!

　　如今走在徐沟宽阔的大街上, 想想当年窄窄的街道遍布八十多家商铺的繁华,想想太原府 80% 的白面都由徐沟提供的场景,想想驼队穿行徐沟的奇特景象,再看看如今残存的已近破败的城隍庙和文庙,在为以王家为首的徐沟晋商感叹的同时,也为没能保留昔日的晋商遗迹而感到惋惜。

清源"白大驴"：
小伙计闻名东三省

　　"白大驴"是延吉市老人们口中津津乐道的一位山西商人的绰号，他曾在延吉市经营染房、酒房、木材加工、日用百货、农副产品交易等多样产业，在当地工商界独占鳌头，他就是清源镇走出去的白树升。

　　白树升，今清徐县清源镇吴村人，生于1835年。像许许多多山西商人一样，他幼时家境贫寒，且个子矮小，脚还有点跛，但非常勤劳、肯吃苦，长大后便在家以务农为生。后来不甘于现状，便开始外出闯荡谋生。辗转反复，几经周折，最后流浪到吉林省间岛市（今延吉市）一家染房当了小伙计。远赴他乡，举目无亲，与白树升相伴的只有一头自家养的小毛驴，他每天穿梭于延吉市的大街小巷、乡间民间，逐渐为当地人所熟悉，也取得了掌柜和东家的信任和肯定。虽然平时不多言语，但勤劳、肯干、能吃苦，能每天默默地进货出货，关键是爱钻研，是可用之人。

　　其实白树升刚到延吉时，并不受重视，大家觉得这个个子矮小、脚还有点跛的黑瘦汉子，就是个混吃混喝的主儿，不会有什么大出息。但有一天，白树升随同掌柜进货，供货老板见白树生又瘦又小，越看越觉得这个小伙计少筋没力，便和白树升的掌柜打赌："你那伙计要能把这捆布背回柜上，这捆布就归他了，敢不敢打赌？"就这样，一个掌柜、一个老板，拿命运的机遇作诱饵，拿伙计的生命作儿戏，打起赌来。只见白树升一声不吭，用力将那捆布立起，几个趔趄，摇摇晃晃地走了几步，慢慢地稳住身子，便开始一步一步往前走，嘲笑看热闹的、呐喊助威鼓劲的后面跟了一溜。近两百斤重的一捆布，一里多路的一条街，当白树升将这捆布扛回柜上时，虽没有压得吐了血，但却跌坐在那里半天动弹不得。"真是人不可貌相，海水不可斗量！这个看上去不起眼的山西小伙计，还真的有点驴劲儿。"那位供货人说话做事都比较讲信誉，白树升按供货老板说的把布成功背回柜上，这捆布就归他所有了。过了没多久，白树升依靠这捆布起家，当上了掌柜，开始了他的创业生涯。这就是白树升当伙计的经过，也是白树升起家的开始。

随着时间的推移和资金的积累，白树升在延吉市创办了自己的字号——"大顺号"染房。之后的几年中，他的买卖越做越大。染房扩展了，他便大量地买地用来晾布。由于他低价储备土地，到后来，随着经济的发展，不仅间岛市的地价有了很大的增值，他在其他地方的分号也拓展顺利，而且他也开始了其他行业的经营项目。也就是说，除了不做昧良心的买卖外，只要能赚钱的买卖，他都插上了一腿儿。

白树升和其他晋商一样，惯用以下两种经营方式，使他的财源像滚雪球似的滚滚开来。一是诚信盈利。凡因质量引起的退货一律销毁，双倍赔偿。为守信用，他曾经自己烧过自己的布。二是姻亲互助，裙带三帮。他不仅将吴村老家白姓家族人带出关东，还吸引了一批外姓人，在延吉市形成了庞大的白姓家族势力，并同本县有名的财东时成德时家、王皂东王家、交城段村的马家等结成姻亲关系，这些富户大都在东北有生意，他们之间同心相印，同气相求，结成了牢不可破的生意链，彼此之间在发展中互谅、互济、互补。到1941年，白家发展成为东北闻名的山西大财东，员工达到数百人，营业额达到百万以上，且在广州、天津、长春、吉林、河南等地都开设了"大顺号"分号，而且还在清源、徐沟筹备银号、典当等金融产业，白家进入经济发展的最兴盛时代。

白树升起家发财后，在老家清源吴村便大兴土木，修建宅院。其下共育有五子，其中二子早夭，其他四个儿子分别是：长子天昕、三子天叙、四子天春和五子天清，分别以仁恕堂、印昕堂、养心堂、保真堂为名，在吴村盖起了四座大院，人们称之为白家大院。白家大院耗资巨大，规模恢宏，建筑别致，一连三院相通，院内亭台楼阁应有尽有。其间，曾雇用周边祁县、太谷的各色能工巧匠几十名，精工细做，用了好几年的时间才完工，现在虽然历经沧桑，拆毁不少，却依然还能看出昔日的雄姿。

利以义制：
太原商人的财富观

晋商作为明清时期中国十大商帮之首，曾称雄国内商界长达五百年之久，特别是在金融行业，晋商占有垄断地位，晋商的汇票甚至在海外都通行。太原商人作为其中一支，也秉承了晋商"利以义制，名以清修"的经商秘诀。

义，是中国传统文化中所讲的一种道德规范，也是禁约人们行为的准则。孟子说：义，人之正路也。荀子说："夫义者，所以限禁人之为恶与奸者也。"

明清山西商人讲究见利思义，不发不义之财。"仁中取利真君子，义内求财大丈夫"，义利相济相通。明代山西商人王文显说：

> 夫商与士，异术而同心。故善商者，处财货之场，而修高明之行，是放虽利而不污。善士者引先王之经，而绝货利之途，是故必名而有成。故利以义制，名以清修，各守其业，天之鉴也。

在义利相通观的影响下，先义后利、以义制利，作为商人经营的哲学基础，成为商人精神价值观的核心。

中国的商业文化，深受中国传统文化影响，同时也与生产生活的文化背景、民风习俗息息相关。山西东处太行，西接黄河，北连大漠，素称用武之地，距京师仅数百里，实其右臂。朱熹在《诗经集传》卷六中说："其地土瘠民贫，勤俭质朴，忧深思远，有尧之遗风。"杜佑《通典》中认为："山西土瘠，其人勤俭。而河东魏晋以降，文学盛兴，闾井之间，习于程法。并州近狄俗，尚武艺。"《隋志》中亦有对山西民风的描述："人物殷阜，然不甚机巧，其于三圣遗风尚未尽渐灭。"太原府人"其风勤俭，不好词讼"。张正明先生认为，太原府所辖州县大都民风淳朴，民风尽力耕织，如阳曲、太原、清源、太谷、寿阳、河曲、岢岚、岚县、兴县、平定州、乐平、忻州、代州、崞县、五台等。民风勤俭州县有阳曲、太原、祁、文水、太谷、徐沟、榆次、寿阳、盂、河曲、保德州、岢岚州、岚等；知礼讲义州县有阳曲、太原、徐沟、保德、兴、祁县等。在这样的背景下，太原人具

"晋通栈"银票

有勤俭、吃苦、耐劳、礼让、诚信的民风，一些出色的太原商人也多从肩挑小贩或外出打工开始，最后靠锲而不舍、顽强拼搏和辛勤劳动而成为商界巨人。

在这些特定社会思想与民风习俗下，对于晋商、晋商文化来说，需要形成自己的标签，那就是"利以义制"，这既是一种制约，又是一种规范。在现今遗存的山西商人会馆中，很突出地敬奉关羽、崇祀关羽，其原因不仅是因为关羽是山西同乡，更重要的是因为关羽是中国古代道义的化身，是义存高远、以义制利的典范。晋商便秉承了这一传统和理念，致富靠正当经商来获取，一旦致富，便积极参与社会救济事业和社会公益活动，或修桥修路，或兴教兴文，或纾难救灾，或助学资贫。总之，先取之于民，后泽及社会，施恩大众。

在义利相通观的影响下，诚信戒欺、重视商誉成为山西商人商业道德的又一表现。义利思想最直接的表现就是"诚"与"不欺"。1900年，八国联军攻占北京，京城中许多王公贵族、豪门望族仓皇逃亡，但他们随身携带的只有晋商票号的汇票。山西票号在这次战乱中损失惨重，设在北京的分号不但银子被劫掠一空，甚至连账本也付之一炬。在这种情况下，山西票号并没有扯皮推诿，只要储户拿出存银的折子，便一律兑换，这无疑向世人昭示信义在票号业中至高无上的地位。

大生意如此，小生意亦然。忻州有个叫陈其昌的，在口外经营一家客栈。有一天有个人在店里存放了些东西，从此却一去不返，十几年未露面。周围的人劝他打开看看货物，尽快处理，但他认为货是人家的，不能看更不能卖，直到货主人来此，

关公塑像

才物归原主。"诚招天下客,义纳八方财",从此,陈其昌的生意越做越大,成为晋商中有名的绸缎商人。

晋商"利以义制"将一个人的人格操守延伸为人和人之间不约而同的契约法则。事业的成功离不开天时、地利、人和,三者之间则"天时不如地利,地利不如人和",人是第一因素,影响制度执行力靠的是人。因此,晋商在用人时,"以懂得信义为根据",注重对从业人员在实践中培养与考察,努力使之成为"十全之士"。他们认为:

凡人心险于山川,难于知天,故用人之法非实验无以知其究竟。远则易欺,远使而观其忠;近则易狎,近使而观其敬;烦则难理,烦使而观其能;卒则难辨,卒间以观其智;急而易爽,急期以观其信;财则易贪,委财以观其仁;危则亦变,告危以观其节;久则易惰,班期二年以观其情;杂处易淫,派往繁华以观其色,期在练或磨不砾,涅而不淄,方足以任大事。所以一号之中,不能断言尽是忠、敬、能、智、信、仁、有节有规十全之士,但不肖之徒难以立足。

晋商学徒教材《贸易须知》中也要求:

学生意先要立品行,但行有行品,立有立品,坐有坐品,食有食品,睡有睡品。以上五品,务要端正,方成体统。

这样的行为道德与修养教育,让义字深入人心,让每一个晋商人在为人处世中以中和之道修身,中正不偏,和为贵,和气生财,对内忠义,对外诚信,既有竞争又有合作,先义后利,以义制利,教育从业人以儒家思想和关公精神管理与经营自己的生意。东家"将资本交付于管事人(大掌柜)一人,而管事于营业上一切事项,如何办理,财东均不闻问,既不预定方针于事前,又不施其监督于事后",谓之"用人不疑,疑人不用",将大掌柜的经营置于社会监督之下,大掌柜若经营不善或不够尽心,会面临信誉的损失,在当时的经理人市场上自然威信扫地,所以都能尽心尽力,谓之"受人之托,忠人之事"。

儒家从义与利绝对对立的角度,强调道义原则,历史上舍生取义的事例不胜枚举。而晋商则是从义与利对立统一的角度把握二者的关系,强调在遵从道德规范的前提下,求得利益的最大化,并在经商实践中形成了符合儒家道德要求的商业道德。

做生意、开票号,无疑是为了获利、赚钱、增殖资本,晋商当然也不例外。但不同的是,晋商始终坚持并严守诚笃与信义的行为准则,能够非常恰当地处理"义"与"利"的关系,坚持义利统一、义利互惠和义利相促,而绝不舍义取利,更不唯利是图。

"君子爱财,取之有道"、"信义为本,禄利为末",是晋商训道中流传最广的口头禅。太原商人在世代经营中,把商家的信誉当作自己的生命,做到诚实守信;更把事业的兴衰与国家的荣辱紧紧相连,敢于身死为国殇。正是遵循了"利以义制,名以清修"的原则,使得晋商的经营活动有了深厚的道德基础和广泛的社会基础,也使其在义与利的博弈中找到了平衡点。梁启超先生曾说"晋商笃守信用",揭示了晋商获得成功的一大重要原因。

遥想当年太原府的兴盛,回望太原商人货通南北、汇通天下的雄风,我们更加有理由相信,"利以义制,名以清修"不仅奠定了晋商五百年的辉煌,更是太原晋商未来生存之道、成功秘笈!

万里茶路：
艰辛晋商辟新途

中国是世界上著名的茶叶生产之国，饮茶在中国历史悠久。明代，由于在山西大同进行茶马互市，已使包括茶叶在内的内地商品流入蒙古高原，并辗转输入俄国。不过当时从中国进口的茶叶数量相对不大，因为当时在俄国饮茶的习惯还不普遍。

入清以后，随着清朝统治政权在全国的建立，结束了内地同北部民族割据对峙局面，加之顺雍乾时代恤商政策的实施，为晋商的北上创造了更为良好的机遇和条件。清人松筠《绥服纪略》载：

> 所有恰克图贸易商民皆晋省人。由张家口贩运烟、茶、缎、布、杂货，前往易换各色皮张毡片等物。

边贸早期外输的商品大都是由山西商人组织的。从清雍正五年（1727）中俄签订《恰克图条约》后，当时清王朝以入京俄商行为不轨等为由，将中俄贸易统归于恰克图。到清乾隆二十年（1755），中俄边贸或者称"恰克图贸易"逐渐兴盛起来。

与此同时，由于俄国人对中国茶叶的喜好与日俱增，饮茶渐风行各地，大大刺激了茶叶的贸易。俄国六等文官米勒说：

> 茶在对外贸易中是必不可少的商品，因为我们已经习惯喝茶，很难戒掉，中国茶往往比海外进口的茶要好些，也便宜些。只是希望能够将中国茶向外国转售的更多些。

在西伯利亚一带,由于饮茶之风日炽,以致"宁可一日无食,不可一日无茶"。

输往俄国的茶叶供不应求,需求量大增,晋商的发展势如破竹。从 19 世纪 40 年代起,茶叶贸易居于恰克图对俄贸易商品的首位,晋商茶帮也成为恰克图的经济大亨。最鼎盛时期,在恰克图的晋商字号有一百二十多家,其中规模最大的首推山西榆次车辋常家所开办的大德玉等商号。《山西外贸志》就常家的当时繁盛规模进行了这样的描述:

晋商"川"字牌茶砖

    在恰克图从事对俄贸易的众多山西商号中,经营历史最长、规模最大者,首推榆次车辋常家,常氏一门,从乾隆时从事此项贸易开始,历经乾隆、嘉庆、道光、咸丰、同治、光绪、宣统七朝,沿袭一百五十多年,尤其在晚清,在恰克图十数个较大商号中,常氏一门独占其四,堪称为清代本省的外贸世家。

此外,当时的京师也是山西茶商集聚的地方,咸丰三年(1853)京师大茶行有 57 家,其中山西人开设 17 家,占 29.82%。像榆次车辋常氏、太谷曹氏、祁县乔家所开办的茶号,都颇具规模。

茶叶贸易逐步兴起的过程,是山西商人逐步发现机遇,创造市场,引导消费的过程。山西商人最开始到恰克图也是做布匹之类的贸易,当发现该地区人多食肉,常有消化问题,而茶叶之中红茶暖胃,绿茶帮助消化。晋商发现并有意识地引导这一市场的消费,迅速开拓了万里茶路,打开了茶叶在该地区的销路,并借由俄国商人之手,将茶叶运到整个欧洲。

最终万里茶路形成,晋商茶帮的生意大获成功,这除了归功于晋商不畏艰辛,万里急驰外,更关键的还在于他们有敏锐的商业眼光,能在全国范围内获取资源并发挥组织才能,维系这个巨大的市场。山西本地和周边并不大面积产茶,晋商运往俄国的茶叶多是来自南方。武夷山是国内著名的茶叶产区,清人袁干《茶市杂咏》中称:"清初,茶叶均系西客经营。西客者,山西商人也。每家资本约二三十万两

万里茶路

至百万，货物往还，络绎不绝。"晋商开辟的茶路便是从福建崇安（现武夷山市）开始，转运至江西铅山县河口镇，在此装船顺信江而下鄱阳湖，穿湖而过，出九江口入长江，溯江抵武昌转汉水达樊城（今襄樊）起岸，贯河南入山西泽州（今晋城），经潞安抵平遥、祁县、太谷，到太原，北上大同，经天镇达张家口，越长城达戈壁沙漠抵达恰克图，再经西伯利亚，运经欧洲腹地。水陆兼程，其全程约 9540 多里，其中水路 2970 多里，陆路 6610 多里，是与"丝绸之路"齐名的一条重要国际贸易通道。

全盛时期的茶叶贸易，撑起了恰克图的半壁江山。在晋商对俄的茶叶贸易过程中，先是进行茶叶的长途贩运，然后又转到茶叶的生产基地进行实地考察，直到茶叶的生产、加工、包装和运输，实现了产供销一体化经营，已然从流通环节进入到生产环节。如砖茶就是晋商为了适应流通需要而设计加工的产品形态，也是茶叶贸易之中的一大发明，不但易于运输存放，更因为砖茶上贴有晋商商标，写有"晋商监制"字样，也帮助晋商打响了品牌。山西长裕川茶庄当时经营的"红梅牌砖茶"久负盛名，直到 20 世纪 80 年代中苏两国商业往来时，对方的采购单上仍列有"红梅牌"的砖茶，一时被传为美谈。美国学者艾梅霞在其历史学著作《茶叶之路》中说：

> （万里茶路的）载体是茶叶，它在不同民族的人们生活中意义深远重大，又可以用来追踪一个大陆上人们生活的轨迹。

可以说，晋商"万里茶路"是晋商通过船运、车载、马驮等最原始的方式，纵横中国，驰骋世界，经过俄罗斯，将中国的茶商品运往欧洲大陆，商业触角伸向欧陆腹地，铸就了清代富可敌国的晋商传奇。更为重要的是，晋商也将中华文化渗透到"万里茶路"的贸易之中，把"茶道文化"传播到世界各地。其文化跨区域之广、商业经营时间之久，实属世所罕见。

邓九刚先生在进行了系统对比之后发现,"万里茶路"是一条全新于古代草原丝绸之路、古代丝绸之路的新型商路,它经由恰克图的中俄草原茶路,具有明确的国际贸易目的,规制成熟,长期稳定。两国派驻官员,管理税务,定期会晤往来;双方互通有无,交易平等,已经出现了近代商品经济元素。可以这么说,"万里茶路"的探索揭示了三百多年前中俄贸易的经济谜团:在清代,中国已经形成了极具规模、先进合理的资本主义模式商业集团,动用了数亿两白银,间接影响了大半个中国的几十万人口。它的存在,使 17 世纪和 18 世纪世界东西方构成了两个中心,有人甚至断言,那时的世界经济文化中心在东方,"万里茶路"媲美"丝绸之路"。

如果说《恰克图条约》的签订,为"万里茶路"增添了川流不息、人潮涌动的繁荣贸易景象,在一个多世纪内是一个主权国家与另一个主权国家平等互利贸易的话,那么第二次鸦片战争后的中俄贸易,就是强国侵略弱国的不平等贸易。随着沙俄对中国侵略的加剧,恰克图的贸易逐渐减少,山西茶商也就日渐衰落。

鸦片战争以后,实行了五口通商,太平天国起义,阻断了长江运输线路,晋商被迫停止了福建采买茶叶,转移到湘鄂一带,万里茶路的起点也就改在了湖南安化,后又移至湖北蒲圻,茶叶的转运路程缩短了将近一千里。第二次鸦片战争后,由于中国战败,政治的颓势迅速蔓延到商业中,俄国陆续取得了沿海七口(上海、宁波、福州、厦门、广州、台湾、琼州)的通商权,撬开了攫取中国内陆经济利益的大门。1862 年,《中俄陆路通商章程》在北京签订,俄罗斯再次打通了海参崴经天津至中国茶叶最大集散地汉口的水上通道,并得到直接到中国茶叶产区采办茶叶和兴建茶叶加工厂的特权。商场如战场,俄商陆续在湘鄂地区建立茶栈,收购和贩卖茶叶,水陆并用,俄轮可直接在汉口装运茶叶,再加上俄商享有免收茶叶半税的特权,成本费用大大降低,俄商贩茶业务直线上升。反之,晋商贩茶却由于清政府的限制,不享受水路运输之便,而

库伦一茶场,茶叶堆成垛

茶叶驼队

且要付数倍于俄商的税收,直接结果就是,茶路开通以来保持了一百七十年的平衡被击破,晋商被抄了后路,腹背受敌。

弱国无商。在中俄国力对比失衡的前提下,俄国商人在占据水运交通、通信手段的绝对优势下,中国商人在茶叶贸易中的利润完全被俄国人夺走,生计顿失。延至清同治七年(1868),恰克图的山西商行只剩四家苦苦支撑,已到山穷水尽的境地。

但是,晋商毕竟是一支经验丰富、久经商战、意志顽强的商界劲旅,在此关键时刻,程化鹏和余鹏云、孔广仇等山西茶商挺身而起,决意力挽颓势。他们面见绥远城将军裕端,上书朝廷,要求"由恰克图假道俄边行商",并奏请减轻山西茶商关税。若以这一奏请行事,不但晋商能起死回生,且对维持清廷经济基础大有裨益。清廷出于维护政权的需要,批准了程化鹏等人的请求,关税由每票(约12 000斤)50两减至25两,并下令取消一切浮费。程化鹏等为山西茶商争得了重整旗鼓的机会,退守归化的晋商们悲情涌动,抛弃一切,重整旗鼓,迅速重返恰克图,准备背水一战。

在归化通司商会的统一调遣下,江南各省茶叶汇集北方,从归化、张家口、包头、乌里雅苏台、科布多等多点启程,千人万驼,旌旗猎猎,慷慨高歌,跨出国门,直奔俄罗斯帝国腹地。驼帮动处,沿途官员民众谆谆嘱托,殷殷祈福,夹道送行,"至西伯利亚之塞地,几于日出日没之处,无不见中国人之足迹。……胡服辫发,姗姗而来"。从伊尔库斯克、托博尔斯克、新西伯利亚到比斯克、上乌金斯克、下乌金斯克,从秋明、奥伦堡直到莫斯科、彼得堡,似乎在一夜之间遍是中国商号。驼帮同轮船竞赛,信狗和电报竞赛。清同治八年(1869),晋商从恰克图出口茶叶 11 万担,与俄商从中国内地贩出量持平。此后逐渐超过俄商。如清同治十一年(1871),山西茶商从恰克图输出茶叶增至 20 余万担,高出俄商从中国内地输出量近一倍。几年之间,被朝廷鄙夷排斥的中国商人爆发出强大的力量,赢得历史一瞬的辉煌。

但是,好景不长。1877 年起中国连续三年大旱,华北死人 700 万,商业惨遭重创。1878 年,俄商在汉口开办了六个装备蒸汽机的茶叶加工厂,再加上俄国敖德萨港口的开辟,加上旧有的海参崴水路,俄商从中国内地获取茶叶超过 60 万担。紧要关头,腐朽的清政府倒行逆施,对晋商横征暴敛,收取十倍于俄商的税收,晋商对俄茶叶贸易便再难以大规模进行了。

尽管如此,晋商还是不断努力,采取了赊销茶叶给俄国中小商人的办法,希望扭转败局。但是有些俄商借故不予还款,而清政府也无力顾及。赊销款的无果而终,成了压倒晋商的最后一根稻草。晋商因此亏累甚巨,最终输掉了这场商战。晋商万里茶路从此便淡出了人们的视野。

覆巢之下无完卵,晋商之败输在国弱,而不是输在商场。

汇通天下：
太原金融业掠影

在古代社会，城市金融业的发展与城市商业的繁荣息息相关，太原也是如此。

明清时期，太原府城严整恢宏，城内商号林立，规模之大、人口之众，均在全省名列前茅。这一时期，太原的商贸和金融业都始终对全省起着引领和督导作用。一方面，太原商人"走出去"，在全国各地经商、贸易；另一方面，"走进来"，把外面的商品带回太原，使得太原成为全省最大的物流中心和货物集散地。当时大概有罗缎布绢丝绵、铜铁矿冶、日杂百货、文具纸张等十三大类商品，城内有半坡街、麻市街、活牛巷、帽儿巷、司门口、柳巷等商业古街道，浙江会馆、湖广会馆、徽帮会馆及各县会馆等商业流通性的建筑遍布城区，六味斋、益源庆、大宁堂等老字号亦拔地而起。这些商业的兴起不仅为太原府城的经济发展注入了新的活力，同时商品经营资本的发展也为分离出货币经营资本奠定了基础。

从现代金融学看，金融业主要是指经营金融商品的特殊行业，包括银行业、保险业、信托业、证券业和租赁业。从历史上看，中国金融业的起点可追溯到公元前256年以前周代出现的办理赊贷业务的机构，《周礼》称之为"泉府"。就山西而言，其主要组织形式为当铺、钱庄、印局、账庄、票号等金融企业，遍布全国各地乃至亚欧一些国家。外国人把这些金融机构统称"山西银行"。当然，在国外，有的山西金融机构直接注册名称就叫银行，如山西祁县合盛元票号在日本、朝鲜挂牌"合盛元银行"。1909年，在日本出版的《天津志》记载："汇票庄俗称票庄，总称是山西银行。"书中还介绍说："据说（票庄）在一百多年以前业已成立。主要从事中国国内的汇兑交易，执行地方银行的事务。""原来，山西人在中国人中朴实勤奋，再加上山西有大量的铁和盐等物产，财力丰富，因而在中国各省无一没有山西商人的影子的。这些商人，经常在商业界崭露头角。这就是山西银行的势力形成的原因。"

由此,我们可知,这些金融机构虽然最初是经营单一的金融业务,比如,当铺经营消费抵押贷款;印局经营短期或临时小额信用贷款,借款还款要盖印;钱庄经营钱币兑换;账局经营贷款业务;票号经营异地款项汇兑业务……但是在发展过程中很快也兼容经营了别的金融业务,存、放、汇、兑综合经营,当然还重点保留着各自的传统业务。所以,山西商人在明清时代经营的各种金融机构,包括当铺、印局、钱庄、账庄、票号等金融企业,都是在当时社会背景和实际需求下产生的,并不意味着谁替代谁。

而太原,作为晋商之都,秉承着得天独厚的政治优势和区位优势,其金融业自然也得到了前所未有的发展。

当铺,即典当业,以收取实物作抵押进行放款的机构,称为"质库",即后来的当铺。清代前期,山西是全国开设典当铺最多的省份。清康熙年间,全国有当铺22 357家,山西就有4695家,占全国总量的21%,不仅数量多,而且在经济社会生活中影响和作用也非常大。而太原的典当行尤为集中,阳曲、祁县、太谷等县当铺分布非常密集。但到清朝末叶,由于政治腐败,经济萧条,典当业呈衰落趋势。清光绪十三年(1887),山西全省共存当铺1713家,比康熙年间减少64%。

民国初年,典当业有所复苏,在太原商业中占有重要地位。1921年至1926年,太原典当业进入黄金时期,其中四岔楼的元隆当和上肖墙的义隆当开张最早,资金最雄厚,而气魄最大的

吉庆里钱庄

同祥银号

庆丰当旧址

元隆当

绥西垦业银号旧址

晋绥地方铁路银号旧址

也是这两家。元隆当是由清末巨商——祁县人渠本翘出资创办的，义隆当其财东则为祁县乔家。到1930年中原大战，晋钞贬值，物价暴涨，当铺业务大受影响，开始步入衰途。据统计，到1934年，太原市批准注册的当铺共有10家，即元隆当（四岔楼，现长风剧院背后）、晋和当（棉花巷）、隆记货店（上肖墙）、聚和当（东校尉营）、义隆当（上肖墙）、广和当（三桥街）、广益当（西夹巷，现中心医院附近）、庆丰当（开化市）、晋义当（棉花巷）、济人当（上肖墙）。

历史上，当铺的格局大体相似，在墙壁上或大门内的照壁上，都有一个七八尺高的白底黑字"当"字，店铺门额上除了字号牌匾外，还挂有一个二尺见方的"当"字木牌。当铺的柜台，是三百六十行中最高的，大约有五六尺高，给人柜台里面的人好像总是在俯视顾客的感觉。到典当行的主要是贫苦农民、小手工业者。一些破落财主，入不敷出时，怕丢人而不愿去大银行借款，也找熟悉的当铺，凭面子指房为押，临时借一笔款，以度困境；一些富人外出，怕家中贵重物品被盗或高档皮货被蛀，也有拿到当铺押借的；再就是一些奸商市侩，也来当行，其目的是以假充真，哄骗当行。尽管当行百倍小心，谨防上当，但上当之事，仍屡见不鲜。

钱庄亦称钱铺、钱局。随着商品、货币经济的发展，商品交换逐渐扩大，明清时代所执行银两和制钱两种货币平行的制度，已不适应交换发展的需要，一部分商人便专门从事货币兑换业务，从而产生了钱庄。太原地区的钱庄出现于明末清初，鼎盛时期有二十多家，是太原商业发展的支柱之一。山西境内钱庄大多集中于太原，成立较早的有徐沟的"广和隆"等。

中原大战之后，太原工商业和金融业蒙受重大打击。1932年，阎锡山进一步强化了对金融业的控制和垄断，先后成立了铁路、肯业、盐业三个官银号，太原私营钱庄家数急剧减少。1935年，太原境内有29家钱庄，其中阳曲县23家，徐沟县2家，清源县4家。抗日战争时期，太原钱庄业衰退。

1946年，太原钱庄的元气稍有恢复，加入同业公会的有6家，分别是晋兴、亿生、源生利、预慎茂、德兴昌和义顺成。1949年4月太原解放后，有6家私营钱庄申请复业，政府批准4家，即仁发公、预慎茂、蔚锦恒、德兴昌钱庄，但1950年后相继歇业。

票号是山西商人的一大创举，"执中国金融界之牛耳"，是晋商对中国金融业实现超前建构与快速发展的突出贡献之一。票号在进行经营汇兑业务之时，兼融贷款业务，具有现代银行业的雏形，实现了产业资本向金融资本的飞跃。祁、太、平三帮（又称"西帮"，以区别于胡雪岩后来仿办的"南帮"阜康票号）票号，积累了巨额财富，形成了山西乃至全国的金融巨头，其中著名的有祁县乔家"大德通"，渠家"三晋源"、"百川通"，太谷"志成信"、"协成乾"，太原张家"义成谦"等，到清末光绪年间极盛时期，晋商在全国各大中城市、集镇有570多家分号，形成"汇通天下"的汇兑网络，并延伸到日本、印度、朝鲜、俄罗斯恰克图等地，标志着中国民间资本和商业汇兑发展到了前所未有的程度。后来山西票号掌握了山西地方政府汇兑的主要业务，成为清政府的财政支柱。当时各大票号都在太原设有票号分点，且业务往来频繁，买卖兴隆。

直到清末民初，票号衰落，取而代之的是近代银行的兴起。清光绪三十一年（1906），清政府创办了大清户部银行，到清光绪三十四年（1908）改为大清银行。清宣统元年（1909），在太原设大清银行太原分行，地址在楼儿底街（新中国成立后并入鼓楼街）。1912年，大清银行改组为中国银行。

辛亥革命之后，阎锡山逐渐开始控制了山西省的政治、军事和经济大权。当时山西财政的机构主要是山西官钱局，主要职能负责存放山西财政司所管的地方收入以及田赋和税捐各款。1917年，阎锡山兼任山西省省长后，为解决财政困难和日益增长的军费需要，提出组建山西省银行，并成立了山西省银行筹备处。1919年，正式取消山西官钱局，将前清银行和山西官钱局合二为一，组建"山西省银行"，资本总额定为三百万元，设总管理处于太原，"设总行于山西省城，总辖各行

山西银行旧址

一切事务";"除山西省垣外拟于北京、天津、汉口、上海、张家口、归化、包头及省内太谷、新绛、忻县、大同、长治等处先行设立分行"。到1929年,省内外分支机构达四十余处。

根据《山西省银行股份有限公司章程》规定:山西省银行为"股份有限公司",分为官股和私股,其中官股部分,除直接接收官钱局的财产外,由财政厅拨给一部分;私股部分,一是临时招募,二是由"公债"入股。其以"经营普通银行事业,调剂全省金融"为宗旨,早期营业项目有存放(贷)款、汇兑、票据、贵金属交易等,后来根据阎锡山的统治需要,一方面代财政厅收发各种款项,支付军政各费;另一方面兼管发行和兑换"金库券"(也就是"山西地方公债")。该行发行一元至一百元银圆票,之后又发行辅币券、铜圆券,皆通称"晋钞"。阎锡山参加军阀混战向外扩张时,兼领冀、察、绥三省及平、津两市,晋钞也通行到这些地区。

抗战爆发以后,山西省银行总行先迁至晋南运城、临汾两地,后由于太原沦陷,晋南吃紧,又于1938年春移至西安。1941年,总行移至山西吉县克难坡。1943年,将晋省公款设立的晋绥地方铁路银号与绥西垦业银号并入,总行又移设西安,直到抗战胜利后,才迁回太原。

晋绥铁路银行也是民国时期山西省重要的地方银行之一,全名晋绥地方铁路银号,成立于 1934 年 7 月 1 日。旧址位于山西省太原市迎泽区帽儿巷(食品街),2012 年,太原市政府重修食品街,在街两侧新建了许多明清风格的仿古建筑,并重修了晋绥铁路银行大楼,成为太原市文物保护单位。该银行以"发展晋绥两省地方所有铁路及扶助铁路有关之建设事业"为宗旨,办理存放汇兑、两省铁路金库与特别会计事务,调剂铁路金融、仓储抵押、发售铁路期票等,兼办阎锡山统治山西时的"建设借款券"、"省防借款券"、"剿匪借款券"等名目繁多的各种所谓"核准放款"。

太原解放后,太原市军管会金融接管组对全市金融业进行接管,当时,太原的钱庄、银号、银行(含外地银行分号)共 72 家。接管工作完成之后,太原市人民政府于 1949 年在鼓楼街正式成立社会主义的金融机构——中国人民银行太原分行,从此,太原市金融事业迈开了新的步伐。

随着太原改革开放和创新发展进程不断加快,立足太原、覆盖全省、带动周边、承东启西的区域性金融中心正在初步形成。太原金融业充分发挥其在全省资源优化配置中的作用,建成了以银行、证券、保险等金融行业金融机构为基础,以中小企业投融资体系、风险投融资体系为依托,集煤炭交易与定价中心、产权交易中心、金融信息服务中心、金融教育与科研中心为一体的功能型金融中心。具体而言,积极推进晋商银行的发展和太原农商银行的组建,做强本土金融企业。同时以五大国有银行及各类股份制银行和保险公司为支柱,以各级各类信托、期货、证券交易所为依托,构成太原金融业的主体;丰富金融产品,做大金融市场,建成具有强劲融资功

1953 年中国人民银行山西省分行新建行址落成留影

能、强大辐射能力的金融机构总部和区域总部的聚集区。

近年来,省、市两级政府陆续出台加快金融服务体系和信用担保体系政策,吸引国内外金融机构和各类银行落户太原,本地区域性金融调控、金融信息、票据交换及资金汇集功能不断增强,成为山西省产业资本流转枢纽和金融服务高地。

2012 年,中国(太原)煤炭现货交易正式启动,标志着太原全国性煤炭现货交易和期货交易市场的形成。相信随着山西综改试验区的不断推进,太原金融业必将迎来一个新的机遇。

中国的金融革命与山西金融的发展是密不可分的,而太原犹如璀璨的明珠,曾经发射出夺目的光芒,可以说,山西票号或称山西银行,推动了中国的金融革命,启动了中国经济国际化的阀门。从此,中国经济卷入了国际化浪潮之中。

振兴工业多鸿猷

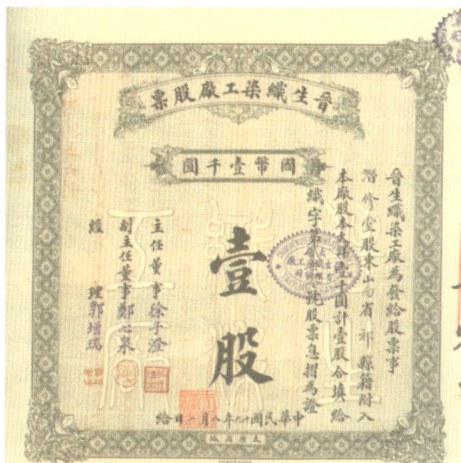

煤铁之富：李希霍芬男爵的报告书

『太原系』煤层：李四光的『蜓科』研究

洋务新风：张、胡抚晋实有功

燧皇遗规：从卖『取灯』到火柴局

新式光明：电灯初照大学堂

保矿爱国：渠本翘与早期保晋公司

志在实业：刘笃敬应试不第办工厂

自造汽车：姜寿亭试验成功『山西牌』

造产救国：西北实业公司之兴衰

工业重镇：能源重化工基地中心城市的定位

新兴产业：在创新驱动下强力重构

太原城市肇建以来，一直拥有发达的手工业。早在春秋时期，董安于即冶炼青铜，铸成晋阳宫室大柱。到战国时，不但用铜、铁造兵器、铸刑鼎、制钱币，而且制作很多生产生活用品。西汉时，已能造出明亮耀眼的铜镜、铁镜等物。隋朝时在晋阳立"五炉铸钱"。唐宋时期是重要的兵器制造中心，并州剪刀闻名神州，铁镜铜镜贵为贡品。宋代炼铁更已采用无烟煤做原料和还原剂，硝、磺、琉璃瓦、砂器生产日益兴盛，烧制的"木理纹瓷"在全国颇负盛名。元代时在太原设有"兵器局"集中制铁。明代铁、煤、矾、盐、石灰、瓷器生产都已经有相当规模，兵器制造更为发达，城内奶生堂与半坡街的"镔铁坑"相传是明初锻铜作坊的遗迹。清朝中叶炼铁和硫黄生产很发达，到鸦片战争爆发前已成为全国主要的生产基地。

不过，到第一次鸦片战争爆发时，由18世纪中叶英国人瓦特改良蒸汽机引发的西方第一次工业革命，已经使从英格兰到整个欧洲大陆，到北美地区，再到世界各国，经历了将近一百年的"机器时代"，显示了现代工业的强大生产能力和创造力量。这场工业革命也间接地伴随列强的坚船利炮，轰开了清王朝的大门。

由此，太原现代工业源头可以追溯到一百多年前，许多工业上的第一次从那时起次第出现。第一个现代工业企业——太原火柴局1892年诞生，结束了太原没有一部机器的历史。山西机器局1898年在太原创办，成为太原机械工业的鼻祖，也开创了山西现代军事工业之先河。从此开始，一直到辛亥革命前，太原现代工业企业从无到有逐渐发展，初步形成了现代工业的雏形，带动了铁路、邮政、电报、银行、商贸业的成长和发展。比较有名的工业企业有太原火柴局、双福火柴公司、太原电灯公司、山西机器局、玉成永铁工厂、王封山磺矿公司、西山庆成煤窑、永泰煤窑、山西通省工艺局、《晋报》印刷厂、晋新书社印刷厂、《晋阳日报》印刷所、晋丰裕磨坊、太原电灯公司附设机器面粉厂，都具有一番开天辟地的意义。

从民国建立到中华人民共和国成立这段时期，随着国内外形势的变化，太原工业发展经历了规模发展、日军破坏、衰落停滞几个阶段。抗日战争爆发前二十五年间,先以太原兵工厂设立为标志,太原军事工业初步形成规模,其他钢铁、煤炭、石膏、机械、轻纺、卷烟工业也得到发展。后以创办西北实业公司为标志,太原工业发展到第一次高峰时期,形成了从重工业到轻工业门类比较齐全的独立的工业体系,并且达到了一定规模,为新中国成立后太原重工业城市建设打下了基础。不幸的是,太原沦陷日军之手八年,先是实行"军管理",后又以山西产业株式会社取代,太原工业企业遭受疯狂掠夺和压榨。日军无条件投降后,太原市工业企业全部被西北实业公司(后更名为西北实业建设公司)接收。三年多时间,由于战争影响和官僚资本垄断,不少工厂生产停滞,产量锐减,太原工业整体处于衰落下降之中。

新中国成立后,太原迎来了工业发展的新征程。

太原是国家确定的重工业城市。一度,她的重工业占国民经济的比重是越来越重,一个个数字读起来都觉得沉甸甸的。20世纪50年代以后,太原被列为中国工业发展的重点城市之一。"一五"计划以来,进行了大规模的基本建设,新建和改建、扩建了一大批工业企业。仅国家"一五"计划期间兴建的156项重点工程中,就有太原化工厂、太原化肥厂、兴安化学材料厂、新华化工厂、江阳化工厂、晋西机器厂、汾西机器厂、大众机械厂、太原第一热电厂、太原第二热电厂、太原制药厂等11项分布在太原。经过三十年的建设,太原已经初步形成以能源、冶金、机械、化工、建材为支柱,兼有食品、纺织、缝纫、皮革、造纸、文教用品等门类较为齐全、基础比较雄厚的现代工业体系,拥有工业总产值占到全市总产值69.7%(1978年)的60个大中型骨干企业。能源、冶金、化工、机械和建材工业占全市工业总产值的比重,由1949年的64.8%上升到1978年的80.1%。

因为太原素有"煤铁之乡"的称号,还兼有省会城市的地位,并且有着近百年工业基础,改革开放以来,太原工业进入了最为辉煌的黄金发展时期。到2008年,太原市已经建立了以冶金、煤焦、装备制造、化工、电力为支柱,食品、轻工纺织、医药、建材、新材料等特色突出、门类比较齐全的现代工业体系。在建设山西能源重化工基地的中心城市、新型工业基地和特色文化名城、一流省会城市以及打造太原经济圈、太原都市圈、太原城市群,以及振兴老工业基地的进程中,太原工业为地区国民经济创造和积累了大量财富的同时,也为全国经济建设作出巨大奉献。

回首过去,太原是一座曾经辉煌的工业之城,也是一座甘于奉献的工业之城,一直传承着开拓进取、敢为人先的卓越品质。展望未来,致力于一流省会城市的太原,一直在顺应时代发展规律,立足本身深刻实际,睿智修正方向步伐,锐意创新方方面面,坚定迈向卓越未来。

循着太原工业这条长长的开创、发展、变迁的历史轨迹,其中反映的是投身工业者的爱国情怀和兴业之道,结晶的是无数志士仁人留下的可贵精神。我们仅从中拣择其侧影,截取勾画其痕迹,搜拾归纳其要端,以引发人们从不同角度不同怀抱出发,去观察,去感悟,去获知。

煤铁之富：
李希霍芬男爵的报告书

在被人们誉为"煤铁之乡"的太原这个地方，人们形象地写道："石窝窝里刨掉一层浮土，就可得到乌黑晶亮的煤；山沟沟里不须劳作，随处可以捡到暗红色或褐色的铁矿石；制造陶瓷所需的黏土等原材料更是俯拾皆是，取之不尽……"

太原开发利用煤炭的历史源远流长。春秋战国时期，人们称太原煤炭为石涅、黑金、黑丹、石墨、石炭等。隋唐时期，太原煤炭开采利用已有一定规模，唐代日本僧人圆仁的《入唐求法巡礼行记》中，记载有他目睹太原西山煤炭广为开采和利用的盛况。唐宋年间，土法开采的规模已经很大，当时太原地区已达到"无人用柴薪，皆用石炭"的程度。北宋时，采煤业成为宋朝政府的主要税源。陈尧佐为河东路转运使时，曾奏请免除炭税。到明末清初，太原的采煤业更为发展，当时太原县西山地区"峪峪有马车，沟沟有煤窑""九峪十八沟，窑坑如星斗"。只是直到清末，太原采煤仍延续传统手工作业方法，采掘工具简陋，生产力低下。

太原自古就是冶铸工业发达的城市，商周时期，太原地区就掌握了冶炼技术。春秋末年，太原地区已经有了规模宏大的冶铜业。战国时期，太原已有镌刻"晋阳"字样的铜质"布币"。秦统一六国后，在太原郡设置铁官，管理冶炼事务。汉代已制出具有一定艺术价值的铜镜，此后铜镜成了太原名产。隋唐时期晋阳的冶铁技术水平很高。隋朝在晋阳立五炉铸钱。盛唐时期，太原成为全国的钱币铸造中心。同期，制作的铁镜贵为贡品，"并州剪刀"也著称于世。宋代时，太原成为朝廷的产铁地之一，并有大通冶、永利监之设，冶炼和铸造技术已相当发达，宋铸晋祠铁人更是工艺精湛之实证。到元代，在太原设兵器局集中制铁，成为全国制造兵器的中心。明代时，太原兵器制造更为发达。明末清初，太原的冶铁业已具有相当规模。到清朝中期，太原成为全国重要的炼铁和硫黄生产基地。到鸦片战争之前，太原已成

李希霍芬

李希霍芬在太原调查煤铁资源

为全国生铁的主要产地之一。

　　然而在 1870 年以前,人们还不知道太原到底有多少煤、多少铁,埋藏地下的无尽宝藏在等待人们来发现,来挖掘。

　　讲到太原煤铁特别是煤炭的勘探调查,就不能不提到一个德国人。

　　年轻时的鲁迅曾以"索子"的笔名,在浙江留日学生出版的《浙江潮》第八期上发表过一篇自然科学论文——《中国地质略论》,文中提到:

　　　　千八百七十一年,德人利忒何芬 Richthofen 者,受上海商业会议所之嘱托……入陕西(凤翔,西安,潼关),山西(平阳,太原)而之直隶(正定,保定,北京)……往来山西间(泽州,南阳,平阳,太原)……三涉山西(太原,大同)……历时三年,其旅行线强于二万里,作报告书三册,于是世界第一石炭国之名,乃大噪于世界。其意曰:支那大陆均蓄石炭,而山西尤盛;然矿业盛衰,首关输运,惟扼胶州,则足制山西之矿业,故分割支那,以先得胶州为第一着。

　　这位被鲁迅称之为"德人利忒何芬 Richthofen 者",全名为斐迪南·冯·李希霍芬(1833—1905),德国地理学家、地质学家,近代早期中国地理学研究专家。他出生于普鲁士一个贵族家庭,毕业于柏林大学,因对地质学有着强烈的兴趣,遂投身地质调查。曾担任过柏林国际地理学会会长、柏林大学校长、波恩大学地质学教授、莱比锡大学地理学教授等。在近代地理学领域中,李希霍芬被视为重要的先驱,他在世界各地的地质记录与观察结果、文献都非常详尽,备受学者推崇。他是近代来华考察的外国人中最著名的地质地理学家之一,是第一位对中国地质进行科学系统研究的地质学家。"丝绸之路"这个词就是由李希霍芬首次提出来的。此后中外史学家都赞成此说,乃沿用至今。

从1868年到1872年,李希霍芬以上海为基地,历时四年时间,先后对当时中国18个行省中的13个进行了地理、地质考察,考察路线凡七条,足迹遍及广东、江西、湖南、浙江、直隶、山西、山东、陕西、甘肃、四川、内蒙古诸省区,搜集了大量的矿产、商业、交通、军事情报。其中两次涉足太原进行矿产调查,在太原西山首次划分了煤系地层。这是运用近代地质科学方法研究太原煤田地质的开端。

第一次在1870年上半年。初从广州出发,乘船经北江、武水至湖南宜章、湘潭,经长江到达湖北汉口、樊城,随后改陆行北上,经河南省河南府(今洛阳)、山西泽州(今晋城)、平阳府(今临汾)、太原,直隶正定,于6月到达北京,在北京附近再次做了详细调查后返沪。

第二次在1871年9月底到1872年5月底。先从上海赴北京;后经直隶宣化至张家口、山西大同,赴五台山考察后到太原,然后转赴陕西西安,后经四川宁羌州、剑州(今剑阁)等地,到达绵州、成都;之后出发南行,赴嘉定府(今乐山),乘船经岷江、长江返抵上海。

李希霍芬的考察报告以信件的形式用英文写出,后来汇集成册,名为《李希霍芬男爵书信集》,又译为《李希霍芬中国旅行报告书》。此后,李希霍芬集中整理在华考察的全部资料,完成了宏著《中国——亲身旅行和据此所作研究的成果》。

《李希霍芬男爵书信集》内容最丰富的莫过于对中国煤矿分布的介绍。李希霍芬每到一地,必对此地的煤矿分布做一番介绍,对煤矿地质、分布范围、煤层厚度变化、出煤质量(烟煤与无烟煤)、矿区产量、煤的价格、运输路线以及当地官府对煤矿的不当管理都进行了详细的调查,并依据这些材料对煤矿的价值进行评价。而记录最集中的就是山西的煤矿。在论述了山西的煤层状况后,他得出结论:

> 山西是世界上最出色的煤铁产区之一;且从我描述的一些情况看,
> 在目前煤的消费水平上,山西一省的煤矿可供世界几千年的消费。Dana

民国时期的东山煤矿

教授在比较了世界不同国家的煤区面积后说:"宾夕法尼亚州 43960 平方英里的土地上拥有 20000 平方英里的煤田,冠于全球。"但在经过仔细的探查后, 总面积达 55000 平方英里的山西将很有可能超过宾夕法尼亚。而这还不是中国煤田的全部优势,它的另一个优势在于开采的难度小、成本低,能够大面积开采。

李希霍汾的到来和发现,使山西太原丰富的煤铁开始为中国内外、政府民间所高度重视,踊跃开发。太原所产煤炭乌黑晶莹,含热量高,点燃后火势猛,燃烧快,热量大,杂质少,是极好的工业动力和民用燃料。正是以煤炭为基础,太原的兵器、机械、采矿、电力、冶金、化工、纺织、铁路等一系列近现代工业才开始兴办,一步步发展壮大起来。到 1949 年,逐渐形成以煤炭、机械、电力、纺织等为主的工业结构。到上世纪 90 年代,进一步发展形成以煤炭、冶金、机械、化工四大行业为支柱,电力、纺织、轻工、电子、建材、精密仪器等十四大行业协调发展、门类齐全的工业体系。

进入新世纪后,以煤炭、焦化、电力、冶金、化工、建材产业为支柱产业的太原工业经济,是典型的资源型经济,"高投入、高消耗、高排放、高污染、低效益、低水平"的传统生产方式,超越了资源承载能力和环境总容量,经济社会发展已经难以为继。大力发展循环经济,转变经济发展模式,建立资源节约型和环境友好型社会,已经成为全市上下的迫切要求。

煤炭是太原最大的资源。煤炭产业一直是太原工业经济的支柱产业之一。今后一段较长时期,煤炭仍将对太原市的经济发展起着举足轻重的作用。据统计,太原市境内煤炭资源丰富,分属太原西山煤田、沁水煤田和宁武煤田三大煤田,含煤面积 1368 平方千米,占全市总国土面积的五分之一,煤炭总储量达 245 亿吨,目前已探明的煤炭保有资源储量为 175.47 亿吨,主要矿区有古交矿区、西山矿区、清交矿区、东山矿区和龙泉矿区。不仅储量丰富,而且煤种齐全,焦煤、肥煤、瘦煤、贫煤、气煤、无烟煤应有尽有,且埋藏浅,易于开采。

与煤炭相伴生,太原铁矿储量较为丰富,分布亦较广。境内查明储量产地 15处,共有查明储量 21197.4 万吨,基础储量 25476 万吨,资源量 4055.3 万吨,资源/储量 66 029.8 万吨。

太原煤炭交易中心

丰富的煤铁资源，有力地支持了太原工业经济发展。太原每两天半的原煤产量、一天半的焦炭产量、三天的水泥产量、一天零二十分钟的生铁产量、一天半的机制及纸板产量、一天的发电量，均超过了新中国成立前太原的最高年产量。

未来中国的能源供给还是要靠煤炭，煤炭仍然是太原发展的基石。2013 年 5 月 23 日，首期中国太原煤炭交易价格指数在山西省会太原正式发布。作为目前国内唯一的煤炭主产地价格指数，在国内外煤炭市场响亮地喊出了"太原声音"，有望实现国内外煤炭市场接轨，形成国际煤炭市场的"中国（山西）价格"，为山西包括太原在内的未来指明了一条科学发展的希望之路。

随着国家中部崛起战略、山西资源型经济转型综合配套改革试验区建设以及国家选择山西作为开展煤炭工业可持续发展政策措施的唯一试点省的实施，太原在推进率先转型跨越发展中，秉持以煤为基、以煤兴产、以煤兴业、多元发展的理念，正确认识煤、审视煤、对待煤、开发煤，依托煤、延伸煤、超越煤，努力走出资源型地区转型发展新路，必将迎来一个光明而温馨的明天。

在这条道路上，太原一定会越走越好，越走越远。

"太原系"煤层：
李四光的"䗴科"研究

明代政治家、军事家、诗人于谦曾任山西巡抚，有七律一首，题曰《咏煤炭》：

凿开混沌得乌金，藏离阳和意最深。

爝火燃回春浩浩，洪炉照破夜沉沉。

鼎彝元赖生成力，铁石犹存死后心。

但愿苍生俱饱暖，不辞辛苦出山林。

乌黑晶亮、用之不尽的煤炭，被人们形象地称为"太阳石"。

太原有着丰富而优质的煤炭资源。这煤海如何而来，因何而富，因何而优？

"太原系"和"山西系"实在是两个重要的地质名词。

太原系、山西系是山西省主要含煤地层，还有一个为大同系。太原系遍布省内六大煤田——沁水、西山、霍西、河东、大同、宁武煤田，为一套海陆交互相含煤地层，含煤 5 至 15 层。山西系分布范围与太原系相似，为一套陆相地层，含煤 4 至 6层。大同系分布在大同、宁武两块煤田，含煤最多达二十多层。

太原系，这个名字最早是由地质学家翁文灏等在 1922 年命名的。当时他们对太原西山进行了考察，并将奥陶系风化面之上的一段海陆交互相含煤地层（石炭系）分成两部分，下部称为太原系，上部称为山西系。太原系的化石主要为海相动物化石，比如网格长身贝、石燕、海百合茎和瓣鳃类动物化石，距今大约 3 亿年前，表明那个时候的地理环境主要是滨海和浅海。山西系最主要的特点是晚古生代陆相含煤地层，主要含有丰富的植物化石，比如脉羊齿、楔羊齿、科达木、鳞木、轮叶、芦木等化石，表明当时的地理环境主要是滨海沼泽，气候湿热，植物茂盛，具备良好的成煤环境条件。太原西山的煤主要就是在这个时期形成的。

地质层好比一本阅万年而不朽的石头书,而化石则是"石头书"里的文字,是地球演化史的见证。

覆盖在太原煤层上面那层神秘的地质面纱是如何揭开的呢?

19世纪70年代,德国著名地质地理学家李希霍芬曾先后三次对山西的煤田进行了考察。他每次离开山西都发出这样的感叹:"上帝太不公平了,把下个世纪的太阳留给了中国山西。"为此,他将石炭纪、二叠纪煤系地层下部命名为"太阳层"。

在1870年李希霍芬首先来太原进行了煤田调查之后,中外地质学家纷至沓来,做了大量地层学和古生物方面的研究工作,有些成果至今仍不失为研究华北含煤地层的经典著作。

其中,我国地质学家李四光1926年曾对西山煤田地质进行了详细研究,将西山煤层的地质年代进一步确定下来。

当时担任北京大学地质系教授的李四光,在带领学生进行系统的煤矿地质调查时,发现存在对含煤地层划分不清的问题,影响到对煤矿生成规律的推测。于是为摸清煤的埋藏情况,李四光对地质史上最重要的成煤期石炭——二叠纪地层中的标准化石——"蜓科"化石进行系统研究。

李四光根据微体古生物"筳蜗"的壳架构造特征及我国把织布梭叫"筳"的习惯,创造了

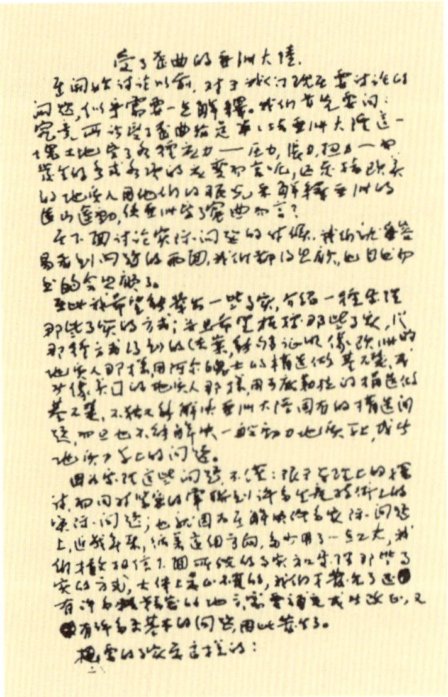

李四光手稿

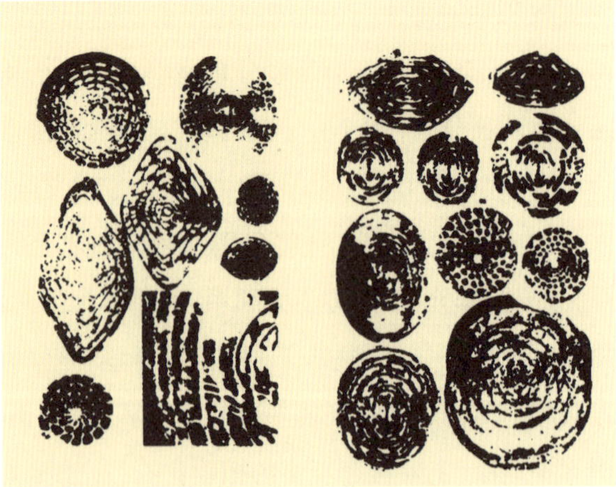

蜓科化石的切片

"䗴"字,给这种古微生物化石起了个新名"䗴科"。从此,"䗴科"这个名词被我国古生物学界一直沿用下来,直到今天。通过对"䗴科"化石内部结构的研究,可以鉴别"䗴"不同的种属,判定出它们的进化阶段,进而推断出含有这些不同种属的化石岩层的时代。例如"䗴科"是石炭二叠纪地层的标准化石,而石炭二叠纪是产煤地层。由此可以根据这些已经划分出地层的岩层,考察它们如今的分布状况,从而寻找出煤矿分布的规律。

李四光坚持不懈地钻研"䗴科",最终取得重大研究成果,写成学术专著《中国北部之䗴科》。通过他的科学论证,不仅平息了中国北部含煤地区石炭纪地层划分的争论,而且对北美石炭纪地层的划分,也产生了重要的影响。根据李四光对古生物学所作的贡献,英国伯明翰大学授予李四光自然科学博士学位。

李四光第一次提出"䗴"的概念,诞生了中国人所写的第一篇完全符合正规古生物科学文本的论文,从而建立了"䗴科"化石分类标准。

李四光对中国煤炭方面的论著主要有《现代繁华与炭》、《燃料的问题》、《中国煤的资源》、《华北六河沟煤田含煤建造之地层》、《中国北部古生代含煤系之分层及其关系》、《中国北部古生代含煤系之时代及分布》、《东亚恐慌中国煤铁供给问题》、《栖霞灰岩及其相关地层》、《黄龙灰岩与其动物群》等。

同时于李四光的研究,地质学家赵亚曾(1898—1929)曾对建立华北含煤地层层序、时代归属和对比作出重要贡献。赵亚曾研究认为,华北主要含煤地层可分为两部分,下部叫本溪系,属中石炭统;上部为太原系,属上石炭统。这与李四光通过"䗴科"的研究得出的观点不谋而合。两人为此于1926后共同撰写发表了一篇十分重要的论文——《华北古生代含煤地层的分类和对比》,确立了华北主要含煤地层为中石炭统——本溪系和上石炭统——太原系的结论,为中国地质工作者普遍接受。

参观过位于太原市迎泽西大街的中国煤炭博物馆,就可以系统而真切地感受到,煤炭的生成是一个漫长而复杂的过程。煤的形成除了植物的聚集,还必须有稳定持久的构造条件等多种因素配合,经过地壳运动及泥炭化、成岩(煤化)、变质三个成煤阶段,最终才能成煤。

早在地质史上的石炭纪,整个太原地区到处是沼泽和星罗棋布的湖泊,气候温暖而湿润,雨水充沛,非常适宜植物的繁殖生长,高大的孢子植物生长茂密,组成了巨大的森林群。经过几百万年的繁殖、生长、死亡的循环,大量的植物遗骸堆积在湖底,久而久之形成了泥炭。

从中生代石炭纪开始,太原开始表现为海陆交替出现的滨海滨湖环境,泥炭和沙石交替沉积,经过长期地质变化后,泥炭变成了煤层,沙石形成了岩层。每经历一次这样的周期就形成一层新的煤层。这种沧海桑田的巨变历经 12 000 万年之久。直到二叠纪早期,也就是 28 000 万年前,华北大陆进一步抬高,海水范围进一步缩小,结束了海相沉积的漫长历史,由滨海平原转变为近海冲积平原,从而进入大陆环境,造煤运动宣告结束。到了二叠纪晚期,海水全部退出山西,以河流冲积平原为主,将石炭纪、二叠纪形成的泥炭深埋于大地之下,又经过了 23 000 万年的漫长岁月,才形成了今日太原最多达 15 层之多的丰富煤炭资源。

中生代的燕山运动使太原盆地发生构造分异,形成吕梁山和太原山脉。喜马拉雅山运动又波及太原地区,产生出汾河地堑和盆地两侧的山地,盆地距石炭、二叠纪岩层最深处达 1000 余米。由于东西两山隆起,故绵亘于太原山地的煤田大多数在地表以下 350 米以内,埋藏较浅,成矿条件优越,极富开采价值。太原含煤地层平坦,沉积稳定,主要可采煤层厚度达 10—15 米,相当于五层楼高,煤层基本上呈水平状,最大坡度 15°,仅有一些平缓的褶曲,断裂构造甚少。煤层之间多为平坦坚硬的砂岩、泥岩等沉积岩层,安全程度较高,极宜机械化大规模开采。

《太原市矿产资源规划》(2001—2010 年)中指出:全市煤炭资源"主要赋存于石炭系上统太原组和二叠系下统山西组地层中,主要分布于东山、西山及娄烦的北部一带。有气煤、肥煤、焦煤、瘦煤、贫瘦煤、贫煤、无烟煤等,煤种齐全,煤层稳定。多年来提交各种勘探程度的煤田地质勘查报告 30 份,勘探面积 1296.46 平方公里,占整个含煤面积的 94.77%,是全省煤田勘探程度最高的地区。查明储量产地 50 处(大型 32 处,中型 7 处,小型 11 处),累计查明储量 6 136 936 千吨、基础储量 10 952 533 千吨、资源量 6 594 637 千吨、资源/储量 17 547 170 千吨,资源/储量占全省的 6.8%"。

经过几十年的建设,特别是改革开放三十年来,太原煤炭工业得到迅猛发展,已形成以国有重点煤炭企业西山煤电为龙头、地方煤炭工业为补充的煤炭产业格局,走上了一条科学发展、转型发展、安全发展、和谐发展之路。

党中央、国务院确定山西省进行煤炭工业可持续发展政策措施试点。太原市迎泽区、杏花岭区在全市六城区中率先退出了煤炭产业，随后实现了六个主城区基本退出煤炭产业的壮举，将一个干干净净的主城区还给了市民。全市90座年产9万吨及以下的小煤矿全部关闭淘汰，全市煤矿数量由2004年的368座压减到130座。

山西省启动实施煤炭资源整合和煤矿企业兼并重组工作后，太原市清徐县在全省率先完成地方煤矿兼并重组工作。通过"上大、改中、关小"，告别"小煤窑"，挺进"大矿时代"，"十一五"末，全市煤矿数量由130座减到53座，矿井数量压减了59.2%，保留煤矿全部实现了机械化开采，总产能由每年3486万吨提升到4335万吨，增加了24.3%。

李四光

作为是我国能源领域唯一的国家级、国际化和专业性展会和山西省太原市重要的标志性展会，从以"循环经济新思维、能源产业新增长、交流合作新平台、对外开放新跨越"为主题的首届中国（太原）国际煤炭与能源新产业博览会（2007年），到以"促进能源科技交流合作，推动经济社会和谐发展"为主题的第二届煤博会（2008年），再到以"绿色能源·循环经济·转型发展"为主题的第三届中国（太原）国际能源产业博览会（2010年，前身为煤博会），到以"绿色能源·转型发展"为主题的第四届能博会，展会主题的不断变化，都在影响昭示着太原煤炭能源经济发展的思路和方向，改变着太原市的工业经济发展方式，因应着太原煤炭产业发展方式转变的艰辛探索实践历程。

一如太原系形成之漫长和复杂，太原煤炭工业发展无论加速还是缓行，无论扩大还是浓缩，无论转型还是创新，都始终要遵循自然生态法则和市场经济规律，最终走上倡导生态、经济、社会和谐共生的全新经济发展模式，从而为建设蓝天白云之城、青山绿水之城作出自己独特而重大的贡献。

洋务新风：
张、胡抚晋实有功

在太原近代工业的开创发展中，最有影响的人物要数张之洞（1837—1909）和胡聘之（1840—1912）二人。

毛泽东曾说："提起中国民族工业，重工业不能忘记张之洞。"张之洞是近代洋务运动的主要代表人物之一，与曾国藩、李鸿章、左宗棠并称晚清"四大名臣"。一向"究心于经世之务，以天下为己任"的张之洞，秉持"中学为体，西学为用"的洋务思想，广开新学，改革军政，振兴实业，于中国民族重工业、轻工业及近代军事的发展有开创之功。

张之洞的洋务事业在他任山西巡抚时得到最初的实践，山西是他走上高层政治舞台的起点，也是张之洞作为封疆大吏治理地方的开始。

张之洞补授山西巡抚时，山西刚刚经历了史称"丁戊奇荒"的特大自然灾害，全境大旱，赤地千里，颗粒无收。全省1600万居民中，就有500万人饿死，另外几百万人或者逃荒，或者被贩卖到外地。一些百姓在吃光了树皮草根之后，竟然把亲生儿女卖了换吃的！有些地方甚至发生了"人食人"的人间惨剧！

张之洞赴任山西，一路下来，但见山西"民生重困，吏事积疲，贫弱交乘"，而且鸦片流毒严重。张之洞给友人书云："山西官场乱极，见闻陋极，文案武案两等人才乏

张之洞

极,吏事民事兵事应急办之事多极,竟非清净无为之地也。""晋患不在灾而在烟。有嗜好者四乡十人而六,城市十人而九,吏役兵三种几乎十人而十矣。人人枯瘠,家家晏起。堂堂晋阳,一派阴惨败落景象,有如鬼国,何论振作有为。循此不已,殆将不可国矣,如何如何。"

张之洞深感山西之封闭落后,决心禁革山西种种陋规。他首先着手整顿吏治,一上任便勤考吏属,振作革弊,劾罢贪纵害民的县官,参倒了山西布政使葆亨等一批高官。同时,奖拔好的官吏,向朝廷荐举中外文武官吏59人,山西官场风气为之一变。随后,他丈量核实土地,清除累粮之害,减轻农民不合理税赋;裁减徭役,不许州县借着徭役巧取民钱;禁种罂粟,劝导民众不再吸食鸦片,对官员、兵勇吸食者,限期戒断,否则予以处罚。

特别是受西方传教士李提摩太在山西宣传"西学"、鼓吹"西化"的影响,张之洞决心借助李提摩太的指导,尝试举办洋务事业,改变山西封闭落后的面貌。张之洞令人印制了一份题为《延请洋务人才启》的招聘启事,面向全国各省公开招聘熟知天文、算术、水法、地理、格物、制器、公法、条约、语言、文字、兵械、船炮、矿学等方面的洋务人才。其中说:"中外交涉事宜,以商务为本,以兵战为用。""经国以自强为本,自强以储材为先。方今万国盟聘,事变日多,洋务最为当务之急。"山西地方偏僻,因此愿招各地洋务人才来山西,发展洋务。

在招徕人才的同时,张之洞派人到上海购买最新出版的有关洋务知识方面的书籍,开始具体筹办洋务事业。先后创设了洋务局、桑棉局、铁绢局,为发展山西近代实业开辟基础;创办了令德堂书院,聘请王轩为主讲,延请后来成为"戊戌六君子"之一的杨深秀为襄校兼监院,掀开了山西近代文化教育事业发展的新篇章;将山西的铁由陆运改为海运,节省运费,并筹办冶炼局,筹开山西铁矿等,从而把洋务之举带进了山西。

张之洞认为,绿营兵使用弓箭已经落后,现在"临敌致胜,守望火器",着手把山西防练各营兵所用的武器改为洋枪。他上奏朝廷获准,在太原城东北隅设立了新药局(1884年),用于制造弹药,供应洋枪,揭开了山西近代工业的序幕。

山西洋务运动刚刚开了个头,张之洞却因中法战事告急而调任两广总督。张之洞在山西的时间虽然只有两年零五个月,没有像其在湖北那样红红火火地发展起近代工业,却开了太原洋务的先河。

张之洞的才华和开拓性，令后来先任山西布政使（1891年）、继任山西巡抚的湖北天门人、洋务运动的重要人物胡聘之十分钦佩。中间朝廷调胡聘之到浙江任布政使上任途中，胡聘之特地去汉口拜访了张之洞，参观了武昌的自强学堂、湖北枪炮局、织布局和汉阳铁政局，更增加了自强图新的勇气。

胡聘之

"公车上书"的1894年，胡聘之迎来人生的一个重要机遇。他在内阁任过太仆寺少卿，掌管过皇帝出行的牧马御驾，与光绪帝有较深厚的交往。当"自强图新"的谕折下达到他手中时，胡聘之结合在山西的实践以及近年的所见所闻，详细分析了全国的经济发展形势和今后的走向，认为："求治之道，必当因时制宜，况当国事艰难，尤应上下一心，图自强而弥隐患。"他的治理才能深得光绪皇帝赏识，以从一品顶戴兵部侍郎兼都察院副都御史的身份实授山西巡抚。从青年时期游历江南诸省受近代工业新兴启迪的胡聘之，其"洋务自强"的抱负终于有了施展的天地。自1891年起至1899年，除中途短期调任他职外，胡聘之前后在山西任职近八年，潜心治晋，有口皆碑，是辛亥革命之前清政府在山西的封疆大吏中任职时间最长的官吏。电视剧《乔家大院》中有位山西巡抚胡大人，原型就是胡聘之。

早在山西布政使任上，胡聘之就上奏朝廷，请求"开发山西石炭和铁矿资源，以兴工业"，但因投资过大、经费筹措困难，未获批准。后奏请清政府获准，于1892年创立了山西火柴局，成为胡聘之在山西创办的第一个近代企业。该企业起初是官办，创办经费两万银圆，生产"双羊牌"黄磷五色火柴。1894年又创设了山西招商局。

升任山西巡抚后，胡聘之大力兴办山西的洋务。清廷根据他1897年请求设立山西机器局的上奏，于1898年正月初一正式颁发谕旨："据荣禄奏，各省煤铁矿产以山西、河南、湖南为最，请饬筹款设立制造厂局，渐次扩充，从速开办，以重军需。着就各地方情形认真筹办，总期有备无患，足以仓猝应变等因。钦此，当以晋省向无机器制造局厂,亟应赶速筹办。"是年,山西机器局宣告成立。山西机器局是用来维修和制造武器的"官办"军用工业,它对后来山西独树一帜的军用工业产生了深远的影响,开创了山西以军事工业为代表的近代工业之先河。

胡聘之接旨后,拨库银 480 两,在太原城北门外购得柏树园(普济观)庙地 38 亩,作为创建山西机器局的厂址。同年 5 月,破土动工。12 月,经上奏清政府获准,动用 1897 年(清光绪二十三年)山西整顿归绥(今呼和浩特市)关税敛收之余银 5 万两,作为开办山西机器局的费用。山西机器局一切厂屋按洋式修造,建成厂房 22 间。在修建厂房的同时,胡聘之派人赴天津口岸购买进外国公司机器设备,从天津、汉阳、江南等地高薪招募一批高级技工。1899 年,山西机器局建成投产,主要从事枪械修理,还兼造大刀、戈矛、洋鼓、洋号等。开工一年后,除修理枪械外,可生产火枪,最早主要是生产一种俗称"二人抬"的火枪,口径 25 毫米,长 2.2 米。这种火枪发射时需要两人合抬,一人在前边用肩扛着枪,一人在后边瞄准射击。虽显笨拙,却属革故鼎新之举。根据清政府"速造新式武器,以备军需"诏令,山西机器局组装"制造"出了 18 毫米的单发步枪,枪托刻有"独晋局庚子年造"的字样,这种只能装一粒子弹的"独子快枪"虽落后于当时先进的五粒连发步枪,对清军来说却是新式武器。两年后还组装制成了两门 57 毫米火炮。庚子之变期间,慈禧太后和光绪皇帝逃奔西安,途中路经太原。山西机器局奉旨对护驾卫队的枪支进行了修理。慈禧太后曾亲临山西机器局参观,并当场赏赐建造厂房的监工陶庆春"团龙马褂"一件。山西机器局由此名扬全国。山西机器局由于修理枪械任务增大,接触枪械品种增多,锻炼了一批技术骨干。特别是用外国零部件装配过枪支、大炮后,生产技术水平有了很大提高,兵器生产略具雏形。

在筹办山西机器局的同时,胡聘之于 1898 年又创办了山西通省工艺局,用机器织布、织带子,行销全省。其发展规模逐渐壮大,在近代工业史上也颇有影响。

山西地下矿藏丰富,煤炭资源更是富甲天下。胡聘之上奏清廷,建议开发山西煤炭资源。虽然获谕准后不久,胡聘之即被解职离任,但山西的煤炭资源从此得到开发,煤矿也日见增多。为了将来晋煤外运,胡聘之又上奏清廷,建议修筑正太铁路,以连接芦汉铁路,得到谕准。只是因为爆发义和团运动而暂停动工。后来,清政府将正太铁路收归中国铁路总公司,由铁路督办大臣盛宣怀统筹办理。

胡聘之还积极筹办山西近代教育。他奏请变通山西旧式书院,要求书院"参考时务,兼习算学,凡天文、舆地、农务、兵事,与夫一切有用之学,统归格致之中",注重学习近代西方科技,得到批准。"百日维新"期间,胡聘之改令德堂书院为山西省令学堂,书院山长改为学堂总教习,并聘请两名西学副教习,仿照京师大学堂章程,中西并课。此外,山西的一些州县书院改为高等小学堂,乡村私塾改为初等小学堂。与此同时,胡聘之还在太原创办了山西武备学堂,每年招收 120 名年轻的文武世家、官幕绅商子弟及各营兵勇为学员,开设兵法、舆地、军器等课程,培养山西新式军事人才。

不过,胡聘之与张之洞一样,未尽展其发展山西近代化建设之抱负而遗憾卸任。

就这样,在"不革旧无以图新,不变法无以图存"的洋务运动形势下,太原近代工业由张之洞、胡聘之奠基开拓,开始发展壮大起来,相继有了火柴、印刷、电气、面粉加工、煤炭开采等近代企业。

燧皇遗规：
从卖"取灯"到火柴局

唐代大诗人李商隐写有咏史诗《北齐二首》：

> 一笑相倾国便亡，何劳荆棘始堪伤。
> 小怜玉体横陈夜，已报周师入晋阳。
>
> 巧笑知堪敌万机，倾城最在著戎衣。
> 晋阳已陷休回顾，更请君王猎一围。

写的就是南北朝时北齐后主高纬宠幸淑妃冯小怜荒淫亡国的一幕。

从人性的角度讲，台湾作家柏杨先生在其大作《中国人史纲》中写道："假使世界上有疯子集团建立的国家，那北齐帝国就是了。"

无情的历史总是给那些荒淫无道且狂暴无比的统治者留画一个冷酷的圆圈。

北齐灭亡后，不但所有高姓皇子皇孙全被北周处斩，而且其他贵不可言的皇后公主，流落到益州（四川成都），贫穷无依，靠着在街头卖"取灯"为生。

据记载，南北朝时期 577 年，北周与南陈联合进攻北齐，北齐别都晋阳两面受敌。当时物资奇缺，特别缺少火种，烧饭取暖都成了问题。在这种被逼无奈的情况下，一群北齐宫女竟神奇地发明了最原始的火柴。她们用土制的方法，在木片尖上粘些硫黄，用它在火种处引火，变"阴火"为"阳火"，点燃油灯和炉灶，称为"取灯"。历史文献和明清小说中多次有"取灯"一词出现。

《清异录》是中国古代一部重要笔记，最早完成于五代末至北宋初，为宋人陶谷所著。此书多记唐、五代时人称呼当时人、事、物的新奇名称，分为天文、地理、君道、官志、人事、女行、君子、幺么、释族、仙宗、草、木、花、果、蔬、药、禽、兽、虫、鱼、肢体、作用、居室、衣服、粧饰、陈设、器具、文用、武器、酒浆、茗荈、馔羞、薰燎、丧葬、鬼、神、妖,共三十七门,每门若干条,每一名称列为一条,而于其下记此名称之来历。

根据《清异录》的记载,北宋时,"取灯"这种引火之物已经普遍用于民间。《清异录·器具·火寸》载称:

> 夜中有急,苦于作灯之缓。有智者批杉条,染硫磺,置之待用。一与火遇,得焰穗燃。既神之,呼为"引火奴"。今遂有货者,易名"火寸"。

到了明朝,著名文学家冯梦龙所著《古今小说》中更有一句:"忘带个取灯儿去了。"

由此可见,"取灯"在历史上确有其物。

取灯,可以说是中国最早的火柴。

取灯,是我国北方老人对火柴的俗称。《辞源》记载:"华北地区旧时也称火柴为取灯儿。"

取灯儿一般用刨花制成,一指宽,约 20 厘长,一端削尖,涂点硫黄。人们用它取火点油灯,取灯儿由此得名。

从硫黄和木料的结合燃烧来看,取灯儿可以说是中国四大发明之一火药的一个早期雏形,比唐代孙思邈明确记载火药配方还要早几十年。炼丹家孙思邈在《丹经内优硫磺法》一书中,记述了把硫黄、硝石、皂角放在一起燃烧的硫黄伏火法,这是现存最早的火药配方记录,为火药的发明作出了重大贡献。

1826 年,英国人 J.沃克发明了现代火柴,使控制火种达到了快捷自如、随需即燃,实现了人类在取火方法上的重大突破,结束了几千年人们利用火石、火镰取火的原始方法,给全世界人们劳动生活带来极大方便。清道光年间,西方国家将火柴作为"贡品"极少量地带入中国,后商家见有利可图,大量出口输入我国。从此,火柴进入中国市场。北方老人对火柴的俗称就叫做洋取灯或洋火。

一盒小小的火柴的诞生,带给封闭落后地区的同样是开创性的。

走进太原漪汾公园北面的圆形广场上,映入眼帘的是一组以我省最早的民族工业品——火柴为原型的雕塑,生动反映了太原火柴工业发展的历史。

1892年,太原火柴局在太原城内三桥街设立。时任山西布政使的胡聘之不但拨资两万元,而且亲笔书写"燧皇遗规"四个大字的牌匾。太原火柴局是山西第一个官办近代工业,它不但标志着山西近代新型工业的开端,也是全国创办最早的一个火柴厂。它的成立,结束了山西没有一部机器的历史。

火柴局成立之初,日产黄磷五色火柴五百小筒,每筒装火柴百十根,商标为"双羊"牌。为庆贺清廷慈禧太后的寿诞,太原火柴局曾研制"七色火柴"作为贡品进献。由于老百姓还不习惯使用火柴这种新式玩意,开始几年间销路不畅,不得不由各地知县派销,实在难以维持。后来火柴局转归山西商务局管理,更名为晋升火柴公司,技术有所改进,产量有所提高,但仍然销售艰难,经营不佳,亏累日重,终无法维系,只得拍卖。山西头等票号商祁县人渠本翘醉心"实业救国",遂联络同乡太原天合元钱庄财东乔殿森共同投资,出资白银五千两,接办晋升火柴局,改名"双福火柴公司",并重新注资13 000银圆,添置改造机器设备,正式投入生产,生产"双福"牌黄磷火柴。

双福火柴公司开创了山西民族资本创办工业的先河,也是太原第一家民族资本企业。双福火柴公司引进西方的生产技术和管理经验,发展势头良好。特别是从日本购回新式设备排杆机后,生产效率大大提高,生意日渐红火。第一次世界大战时期,双福火柴公司得到空前发展,产品不仅畅销全省,而且远销邻省。双福火柴公司创建发展凡三十年,对山西民族资本主义近代工业的创办起了促进作用,一批火柴公司纷纷诞生,出名者有荣昌火柴公司、金井火柴公司、昆仑火柴公司等,山西的火柴工业出现了勃勃生机。

1926年双福火柴公司的产品由黄磷火柴升级为硫化磷火柴,没有了黄磷的毒性;商标也由"双福"更换为"飞艇"牌;火柴盒书"拣选上品火柴,每匣百十余根"字样。火花

西北火柴厂

渠本翘

的图案由西洋文字、西洋画风与传统的民族装饰技法相结合，一面为英文和简笔飞艇图构成，另一面为汉字和造型图构成，体现了典型的清末民初风格。之后双福火柴公司因经营亏损而出售给西北实业公司，转为西北火柴厂。与"双福"时期相比，在"飞艇"火花的设计上又有较大变化，一是火花上一律用中文，没有洋文；二是装饰技法以线条和弧线为主，突出现代气息；三是反映的内容为阎锡山的"造产救国"思想，如"用西北土货救农村破产，购国产火柴免利权外溢"。从总体上看，表现出来的是民族工业迅速向上的气息。西北火柴厂因产品质量好，远销石家庄、绥远、宁夏等地。据当时资料记载："各地商号，争受委托，廉价经销，北至绥包宁夏，东至石庄高邑，无不有飞艇火柴踪迹。"后商标改为"潜水艇"和"坦克车"。

太原沦陷后，西北火柴厂为日军接收，中间改为太原火柴厂生产火柴。日军投降后，西北实业公司接收了太原火柴厂，恢复了西北火柴厂旧名，复工生产"飞艇"牌硫化磷火柴，直到1948年7月停产。

太原解放后，西北火柴厂改名为太原火柴厂。山西省人民政府成立工业厅后，在轻工业科下设太原火柴公司，生产硫化磷火柴，商标为"潜艇"和"飞机"两种。之后,山西省人民政府设立山西省火柴公司,下辖太原火柴厂,生产"飞机"牌硫化磷火柴。中央火柴会议后,山西省火柴公司撤销。中华人民共和国政务院发布《关于危险性工厂限期迁出市区以外的决定》后,同时考虑太原火柴厂所处三桥街地势低下潮湿,房屋多为清代建筑,不宜扩大再生产,太原火柴公司经过实地比较考察,1951年3月25日于平遥城外三畛破土动工,兴建新厂,同年6月13日太原火柴厂停工,职工438名全体到达平遥,6月17日新厂正式投产。

太原火柴厂迁往平遥后,改称平遥火柴厂,生产"潜水艇"火柴。根据国务院限期停止生产黄磷和硫化磷火柴决定,1956年6月下旬平遥火柴厂研制出安全火柴,亦称赤磷火柴,商标为"迎泽大桥",主图是太原新建的迎泽大桥。山西省轻工业厅改为山西省轻化工业厅后,此时生产的"潜水艇"、"迎泽大桥"的商标中厂名全称为山西省轻化工业厅平遥火柴厂。20世纪70年代,平遥火柴厂采用了多台机械自动联合生产,淘汰了长达八十年的单机生产状况,不断推出环保、安全、卫生的新一代火柴,1975年研制成功的高档安全火柴,采用了磷酸处理梗子的新工艺,使火柴燃烧后立即炭化,落下的火星瞬息即灭,并且

火柴统税印花

有包装精美的"仙鹤"火柴盒。后又,以纸代木制作了蜡梗火柴。

对于老一辈山西人来说,从上世纪 50 年代到 80 年代,"平遥火柴"是他们日常生活的一部分,如同柴米油盐一样不可或缺,成为几代人的集体记忆。在那段朴素的岁月里,火柴不只是用来点火,还可以用来描眉。人们将火柴划着后,让它着一会儿,吹灭后那黑色的一段就可以用作画眉,浓淡与眉毛相似而稍微黑一些,看上去与真的眉毛没什么两样。火柴还是当时教小朋友们进行计算的教具。

上世纪 60 年代到 80 年代的平遥火柴厂,是当时共和国工业化蓬勃发展的一个缩影,是一个辉煌的时期,年产量达到过历史最高峰 80 万件。至 1985 年时,平遥火柴厂已经有一千多名职工、七个车间。从上世纪 90 年代开始,随着社会主义市场经济快速发展,随着电子打火机的普及,加之企业办社会带来的沉重负担等其他原因,平遥火柴厂逐渐消沉、衰败下来。近年来,由于各种先进、美观、便携燃器的广泛使用,广泛应用于日常生活的火柴逐渐被时代淘汰,只有少量被制作成宾馆、酒店的广告宣传品。2011 年 4 月 25 日,平遥火柴厂以两亿元正式拍卖给了山西省平遥煤化有限公司,标志着这个百年企业彻底退出了历史舞台。

曾经给人们带来光明和温暖的"取灯儿"家族,在"燃烧"了一个多世纪后渐渐地稀少,转身隐没于历史。

山西火柴工业始于官办,进而转兴于民营,最后终结于国营,其发展历史坎坷而艰辛。正如太原火柴局的诞生,开创了山西近代工业的先河。平遥火柴厂的拍卖,同样是时代发展的产物、历史趋势的必然。

新式光明：
电灯初照大学堂

灯，是城市变化最明显的标志之一。

"远远的街灯明了，好像闪着无数的明星；天上的明星现了，好像点着无数的街灯。"在热情奔放的诗人郭沫若眼里，那天上的街市仿佛一个繁华的街市，街市上的灯儿很美很亮。

当我们行步在龙城排排明亮、现代而美丽的路灯之下，有时不禁要问：这样的光明是什么时候开始照射在这座城市的工厂、街道、人家的呢？

民国太原城楼"造产救国"匾额高高悬挂

20 世纪 50 年代初期的大南门路灯

这就要回到一百多年前了。

1907 年的一天夜里，太原侯家巷点起了 8 盏明晃晃的路灯，既不是最早的蜡烛灯，也不是大家常见的石油灯、瓦斯灯，而是叫电灯，市民一时以为是怪物降临。

那么，这电又从何而来？

原来，1905 年山西大学堂在太原侯家巷落成后，山西大学堂西斋的英国人威廉姆斯从天津购置来一台直流发电机，经过一年多的安装调试，终于在 1907 年发电，专供中西两斋照明使用，首先点燃了两个教室的弧光灯，这是山西首次使用电力照明。

山西大学堂在侯家巷安装的 8 盏路灯，开创了太原以电为能源的夜间照明史。

到了 1908 年，著名晋商、山西商务局总办刘笃敬筹集资金 20.9 万银圆，在太原南肖墙成立太原电灯公司，这是山西第一座独立的公用发电厂。次年 10 月，该公司第一台由蒸汽引擎带动的 60 千瓦直流发电机组投产并开始售电，主要供城区商号、面粉厂和附近街道照明用电，从此山西省有了电力工业。

从这时起，精营街、五一路、府东街、省府、柳巷、南肖墙、海子边等地段陆续安装了路灯一百余盏。路灯第一次以群体的方式出现在公众视野。

1920 年，太原电力工业发展迅速，市区内路灯相应增加到 748 盏，线路跨度 13.88 公里，路灯主要集中在军政衙府地区、商业闹市、官商住宅区、公共场所和火车站地段，至于一般街道、小街小巷和贫民区，仍是一片漆黑。

20 世纪 60 年代的迎泽大街路灯

上世纪 50 年代左右,太原的路灯建设如火如荼,1949—1959 年,太原城区内约安装路灯 6893 盏,路灯覆盖城区大街小巷,样子却谈不上美观。在老太原人的印象中,一律是木杆小弯灯,就是粗木电线杆距离地面约 4 米高端处,探出一盏小弯灯,灯罩为内白外绿的搪瓷喇叭状,中间有个拳头大小的白炽灯,夜色之中灯光幽幽。虽然现在看来有些昏暗,但当时却照亮了人们出行回家的路,人们享受到了光明带来的欢乐。

1958 年 6 月建成的太原第二热电厂

星光灿烂的太原街灯

到了 20 世经 60 年代,五一广场的木杆路灯不见了,全换成了水泥杆大柱型组合灯,亭亭直立,美观大方,更兼亮如白昼,人们争相观看。解放路上安装水银路灯,不但外形气派美观,而且比以前省电。

进入 20 世纪 80 年代后,特别是新世纪以来,改革开放的太原,随着时代的发展、观念的进步,路灯也发生了质的变化。第三代新光源钠灯、金卤灯,第四代光源 LED 灯被组合成不同的灯型,相继出现在城市街头。在推进城市化、打造现代化都市的进程中,这些路灯除了让城市低碳、节能地照亮起来外,还被赋予了让城市美起来的含义,造型、款式、亮度、色彩给行人带来美感,从而唤起人们对城市的亲切感、归属感。而且,城市路灯已由单纯的照明变成城市一景,还衍生出"路灯文化"、"夜晚经济",比如夏夜购物、乘凉晚会等,都有一定的发展。

如今,当你步入长风西大街,两侧的"世博路灯"很快就唤起你内心深处的民族风,鲜艳的中红、古雅的外形,让你不禁要多看两眼。还有那商业一条街柳巷古色古香的宫廷灯,南内环桥上似钻石如金字塔的"魔术路灯",处处觉得流光溢彩而妙趣横生。

城市景区公园的景观路灯更是美轮美奂,汾河公园的岸边景观灯有如两条长龙,森林公园的"春之声"景观灯匠心别具,迎泽公园的"风车"灯变幻缭乱……

然而,在这些光明而美丽的背后,是一曲电力工业发展的交响曲,跳动着的是一个个清晰的音符……

刘笃敬创办的太原电灯公司,运行十数年后,因亏损严重,1923年8月被山西省银行经理徐一清等人出资接收,更名为太原电灯新记股份有限公司,从而由民族资本办电转为官僚资本办电。七七事变前,太原电厂有二,一为太原电灯新记股份有限公司,太原城内照明及纺织、面粉等工厂用电均靠该公司供应;一为西北电气厂,该厂为阎锡山西北实业公司各厂的总动力厂,兼供给各官署机关照明,并供给太原市各小工厂电力。太原电力网始建于1942年,主要是兵工路城外发电厂至南肖墙新记电灯公司发电厂(俗称城内发电厂)至太原铁厂发电厂三个电厂之间2.3千伏的联络线。至太原解放前,太原共有发电运行机组14台25 750千瓦,供电线路22条238公里,变电站1座。年售电量3211万千瓦时,供电范围除太原市城内主要街道外,还包括二十余个厂矿的近邻农村,用户9838户。

1949年太原解放后,电力工业飞速发展。"一五"期间,太原开始兴建两座新电厂发电兼供热。1955年太原第一热电厂首台机组发电。1956年,太原经榆次到阳泉输电线路建成,这是全省第一条电压为110千伏的电力网。1958年,太原第二热电厂第一台机组、第二台机组相继投产发电。1973年后,太原第一、第二热电厂经几期扩建,使太原拥有了两座主力电厂。1979年,太原首座220千伏变电站及榆次至原平线南社介入220千伏线路建成之后,电力网的电压再升一级,开始有了输送能力达10万千瓦的220千伏电力网,并建成110千伏环状电网,35千伏及10千伏配电线状如树枝形辐射,供整个太原城乡用电。1978年与1949年相比,全市发电量由0.61亿千瓦时增加到33.95亿千瓦时,为支援国家经济建设和城乡居民用电作出了很大贡献。全市用电量由0.37亿千瓦时增加到27.27亿千瓦时,同时约有五分之一的发电量输入全省电网,支援了兄弟城市。

1953年太原城市居民全部用上了电。1955年起太原近郊区用电照明逐步普及,国家对农田灌溉用电及水利机械用电的电价予以优惠政策。1958年太原农村掀起了办电热潮,郊区县及城镇集资办电,农民投资架线,安装接电,实现了点灯不用油,农村粮食加工也逐渐用电力代替了人、畜力。到改革开放前,太原市区基本通电,农村开始电力覆盖。

改革开放以后，太原电力工业逐步走上持续高速稳定发展的道路，电力建设发展迅速，整体实力显著提升。特别是"十五"以来，太原市依靠丰富的煤炭资源，着力发展火电发电行业，在原太原第一、第二热电厂的基础上，陆续改制、重组了中国国电集团太原第一热电厂、大唐太原第二热电厂、山西太一发电有限责任公司等大型火电发电企业。通过技术改造，采用先进的大型空冷机组，促进了能耗低、污染轻、耗水少、容量大的新型电力工业的发展。"十一五"期间，太原电力工业又一重大成就太阳能发电（又名光伏发电）开始起步。已注册有 4 家光伏发电企业，成立最早、规模最大的是位于高新区的山西天能科技有限公司。

电网建设也创造了一个又一个第一，为保障太原能源重化工基地中心城市的发展作出应有的贡献。1979 年架设了神头电厂经原平到太原的第一条 220 千伏线路，同年 12 月太原新建首座 220 千伏南社变电站及榆次至太原的 220 千伏线路，安装 1 台 5 万千伏安变压器，使太原电网迈出了可靠的第三步。1983 年 220 千伏榆（次）新（店）线和南（社）古（交）线送电，从此太原地区电力紧张状况逐步缓解。1988 年太原市所属 6 个县、区、市的行政村全部通了电，1990 年底全市96.28% 的农村全部由电网供电。1992 年山西省首座 500 千伏变电站在阳曲县建成，开辟了我省超高压史上的新篇章。1998—2002 年实施城市电网和农村电网改造，使全市电网的供电能力、供电可靠性、设备装备水平和自动化水平显著提高，太原电力进入新的发展时期。2006 年 6 月太原电网建设项目列入全市重点建设工程和城市基础建设工程之中。"十一五"期间，太原电网建设投资达到 51 亿元，新建输变电工程 47 项，改扩建 49 项，一个更加坚强、可靠的崭新电网服务于太原人民。截至 2012 年底，太原电网拥有 35 千伏及以上变电站 98 座（其中 500 千伏变电站 2 座），主变压器 205 台，总容量 14 598.95 万千伏安；输电线路 243 条，总长度 2628.46 公里。全年发电量 289.66 亿千瓦时，城乡居民生活用电 25.74 亿千瓦时，城乡居民人均生活用电 604.75 千瓦时。

太原电力工业的发展，不但为山西电网输送充足的电力，而且为太原集中供热提供大量的热源，为山西经济社会发展以及全国经济建设作出了不可磨灭的贡献。

城市建设是一种空间艺术，城市架空线路改造是城市景观建设重要的一部分。电线入地，避免了风吹、日晒、雨淋，提高了输电能力和供电可靠性。同时，电线

色彩斑斓的太原夜景

入地后,可扩大道路的空间,减少架空布置给城市带来的线路"污染"。2013 年,太原市实施"四环两街一路"建设改造工程,涉及对 40 条道路、120 平方千米内的238 条供电线路实施迁改入地。这是继 2007 年迎泽大街首次告别"蜘蛛网",当年省城 8 条主干道、8 条微循环街道的电网线路入地以来,又一次大规模架空线路入地工程。广大电力工作者正以超常奉献攻坚克难,编织安全可靠电网,更好地服务美丽太原建设。

太原电力的发展史,是一部光明的演变史。电力工业历经百年风雨,由小变大,由弱变强,为太原的经济社会发展提供了强大能量,为太原人民带来越来越坚实有力的光明保障。

在前行者们奉献和智慧的基础上,转型跨越中的太原电力将不断开拓创新,不断奋发前行,为并州大地的再度辉煌照亮天空。

保矿爱国：
渠本翘与早期保晋公司

　　自从德国人李希霍汾入晋勘察山西的煤炭资源情况以来，山西便以丰富的煤铁资源吊起了帝国主义列强觊觎的胃口，成为帝国主义经济的重点侵略目标。

　　中日甲午战争以后，帝国主义列强开始向中国资本输出，攫取中国开矿、办厂、筑路的特权。清光绪二十三年(1897)春，意大利人罗沙第在伦敦组织了一个注册资金两万英镑的英意联合公司——福公司，不久便以英商福公司代表的身份重回中国。他出入中国政界，中间结识了候补知府刘鹗。这个中国近代名著《老残游记》的作者认为，只有提倡科学，兴办实业才能救中国。至于如何兴办实业，则鼓吹"货恶其弃于地也，不必藏于己"，"国无素蓄，不如任欧人开之，我严定其制，令三十年而全矿铁路归我。如是，则彼之利在一时，而我之利在百世矣"。当时人们称之为汉奸谬论。

　　当时刘鹗与他人合伙组织"晋丰公司"，向山西商务局请求开办山西各地煤铁等矿。他们向福公司借银一千万两搞假合资，"共同"开采山西孟县、平定州、泽州和潞安府所属矿产。以"晋丰公司"的名义，先后帮助福公司跟山西商务局签订了《请办晋省矿务借款合同》五条和《请办晋省矿务章程》二十条。名义上是"晋丰公司"独自开办，实质上是把孟县、阳泉、平定等地的采矿权卖给了福公司。这一出卖国家资源的勾当，理所当然地受到上层官吏中有识之士的坚决反对，在京官吏纷纷奏本弹劾山西巡抚胡聘之。后来，清政府下令罢免了胡聘之的山西巡抚一职，并将刘鹗革职查办，永不叙用，将有关山西矿权的交涉事宜交由总理衙门直接主持谈判。

　　谈判期间，福公司通过英国公使向清政府施加压力，并用重金贿赂清政府当事官员。在清政府的首肯下，山西商务局与福公司又订出《山西开矿制铁以运转各色矿产章程》十九条,得到光绪帝批准,山西商务局代表曹中裕与福公司代表罗沙第在总理衙门正式签字。根据这个新章程,福公司以向山西商务局提供借款1000万元为条件,轻而易举地获得了山西的矿产开采权与铁路修筑权。所覆地域除盂、平、潞、泽以外,又扩大到"平阳府以西煤铁以及他处煤油各矿"。另外,还规定福公司运来的机器可以"完纳海关正半税项,内地厘捐概不重征",福公司可以修路、造桥、开浚河道,以利运输煤铁。同时,新章程使办矿余利绝大部分被福公司攫取。时人罗振玉慨叹:福公司"凡求之晋抚不能得者至是悉得之"。罗沙第与山西商务局在北京总理衙门签订章程之后,又将福公司转售给英国人。

清光绪三十一年(1905)九月,英国驻华大使萨道义向清政府外务部发出照会,说山西的煤矿是福公司专办的,不准其他人开采,所有中国人开办的煤窑,一律要封闭。清政府盗卖矿权之事至此大白于天下,山西人民"仓皇失措,惊惧异常,徒叹谋生之路绝,捍患之计穷",群起全力反对,认为:"如不急起直追,挽回危局于万一,势必举数千年固有之宝地,不竭之材源,拱手授人,坐视其垄断居奇、利权在握。"

为维护国家主权,为保全山西矿产,一个声势浩大的争矿运动就此拉开了序幕。

当时,山西留日学生多达万人以上,他们向山西商务局和山西巡抚电询真相,又向晋籍京官发去电文,要求他们尽力帮助山西巡抚废约,自办山西矿务。并电告外务部:"福公司禁民开新矿,侵我主权,请废约自办。"不仅如此,山西留日学生还写了长达5000余字的公开信,信中力陈失矿之痛,号召故乡人民奋起争矿,自办矿务。公开信寄到太原的山西大学堂,山西大学堂学生挺身而出,数千名学生上街游行,罢课抗议,发表宣言,称"矿存山西存,矿亡山西亡"。并推举学生代表,根据万国公法与英人交涉,弄得福公司一筹莫展。太原学界的举动很快波及全省各地,许多地方学校罢课,商会罢市,反对福公司的强盗行径。山西知识界的报纸——《晋阳公报》还登载有关争矿运动的新闻报道,推动了争矿运动的发展。在北京任职的晋籍官吏也加入了这一场争矿运动之中,他们呈文外务部,指责福公司违背原订章程规定,对福公司禁止晋民开矿一事表示强烈不满。

在各方各界的一致反对下,福公司的企图无法得逞。1905年11月,福公司总董事长哲美森专程到太原请山西巡抚张人骏发给开矿凭单,遭到拒绝。哲美森又与山西商务局两次交涉开矿事宜，与山西商务局总办刘笃敬等人举行了两次会谈，均无成效，哲美森只得不辞而别。

在山西绅民坚定不移的争矿决心面前，福公司不得不逐步降低要求，由强求独办到同意合办，最后提出舍去原定四处、先办平定一处之要求。清朝外务部认为福公司开办山西煤炭有约在先，"已成铁案"，现商议至此，还是发给凭单，准其开矿为好。

在这个节骨眼上，留学日本不久的山西阳高县人李培仁感到救国无望，悲于山西矿权将为外人所掠，愤而在日本投水自尽。李培仁留下绝命书两封，一封寄给好友，一封藏于身上。绝命书乃万言书，痛骂清政府盗卖山西矿权，揭发英国经济侵略的阴谋，详述争矿的理由和殉矿的决心，并激励山西人民誓死争回矿权。其绝命书说：

> 西人谓中国矿产甲五洲，山西煤铁甲天下。我同胞何幸生于斯族于斯，拥此铁城煤海之巨富，乃以糊涂之总理衙门，媚外之山西巡抚，于光绪二十四年，私立合同，送福公司。此约一成，则为我二千万同胞买下豫约死券！政府如放弃保护责任，晋人即可停止纳租义务。约一日不废，税一日不纳。万众一心，我晋人应有之权利也。如和平手段不足，则继以破裂，太行义士，顾无继荆卿遗风，怀匕首而愤起者乎？矿产者，命脉也。政府官吏既实行亡我矿产，则命脉断，而我同胞有必死之势。彼令我死，我岂甘让彼生？与其坐以待死，毋定先发制人！遇卖矿民贼，当破其脑，爆其身，以代天罚而快人心。炸弹乎，匕首乎，我同胞能各手一具，则矿贼虽多，不值一灭矣。碧海可填，宇宙可塞，矿贼之仇，不共戴天也！

留日学生争相传看，群情激愤。11月4日，晋豫秦陇四省留学生在东京隆重召开追悼会，十八省学生代表以及章太炎、胡汉民等众多知名人士参加，人数突破千人。

李培仁之死，引起了国内强烈震动。光绪三十二年（1906）重阳节，他的遗体被保矿人士运回国内，在太原海子边文瀛湖畔北楼举行公祭。太原市民万人空巷前去悼祭。宣读李培仁绝命书时，听者无不涕泣落泪。受此激励，山西人民争矿自办的决心更为坚定。之后,太原进行了数万人的大游行,保矿运动达到了高潮。

作为山西金融界、商界的代表,祁县名商渠本翘等山西爱国绅商积极加入收回路矿权的斗争,表现出的爱国热情是十分令人敬佩的。

渠本翘(1862—1919),曾任外交部驻日本横滨领事、山西大学堂监督,是一名爱国实业家。一生积极倡导民族工业的发展,曾出资5000两白银创办了山西第一家近代民族工业"双福火柴公司"。每在关键时刻,总不忘民族大义和社会公理。在太原群

渠本翘

众争矿集会上,渠本翘登台演说,明确表态与山西父老一道收回矿权。同时,着眼于"赎矿自办",开始酝酿筹建保晋矿务公司,"保晋"即保护山西矿产资源之意也。

光绪三十三年(1907)春,经清政府农工部批准,山西商办全省保晋矿务有限公司正式成立。商界人士一致公推渠本翘为总经理,总公司设在太原海子边,并在平定、寿阳、大同、晋城、石家庄、保定、北京等地设立分公司或分销处,统掌山西全省的煤炭开采和销售业务。

保晋公司的成立,使福公司掠取山西煤炭的企图化为泡影。英国福公司慑于山西民众的强大力量,只好低头让步,在索取巨额赔偿后,放弃山西开矿权。为了如期交付英国福公司索偿的275万两白银,渠本翘从大局出发,率先捐资并运用他的影响力出面向各票号筹措款项,奉劝"各票庄均认先行挪借,以免失信外人,而保晋省名誉",得到了许多富户的响应,纷纷解囊,旬日筹集银150万两,得以按期交付了这笔赎款,确保了争矿的最终胜利。当时舆论感慨地说:"若当日票商不为助力,吾恐今日矿区犹在福公司之手,而英商势力早已横行于我山

保晋公司章程

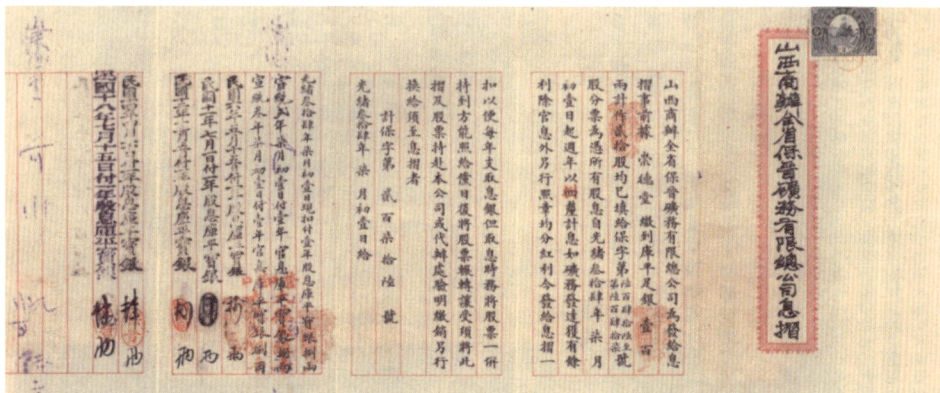

山西商办全省保晋矿务有限总公司息折

山西商办全省保晋矿务有限总公司股票

西之境内矣！"

历时数年之久的山西争矿保矿运动终于取得了彻底的胜利，以山西争矿运动为先声，继而后起的有安徽、山东、东北三省、四川、陕西等地。山西人民的争矿运动在近代史上为中国人民保护本国资源、维护主权的爱国运动书写了最为辉煌的一页。

保晋公司红股股票

　　这场运动中,作为领导者之一的渠本翘维护了民族大义,其作用之大、影响之广,无出其右者,成为三晋风云人物。

　　保晋公司公司创立之初,在渠本翘的领导经营下,召开了股东大会,设立了董事局,制定了一系列章程和规则。为确保晋矿国有,在保晋公司几次修订的章程中,都明文规定:"只收华股,不收洋股,附股者如有将股票售于洋人与外人,经本公司查知,或经他人转告,立将所入之股,注销不认。"保晋公司的这一爱国宗旨,具有巨大的凝聚力,不但成为立企之本,而且保障了在极其困难的条件下求生存、图发展,展示了民族工业自强不息的风采。

保晋公司在省内设有平定、大同、晋城、寿阳四大分公司,省外则有石家庄、保定、北京、天津、上海等多处卖炭分公司。公司着手改造原有矿井,建设近代矿井,五年(1907年至1911年)内,煤矿产量大幅提高,充分显示了近代民族工业有着强大的生命力。

当初渠本翘出面向山西各票号筹措赎矿银,原以山西地亩捐作抵押,但山西当局将全省地亩捐全部截留。渠本翘为归还向各票号筹借的赎矿银,只得将保晋公司吸收到的股份银两挪还票号。保晋公司资金因而严重短绌,无法维持正常生产。渠本翘被迫于1910年底辞去总经理之职。1916年8月,保晋公司总部由太原海子边移至阳泉火车站。

对于出任山西省规模最大的煤炭开采企业——山西保晋矿务总公司首任总经理的渠本翘,清政府极力笼络,先是于1909年任命其为"三品京堂候补",1910年又授渠本翘以"典礼院直学士"之衔,从此人称其为"渠学士"。辛亥革命武昌起义爆发,山西积极响应,清政府欲借渠本翘的声望挽回清政权在山西的失败,又任命其为山西宣慰使,渠本翘辞而未就。南北议和开始,渠本翘被任命为南北议和随员。不久和议告成,清帝退位,渠本翘的政治生涯也告一段落。袁世凯"洪宪"称帝时,也曾许之以高官厚爵,渠本翘一直坚持不受。

晚年的渠本翘一直隐居天津,不再出山,致力于收藏与著述,一面广收珍版古

保晋公司生产的军用瓷器

1927年元旦,保晋矿务公司兑换处太原分处全体同仁合影

书与名家字画,一面征集文献,整理刊印发行。1915年,渠本翘印行了刘奋熙著的《爱薇堂遗集》,并撰写了序言与生平事略,置诸卷首。1916年,渠本翘应榆次常赞春之请,助资石印了戴廷栻著的《半可集》。1919年5月,渠本翘在天津赴友人酒宴中突然与世长辞,终年58岁。

纵观渠本翘的一生,他是个集官、商、绅于一体的特殊人物,是一位积极的爱国者和执著的社会活动家。

近代国学大师林琴南在《祁县渠公墓表》中对渠本翘作了总结,其中赞道:

少有检格,于文史多有所涉。既遭国变,无聊不平,一寓之于酒,想其酒酣耳热,西望崇陵,血泪填满胸臆矣。

诚如是也。

志在实业：
刘笃敬应试不第办工厂

　　1912 年 9 月 19 日，卸任刚半年的中华民国前临时大总统孙中山，以全国铁路督办名义赴晋考察，与山西政商各界名流合影留念，孙中山左侧是时年未满三十的山西都督阎锡山，右侧则是年过花甲的山西商会会长刘笃敬。

　　刘笃敬何等人物，能与日后的"山西王"平起平坐？

　　一般人以为，晋商就是指晋中之晋商，实不知晋南之晋商同样辉煌。早在明代中晚期，当时沈思孝所著的《晋录》就记载说："平阳、泽、潞豪商大贾甲天下，非数十万不称富。"

　　而刘笃敬就生于平阳商帮之南高刘家。1870 年其父刘向经去世，刘笃敬主管家业后，刘家更是富甲一方。据《太平县志》载，刘家家族各辈在清为官者不下二十人。刘家家私颇富，财源甚广，素有"刘百万"之称。家中庄园占据整个南高村，方圆百余亩，深宅大院 90 余座，房屋 1200 余间。花园四处。土地仅河南南阳和山西汾城一带就有两万余亩。拥有诸多工厂、矿山、盐业、银行、当铺、商店，极盛时达 260 余处，遍布全国各大城市和华北中小城镇。为经营上述实业，刘家在南高村兴办学堂，广请名师，广纳学生。学生结业即分赴各地，分别担当掌柜、文书等职。

　　刘笃敬（1848—1920），字缉臣，号筱渠，太平县（今襄汾县）南高村人。兄弟九人，他排行第二。1867 年（同治六年）被选为丁卯科优贡，在整个清朝，太平县只有三个人被选为优贡，刘笃敬是其中一个。1875 年（光绪元年）太原乡试考中乙亥科举人。此后曾三次进京应考进士，皆名落孙山。在京期间，刘笃敬结识了后来史称为"戊戌六君子"之一的山西闻喜人杨深秀，两人志趣相投，来往甚密，并由杨深秀推荐其任刑部主事。此后历任刑部主事加员外郎衔、湖南候补守巡道员、山西商务局总办、山西商会会长、山西咨议局副议长、山西议会副议长、保晋公司经理、中华

太原市商务会

矿业联合会副会长、同蒲铁路总办等职。1916年告老还乡，1920年去世。

　　刘笃敬善书法，曾在太原海子边书匾"山西工会"，又在山西大学堂奠基石上题字。

　　刘笃敬不仅是一位讲诚信、善经营的晋商，还是一位极具开创意识、爱国情怀和时代精神的晋商。他领导支持了山西历史上著名的"争矿运动"，有力地维护了山西的利益和中华民族的尊严；他开创了山西煤炭、电力工业和铁路交通发展的先河，是山西近代工业的奠基者；他参与支持早期革命，捐资兴办近代教育，为山西的教育文化事业作出了贡献；《山西通史·卷六·人物志》称赞刘笃敬"不愧为近代山西民族资产阶级的楷模"。

　　刘笃敬经过的岁月，就是一部山西近代实业发展史。

　　刘笃敬与维新人士杨深秀有同乡之谊，来往甚密，推崇"中学为体，西学为用"思想，深感中国出路在于发展实业。他看重友谊，百日维新运动失败杨深秀被杀后，刘亲为经理葬殡，由北京运灵柩回闻喜，费了不少周折，为人所称道。庚子年后,刘笃敬毅然放弃京城官位回到太原,并结识山西巡抚胡聘之,继而赴日本神户考察工商业,回来后开始兴办实业。

其兴办实业之抱负,可以从刘家图谱中所载数幅对联窥知大概。

其一:

同营美利通三岛,兴起新猷驾五洲。

其二:

世界崇利权经商宜寓拯民意,倡言昭信用济物须存爱国心。

其三:

世际芳春利权应拟收三晋,昌逢泰运商战何难驾五洲。

其四:

德义直行欧美地,泰和常洽管鲍心。

其五:

世路极崎岖大扩商权即可扶华夏,昌时怀浩荡无亏国课何妨宴新春。

凭借雄厚经济作后盾,刘敬笃兴办实业兴趣颇大。刘笃敬先后担任官方的山西商务局总办和民间的山西商会会长达十一年之久,极力推动山西近代实业发展。

孙中山曾讲:"山西煤铁之富,甲于全球。"从 1904 年开始筹办太原阳曲王封山礦矿公司,到 1916 年辞掉保晋公司总经理职务告老还乡,刘笃敬十二年投身近代实业的历程,几乎都与煤炭有关。

刘笃敬开办的王封山磺矿公司,成为太原也是山西省最早的机械采矿工业。

刘笃敬与他人共同投资创办的阳泉铁沟煤矿,后来发展为保晋公司平定矿务分公司,是现在阳泉矿务局的前身。

刘笃敬在太原西山冶峪投资开办的庆成煤窑,采用竖井采煤技术,井深达 47 米,年产煤达 1 万余吨,是山西煤矿采掘技术的一大创新。

刘笃敬成为太原也是山西煤炭工业的开创者。

山西人民与英国福公司争夺办矿权的斗争爆发后,刘敬笃表明了积极支持争矿的态度,并发挥了重要的领导协调作用。"争矿运动"取得胜利,刘笃敬代表山西商务局与英国福公司签约赎回了山西矿权。

刘笃敬书联

山西巡抚在给朝廷的奏折中对他的评语是:"于矿事始终维护,实系尤为出力……争回矿约,颇著勤劳。"在保晋公司成立之初,刘笃敬更是发动亲朋好友以及太平县积极认购股份。刘敬笃接替渠本翘任保晋矿务公司经理职务后,竭力维持,大胆经营,使保晋公司发展有所起色,一直到 1916 年以 68 岁高龄辞职。其间,1913 年中华矿业联合会成立,刘笃敬还被推为副理事长。

刘笃敬是力主山西省内自建自营铁路的第一人。当时,山西第一条铁路——正太铁路(石太铁路),是由法国人主持于 1907 年建成通车。早在正太铁路没有修好之前,刘笃敬等山西籍的京官就向朝廷提出了由山西商人自己修建铁路的建议。1905 年刘笃敬上任商务局总办之后,在山西巡抚胡聘之的支持下,开始主持筹办修筑同蒲铁路。经奏,朝廷准于 1907 年成立了山西商务局管辖的股份制官办企业——同蒲铁路公司,刘笃敬是主要股东之一,后又担任公司总办。由于公司权小款少,筑路进展迟缓。到 1911 年,同蒲铁路仅铺设了太原至榆次段 7.5 公里的轨道,修筑了榆次到太谷 35 公里的路基。铁路虽短,却开拓了山西铁路交通事业自主发展之路。

刘笃敬还是山西创办发电第一人,开创了山西电力工业发展的新纪元。1908

年 9 月，时任山西省商会会长的刘敬笃从同蒲铁路贷款及从私立光华女子中学（今太原市五一路小学）筹措白银 3 万两（折合银圆 20.9 万元），在太原市南肖墙创办山西第一座独立的公用发电厂——太原新记电灯公司。当时该公司装有 60 千瓦直流发电机一部，由蒸汽引擎带动发电，所发电主要供城区商号、面粉厂和附近街道照明用。夜晚街灯一亮，市人争相观看，无不称奇。1918 年，公司装 120 千瓦发电机一部，不久因维护不善而损坏。到 1920 年，发电量增大，开始向邻近的面粉厂提供动力用电。后来电灯公司因无力偿还欠债，被山西省银行经理徐一清、山西省政府警务处长南桂馨合股收购，改为太原电灯新记股份有限公司，从而由民族资本办电转为官僚资本办电。公司旧址就位于现在太原市杏花岭区杏花岭街道办事处南肖墙 5 号。旧址现存房屋 1 栋，烟囱 1 座，占地面积 823 平方米。房屋坐北朝南，为二层砖混结构，旧式工厂厂房门头顶端，仍保留当时镶嵌的数字——"1908"。它既是山西省近代工业发展的有力见证，也是刘笃敬作为山西电力工业第一人的实物例证。

在创办太原电灯公司的同年，刘笃敬又在城内晋生路创办了太原电灯公司附设机器面粉厂，这是太原最早的机器面粉加工业。电灯公司和面粉工业相结合，也成为太原工业动力用电之始。面粉厂占地 30 亩，1914 年建成。最初由刘笃敬独资经营，安装有德式磨粉机 1 部，后增加为 3 部，并从上海聘请陈乾荣技师指导生产，很快即投入生产，获得利润。该厂面粉每袋 44.16 斤，分为一、二、三等。特别值得一提的是，面粉厂设立了绿、红、蓝"电灯牌"三种商标，与电灯公司互为宣传，显示了刘敬笃的广告意识和精明头脑。

在其他近代工业上，刘笃敬也有投资。早在 1905 年，刘笃敬就买下了濒临倒闭的官办"绛州纺纱厂"的全部资产，创办了"新绛工艺公司"，也就是现在的"新绛纺织厂"。从 1907 年正式开工，到 1920 年刘笃敬去世后破产倒闭，新绛工艺公司前后经营了十三年时间。公司有制造、织布、扎花三个车间，员工不到 200 人。产品有平纹布、斜纹布、绉纹布、线哔叽、罗纹布、毛巾、大提花被面等，热销本省各市县，其中平纹布曾在 1919 年山西省第一次实业展览会上荣获优质布类奖。

刘笃敬还同张兰亭、赵永义等人合资，1906 年在太原开办了新晋书社印刷厂。这个厂后来一直为同盟会山西支部的会刊《晋阳公报》提供印刷服务。

刘笃敬还是一位开明绅士，倾心于现代教育事业，曾大力资助过山西大学堂。

山西大学堂庆祝西学专斋和中学专斋合并时,刘笃敬即受邀撰写了《山西大学堂设立西学专斋始末记》和《山西大学堂西学专斋教职员题名碑》,由校方刻碑于山西大学堂主楼一层进门处两侧墙壁上,同时制作了两块银版,交由西斋总教习苏慧廉带到英国赠送给西学专斋创始人李提摩太先生。同年,他还捐资支持太原第一所女子学校——太原私立光华女子学校(现太原五一路小学,1907年创办)的发展,1909年8月3日《晋阳公报》曾给予报道。

1920年,一代晋商刘笃敬在家病故,享年73岁。

刘笃敬一系列投身近代工业的创举,以及在"争矿运动"中的爱国行动,进一步确立了他在清末民初山西工商界的领军地位。文章开篇讲的合影故事,便充分说明了刘笃敬在当时的地位。

刘笃敬确实称得上是山西现代工业的开拓者和奠基人,是近代民族资产阶级的楷模。

自造汽车：
姜寿亭试验成功"山西牌"

道生一，一生二，二生三，三生万物。

人类社会发明创造的新生事物，总能找到其祖师源头，带给人们生产方式生活方式的巨变，带来极大的物质乃至精神方面的享受。

眺望现在满大街爬行的汽车，一下子使我们的思绪穿越到四百多年前的欧洲。

世界上最早的一辆风力汽车，1600 年由荷兰工程师 C.史文发明制造。

世界上最早的一辆蒸气汽车，1769 年法国陆军技术军官居诺花了六年时间制成。

世界上最早的一辆汽油汽车，1860 年德国工程师卡尔·本茨和戈特利布·戴姆勒同时制造出了新车，这是现代意义上的汽车。

到 1914 年，美国人福特创造了世界上第一条汽车生产线，10 秒出一辆汽车。

三百年后，中国才迎来了第一辆现代意义上的汽车。光绪二十七年(1901)，匈牙利人李恩时将两辆汽车带入上海，在上海招摇过市，引起轰动，开中国汽车风气之先。这是我国最早的进口汽车，比慈禧太后乘坐的那一辆 Duryen 汽车还要早一年。

最先提出要建立民族汽车工业这一想法的是孙中山先生。1920 年，他把这一想法写进了《建国方略》中，甚至邀请美国汽车大王亨利·福特来华发展汽车工业，但未能付诸实施。

我国的第一辆汽车在沈阳试制成功，"国产化"率高达 70%，由张学良拨款 80 万元制造，时间在 1931 年 5 月，定名为民生牌 75 型汽车，开辟了中国自制汽车的先河。

完全的国产汽车诞生于 1942 年，主持设计制造者叫支秉渊。

从 1936 年至 1946 年，我国各地先后试制过几种汽车，除沈阳的"民生牌"外，还有太原的"山西牌"、长沙的"衡岳牌"、上海的"中国牌"、云南的"资源牌"、天津的"飞鹰牌"等，大都昙花一现。

太原生产的"山西牌"汽车，当时对社会公众影响最大。

这台由山西汽车修理厂厂长姜寿亭负责设计试制成功的汽油载货汽车，仿美国飞德乐（Federal）牌汽车，平均时速 30 公里，每加仑汽油可行驶 20 公里，是国内首台 1.5 吨载货车。

成立于 1932 年 4 月的山西汽车修理厂是当时国内第一家汽修厂，厂址在太原小东门，主要负责修理绥靖公署的公车。

厂长姜寿亭又名富春，天津人，自幼家境贫寒。早年曾在天津通兴铁工厂学徒（车工），以后又在张家口开汽车。1920 年 3 月，辗转来到太原。经曾任山西省路工局局长的赵守钰介绍，为阎锡山开专车。姜开车技术很好，将阎的座驾开得又稳又快，阎锡山非常满意和赏识。1932 年，阎锡山将姜亭寿提升为西北实业公司汽车修理厂的厂长。东北张学良"民生牌"汽车试制成功后，阎锡山命令姜亭寿研制"山西"牌国产汽车。姜寿亭请来外国技师，召集山西有名的技术人员，致力于研究试

太原汽车修理厂制造的汽车

制汽车。他发挥自己的技术专长,于1932年底试制成功了第一辆四缸引擎的载重汽车,定名为"山西牌"。车身各部之式样,系采各式汽车之长,国产化率要比"民生"牌高,其四缸发动机和变速器是长辛店铁工厂制造的,水箱、车架、风窗、引圈、轮轴等部件都是本厂制造,只有电机及各部滚珠从外地采购而来。车轮内外胎均采用南洋陈嘉庚公司的产品。

"山西牌"汽车试制成功后,曾在太原市土货商场门口进行了展览,阎锡山亲自前往参观,并对试制有功的姜寿亭等人予以特赏,每人奖赏1000块大洋。"山西牌"汽车的成功,不仅成为山西省特大新闻,在国内也盛传一时,全国各省均前来山西学习考察。1933年9月号《道路月刊》以"晋省自制汽车成功"大标题作专题报道。1934年初,中华全国道路建设协会函请实业部,通令全国兵工厂及各省建设厅派技师前往山西考察,仿制山西自造的汽车。

"山西牌"汽车制成出厂后,行驶在太原至大同及五台县河边村之间。到1933年夏,往返行程约1.8万千米,部件走合正常。姜寿亭在原设计试制的基础上,继续研究改进,于1933年8月初又制造出两台同样汽车,并在城郊及榆次等地进行短途试运,性能均较良好。同年,姜寿亭等依照有关技术资料,积极在山西研究和试制代燃车,8月5日制成煤气汽车一辆,当即进行了短距离的运行试验,平均时速有24千米,以后又陆续改装了10辆车。此外,姜氏还为同蒲铁路线试制过一台机车,定名为"一号机车"。

不过,由于山西牌汽车大部分制造工艺系手工操作,工时长,造价高,每辆耗费大洋4500余元,只是"概念车"。山西省虽有创办汽车厂之举措,终因资金短缺、工业基础薄弱、时局动荡和阎锡山本人亦无兴趣而未果。

岁月荏苒。太原解放后,山西汽车修理厂先定名为"山西省公路交通局汽车修理厂",成为独立经营的地方国营企业。其先后更名为"山西省人民政府交通局汽车修理厂"、"山西省交通工厂"、"山西省地方国营汽车修理厂",1958年更名为"山西汽车制造厂",1975年又分为山西汽车制造厂和山西客车修造厂。上世纪50年代,山西汽车制造厂试制成功JT660型改装客车和小型轿车,并批量生产;后又试制成功"前进"牌4吨柴油载重货车,并批量生产;还试制成功了"红旗"牌拖拉机,仿制成功了苏联嘎斯69型小吉普车。20世纪60年代试制成功2.5吨"红卫"牌载重汽车,定型后投入生产。70年代又试制成功"平型关"牌(后改名为"山西"

牌)SX140 型 4 吨柴油载重汽车,并定型批量生产。1966—1976 年,共制造出"红卫"牌汽车 284 辆,"山西"牌汽车 1716 辆。

改革开放后,山西汽车修造厂实行改革重组,迈入发展新阶段,历经山西省汽车工业集团、南方汽车太原生产基地、太原长安重型汽车有限公司……然而无论怎样改变,都始终承载着三晋人民对于山西重型汽车工业的希望。

上世纪 90 年代,山西汽车修造厂研发生产出"东尼"牌自卸车,成功打入全国市场。随后,山西省汽车工业集团有限责任公司在山西省汽车工业(集团)总公司及其核心企业山西汽车制造厂的基础上整体改制建立。主要生产以 8 吨平头柴油车为代表的系列产品,初步形成了"三车一总装"(车身、车架、车厢的生产以及整车总装配),单班生产 3000 台的能力。

进入新世纪后,太原南方汽车生产基地开工建设,投入生产。之后中国南方工业汽车股份有限公司重组山西省汽车工业集团有限责任公司,太原南方重型汽车有限公司正式成立。

由南方汽车太原南方重汽研制生产的 93 辆各种功能类别的新型环卫车于 2008 年 4 月 17 日首批交付太原使用,这批专门研发生产的新型环卫专用车包括自卸车、道路清扫车、多功能高压清洗车、清洗扫路车、压缩式垃圾车等各种型号。自实施城乡清洁工程以来,太原市向太原南方重汽公司购置了 296 辆环卫车。太原南方重汽环卫设备有限公司以此为契机,积极进军环卫专用装备领域,努力将环卫专用车辆培育成企业主导产品。

太原汽车工业园第一期同年于经济区开工,占地 3000 亩,将建成华北地区最大的重型汽车发动机制造及零配件加工生产基地,未来三年工业总产值将达到 150 亿元人民币,成为中西部地区最具规模的汽车配件及机械加工制造基地。

次年 10 月,中国兵装集团旗下中国长安汽车集团的唯一重车生产基地——太原南方重型汽车有限公司,正式更名为太原长安重型汽车有限公司,其坐落于太原经济技术开发区的 750 亩现代化重车生产基地同时投入运营,生产出的各类高中低档载货车、自卸车、牵引车、燃气车、专用车等,畅销全国二十多个省市地区。

为了振兴装备制造业,太原市委、市政府出台《关于加强自主创新振兴装备制造业的若干意见》,其中提出,要利用南方重汽重组搬迁的有利时机,抓紧新车型、新功能重卡汽车的研发和年产 1.5 万台重型汽车生产能力的达产达效。山西省经济和信息化委员会也印发《全省汽车工业调整振兴实施方案》，要依托中国长安汽车集团股份有限公司进入国家汽车行业第一方阵的品牌优势，全力支持太原南方重汽（长安汽车集团全资子公司）与国际重车优势企业多元合作，通过引进、消化、吸收，掌握国际先进重卡核心技术。加快推进太原南方重汽项目建设，在搬迁改造完成的基础上，加快二期建设步伐，尽快批量生产。推进太原汽车零部件集群发展，依托太行仪表厂、富士康、双喜轮胎、山西荣长等企业，重点发展汽车安全气囊、铝镁合金部件、轮胎等产品。太原市政府也把汽车及零部件制造产业作为"十二五"时期发展装备制造产业集群发展的重要内容，写入2011年度政府工作报告。

"煤层气燃料重型卡车系列化平台"被太原市列为首批科技创新绿色转型项目。"十二五"之初，太原长安重汽实现其研发生产的煤层气重车面市以来的第一次大批量交车，将50台煤层气重车交付到山西晋煤集团手中。煤层气重车以其良好的节能效果引起关注和好评，现已覆盖山西省及周边地区。

作为中国长安汽车集团三大整车生产基地之一，太原长安重汽经过三年的发展，已初步形成了占地400亩的现代化重车生产基地，产能规模单板1.5万台。

2011年太原国际马拉松赛上，由太原长安重汽研制、体现重车节能环保技术潮流的新型清洁能源重车作为拍摄用车，与世界顶尖长跑好手"并肩作战"，成为此次国际赛事的新亮点。在充分体现了本届马拉松比赛"绿色健康"理念的同时，也展示了长安重汽国内领先的清洁能源利用技术。

2012年，我国商用车领域最大企业之一、美国福特公司为第二大股东的"江铃汽车"签约重组"太原长安重汽"，以不超过2.7亿元的价格收购太原长安重型汽车有限公司（下称"长安重汽"）100%的股权，山西省重型汽车工业正式进入江铃·福特时代。这次重组将使太原建成全国最大的煤层气、液化气重型汽车生产基地，"太原重汽"将进入国内重卡行业主流阵营。

继2012年成功举办首届中国·太原国际汽车展览会，第二届中国·太原国际汽车展览会2013年5月16日至20日在太原煤炭交易中心隆重举行，既展示了太原市场的吸引力，也向外界展现了太原汽车工业的发展水平。

随着太原汽车工业转型跨越发展的深入，在太原宽阔通畅的街头，将会越来越多地见到本地生产的各种适用车辆，不断见证太原新兴汽车产业的辉煌与发展。

造产救国：
西北实业公司之兴衰

　　走进如今太原钢铁(集团)有限公司花园式的现代化厂区,放眼看去,有两座乌黑的"铁塔"矗立在太钢的中心地带,它就是太钢服役年限最长、历史最悠久的高炉——二高炉,因为初建时的容积是 287 立方米,又俗称"287"高炉。太钢人亲切地称它是"一座记录了太原钢铁发展的纪念碑"。它 1934 年动工兴建,1937 年 10 月建成,尚未投产便被日军占领,1940 年正式投产。抗战胜利后又复名为西北炼钢厂,1949 年后由太原市军管会接管。先后经历了七代大修,在 2007 年 9 月 4 日停炉。67 年来,它累计产铁量达到 978.8 万吨。它是全国仅存的几座民国时期高

西北实业公司

西北毛织厂

炉,是研究中国近代炼钢技术的重要实物资料和工业遗产,是见证太原钢铁工业发展的重要佐证,具有重要的历史价值。

它就是太钢的前身——西北炼钢厂,隶属于阎锡山创立的西北实业公司。是当时西北实业公司庞大工业的重要一角。

在蒋阎冯中原大战中失败后,阎锡山下野避居大连。九一八事变之后,阎锡山东山再起,重掌晋绥两省大权。复出后阎锡山悟出一个道理,就是搞军事也好、政治也好,"统是看经济上有无办法以为断",提出"自强救国"、"造产救国"、"建设西北"等口号,主张加快山西的内政建设。他在太原市内最高的建筑鼓楼上挂起了"造产救国"的巨匾,表明发展实业的心志。同时,阎锡山声言将三分之一以上的军队用于筑路,表示以后不再穷兵黩武,全力以赴进行本省经济建设,从而争取到难得的和平发展环境。这便是西北实业公司组建的历史背景。

作为当年"六政三事"("六政"即水利、种树、蚕桑、禁烟、剪发、天足;"三事"即种棉、造林、畜牧)计划的发展和延伸,阎锡山亲自主持编制了《山西省政十年建设计划案》,重点制定了开办采矿、冶金、电力、机械、兵器等实业的措施。从此,山西进入十年省政建设时期。数年间,修筑了以太原为中心的同蒲铁路,创建了包括采煤、冶金、机械、化工、建材、军工等在内的门类齐全的官僚资本企业西北实业公司,并且成立了铁路、垦业、盐业等银号,为省政建设提供了必要的资金。山西的官办经济在原有的基础上迅速发展起来。太原市以冶金、采煤、机械工业为主的工业格局从此奠定。

创办西北实业公司是阎锡山实施其十年建设计划案中关于工业建设计划的

重要步骤,所辖企业有特产、矿山、纺织、化工、冶金、机械等工业企业。除机械工业外,其他企业都是阎锡山重新上台后陆续新建的。而机械工业的原壬申各厂也都作价划归西北实业公司所有,改为西北实业公司各分厂,炮厂改名为西北机车厂,炮弹、炸弹厂改名为西北农工器具厂,铜壳厂改名为西北水压机厂,冲锋枪厂改名为西北机械厂,枪厂改名为西北铁工厂,太原汽车修理厂改名为西北汽车修理厂,原机枪、熔模、木模、锻造四个厂合并为西北铸造厂,育才炼钢机器厂改名为西北育才炼钢机器厂,主要生产民用产品,军工产量锐减。

1936年2月,红军东渡黄河,进入山西筹款扩红,迎接抗日战争。阎锡山部署防御的同时,趁机将民用生产为主的西北机车厂、西北水压机厂、西北农工器具厂、西北铁工厂、西北铸造厂、西北机械厂、西北汽车修理厂、西北育才炼钢机器厂、西北枪弹厂、西北化学厂、西北电气厂等11个工厂合并为以制造军火为主的西北制造厂,职工8000余人,机器设备4300部,大量用于制造军备。

作为太原钢铁(集团)公司前身的西北炼钢厂,也兴建于这一时期。其规模之大、设备之新、投资之多,为西北实业公司所建三十多个厂矿之冠。西北炼钢厂历时三年,于1937年基本建成,规模虽然不大,但从采矿、炼焦、炼铁、炼钢到轧钢

西北印刷厂

"五脏俱全"，是当时国内规模较大的一座新式钢铁厂。

阎锡山重视科技，也重用科技人员，待遇优厚；依靠洋专家，也重用土专家。阎锡山的一贯做法是，凡我们自己能做的，就不进口或不请洋人做；我们一时做不了的，就重金请洋人来，等他们亲手教会我们的职工，而后请他们走人。因此，山西的工矿交通企业上马快，工期短，而且省钱，没有一个是花巨资完全由洋人承建的。这样，西北各厂的建设，在原有工业基础上迅速发展起来，而且是处于全国领先水平的。

到抗日战争前，西北实业公司所辖企业由成立时的8个厂发展到26个厂。其中西北实业公司在太原开办的厂矿企业就有西北制造厂、育才炼钢机器厂、西北印刷厂、西北化学厂、晋华卷烟厂、西北窑厂、西北毛织厂、西北炼钢厂、西北火柴厂、西北洋灰厂、西北发电一厂和二厂、西北机车厂、西北电化厂、西北汽车修理厂、西北煤矿一厂、西北机械厂等二十余个，使太原成为我国近代工业中心城市。

西北实业公司代表了当时山西工业的发展水平。卷烟、化工、洋灰（水泥）为西北实业公司专有。其他门类的工业如毛织业、火柴业、印刷业、造纸业、采矿业、发电业、铸造业，西北实业公司在全省资本与产值上也都占有重要比例。太原工业不仅在山西领先，而且在全国经济中也占有相当的比重。

1937年太原沦陷日本侵略者之手后，日军对全市工矿企业，不论公营私营，一律实行军事占领，大肆掠夺军需物资，以达到以战养战的目的。他们肆意捣毁工厂，焚烧厂房，拆卸机器。西北实业公司下属的化学、印刷、修造、氧气、机车、育才机器、洋灰、电化等八个厂完全毁于日军炮火，西北实业公司有3900余间厂房被炸平，十几个工厂因此成为空厂而消失，原厂地或变成日军的军队仓库，或作为铁道的小型修理厂。西北制造厂的18个分厂，被日军接管后，其较好的设备全部被拆卸装箱，运往东京、大阪和东北、平津，共计掠走4000余部（台），几乎拆卸一空。初期采取"军管理"形式管理掠夺的工矿企业，就是所有权属于日本占领军，而经营权则交日本垄断组织或大资本家企业，让他们投入流动资金，并派来管理干部和技术人员，组织生产，供应军需。西北实业公司被"军管理"的工矿企业就有晋生织染厂、新记电灯公司、西北煤矿第一厂、西北炼钢厂、新记电灯公司附属面粉厂、西北窑厂、西北育才炼钢机器厂、晋华卷烟厂、西北印刷厂、西北发电厂、西北毛织厂、西北皮革厂、西北电化厂、西北化学厂（老厂）、西北化学厂（新厂）、西北火柴

西北实业公司工作车间

厂、聚德祥铁工厂、晋恒造纸厂、西北造纸厂、西北发电厂兰村分厂、东山采煤所、西北洋灰厂、东山煤矿等 23 个，占中国沦陷区"军管理"企业的 23%。"军管理"解除后，代之以"山西产业株式会社"，统一经营山西省内冶铁、矿山、纺织、面粉、森林采伐等重、轻、化学工业，太原计有 20 个工矿企业由其控制经营。据统计，日军在 1938 年到 1943 年六年间，掠夺太原西山原煤达 174.7 万吨。在 1940 以后的五年间，掠夺太原钢铁厂钢铁达 22.3 万吨。到 1945 年抗战胜利时，许多厂矿的机器几乎全都变成一堆废铁，厂区内杂草丛生，厂房倒塌，满目凄凉。太原业已形成的现代产业格局由此被严重破坏，现代工业遭受毁灭性的打击。

抗日战争胜利后，西北实业公司接收了日伪"山西产业株式会社"所属企业，包括日军占领期间强占的私营工厂，也一并划入西北实业公司。到 1945 年底，西北实业公司所属企业达 50 多个，包括西北实业公司旧有厂矿 26 个，强吞的私营工厂 13 个，接管日军所建厂矿 13 个。后来西北实业公司改名为西北实业建设公司，除原属企业外，增设大同工厂管理处，在上海、天津设立分公司，还在西安、北平、石家庄、青岛、郑州设立办事处，从而掌握了山西经济命脉和对外通道。西北实业建设公司所辖企业迅速达到六十多个，成为山西最大的官僚资本工业集团，其中在太原地区的工厂有27个。但是，由于日军占领期间对太原工业的长期掠夺榨取，主要工厂设备破坏严重，加之解放战争开始太原陷入重围，新中国成立前三年多时间里，太原工业整体处于衰落下降中，不少工厂倒闭，面临绝境。

1946年到1948年，这一时期，西北实业建设公司基本没添什么设备，除机器制造方面有所进展外，其余各种工业都由维持水平降落到不能维持的地步。值得一提的是，这期间共产生68项技术改进和创造发明，较以前几个时期都多，表现出技术水平的提高。这与公司放手让各类技术人才全力工作、大胆创新有一定关系。据1946年统计，西北实业公司仅引进的外国留学生、国内大学毕业生就达300余名。在当时，这是一个很了不起的数字。

西北实业公司创建的宗旨原意是立足于山西，着眼于西北，首先开发山西，然后遍及西北诸省。由于抗战军兴，八年离乱，终未能实现。

西北实业公司的发展史是山西近代工业的象征。从1932年1月开始筹备，至1937年11月太原沦陷，虽然为时仅仅六年，然而山西的基础工业以及太原的钢铁工业、燃料工业、电力工业、机械工业、化学工业、建材工业、纺织工业和造纸、卷烟、火柴、皮革、面粉等轻工业这许多新的工业门类，都是在这一时期树立和成长起来的。

西北实业公司的创建，不仅更加壮大了山西的国防工业，而且对山西近代工业的兴盛起了重大历史作用，一度使山西从20世纪30年代开始成为我国重要的工业地带，使太原成为华北的工业重镇。不但荟萃了大批杰出的专门人才，聚集了大量的工程技术、企业管理骨干，培养造就了为数可观的、多种多样的技术工人，引进了一大批较为先进的近代生产技术，而且为山西以及我国培养造就了数万产业大军，为推动中国工人运动和抗日战争作出了卓越的贡献。

当然，西北实业公司也为太原解放后更好地发展工业奠定了比较雄厚的基础。正因为有这样的基础，太原才能迅速建设成为新中国的重工业城市，在工业现代化的进程中，为山西和全国作出独特而重要的贡献。

工业重镇：
能源重化工基地中心城市的定位

1980 年 5 月 20 日,《人民日报》在头版显著位置发表《尽快把山西建成强大的能源基地》的社论。社论提出,尽快地把山西建成一个强大的能源基地,不仅对山西,而且对全国实现四个现代化都有重要的意义。社论认为,山西有丰富的煤炭资源,又有比较好的重工业基础,具有大规模发展能源工业的条件,尽快把山西建成一个强大的能源基地,不仅对山西,而且对全国实现四个现代化都有重大意义。社论具体分析了山西发展煤炭工业的有利条件:第一,储量大。山西已经探明的煤炭储量,占全国已探明储量的三分之一。煤炭资源分布很广,遍及 68 个县。第二,煤种齐全。炼焦煤占已探明储量的一半。主焦煤、气煤、肥煤、瘦煤、无烟煤分别占全国已探明储量的一半左右。第三,开发条件好。一般储存在 300 米至 400 米之间,大部分煤田煤层稳定,结构简单,倾斜度小,建设投资只等于全国其他地区的三分之二左右。第四,地理位置比较适中,便于向全国运输。第五,煤炭工业已经具备有相当的规模,占全国煤炭产量的六分之一,而且技术装备比较好。这些都是建设山西煤炭能源基地的有利条件。

在这之前, 太原工业已经走过了并不平坦的发展之路。

1954 年,太重研制成功国内第一台煤气发生炉

1956 年，太原矿山机器厂试制成功全国第一台石油钻机

1956 年，我国自行设计的太原磷肥厂

新中国成立后到改革开放前这一时期，太原工业跟随共和国的历史大潮，经历了恢复时期（1950—1952）、"一五"时期（1953—1957）、"二五"时期（1958—1962）、调整时期（1963—1965）、"三五"时期（1966—1970）、"四五"时期（1971—1975）、"五五"前三年（1976—1978）等阶段，既有快速发展的顺利期，也有遭遇挫折的困难期，但仍然取得了巨大的发展成就。主要成就有：一是建立和发展了社会主义国营企业，工业经济所有制结构发生了根本性变化。1978 年，全民所有制和集体所有制已经分别占到全市工业总产值的 99.99%，私营和个体所有制已经由 1949 年的 13.69%下降到 0.01%。二是太原成为国家重点工业建设基地之一，进行了规模宏大的工业建设。1978 年全市工业企业总数比 1949 年翻了一倍多，1978 年全市全民所有制独立核算工业企业固定资产原值增长比 1949 年末增长了 1793 倍；1978 年末全市工业企业职工达 39.18 万人，比 1949 年末增长了 9.9 倍；工业新增生产能力显著增强，1978 年全市工业总产值（按 1970 年不变价格计算），比 1949 年增长了 78.3 倍。1978 年太原工业每五天创造的财富就超过了 1949 年全年工业创造的财富。三是太原初步建成以能源、冶金、化工、机械、建材为支柱，兼有食品、纺织、缝纫、造纸、文教用品等工业门类比较齐全、基础较为雄厚的现代工业体系。拥有 60 个大中型骨干企业。能源、冶金、化工、机械和建材工业成为全市工业支柱产业，1978 年在整个工业总产值中占比达到 80.1%。1978

年,工业增加值占 GDP 的比重达到了 66.1%,标志着太原完成了从农业社会向工业社会的历史性跨越。1950—1978 年,太原新增加的工业大类产品有几十种,1952—1978 年间试制成功的新产品共有 10 227 种,其中很多填补了国内空白。

这一时期,为太原工业后续发展奠定了雄厚的物质技术基础。

国家确定建设全国能源重化工基地的发展战略,对山西而言是根据自身的特点和优势做出的必然抉择。同样,太原被定位为全国能源重化工基地的中心城市,也有着其现实基础和历史必然在其中。

早在 1978 年 3 月,山西省第四次代表大会提出,山西要在四个现代化建设中作出应有的贡献,建设高产稳产的农业基地和农、轻、重协调发展的具有自己特点的工业基地。而首倡山西建立强大的能源基地的,就是薄一波。1979 年 8 月,时任国务院副总理的薄一波来太原考察工作,其间提出了"应当尽快地把山西建设成为一个强大的能源基地"的意见。同年 9 月 19 日,中共山西省委、省革委向中央呈报了《关于把山西建设成为全国煤炭能源基地的报告》,中共中央、国务院批准了这个报告。中共十二大以后,省委、省政府组织省内外力量对能源基地建设问题作了进一步的深入研究,进而提出把山西建设成为全国能源重化工基地的设想。1983 年,省政府向国务院呈报了《关于山西能源重化工基地综合规划报告》,山西能源重化工基地发展战略最终形成。

1983 年 5 月 19 日,国务院在对《太原市城市总体规划(1981—2000)》的批复中指出:"太原市现有工业基础比较雄厚,今后城市的工业发展应以内涵为主,提高现有企业的经济效益,在山西能源基地的开发建设中发挥积极作用。"将太原城市性质确定为:"太原市是山西省省会,是全省科技文教中心,是以冶金、机械、煤炭、化工为主的重工业城市。"据此,太原市第五次党代会提出要把太原建设成为一个开放型、多功能、现代化、社会化的山西能源重化工基地的中心城市。客观地说,太原定位于山西能源重化工基地的中心城市有其历史必然性。从自然资源禀赋看,煤炭资源是太原最为丰富的自然资源;从空间区位看,太原地处山西能源基地的地理中心;从历史看,太原化工区是新中国成立后全国三大化工区之一,具有发展重化工的优越条件;从国家经济布局看,实施沿海经济发展战略,需要强大的能源支持,国家要求包括太原在内的山西能提供更多的能源,要求太原在山西能源基地的开发建设中发挥作用。

到 1985 年底，山西能源重化工基地建设取得显著成效。与 1980 年相比，1985 年全省煤炭产量达到 2.14 亿吨，增长 77%；发电量达到 184.6 亿千瓦时，增长 53.6%。"六五"期间，山西累计输出煤炭 5.5 亿吨，电力 69 亿千瓦时。

到 1990 年底，山西基本上建成了一个以煤炭、电力、机械、冶金、化工为主的有自己特色的能源基地。"七五"期间，全省全民所有制基本建设投资累计完成 266 亿元，比"六五"时期增长 90%，其中用于能源工业的基本建设投资为 130.6 亿元，占总投资的 49%，比"六五"时期增长 125%。1990 年原煤产量达到 2.86 亿吨，发电量达到 314.2 亿千瓦时，分别比 1985 年增长 33.5% 和 70.2%。"七五"期间，山西累计外调煤炭 8.9 亿吨，外送电量 266.4 亿千瓦时，有力地支援了全国的经济建设。

新中国成立以来，山西的煤炭供应全国 28 个省（区、市），产量累计达 130 亿吨，其中外调出省煤炭达 90 亿吨，占全国生产总量的 1/4 以上，占全国省际煤炭净外调量的 70% 以上，其中具有稀缺性、不可替代性资源的炼焦煤和无烟煤产量和调出量，均居全国各省市区第一。山西还是全国优质电煤和喷吹煤的主要供应地。在 2008 年南方抵御雨雪冰冻灾害、汶川抗震、北京奥运等关键时期，山西能源保障的地位都不可动摇。

太原作为山西能源重化工基地的中心城市，同样为全国的经济建设作出了不可磨灭的重要贡献。"六五"、"七五"时期，古交矿区一直是国家重点建设工程，是全国在建的最大的焦煤基地。按照国家批准的总体规划，古交矿区设计能力为年产原煤 1650 万吨，建设西曲、镇城底、马兰、东曲、屯兰 5 对大型矿井和相应能力的矿井选煤厂，连同 36 个单项工程，总投资 33.7 亿元。经过十年的建设，到 1988 年古交矿区已成为山西能源重化工基地建设中的重要基地，成为全国重要的主焦煤生产基地。矿区建设促进了古交—西曲、梭峪—镇城底—嘉乐泉、马兰—屯村—木瓜会等三大片矿区城镇的形成。为了发挥矿区的优势，1988 年 12 月，经国务院批准，古交撤区建市。凭借古交工矿区的新建煤矿，西山矿务局跻身全国千万吨大局行列，1990 年原煤产量名列全国第七位，1995 年原煤产量进入全国第四位，精煤产量跃居全国第一位。太原西山发展成为我国最大的炼焦煤生产基地。在建设大型国有煤矿的同时，国务院还提出"国家修路，群众办矿"的指导思想，继而又把这一指导思想演化为"有水快流"的指导方针，催生乡镇煤矿为主的地方煤矿快速

太钢冷轧生产线

发展。到 1988 年，太原市地方煤炭产量达到 1160 万吨，不仅成为山西能源重化工基地的重要支点，而且对沿海和其他地区的经济发展起到了重要的支撑和推动作用。

　　作为能源重化工基地重要内容的化工、电力、煤气工业，在这一时期也得到了较快的发展。特别是城市煤气工业从无到有，煤气管网已超过 1000 公里，城市煤气用户达 23.28 万户，普及率 61.9%，发展速度为全国第一。

　　以能源重化工基地中心城市建设为基础形成的是一个燃煤型的重型工业结构。这种工业结构是以资源过度消耗和生态环境退化为代价的工业结构，给资源环境带来沉重的负担。应该说太原市委、市政府较早就认识到环境保护的重要性，并制定了相应的措施。1984 年即编写了第一个环境问题白皮书，并在实践中发现树立了一批典型。

　　被誉为"当代愚公"的李双良是太原钢铁公司加工厂渣场原工段长，退休后承包治理废渣山，坚持走自我发展、自我积累的自力更生道路，从以渣养渣、以渣治渣发展到渣场综合治理，摸索出一套综合治理废渣的管理和技术经验，把堆积 50 年多达 1500 万吨的渣山变成了现代化的花园，被称为"走出了一条具有我国特色

李双良研究治理渣山方案

的治理冶金渣的道路"。全国许多钢铁企业采用太钢的办法搬掉了自己的渣山。1986 年 5 月 13 日，山西省委、省政府发出《关于向李双良同志学习的通知》。1988 年 6 月，李双良成为中国治理工业污染方面第一个受到联合国环境规划署表彰的先进人物。

李双良精神，其实质是一心为公、艰苦创业的工人阶级主人翁精神。

西山矿务局古交矿区在新建西曲矿时，在省市领导和环保部门的帮助下，严把新建项目"环评"关，按照环保设施与主体工程同时设计、同时施工、同时投产，及时补上环境保护工程投施，实现了矿井水、洗煤水、生活污水处理设施和矸石处理工程等同时投产，防止新污染源的产生。1985 年 10 月 13 日，在全国第一次城市环境保护工作会议上，太原的这一做法被国家领导人誉为"古交精神"。

"古交精神"的实质就是严格执法，敢于监督；就是对新建、扩建、改建项目实行主体工程与环境保护工程同时设计、同时施工、同时投产的规定予以坚决执行的精神；就是坚持在发展生产的同时搞好环境保护，努力实现经济效益、社会效益、环境效益相统一的精神；就是把眼前利益与长远利益、局部利益与全局利益相结合，对历史负责，为子孙后代造福的精神。

李双良精神、古交精神，为全国的环境污染治理创造了新鲜经验。

但是不可否认的事实是，20 世纪末的太原市区，二级以上天气仅为 45 天，一度被称为不适宜人居的城市之一。

实施能源重化工基地发展战略主要集中在上世纪 80 年代初到 90 年代初。1992 年初邓小平同志发表南方谈话后，山西提出并开始实施经济上新台阶发展战略，很快这一战略又被概括为"三个基础，四个重点"发展战略，其中两个重点是"挖煤"、"输电"，能源工业仍然受到极大的重视。到 90 年代末，开始对经济结构做战略性调整，之后又制定和开始实施建设新型能源和工业基地发展战略。作为山西能源重化工基地的太原,也积极制定和实施新的发展战略。在制订太原市"十五"计划中,已不再提及"建设全国能源重化工基地",并在随后"十五"计划的实施中提出太原率先发展"三步走"战略,开始在新一轮城市竞争中谋求华丽转身。

"点亮全国一半的灯,烧热华北一半的炕",太原这座拥有两千五百多年建城史的古都,和山西其他能源城市一道,像煤炭一样,燃烧自己,照亮别人,默默无闻地为神州大地提供着光明和温暖,始终如一地发扬着奉献精神,以污染自己为代价换取东部沿海地区的高速发展,用资源的付出照亮中国改革开放前行的步伐。

新兴产业：
在创新驱动下强力重构

到现在,人类共经历三次工业革命,第一次以 18 世纪 60 年代蒸汽机的广泛应用为标志,第二次以 19 世纪 70 年代电力的广泛应用为标志,第三次以 20 世纪四五十年代在原子能、电子计算机、微电子技术、航天技术、分子生物学和遗传工程等领域取得的重大突破为标志,都给人类社会带来翻天覆地的变化和无法估量的深刻影响。特别是第三次工业革命,不仅极大地推动了人类社会经济、政治、文化领域的变革,而且深刻久远地影响了人类的生活方式和思维方式,推动人类社会向更高境界发展。

新兴产业最早可追溯到上世纪四五十年代。从那时起,新的科学技术突飞猛进,特别是电子、信息技术得到日益广泛的应用,标志着人类社会进入了技术革命的新阶段。新兴产业范围,既有新技术产业化形成的产业,也有用高新技术改造传统产业形成的新产业,还包括对社会公益事业的行业进行产业化运作。

进入新世纪以来,新兴产业发展被提到了前所未有的高度。这一伴随着新的科研成果和新兴技术的发明应用而出现的新的部门和行业,主要是指电子、信息、生物、新材料、新能源、海洋、空间等一系列新兴产业部门,人们形象地把新兴产业比喻为撬动未来发展的金手指。

工业竞争,越来越依靠新兴产业的核心支撑。2009 年底,我国初步确定了发展战略性新兴产业的七大领域,包括新能源、节能环保、电动汽车、新材料、新医药、生物育种和信息产业。现在国家战略性新兴产业规划及中央和地方的配套支持政策确定的七个领域(23 个重点方向)又调整为节能环保、新兴信息产业、生物产业、新能源、新能源汽车、高端装备制造业和新材料,标志着新兴战略产业框架已成定局。

在世界新兴产业发展大潮和国家新兴产业政策的影响下,太原新兴产业发展迈出了紧随而轻快的步伐。今日的太原,以先进装备制造、新能源、新材料、高新技术产业为主体的新兴产业集群渐次崛起,新兴产业正引领增长,老工业基地太原的产业结构正发生着脱胎换骨的变化。

进入 21 世纪的第一个五年,太原市全面落实在全省实现率先发展的战略目标,市委、市政府坚持把结构调整放在经济工作的首位,大力实施项目推动和产业集群战略,加大技术创新和招商引资力度,积极运用各种政策手段和措施,扶持和发展了一批对优化主导产业、培育新兴产业具有带动和示范作用的重大骨干项目。25 项高新技术产业化项目被列入国家示范工程项目,在全国省会城市中居第四位。高新技术产业增加值占工业增加值的比重达到 20.7%。电子信息、新材料、食品医药等新兴产业正在成为新的支柱产业。不锈钢生态工业园、富士康工业园一期投产使用,后续建设进展顺利。先后出台了促进高新区、经济区产业发展的一系列政策措施,初步形成了"北有不锈钢,南有富士康"的新兴产业发展格局。

"十一五"期间,太原市第一次提出要以建设创新型城市统领各项工作,全面总结和弘扬以创新、创新、再创新为核心的太钢精神,推动创新型城市建设。太原市第九次党代会提出,要把太原建设成为经济发达、文化繁荣、社会和谐、环境优

太钢转炉炼钢

美、人民富裕的新型工业基地和集三晋文脉与现代气息为一体的特色文化名城。市委、市政府下发了《关于在经济社会各领域制定和实施绿色标准的意见》，相继颁布了《太原绿色转型标准体系》15 个标准，大力推进清洁生产，发展循环经济。市委、市政府连续三年以"一号文件"出台关于加快科技创新的政策文件，颁布了四部地方性科技法规，处于全国领先水平。建成国家级企业技术中心 3 个、工程技术中心 2 个、重点实验室 3 个、科技企业孵化器 2 个，以及国家大学生科技创业见习基地、国家级生产力示范促进中心、国家级技术转移示范机构、高分子材料研究与检测重点实验室和省级的煤矿安全监测技术开发实验室等。拥有省市级企业技术中心 29 个，工程技术中心 59 个，重点实验室 10 个。连续四年荣获"全国科技进步先进市"称号，跻身"中国城市综合创新能力 50 强"，被确定为国家知识产权示范市、国家创新型城市试点。

建设一流的新兴产业基地是率先转型跨越发展、建成一流省会城市的客观要求和必须选择。进入"十二五"时期，为打破"传统产业早饭已过，新兴产业午饭未到"的尴尬格局，太原市提出建设一流的新兴产业基地、一流的自主创新基地和一流的现代宜居城市的战略目标。伴随建设"山西省国家资源型经济转型综合配套改革试验区"的契机，太原都市圈建设随之上升为国家战略。省委、省政府强调要把太原建成科技创新的领先区、高端产业的集聚区、改革开放的先行区、生态文明的示范区、和谐社会的首善区，充分凸显太原在全省发展中的先行先试作用。

太原市第十次党代会工作报告指出："太原要转型，不发展新兴产业没有出路；太原要跨越，不做大做强工业没有希望。这一理念必须牢固树立，我们要坚定不移、群策群力推动新兴产业大发展，让太原这座老工业基地再展雄姿，让一流的新兴产业基地托起一流省会城市的宏伟大厦。"正处于工业化发展期和产业转型期的太原，把推进工业新型化作为经济工作的重中之重，坚持走"高端化、循环化、园区化、集群化、信息化"的路子，实施产业振兴行动计划，培育壮大新兴产业，改造提升传统产业，加快发展现代服务业，推动产业结构实现脱胎换骨的转型升级。

新兴产业是太原的未来。太原市政府《关于加快培育和发展战略性新兴产业的实施意见》提出，到 2015 年，要形成一批具有太原品牌特色、产值达 10 亿元以上的战略性新兴产业企业，全市战略性新兴产业增加值占 GDP 比重达到 20% 以上，成为先导性支柱产业。

世界最先进不锈钢冷轧生产线

"今天的投资结构就是明天的经济结构。"太原市政府《工业振兴行动方案》提出，到"十二五"末，太原市新兴产业增加值超过1000亿元，占工业增加值的60%。到那时太原市将建成世界一流的装备制造产业集群、以不锈钢和镁合金为主的新材料产业集群、全国一流的高新技术产业集群、新兴产业基地。太原市政府《2012年转型综改试验区建设行动方案》也明确要求发展高端产业，重点建设装备制造产业集群、新材料产业集群、高新技术产业集群。

太原的新兴产业迎来了发展的春天。

建设世界一流的装备制造业。产业集群加快推进，高端制造业后来居上占鳌头。太原在以"大块头"为特征的装备制造领域，可以骄傲地说一声：我有！太钢、太重、晋机、智奇……这一系列企业在相关制造行业内都有着响当当的名头，而他们所生产的那些膀大力沉的"大块头"更在世界排名上占据着重要地位。太原钢铁集团和太原重型机械集团是太原市工业战线公认的典范。太钢集团通过创新，拥有了700多项以不锈钢为主的核心技术，其中100多项具有国际先进水平，形成产学研客（户）等要素相结合的技术创新体系。太钢所研发的8大类432种新产品，广泛应用于三峡大坝、"嫦娥"探月、神舟飞船、东风系列火箭等国家重点工程以及石油、石化、铁道、汽车、造船、集装箱、造币、钟表等领域和行业，产品出口到欧、美、日等世界 30 多个国家和地区。旺盛的科技创新能力使太钢迅速抢占到世界不锈钢铁技术发展的制高点。太重集团创造了 220 多项国内外第一的新产品、新技术，在国内外拥有较高的知名度和品牌优势，是中国最著名的重型机械设备制造商之一，是中国最大的起重设备生产基地、最大的挖掘设备生产基地、最大的航天发射装置生产基地、最大的大型轧机油膜轴承生产基地、最大的矫直机生产基地、最大的多功能旋转舞台生产基地和唯一的管轧机定点生产基地、唯一的火车轮对生产基地、国内品种最全的锻压设备生产基地，中国最好的免烧砖机、加气混凝土设备生产厂家。先后研发了举世瞩目的三峡 1200 吨桥机、480T 铸造起重机、380T 核电站起重机、神舟飞船航天发射塔等具有当代世界先进水平的标志性产品，拥有太重牌起重机、油膜轴承、减速机等"中国名牌"产品。

在太原产业升级进程中，以新型材料、新能源、信息网络、生物制药、节能环保为重点的新兴产业和高新技术产业异军突起，新材料产业集群和高新技术产业集群不断发展壮大。太原不锈钢园区已形成每年 35 万吨的不锈钢深加工能力。富士康科技工业园、高新区火炬创新创业园、太原信息产业园等园区项目建设大力推进，电子信息产业实现突飞猛进发展。以镁铝金冶炼加工和永磁材料加工生产为

太原富士康科技工业园

绿色太钢

代表的新材料产业和以医药、农药、染料、食品、添加剂等为代表的精细化工行业得到飞速发展。清华科技园太原分园暨启迪科技园（太原）开工奠基，三一太原工业园及阳煤集团清徐化工新材料园区开工奠基，中国煤炭科工集团设计制造基地奠基，山西云计算机产业园开工奠基，太钢高端碳纤维项目开工奠基，太原武宿综合保税区获国务院正式批准设立……太原在冶金、机械装备、化工、高新技术及新材料等领域的实力大大增强，工业经济规模和效益进一步提高。2012年，江铃重汽等30个重大项目签约落地，太钢高性能碳纤维等25个高新技术项目开工建设，富士康苹果手机零组件等15个重大项目建成投产。

"新兴"之火，可以燎原。2012年，全市新兴接替产业投资增长60.4%，增幅高出传统产业18.9个百分点，占工业投资的比重达到51.7%，首次超过传统产业。其中，中小企业民间投资主要集中在高新技术、生物医药、现代服务、镁铝合金、煤机装备制造等新兴产业。全市新兴接替产业增加值378.99亿元，增长49.3%，占全市规模以上工业增加值的48.4%。其中装备制造业增加值254.56亿元，增长85.4%，占全市规模以上工业增加值的32.5%，超过煤炭行业（22.8%）和钢铁行业（18.1%），成为拉动工业稳步提速的新引擎。2013年上半年，新兴接替产业继续引领工业经济增长，新兴接替产业投资增速高出传统产业30.2个百分点，投资比重超过传统产业9.4个百分点，新兴接替产业增加值占全市规模以上工业比重为53.1%，对全市规模以上工业增长的贡献率达到97.2%，拉动规模以上工业增长13.8个百分点，以煤炭、钢铁、化工为主的产业格局发生根本性改变。特别是装备制造业超越煤炭、冶金，成为太原市最大的工业行业，2013年上半年装备制造业增加值占全市规模以上工业的 36.9%，对全市规模以上工业增长的贡献率为 92.1%，拉动规模以上工业增长 13.1 个百分点。新兴产业投资连续三年的高速增长和高端装备制造业的强力推进，已经成为太原市经济增长的"助推器"，新兴产业的发展正在挑起太原工业发展的大梁，逐步实现由传统产业占主导向新兴产业占主导的根本性转变。

园区是发展壮大新兴产业的"摇篮"和主战场。在打造新兴产业重大项目、重大集群方面，工业园区的集聚效应进一步增强，园区经济进一步壮大，成为引领工业增长的重要拉动力量。太原高新技术开发区初步形成了以电子装备与信息产业园、新材料园、E—制造园和数码港为载体，以电子信息与光电一体化、新材料新能源、生物制药和环保节能为代表的富有特色的高新技术产业格局。太原经济技术开发区已成为全省发展速度最快、经济活力最强、发展质量最好、外向型经济最高的新型工业集聚区，初步建成了富士康、太原科技工业园、新材料工业园、汽车工业园、IT 工业园、生物制药园、机电工业园、食品工业园和新型建材工业园，形成了国家级装备制造、国家级新材料新能源、省级电子信息、食品及农产品加工、生物制药五大产业基地，构建了以 IT、装备制造、生物医药、新材料、饮料为支柱的产业格局。太原民营经济开发区初步形成了以新和机械、三晋药业为龙头的工业产业集群。民营区阳曲工业园也在建设当中。其他太原不锈钢生态工业园、古交煤化工产业园、清徐经济开发区以及太原铁路装备制造工业园、太原服装城服装工业园都以富有特色的产业格局，为太原工业经济增光添彩。

太原市以循环经济为基本路径，积极利用高新技术和先进适用技术改造提升传统产业，发展深加工和制成品，提高附加值，促进产能大型化、生产集约化、利用清洁化、市场高端化，培育竞争新优势。坚持上大关小、扶优汰劣，推进煤炭、焦化、冶金、化工、电力、建材等行业重组，拓展产业新领域，实现转型发展，努力建设绿色产业之城。

2013 年 1 月至 8 月，全市在建工业项目 387 项，其中续建项目 267 项，新建项目 120 项。

太钢 T800 级碳纤维产业化项目，项目总投资 20 亿元，一期建设 30 吨级示范线，二期将建设 100 吨级生产线，三期以高性能碳纤维复合材料生产线为主。目前，一期工程聚合车间正在进行设备安装，纺丝车间、氧化碳化车间已封顶，预计年底完工抽产。

太钢哈斯科不锈钢渣综合利用项目,项目包括建设100万吨不锈钢渣湿选处理线、80万吨不锈钢渣粉干燥处理线、50万吨碳钢渣破碎处理线、50万吨肥料生产线、34万吨路基生产线、30万吨钢渣超细粉生产线、1.5万吨钢渣砖和砌块生产线、3万吨炼钢辅料生产线,目前,湿法处理线、路基材料线、超细粉线、肥料线、碳钢渣处理线均已热负荷试车,预计年底投产。

总投资143亿元、预计年销售收入110亿元的阳煤集团太化清徐新材料园区项目,目前总体进度已完成40%,其中土建施工完成60%,设备采购完成70%,预计年底完成土建施工,设备具备安装条件。

总投资60亿元,销售收入55亿元的北车铁路装备制造基地项目,项目包括建设万辆铁路货车制造、万辆铁路货车厂修、新型和谐系列电力机车厂修400台、铁道工程车制造300台、煤机多元产品制造5个板块,目前综合技术大楼已封顶,厂房土建施工完成80%,部分厂房正在进行设备安装调试,年内完成货车造修基地、机车及工程车基地建设。

阳煤化机现代煤化工装备制造基地项目2011年8月奠基动工,项目总投资13.8亿元,年产8万吨现代煤化工装备及部分风力发电塔筒部件,达产后新增收入30亿元,利税3.5亿元。目前,不锈钢厂房、备料厂房、换热器厂房、机加工厂房已经全部完工,开始试生产;重型容器厂房正在进行设备安装。

解决我市南部地区供热问题的山西新兴能源嘉节分公司燃气热电联产项目,总投资29.3亿元,占地150亩,建成后新增收入20亿元,利税1.2亿元。目前,总体进度已完成80%,1号、2号燃机安装完成,预计12月30日机组投产供热。

总投资58亿元、预计年销售收入210亿元的罗克佳华有限公司物联网应用产业园项目,占地500亩,针对罗克佳华承担的五个国家级研发课题与专项,主要建设内容包括万台服务器以上的云计算中心,集研发、制造、服务等为一体的云服务和煤矿物联网应用、环保物联网应用、节能物联网应用、物流物联网应用五大高新科技园区。一期工程2013年4月份开工建设,目前数据中心正在建设,预计10月中旬封顶,计划于11月份完工。

此外,已经落地开工的项目还有华能东山低碳生态产业园项目、中天信安防监控系统项目、东铝铝板带一期工程、阳煤丰喜化工机械现代煤化工装备制造基地、太原锅炉集团大型循环硫化床锅炉制造基地项目、晋西车轴新建轨道交通及高端装备制造基地项目、江铃重汽新建发动机项目、皇城相府宇航客车搬迁改造项目、江铃重汽完善整车项目、山西电机公司搬迁改造项目,等等。

　　新型工业化道路所追求的,是要做到"科技含量高,经济效益好,资源消耗低,环境污染少,人力资源优势得到充分发挥",并实现这几方面的兼顾和统一。在太原的主城区,市委、市政府早已不再布局如材料工业、煤电工业、煤化工产业等有烟尘的工业,而且逐步搬迁改造了一大批高耗能、高排放传统产业,以狮头水泥、太化、煤气化等为代表的一大批传统重化工企业陆续实施了搬迁改造。

　　如今,随着一大批重大转型项目建成投产,太原市工业结构、经济结构将随之发生质的变化,发展动力也将由长期形成的资源驱动升级为创新驱动,一个更加美好的经济蓝图已然展现在我们眼前。

　　作为产业转型核心的服务经济提速发展,现代服务业已成为拉动全市经济发展的新亮点和主要力量。太原市坚持把培育和发展现代服务业作为重点,相继编制出台了《太原市"十二五"现代服务业发展规划》以及《太原市人民政府关于鼓励支持现代服务业发展的意见》,以建设"环渤海和黄河中游地区现代物流中心"、"华夏文明看山西旅游中心"、"国际性专业会展中心"、"区域性金融中心"为重点,培育壮大现代服务业,引导服务业向规模化、专业化、品牌化、高端化发展,构建与经济社会发展相适应的现代服务业体系。2011年,服务业增加值实现1097.1亿元,增长8.7%。民营区成功创建国家级物流服务标准化试点并通过验收;盛唐物流冷链加工配送等一批物流项目投产达效。国家家政服务体系建设项目试点工作进展顺利,141户家政企业纳入服务网络。全市再生资源回收体系基本建立。2012年服务业增加值完成1239.84亿元,同比增长11.3%,总量和增速均为全省第一。

　　立足省会城市的丰富资源和品牌优势,太原着力推进总部经济,加快发展高端服务业。在汾东新区、晋阳新区加快布局建设一批高端商务楼宇,重点引进跨国公司、国内百强企业在太原设立功能型总部,建设晋商、浙商、闽商、粤商、沪商等集团总部基地,加快汾酒、华润煤业等集团总部落地建设,培育具有国际影响力的大型企业集团和产业集群。

　　积极发展现代服务业,培育壮大金融、现代物流、旅游会展、软件和信息技术服务业,建设罗克佳华物联网产业园。大力度引进国内一流商贸旗舰企业,整合优化汽车、建材、家具、农副产品、服装等批发零售服务业,优化功能布局,进一步提升省会城市区域中心的辐射力、带动力和影响力。

随着华润集团煤业等总部落户以及山西鼎泰不锈钢交易中心、格盟金融城等一批重大项目稳步推进,现代金融、总部经济、文化创意、现代物流、商务会展、旅游、科技服务业等取得明显突破。能博会、中博会、文博会、农博会、晋商论坛等会展平台,成为太原招商引资的主阵地,提升了太原的知名度和影响力。特别是依托丰富文化旅游资源,着力打造"唐风晋韵·锦绣龙城·清凉太原"旅游品牌,2012年旅游总收入实现355.6亿元,增长28.5%。在全国避暑城市排行榜中,气候宜人、温度适中、清爽凉快的太原市成为全国最适合避暑城市之一。当国内一些城市的"桑拿天""火炉城"炙烤着人们的时候,"清凉"成为一种稀缺资源。从2013年起,太原将以"避暑都市·清凉太原"为主题,做好山水文章,打响清凉品牌,将城市形象塑造与发展商务、会展、文化、旅游、大型体育赛事等结合起来,整合避暑文化资源,扩大避暑经济规模,延伸避暑产业链条,全力打造"避暑都市·清凉太原"品牌,形成独特的城市文化、风情魅力,打造"避暑强市",为文化旅游产业发展注入新的活力。

作为新兴的"无烟产业"、朝阳产业,文化产业正在振兴壮大,逐步发展成为助推全市经济转型跨越的新引擎,形成太原国民经济发展不可忽略的一支重要力量。太原是国务院命名的国家历史文化名城,拥有丰厚的文化产业资源和坚实的文化产业基础。截至目前,太原市辖区内拥有各级文物保护单位535个,其中全国文物保护单位33处,省级文物保护单位13处,市级文物保护单位156处,县级文物保护单位333处。拥有国家级非物质文化遗

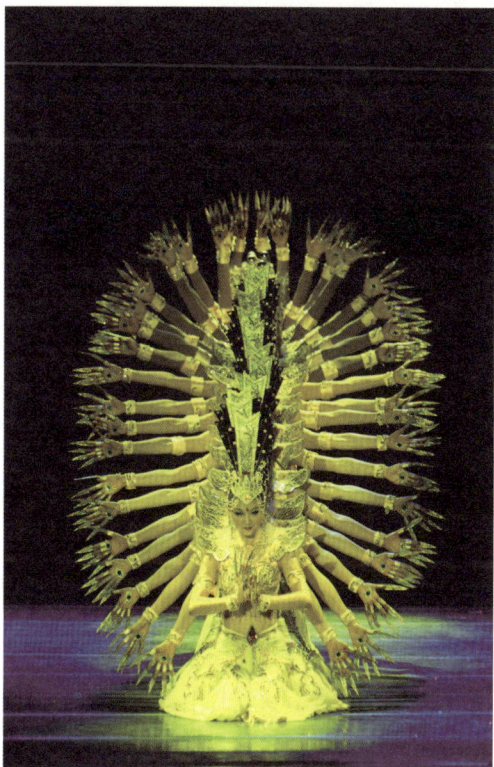

千手观音

产 16 项,省级非物质文化遗产 57 项,市级非物质文化遗产 125 项,县区级非物质文化遗产 300 多项。文化体制改革创造了"太原模式",走向全省,走向全国。2009年以来,太原市在全省乃至全国率先完成了文化体制改革任务,五大国有文化产业集团组建成立,经营性文化事业单位转企改制实现突破,文化市场综合执法改革全面完成,新闻媒体"两业分离"改革全部到位,非时政类报刊体制改革如期完成,广播电视网络整合积极推进,为文化大繁荣大发展提供了动力和活力。太原市两次荣获"全国文化体制改革先进地区"称号。文化产品创作生产精益求精,新编晋剧《傅山进京》、大型舞台剧《千手观音》、八集历史文化系列片《太原五千年》等文化精品力作不断涌现,受到观众热烈欢迎。2012 年,全市共拥有专业和具备规模的艺术表演团体 17 个,演职人员 1760 人,全年演出场次 1601 场,演出收入 8000 余万元。推出了大型歌舞情景诗《桃花红》等 10 多部大戏以及 50 多部折子戏。创拍了太原历史文化系列动画片。全年荣获了国家级奖项 31 项,省级奖项 58 项。文化产业园区(基地)稳步发展,成为文化繁荣发展的新高地。太报传媒印务园区是太原市现代服务业和文化产业发展的重点项目,已经发展成为华北乃至全国报业界为数不多的融印刷和商业包装为一体的新型企业。高新区以动漫游戏和数字科技为特色,已经形成文化、科技和市场相融合的产业发展格局,发展成为山西省文化创意产业的新高地,区内聚集各类文化创意企业 201 家,其中动漫游戏类企业 45 家,而动漫企业又有 6 家被文化部、财政部、国家税务总局等部门认定为国家级动漫企业。2010 年,全市文化产业实现增加值 95.39 亿元,占地区 GDP 比重的 5.36%。2011 年,全市文化产业实现增加值约为 113.98 亿元,约占地区 GDP 的比重的 5.56%,也高于全省和全国的平均水平。"十一五"时期,全市文化产业经营单位突破 1 万个,从业人员超过 10 万人,全市文化产业增加值年均增速达 20% 以上,超过同期 GDP 年均增速,文化产业正在成为太原国民经济的重要支柱性产业。

为全面建成小康社会,实现中华民族伟大复兴的中国梦,在国家实施中西部崛起战略的大背景下,国务院于 2010 年 12 月正式批准设立山西省国家资源型经济转型综合改革试验区,山西省委、省政府把太原确定为国家资源型经济转型综合改革先行先试区,要求太原发挥省会城市龙头带动作用,率先走出资源型地区转型跨越发展新路子。

　　"转型综改试验区作为大机遇、大品牌、大载体,是全省的,首先是省会的。"太原市第十次党代会报告把"建设转型综改试验先导区"作为统揽今后全市各项工作的重要指导思想,强调要加快以建设转型综改试验先导区为重点的各项改革,切实激发转型跨越发展的内在活力。太原市要围绕产业转型、自主创新、生态修复、城乡统筹、民生改善,抢先机、敢于试、大胆干,从每个人开始,从具体项目开始,在用好政策、创新机制、探索路径上先行先试,为全省积累经验,做好表率。把建设太原综合保税区作为当务之急,为扩大对外经济合作、加快招商引智步伐创造有利条件。对标国内外先进做法,努力实现传统产业转型和新兴产业培育、资源综合利用和生态治理修复、经济转型和增收富民的协调联动。在高效运用煤炭可持续发展基金、建立替代产业发展促进机制、大力发展新兴产业上走在全省前列,在探索生态环境保护、修复和补偿机制上闯出新路。全面推进城乡建设用地增减挂钩、工矿区土地整合利用、重点转型项目及城中村改造用地保障、完善资源税等改革,依靠转型综改试验区的先导效应,打开一条率先转型跨越的快速通道。

　　太原综改试验先导区建设从此迈向快车道。2013 年 9 月 22 日,山西省商务厅对外发布,太原武宿综合保税区(一期面积 1.46 平方公里,投资总额 17.7 亿元)已经通过由海关总署、国家发改委等十部门组成的国家联合验收组的验收,标志着太原武宿综合保税区具备了正式封关运作的条件。太原武宿综合保税区于 2012 年 9 月 3 日经国务院批准设立,规划面积 2.94 平方公里,投资 25 亿元。它的设立,结束了山西省没有海关特殊监管区域的历史,可以改变山西省长期不能进行保税加工、保税仓储、保税物流等与国际贸易有关的经济活动的局面,改变山西省没有陆地口岸的地理劣势局面,标志着山西省有了承接全球高新技术产业转移、发展现代物流业的重要基地,也有利于山西外向型企业从中享受诸多便利和实惠,山西省资源产品和重工产品高效率走向全国和全世界。把综合保税区设在太原,因为太原位居全省之中,又是省会,太原武宿综合保税区与太原武宿国际机场、太原铁路编组站、太原武宿互通立交枢纽相邻,具备航空、铁路、公路综合联运条件,交通优势显著,可以先行先试,总结经验,发挥带动作用,促进山西省和整个中部地区更好地落实中部崛起战略。目前,武宿综保区已确定首批入区项目 8 个,其中保税加工型项目 5 个,保税仓储物流型项目 2 个,保税服务型项目 1 个,总投资约 9.45 亿美元,用地面积约 67.97 公顷,用工约 2.25 万人。

2013 年 7 月 19 日，太原市发改委举行新闻发布会，公布了《太原市资源型经济转型综合配套改革试验实施方案（2013—2015）》和《太原市资源型经济转型综合配套改革试验 2013 年行动计划》，提出了太原转型综改试验先导区建设的主要目标，确定了 2013 年实施的 12 个重大事项和 22 个重大项目。列入 2013 年转型综改行动计划中的 22 个重大项目中，有产业转型项目 18 个、生态修复项目 2 个、民生改善项目 2 个。这些项目按照引进、签约、落地、开工、建设和投产"六位一体"的推进机制，围绕产业转型、生态修复、城乡统筹和民生改善等重点领域，加快布局，力求以项目扩投资，促转型，保发展。目前，已开工项目 17 个，开工率为 77.3%，太原转型综改试验先导区建设再一次吸引了全省的目光。

在管理创新方面，积极催生转型跨越发展的原动力。2013 年 4 月 27 日，全省贯彻落实转型综改试验区建设大会后，太原市根据全省对各市下一步的转型综改工作做出的安排部署，率先推出了行政审批制度改革、土地管理、金融机制、"五规合一"、开发区管理体制机制创新和医药卫生体制改革共六项重大改革。以固定资产投资审批为切入点，以"两集中、两到位"为核心的行政审批制度改革，在优化流程、提升效率方面走在了全省和全国的前列，大大压缩了审批时间，提高了审批效率。

在重大事项推进方面，积极打造转型跨越发展的助推器。太原市在 2013 年转型综改行动计划中提出了 11 个重大事项，每个重大事项均已明确了牵头部门，由牵头部门选定配合部门，细化工作方案。所有重大事项已经由相关部门进行了安排部署并有序推进。目前，由市科技局、市发改委、市经信委、高新区、经济区等部门和单位共同组织参与的山西科技创新城规划方案已经完成。目前太原市重点工作和重大项目建设已列入市委、市政府年度目标考核体系，各部门按照"对标一流定目标，一事一表作计划，调度例会抓落实，活力曲线抓考评"的要求，量化工作目标，细化工作举措，明确工作进度。与此同时，全面实施以全面改善省城环境质量为目标的"五大工程"和"五项整治"。

"最大的转变是新兴产业替代步伐加快，转型发展取得明显成效，产业结构正在发生深刻变化。"这是省观摩检查组在第三次莅临太原观摩检查时，省委、省政府主要领导做出的评价。

"人之所以能，是因为相信能。建设一流的省会城市，贵在自信，重在精神，成在实干,通向胜利之门的钥匙掌握在我们自己手中。"2013 年 8 月 7 日,全市领导干部大会对率先转型跨越发展、建设一流省会城市再次做出新部署,为新兴产业的发展吹响强劲的再动员号角——大力发展高端装备制造业、高新技术产业、现代服务业、现代都市农业,加快发展园区经济、县域经济、楼宇经济,着力引进世界 500 强及国内 100 强……

新兴产业正在成为引领太原转型跨越发展的火车头,成为支撑太原经济崛起的增长极,日渐形成结构脱胎换骨、产业生机勃发的新格局。

一个创新驱动下的新兴产业发展热潮在太原涌动,一个富裕、活力、幸福、美丽的太原正朝着我们走来。

大道如今已浑同

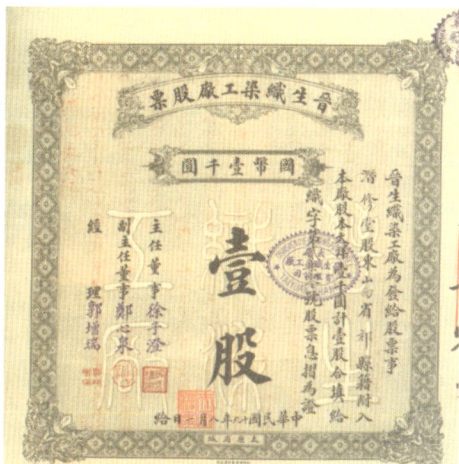

如砥如矢：秦皇古道曾驰骋

汾上漕运：至今犹唱《秋风辞》

兵工筑路：近代公路之肇建

坐汽车去：刘宗法开办汽车行

火车开来：正太铁路历沧桑

南北通衢：一省之力筑同蒲

铁鸟行空：举目鹏翼接天涯

置邮传命：驿路几度入翠微

千里之行：放眼高速出雄关

公交都市：民心工程泽惠长

汾上祥云：长虹卧波通四方

　　大道通天下，大道通古今。

　　就一座城市而言，道路交通不仅仅反映了城市的发展潜力和战略价值，而且可以真实地还原出城市发展的历史轨迹，勾绘出蕴涵其中的人文风情，反映出社会经济发展的本来面貌。回顾历史我们不难发现，交通是影响社会经济发展的重要因素。政局稳定时，当政者重视交通，道路通畅，促进经济发展，民生富庶，国力强盛；政局混乱时，当政者无暇交通，交通闭塞，导致经济停顿，民生潦倒，国力衰退。

　　很明显，从古至今道路交通无疑是社会经济发展的重要参照，通过考究太原道路交通的发展，在某种意义上就是在了解太原社会经济发展的方方面面。

　　太原自古地理位置重要，经济发达，矿产丰富，文化繁荣，尤其是作为九朝陪都在中国古都史上占有十分重要的地位。探寻太原城市崛起的原因，不难发现道路交通对于提升太原在中国历史上的地位起到过积极作用，主要表现在：

　　一是繁荣经济，增进贸易，助推城市发展。古代太原农耕先进，人民富庶，经贸发达，这就奠定了城市发展的基础。而经济很大程度上依赖于交通，没有便利的交通，一切社会生产和经贸往来就无从谈起。古代太原，气候宜人，水资源丰富，农业生产发达，矿产资源富足，这是其经济发展得天独厚的条件，以至于春秋时期就有了"晋楚三富，天下不可及也"的说法。春秋战国时期，太原地区的农耕、造林、畜牧业有了较大发展，冶铁和青铜铸造在全国范围更是遥遥领先；秦汉时期，太原地区的铁器铸造和盐业繁荣一时，手工业异常发达；隋唐时期，太原地区矿产得到大规模开发，各种矿产见之于世，成为我国封建社会发展的重要能源物质条件；宋元时期，太原地区农业、水利及矿产得到深入发展。经济的发达加之其重要的地理位置，太原由此逐步演变为北方汉民族与少数民族交流融合的前沿；明清时期，太原经济地位更是一枝独秀，商贸蔚然成风，成为支撑中国近现代工商业发展的砥柱。

　　在太原发展的每一历史阶段，总伴随着大规模的道路建设和交通发展。可以说道路交通是实现太原日后经济进步、城市发展的重要铺垫,其作用无可替代。

二是影响政局,改变历史,提升了太原在中国历史上的地位。历史上太原战略位置重要,无论哪朝哪代都无法改变其"襟四塞之要冲,控五原之都邑"的事实。值得一提的是太原自建城以来,在两千五百多年的发展历程中曾先后作为我国东魏、唐、后唐、后晋和后汉等九个王朝的陪都,是当时国家的政治、经济、文化中心和重要的交通枢纽,中国历史上许多重大事件都发生在太原或与之密不可分。正因如此,其历史角色无法替代,备受重视。太原凭此逐渐成为影响中国历史进程的重要因素,其在中国历史发展中所占据的地位日渐提高。而太原历史上出现过的秦驰道、隋唐官道、宋元馈路、明清驿路,还有在汉代、北魏、元朝时期盛极一时的内河漕运等历史遗存,则是太原作为"边塞屏障"、"国之藩篱"的重要体现,更是国家经济大动脉通达天下的重要环节,这足以表明太原在历史上的这一辉煌。

三是启发民智,开阔眼界,为民众更新观念创造了条件。观念更新是社会发展的前提,要破除思想桎梏,必须首先破除现实壁垒。道路交通不仅是破除隔阂、变通天堑、方便出行的手段,同时也是更新观念、启发民智、开阔眼界的前提。自先秦时期太原开始开辟古道,通过各个朝代的修建扩充,太原交通体系逐渐完整,并成为通联天下的重要交通枢纽。道路的通达不仅方便了太原地区经济的发展,提升了人民的生活水平,同时也开阔了太原先民的眼界和思维。正因如此,太原成为中原汉民族与北方少数民族交流、中原农耕文化与边陲游牧文化融合的重要平台,成就了利以义制、通达天下的晋商伟业。道路交通的发达带动了民风进化、世俗革新,由此为社会的进步和发展提供了强大动力。

可以说,道路交通承载着一个城市发展进步的历史重任,寄托着一个城市繁荣壮大的美好远景和希望。

道无止境,行亦无止境。让我们沿着历史的足迹继续向前,去感受通联四方的先古遗风,去体会道行天下的太原胸襟。

如砥如矢：
秦皇古道曾驰骋

在中国历史上，太原不仅是中原地区抵御北方少数民族侵扰的重要战略屏障，更是贯穿南北、连通东西的交通要冲。早在春秋时期，经太原纵贯"东原"的南北大道既已形成。在距今两千五百年前的春秋末期，晋阳（太原古城营一带）至仇犹国（今山西盂县）间已经开辟了大道。战国初期，晋阳为赵国都城，以晋阳城为中心的道路交通网络基本形成，主要道路有晋阳—梗阳（今清徐县清源镇）—平陵（今文水）、晋阳—盂（阳曲县大盂镇）—代（山西代县）、晋阳—两岭山（阳曲）—仇犹（盂县）、晋阳—魏榆（榆次）—马首（山西寿阳县马首乡）4 条。1988 年 5 月，在太原金胜村发掘出一座迄今保存最为完好、获得资料最为丰富的大型春秋晚期墓葬，这成为上世纪 80 年代以来我国考古的重要收获。大墓中的一个大型车马坑尤其引人关注，车马坑面积 110 平方米，共有战车、仪仗车 17 辆，马 44 匹。发掘出土的古战车可以证明：春秋时期的太原不仅有了较为规范的制式车辆，更为重要的是印证出此时便于车辆出行的道路已经相当发达。

秦代，太原设为郡地，郡治设在晋阳。在秦政府"车同轨，建驰道"的制度下，太原南北大道被大大拓宽了。接着，为了便于调遣军队管理国家和满足秦始皇出行巡游的目的，秦政府开始修筑由京都通向郡治所在地的"驰道"。史料记载，秦政府修筑了 9 条著名的驰道，分别是出今高陵通上郡（陕北）的上郡道；过黄河通山西的临晋道；出函谷关通河南、河北、山东的东方道；出今商洛通东南的武关道；出秦岭通四川的栈道；出今陇县通宁夏、甘肃的西方道；出今淳化通九原的直道等。驰道的修筑不仅是封建王权的象征，更体现出秦始皇一统天下的胸怀和气魄，由此也开启了太原驰道的修筑历史。

太原作为秦王朝的要郡之一，是"驰道"途经的重要节点。经河东郡（郡治安

秦直道

邑，今山西夏县)过蒲坂渡黄河，抵临晋，通京都的道路，在当时已是颇具规模。史书记载，秦始皇第四次巡游是在公元前215年，从陕西出发一路向北，从潼关过黄河到山西，后向东行，去了河北邯郸，最后到了秦皇岛。秦皇古驿道位于今河北井陉县东部，距县城2.5公里，总面积5平方公里，被称为冀晋通衢之孔道，是临晋古道保存比较完整的部分。深及尺余的历历车辙犹如时光年轮，显示出当年这里车水马龙的繁华历史景象。世界文化遗产协调官员亨利·克利尔考察过这里后说："这里的古道比罗马古道至少早一百年。"从中我们也许可以深深地感悟到：古代太原城市的发迹在世界范围是比较早的，仅从道路交通建设上就足以说明这一点。几百年之后，秦王朝已不复存在，而修道筑路之风却盛行起来，道路交通逐渐演变为社会民众赖以生存繁衍的生命线和经济社会发展的基本保障。

　　西汉时期有了关于太原古道更为清晰的记载。当时，太原郡有东经井陉至真定(今石家庄东北)、南经河东达关中、北可直达雁门的陆路。公元201年，匈奴占据"河南"(今内蒙古河套地区黄河以南)地带，包围马邑(今山西朔县)，引兵南逾勾注(山名，今太和岭一带)，进攻晋阳(今太原西南)。汉高祖刘邦率军亲征，大败匈奴兵，一直追到平城(今大同市东北)，中了匈奴的计谋，一度被围困而不得出。这一著名的历史事件，就发生在太原至雁门出塞外的道路上。除此之外，西汉时期太原郡的废止与重设，也对太原道路交通的发展产生了巨大的影响。高祖六年(前201)，废太原郡，以郡21县置韩国。遂废韩国，分其地置太原、雁门二郡，太原郡仍治晋阳。高祖十一年(前196)又废太原、雁门二郡，合其地，复置代国。元鼎三年(前114)汉武帝废代国，复置太原郡，郡治晋阳，郡以下设21县。据史料记载，汉代太原郡有"户十六万九千八百六十三，口六十八万四千八十八，县二十一"。那时的太原包括北至繁峙，南至介休及整个山西中部地区的太原盆地。伴随着太原郡两次废立和辖域的变更，形成了古代太原地区完善的道路交通框架。这个时期的道路大多并非政府专门修筑，而是人们在生产、生活中经常出入往返，经久践踏，自然形成的，这也是古道与驰道最大的区别之处。驰道是官家负责修筑供皇权专享的，而古道则使得这样的官方时尚逐渐演变为大众化的潮流，这些古道凝结着古代太原人民的智慧和汗水，浸透着太原社会的历史变革和进步，每一个足迹，都是从古到今日久弥坚。

隋朝时期太原开始大肆修建官道。隋朝以前，晋阳城外还没有正规的、成规模的官方修筑的官道（官筑公路），人们只能依靠步行或利用牲畜等原始交通工具，沿着踏出的自然道路相互往来。隋朝以后这种情况发生了变化，隋炀帝杨广在登基前，作为并州总管就在此筑路修道。在太原市尖草坪区天门关东北崖附近，至今还保留着一条著名的古栈道。天门关凌井口一道相连，互为首尾，山势险要，沟谷曲深，史称"乾烛谷"。谷的东侧崖间，旧有栈道一条，俗呼"羊肠坂"，又名"杨广道"。当年，杨广由此栈道北出巡游所经之"天栈""好汉坡"等栈道险段，至今仍寻觅可见。相传康熙皇帝微服私访时，曾跨天门关，行经乾烛谷。传统戏剧《四郎探母》中的杨四郎，便是暮出凌井驿，夜闯乾烛谷，而与其母佘太君相会于天门关内的向阳店。如今的天门关，虽已关门绝迹，垣庙废毁，但关里关外却面貌一新：昔日"跌死狸狸弯死牛，行人过栈胆忧忧"的乾烛谷羊肠坂，如今已成为通途。

公元 605 年，隋炀帝杨广即位后，大兴土木，开始扩建其"龙兴"之地晋阳城。与此同时，出于军事和对外联络的需要，隋炀帝决定首先打通东出太行山的道路。公元 607 年，他征集河北十余个郡的数万男丁，开凿了太行山到并州的道路（当时称驰道），这就是著名的"东宫道"。东宫道的修筑对于拉动古代太原经济的发展作用是巨大的，道路修整，交通无阻，自必促使沿途贸易的繁荣，而贸易的繁荣又会促使交通的发展，彼此互相影响，相得益彰。太原的道路也由此发端，逐步发展起来。李唐王朝开创了中国封建社会的鼎盛时期，而太原被视为唐王朝掌控天下的"天王三京"之一，并且是河东道政治、文化和交通的中心。唐朝中后期，为了防止突厥、回纥的南侵和西扰，唐政府自东而西设立四大军事重镇，在幽州（今北京地区）置范阳节度使，在太原府置河东节度使，在灵州（今宁夏境内）置朔方节度使，在凉州（今甘肃武威地区）置河西节度使。灵州与太原位居其中，两者与长安间的道路,成为南北交通的两条主要干线。而太原在地理位置上更为靠近京都长安,作为李唐王朝发轫之地,也备受朝廷重视,经济贸易和农业耕种较为发达,是国都长安之北方屏障。唐中叶以后,灵州南北常为吐蕃所扰,灵州一道不能畅通。河北三镇叛服无常,太行东麓的驿道交通也时常阻隔。所以由长安北至回纥就只有走太原一道。而东北往幽州等地,也往往走太原出雁门这条路。这个时期,太原真正成为京都长安通向各地的交通咽喉,战略地位极其重要。对此唐代诗人王建诗曰:

水北金台路,年年行客稀。
近闻天子使,多取雁门归。

该诗形象地描写出了当时太原作为通往京畿要道的情景。唐代以太原为中心通往各地的主要道路情况大体为:通北塞的道路、通关内道的道路、通河南的道路、通河北的道路。其中太原通往京都长安的道路,以太原为起点,沿汾水河谷而下,循涑水、渡黄河,沿渭水北岸西行。即由太原经晋州(今临汾)、绛州(今新绛县),至龙门或蒲津渡河而至长安。公元617年,李渊起兵太原,攻入长安,唐开业五年(717),日本僧人圆仁从五台山抵长安都是走的这条路。太原通北塞的道路有四条,即太原直出雁门关至单于都护府道;太原西北沿汾水河谷出娄烦关道;太原经代州通幽州的道路;太原出代州雁门关通云州的道路。唐代关内道在今陕西、内蒙古两省(区)的交接地区。太原通关内道的路线有:太原至胜州(今内蒙古托古托县西南);太原至麟州(今陕西神木县北);太原经汾州至绥州;太原经晋州至延州(今延安北);太原经晋州至丹州(今陕西省宜川县)。太原通河南的道路是经现在的太谷、武乡、襄垣、高平、晋城,从晋城西南至天井关,越过太行山即达怀州(今河南沁阳县),从怀州南行到河阳,渡黄河再西就是洛阳。唐开元十年和二十年,玄宗两次由东都北上到北都太原巡察,走的就是这条路。太原通河北的道路,从太原经现在的榆次、寿阳、平定、娘子关到井陉口入河北。可见,在唐代太原的道路已有了很大的发展,基本上奠定了山西以太原为中心通往四方的道路雏形。当时太原繁华的手工业、发达的商业、先进的文化,都与交通的发展有着极其密切的联系。

宋元时期,连年的战争在一定程度上促进了太原道路的发展。宋辽之战,使得太原北通雁门关的道路得到开拓、修整;宋夏之战,促进了"馈路"(运粮路)的开

井陉—娘子关古驿道

辟。这段时期,太原通东京(今河南开封)的道路也被拓通。

明清时期,太原的商业发展较快,晋商活跃在全国各地,时有"平阳、泽、潞豪商大贾甲天下"之说。商业的发达,大力推动了太原的道路(此时多称驿道)建设。这个时期,太原大兴驿道,官府在各地,按村、按户征集民力,采取有人出人、无人出银交粮代替的办法,开山辟路,逢水架桥,修筑和整修了太原通向各地的驿道。此外,道路、桥梁的修建水平也有了进一步提高。在筑路过程中,已经普遍采用"以时平易道路"、"选线技术"、"版筑技术"、"列树以表道"、"方向、高差测量技术"等科学的筑路方法。修成的道路,依据其重要程度分为"大驿"、"次冲"和"偏僻"三种。而对这些道路的保养方式大体有官(军)修、民修两种。清代,总督、巡抚、布政司主管"大驿"(要道)和大修工程,并报工部审批核销;"次冲"和中修由地方州、县令主管;"偏僻"和小修由地方民商捐款维修。值得一提的是,在古代,通信和交通是合为一体的,因此古代道路也称为驿道。由于古代设有独立的通信设施和体系,公文传递、军情塘报等重要信息的交换必须经过驿道。具体办法是:在道路沿线,每隔30—50里设置一处驿站、传舍,负责安排持有特定符节(通行证件)人员的食宿和官方文件的传送事宜。每个驿站都备有良马固车和骑士驭手,饱食力足,随时整装待发。若有紧急军事或重要政令传来,立即以最快速度传送给下一个驿站。

　　驿站在我国古代运输中有着重要的地位和作用,在通信手段十分原始的情况下,驿站担负着各种政治、经济、文化、军事等方面的信息传递任务。这对于城市发展而言,在一定程度上也是物流信息的一部分,是一种特定的网络传递与网络运输。我国古代驿站各朝代虽形式有别,名称有异,但是组织严密、等级分明、手续完备是相近的。正是由于驿站具备这种综合性功能,于是成为驿道沿线重要的节点。沿线商贸往来、文化交流往往汇集于这些节点,逐步形成特定的商贸活动区域,成为带动地区经济发展的重要动力,这是交通促进城市发展最直接的模式。今天的沈阳,从其发展历史来看,就是由古代驿站起家,逐步进化到今天这样一个大都市的。

　　清末,太原通往各地的驿道有八条。一是由太原经榆次、寿阳、平定各驿出娘子关,入直隶达京师,全程1150里,有桥11座。二是由太原经忻州、崞县、代州、繁峙、灵丘各驿,入直隶易州到京师。其中,太原至灵丘全程720里。三是由太原经忻州、出雁门关达大同府后,东折经阳高、天镇入直隶达京师,其中,太原至天镇全程900里。1900年,八国联军攻陷北京,慈禧、光绪出逃,就是由此路经太原达西安的。四是从太原经岚县、岢岚、五寨、偏关入陕西和内蒙古地区。五是从太原经平遥、汾阳、平阳、蒲州出风陵渡达陕西以至伊犁,这是通往新疆的官道。蒲州府至太原府全程1050里,有25座较大的桥梁,平遥惠济桥就是其中之一。六是由太原经汾阳,由军渡西渡黄河,达陕西绥德州。七是由太原经祁县团泊镇、沁州、潞安府、泽州府,出天井关入河南,其中,太原至泽州段为700里。八是由太原经平阳、绛州、稷山、河津,过黄河至陕西韩城。这些大道纵横全省,沟通比邻,沿线联结的各主要县镇都设有驿站,每隔几十公里还有客栈,供人们歇息、食宿。官役行人往来不断。

　　清末民初时期的交通工具以畜力车、人力车以及马、驴等为主,其形式和用途多种多样。主要有人力车、轿车、轿

中国古代驿站与邮传

子、双轮大车，此外还有驴骡驮、骆驼、架窝、驴骡轿、独轮车等。人力车主要供城市的达官显贵们乘用，初期为木轮铁瓦的铁皮车，后改进为充气的胶皮轮胎。轿车是一种马拉的、装有轿子的车辆，是城乡兼用的比较高级的客运工具。轿子是一种人抬的交通工具，有官轿、民轿之分。双轮大车，是一种畜力载重货运车辆。这种车辆用途较大，载重量没有统一的标准，依道路状况及拖拽牲畜的头数而定，一般为500—2500市斤。

交通工具是衡量交通生产力的重要标志，从清末太原周边出现用途广泛的运输工具不难发现，道路已经成为影响区域经济发展的重要因素。交通工具的发展反映了人们借助于交通，努力提高社会生产力的实践与探索，而一座城市正是在这样孜孜不倦的探索和尝试中不断实现自身发展壮大的。

此后，太原古道逐渐没落。1924年山西第一条近代公路发端于太原，随后数十年间民国政府开始了山西近代公路的体系建设，太原作为山西的省会中心首当其冲成为公路建设的中心。从此，太原的道路建设和交通发展进入了一个崭新时代。

汾上漕运：
至今犹唱《秋风辞》

　　太原西北部的宁武县管涔山雷鸣寺腹地，就是汾河的发源地。汾河贯穿山西南北，横穿太原，流量充沛，水量巨大，灌溉面积广阔，是黄河的一条重要支流。历史上很早就有了关于治理、开发、利用汾河的记载。而历史和现实也表明，汾河对于促进整个流域的发展而言，其作用无可替代。正因如此，汾河不仅被视为山西人的母亲河，更被看作是三晋文明发源的起点。在太原市内汾河穿城而过，经年流淌，五千年来始终如一地浇灌着这片土地，滋润着大地上的生命，成为城市发展的生命之源，为城市进步注入了不竭的动力。也正是由于这条大河的世代惠泽，使得太原在历史上出现了繁华的漕运交通，这成为展现太原历史变迁的重要内容。

　　漕运是我国历史上一项重要的经济制度，方式有河运、水陆递运和海运三种。用今天的话来说，漕运就是利用水道（河道和海道）调运粮食（主要是公粮）的一种

汾河源

专业运输,是历代封建王朝将征自田赋的部分粮食经水路解往京师或其他指定地点的运输方式。水路不通处辅以陆运,多用车载(山路或用人畜驮运),故又合称"转漕"或"漕辇"。在世界著名的几条大河流域,繁忙的漕运往往是推动区域经济发展的重要手段。如西亚的两河、非洲的尼罗河、印度的恒河、罗马的地中海、俄国的伏尔加河、美国的密西西比河、德国的莱茵河、英国的泰晤士河等著名的河流,都承担着繁忙的运输任务,并成为区域内重要的经济运输线。我国的京杭大运河,开凿于隋,河运能力举世闻名,时至今日依然是我国南北经济交流运输的重要力量,极大地带动了周边的经济发展。

太原内河船运始于何年,现在人们无法从古籍中找到确切的记载和描述。汉代以来汾河已经成为山西重要的航道,并以水量大而闻名。因汾河灌溉,汾河流域成为中国古代农业文明的富庶之地。据史书记载,汉武帝乘坐楼船沿黄河而上,一直进入汾河,到达今天的万荣,途中写下了流传千古的《秋风辞》:

> 秋风起兮白云飞,草木黄落兮雁南归。兰有秀兮菊有芳,怀佳人兮不能忘。泛楼船兮济汾河,横中流兮扬素波。箫鼓鸣兮发棹歌,欢乐极兮哀情多。少壮几时兮奈老何!

这足以证明汾河在古代已经有了充分的漕运能力。根据《后汉书·邓训传》和《水经·汾水注》记载,在东汉明帝永平年间(58—75),当时就开始了对汾河水利的开发。东汉政府为了方便漕运,拟将汾河与滹沱河打通。对此史书中有过"永平中理乎(滹)沱石臼河(在今河北省唐县东北,已涸),从都虑至羊肠仓(今静乐县镜)欲令通漕,太原吏人苦役连年"的记载。汉章帝建初年间,滹沱河与石臼河运渠经过开凿基本竣工,试航结果却令人失望,漕船"经三百八十九隘,前后没溺死者不可胜算"。直到建初三年(78),邓训奉旨考察该运渠后,向汉章帝上奏不能通航,汉章帝方罢此役,"更用驴辇"运输。在此期间,汉王朝还拟开发滹沱河、桃河、潇河与汾河的漕运,但因工程浩大,未能实现。

据《晋乘搜略》记载,北魏时期静乐县境的羊肠仓到晋阳之间,已行漕运。东魏兴和三年(54),高欢曾令各州于滨河及津梁所在之地建置粮仓储粮,以备转漕赈灾或军急之需,他在并州,进一步利用与发展了晋阳与羊肠仓间的漕运。高欢迁都

晚清时期的汾河物流

邺城后仍以晋阳为重镇,借汾河转漕,供给军需。据《隋书·食货志》载:隋开皇三年(583)京师缺粮,文帝诏令漕运"汾、晋之粟,以给京师"。《宋史·太祖本纪》称:宋开宝二年(969),宋太祖赵匡胤亲征北汉,四月"幸汾河,观造船",五月"命水军载弩环攻"。《宋史·王素传》称:神宗熙宁初年,汾河大涨,危及太原城,知府王素亟命百姓以舟运输土石,筑坝抗洪,城民无恙。

　　由此可见,汾河在不同的历史时期都曾经是漕运开发的对象,充分印证出太原地理位置的重要和汾河漕运开发的巨大价值。但是从历史记载中也不难发现,汾河开发的难度是相当大的,一方面开发汾河需要消耗大量的人力和财力,给社会发展增添过重负担;另一方面,汾河漕运的经济价值和战略价值又被当政者所倚重。因此,各个历史时期对汾河漕运的开发总是呈现出喜忧参半的情形。

　　宋代天圣年间,曾经奏请减免山西百姓煤炭和冶铁税的陈尧佐来到太原,担任并州知州。当时的汾河时常泛滥,陈尧佐早年在滑州时,就以治水闻名,并修筑过"陈公堤"。于是,他在汾河上新建了一道五里长的河堤,基本解除了汾河水患。作为一个文化素养极高的知识分子,陈尧佐对小桥流水式的园林风景情有独钟,他在汾河岸边引汾河水潴成湖泊,沿河环湖种植数万株柳树,并在堤上兴建了"彤霞阁",将其统称为"柳溪",在加固堤防的同时,又将这一防洪水利工程建设成为太原最早的公共园林。此后,继任官员对"柳溪"继续进行扩建和维护,暮春三月,

柳溪月夜

轻轻柳絮点人衣，地方官员和城中百姓都要来这里踏青游览。从此，汾河不光成为繁忙的漕运、码头而存在，更多人通过汾河美景加深了对这条河流的了解，加深了对太原城的了解。

到了元明时期，中国地域政治发生了很大变化，北京逐渐成为中国的政治文化中心，而太原又是当时中国北方靠近北京为数不多的大型城市，自然成为联通各地与京城的交通枢纽，其地位不可小视。尤其到了明朝，太原不但陆路交通兴旺，而且汾河要津已行舟楫。除繁忙的漕运之外，汾河摆渡还成为连接两岸，方便客商过往最直接、最便利的交通选择。一时间，渡船集聚、客商云集，使汾河这道靓丽的风景吸引了许多人的目光。汾河晚渡是古晋阳八景（今称太原八景）之一，对此明代诗人张颐在《汾河晚渡》中描绘出当年胜景：

山衔落日千林紫，渡口归来簇如蚁。

中流轧轧橹声轻，沙际纷纷雁行起。

遥忆横流游幸秋，当时意气谁能俦。

楼船箫鼓今何在，红蓼年年下白鸥。

通过诗人的描述，我们可以体会到汾河晚渡中所呈现出的壮观景色。汾河不仅以其充沛的水文资源成为会通两岸的经济大通道，而且诸多帝王的临幸、两岸依河而建的楼牌馆所、渡口码头，足以表明这条河的特殊身份和地位。不仅如此，落日余晖映照下的粼粼波光，更加成为让人们对它产生眷恋和感怀的寄托。

清朝时期太原河运异常繁忙。而且由于河运的需要，太原在清朝初期还出现了造船热潮。这一方面与晋商的崛起，贸易繁荣，货运频繁，不无关系；另一方面，政府积极重视、促进经济发展，保障贸易交流的政策措施，对促进太原河运也起到了积极的作用。据《河渠纪闻》记载，清康熙四十三年（1704），康熙帝命令山西巡抚

1924 年的汾河

噶礼视察汾河，以企行船，便运赈粮。噶礼奏称：汾河自河津县至绛州可行载重百石之舟船；绛州至平阳可行载重五六十石之舟船；介休至省城太原，河水浅、多泥沙，须另造小型船只，方可航行。因请调南方船匠，仿鳅船、麻阳船式样，修造小型船，并请南方水手训练当地水手。准奏后，噶礼下令造船三只，大小不同，但均有桅、舵和浆，可分别载粮 40 石、30 石、20 石。这些小型船只，经在"汾河演试，自省城至河津县俱可行走"。清代末叶，太原城振武门（水西门）外口尚有义渡船 2 只；阜成门外（今称旱西门）外渡口尚有义渡船 1 只。此外，清源县（今清徐县）的长头、米阳、孔村、南社、青堆、西堡，太原县（今太原市晋源区）的高家堡、姚村、邵城、南张、柳林庄、建军庄、草寨、西蒲、孙家寨、大村、小店、嘉节、吴家堡、南屯，阳曲县西部（今属古交市）的河口、成家曲等 20 多处汾河渡口，也都有渡船。20 世纪 30 年代太原机器局（俗称兵工厂，今山西机床厂）给四川省铸造铜币，川人取币不走陆路，而以小船由汾河运输，足以说明民国时期太原河运的发达。由于汾河水量稳定，所以河运得以延续，直至新中国成立初期，清徐县境内的渡口及太原市郊区的建军庄、西蒲等渡口仍有小木船运渡行旅。

　　汾河河运，对于太原古代经济的发展具有巨大的推动作用，更提升了太原作为北方重要城市的价值。而作为内陆城市的太原，在历史上居然可以出现较为发达的内河河运，这也不能不说是一个独特的历史景观，更说明太原这一方水土的灵性和神奇。陆路交通与水路运输遥相呼应，更为古太原增添了许多俊秀和壮丽。

兵工筑路：
近代公路之肇建

进入近代以来，山西由于自然环境的影响成为全国道路交通相对落后的省份。直至清末民初，山西的交通道路网络仍是以太原为中心的各级驿道为体系。民国时期，山西政府开始大规模推行公路修筑计划，逐渐在山西建立起以太原为中心的公路交通网络。

国道是具有全国的政治、经济、文化意义的大道，太原近代公路的肇建主要以国道为主。1919 年北洋政府内务部颁发的《修治道路条例》对全国国道分类做出明确划分："一、由京师达于各省及特别行政区域之道路。二、由此省会达于彼省会之道路。三、与要塞港口及其他军事关联之重要道路。"此时，山西省政府为了改变交通落后状况，决定在清末驿道交通网的基础上拓宽改建公路。

促使民国初期山西开展公路建设的是一场旷日持久的天灾。1919 年开始，山西全省连续三年遭遇大旱，山西政府为了赈灾紧急从外省调运粮食。但是，当时的山西交通已失去了远古的风采。道路失修、交通闭塞，近乎到了"水乏舟利、路无坦途"的地步。受到山西交通的制约，赈灾工作严重滞后，导致民怨积重，由此山西政府痛下决心进行全省公路建设。1920 年山西省政府在太原南郊举行干路修筑开工典礼，以此为标志，山西进入大规模的公路建设时期。

民国时期，山西的公路建设大致可以分为两个阶段：从 1920 年至 1930 年中原大战结束是山西公路发展的第一个阶段。这一阶段公路建设规模很大，主要集中在大同、忻县、太原、平遥、临汾、运城、风陵渡一线经济发达地区，公路建设的主要内容是治理原来的干道和原有公路的修缮改建。从 1931 年至 1937 年，这是第二个阶段。这一阶段山西先后重点建成了太原至大同、太原至风陵渡、太原至军渡、祁县至晋城等 23 条公路，总计 2938 千米，这些公路的修筑逐渐形成了以太原为中心的公路交通网络。资料显示,1920年和1921年是太原公路修建的关键时期。太原至平遥、太原至忻县、忻县至河边、平遥至军渡、太原至汾阳的公路相继开始建设。为了提高全社会修路的积极

山西第一条以工代赈公路竣工典礼

性,山西政府积极开展社会宣传,大力宣传道路建设对于带动当地经济发展的好处。由于政府重视,举措有利,社会对于修筑公路热情很高,受此影响带动了民国时期太原公路的快速发展。

　　民国太原道路的发展为后来太原道路的建设打下很好的基础,到上世纪末,在民国太原公路建设的基础框架上,通过建设者的不断努力和奋斗,太原市公路交通网路建设基本完成。国道、省道建设构成体系,山西省也形成了以太原为中心,南北纵横、贯通东西的省内交通网。太原市在山西省内经济影响力得到了发挥,省会优势得到巩固。

　　新中国成立后,在太原通往外部的交通干道中,最著名的要数108国道、208国道和307国道等交通要道。新中国成立后太原凭借其雄厚的能源、重工业基础成为全国重要的工业基地和能源基地,大量煤炭和工业产业由太原运往全国各地,而108国道和307国道成为太原煤炭和工业产品外运的重要通道。改革开放后,随着全国经济建设速度的加快,全国各地对能源的需求量大增,晋煤外运任务逐渐繁重。这种局面导致两条国道运输压力增大,通行能力不足,堵车现象严重,已不能完全适应经济发展的要求。但是,长期以来,尤其是新中国成立之初这两条国道对于太原经济发展所发挥的巨大促进作用却是无法替代。

　　108线太原段,也就是人们俗称的108国道,起点北京,终点昆明,途经河北、山西、陕西、四川、云南等省,该公路全长3400余公里。该公路从灵丘县下北泉入晋,自石岭关(忻州界)进入太原市,在太原界内全长66.79公里,分北、中、南三段。其中北段原北京太原线石岭关—新城段,古为晋阳城、太原城北向云朔之驿

兵工筑路

道。明清时代,该路段通向今蒙古国和莫斯科,是江南同塞外物资文化交流的重要
通道。1920年阎锡山开始修筑太原公路。是年4月1日开工,年末将平遥至忻州
路段打通,山西省近代史上的第一条公路建成。

　　从南至北穿太原而过的还有一条著名的公路,即208国道。起点内蒙古集宁
区,终点山西长治,该公路从德胜口入晋,自石岭关入太原,途径阳曲、尖草坪、小
店、清徐等县区,从清徐县小武村南出太原境。该线路经过太原城街,包含着许多
的太原城古道,多为阎锡山时期得到拓宽和出修。其南段沿途土地肥沃,物产丰
富,生产稻、麦、玉米及蔬菜。沿途小店镇昔为太原南郊四大古镇之一,今天成为太
原城市发展的前沿地带。沿途清徐、徐沟等地,素以酿造和制醋业闻名,是全国著
名的醋都。

　　途经太原的307国道,从河北省沧州市岐口起,到宁夏回族自治区银川市终
止,全长1300余公里。自寿阳西界的罕山进入太原市,由清徐县夏家营出境入交
城县,太原境内里程为76.685公里。该路线古时为太原城通往木纹瓷、青花瓷器
产地孟家井窑的驮运道。1938年日本侵略军自杨家峪村西,沿大梁山修筑军事便
道至寿阳。后因战乱失修,此道断毁。307道太原东段沿途煤、铁资源丰富,地表植

被较密。此处罕山海拔 1591.4 米，是太原市的东部屏障。因其地势险要，阎锡山和日伪时期，皆在此设防。沿途孟家井，是宋代木纹瓷器产地，至今仍保存着宋代至民国年间陶瓷窑遗址 2000 平方米，是研究宋代历史及制陶技术发展的重要基地。307 国道西段，古曾为晋秦交通驿道。1921 年省行政公署利用国际红十字会捐款修建公路，将驿道局部改线，部分边山路段改至平川，其中西镇至牛家口、固驿至夏家营即属于改线段，此路线后命名为太汾公路。后该公路经历了阎锡山统治时期和日军占领时期，路面渐毁，处于"无风三尺土，有雨一路泥"的状态，直至新中国成立后得到人民政府修缮，才又恢复了全线交通。

　　总体而言，太原城市公路的发展可以分为三个阶段：

　　第一阶段从 19 世纪 20 年代初至 50 年代初。此三十年（含约十年战争期）市区面积比较小，只有城区和近郊。公路里程（含城区主要街道）仅 200 余公里，且技术标准低，路面质量差，除城内少数主街道和通武宿机场道为混凝土路面外，其余多为灰结石或沙石土路。此为全市公路发展的初级阶段。

　　第二阶段是新中国成立后。从上世纪 50 年代至 70 年代，此二十年是太原公路普及、发展时期。1958 年大炼钢铁和 1965 年、1970 年的两次战备公路建设，对太原市的公路发展起到了推动作用。大部分山区公路是在 1958 年至 1959 年内开辟形成的。

　　第三阶段从上世纪 70 年代中期至 90 年代。在此期间随着社会主义四化建设的进展，以及机动车辆的剧增，须拓宽、改造旧路，增建桥涵设施，以提高道路的通过能力。同时须开辟城市过境、出口线路与交通枢纽，以适应改革开放新形势的需求。在此二十年间，太原的各级主要公路均得到了改造与提高，并拓展了诸如太原至榆次的超一级公路、太原至夏家营的一级公路、太原至小店的超二级公路等众多的高等级路线。还建造了诸如西曲、北郊、漪汾、南内环、贯中、南安等众多的大型跨汾桥梁。同时因地制宜，建成尖草坪立交桥、宏伟壮观的武宿大型交通枢纽，太旧高速公路和东山过境高速公路相继竣工……

　　民国时期，山西政府主修的太平、太忻公路线揭开了太原现代公路修建时代。由此，太原交通运输从古代官道、驿道逐渐演变为以现代公路为主。民国太原公路的发展不仅为太原交通发展奠定了基础，更重要的是促进了民国时期太原经济的发展，使民众接触到更多的新生事物，打开了太原封闭的大门。

坐汽车去：
刘宗法开办汽车行

交通工具是衡量城市交通能力的重要标志。工欲善其事，必先利其器。先进的交通工具无疑会极大地促进城市交通运输能力，最大化提升公路的经济价值。太原从古代道路形成开始，伴随着道路的发展变迁，运输工具也经历了不同的变迁。道路的发展反映了人们联系世界、彼此交流的夙愿，交通工具的演变和发展则为人们实现这种夙愿创造了条件。

太原公路运输工具的发展经历了人力、畜力、非机动车到机动车的漫长发展过程。据史料记载，自从有了原始畜牧业并出现了早期的商品交换活动，一些大型的牲畜就开始充当了运输工具。夏末商初，山西已经开始有简易的木制车出现。在春秋战国时期，在使用的木制车辆中开始使用金属轴承配件，交通工具的制造技术出现一次较大的飞跃。1988 年在太原义井发掘的春秋大墓中出土了大量制式车辆，这表明太原在春秋早期即出现了制作较为科学和规范的交通工具。秦始皇统一中国后的两千多年里，交通工具的制造技术不断改进，到民国初年从西方传入了三轮车、黄包车和自行车等机械交通工具，在西方思想渐进、西方技术渐行的大气候下，太原本地传统的独轮车、烧饼车也受其影响开始改进，从采用橡胶轮胎到装配转轮轴承，交通工具变得越来越方便，越来越实用。

民国时期，山西当政者阎锡山不仅竭力修筑了太忻线和太平线，而且还积极地引进西方现代交通工具大力发展交通运输业。1919 年 11 月，阎锡山颁布《山西省修路计划大纲》，并付诸实施。1920 年 4 月 10 日，以省城太原为中心，南至平遥、北达忻县的一段干线公路正式开工，当年年底建成通车，全长 213 公里，此为山西第一条公路，也是山西现代公路兴筑之始。之后，山西即有如下五条主要干线公路于 1930 年底陆续建成：平辽公路、太原至风陵渡公路、太原至大同公路、太原至军渡公路、祁县白圭镇至晋城公路。此外,还修有忻定台支路、侯河支线等几段公路。

　　道路的发达,衍生了交通工具的飞跃,不仅实现了社会经济的快速发展,同时也潜移默化地促进了社会观念的更新。1920年全省第一条公路修成后,司机刘宗法牵头集资从天津购回进口汽车两辆,1921年10月,经山西省行政公署批准,开辟了太原至榆次,后延伸到太谷、平遥的班车线路,每日往返于太原至太谷的公路上,跑起售票营运,此为山西第一个私营汽车运输企业,也是山西首创客运之始。尽管当时两个银圆的票价对于一般人而言价格昂贵,但是仍不能减少大家对于新兴事物的好奇和热衷,乘坐汽车的人一时间络绎不绝,使得坐汽车成为引领太原人出行新的时尚。同年11月20日,太原经忻县、定襄至五台县河边村的客运班车开通,全程110公里,并在太原、忻县、定襄、五台等地设立售票点,这成为山西省内的第二条客运通车公路。随着公路的不断增加,不少商人起而效法刘宗法所为,山西商营汽车运输业由此发展起来。次年,忻定台(忻州、定襄、五台)路工局以集股方式募集银洋6000元,又从天津购入汽车两辆。随即,各地私营客运业纷纷上

1929年,太原利通长途汽车公司同仁合影

原太

晋泰運輸貨棧

地址　電話九○四號
電報掛號五四○二號
上馬街一十二號

民国时期晋泰运输货栈名片　　　　　　　1929 年，太原隆记汽车公司股东合影

马。到 1926 年，山西已有太军、交通、太安、太济、太风、太同、太晋七家私营汽车公司在各主要公路干线上跑客货运输。此为民国年间山西公路运输业的最兴旺时期。

　　然而，由于初创阶段缺少必要的管理经验和管理制度，太原客运业经营比较混乱，交通事故频频发生，经营状况不容乐观。据当时的《道路月刊》记载："公司经理不得其人，内部即杂乱无章，而司机人员更漫不经心，致屡屡轧毙或伤害行人，官厅捕司机而置诸狱。售票开车，概无一定时刻，而中途坏车出险，尤属时有所闻，因之，旅客有滞留四五日尚不能成行者，不得已觅雇旧日畜力轿车，则车主固受开驶汽车之影响，早已出售殆尽，是有汽车更困难于无汽车时矣。"鉴于此种情况，1922 年山西省公署将全部私营汽车折价收归国有，并指定"学兵团"（晋绥军司令部管辖下的技术训练部门）成立了汽车运输队，经营客货汽车运输。学兵汽车队正式营运后，南段首站售票点设在太原首义门外（今五一广场附近），北段售票点设在太原小北门外（今五一路北口附近），并在途径主要城镇设有售票房。

　　除刘宗法外，留美归国的孝义人李亚豪受进步思想影响，1927 年集资创办了大轮、国民等小型汽车运输公司。三年后，联合二十多家汽车运输商行组建太风长途运输公司，拥有汽车 56 辆，并附设汽车修理业务。刘宗法、李亚豪创办汽车行，一时间在太原掀起了一阵追求新技术、研究新设备、务实求新、实业救国的风气，使得社会风气大变。

随着社会发展，客货运量逐渐增加，仅靠学兵团汽车队已无法满足社会需要。1925 年又复允私人经营汽车运输，到 1931 年后，山西境内公路汽车运输全部转为私营。而此时备案的私营汽车公司已发展到 200 余家，拥有汽车 600 余辆，并按照太同、太风、太军、白晋四条公路干线自愿组成晋北、晋南、晋西、白晋 4 个合营不合资的汽车合作社，分别担负各条线路的客货运输。太同长途汽车公司设在太原市小北门（现五一路北口星火俱乐部附近），拥有职工 300 余人，各种型号的运输车辆共计 60 余辆。主要营运太原至大同、忻县至五台县河边村、代县阳明堡至繁峙县大营镇的三条线路。太晋汽车公司设在太原市首义门（现五一广场），拥有各种运输车辆共计 46 辆。主要营运太原至晋城线路。交通、太军两汽车公司设于太原市首义门外，拥有运输车辆 34 辆，主要营运太原至汾阳公路。太风汽车公司共有车辆 34 辆，1934 年之前即开始营运太原至风陵渡线路。这四条公路运输线路基本上组成了近现代太原公路客运的雏形，其中除太同线路营运状况较好外，剩余线路运营情况都不理想。

1942—1943 年，在山西沦陷时期的公路运营线路共有 26 条，均以太原为中心通向全省各地。1937 年日军入侵山西后，山西逐渐形成国统区、沦陷区、中共抗日根据地三种军事力量割据的状态，由此公路交通也被分割，汽车运输业也随之衰败。而公路的建和毁，完全取决于战争的需要。在沦陷区日伪控制下的公路交通，完全为日军军事侵略和经济掠夺而构建。日伪政权在山西境内控制的主要公路干线有 7 条，即太原至平定旧关段、太原至风陵渡线、太原至大同线、太原至晋城段、大同至天镇段、太原至军渡线、太原济南线长治至黎城东阳关段。抗战胜利后，山西省政府由晋西迁回太原，成立官办的复兴汽车公司，有车 10 辆，经营太原至交城、太原至忻县、太原至榆次、太原至文水的客货运输。此外，太原、晋南等地还有一些单位和私人经营的少量客货汽车。到 1947 年 9 月，山西省政府统治区域内共有营业汽车 75 辆，其中客车 5 辆，货车 70 辆。随着解放战争的胜利推进，全省大部地区解放，复兴汽车公司亦宣告停业。

太原解放之后，由于受到山西山多川少、交通闭塞的地理条件的影响，公路通车能力和运输能力相对滞后。20 世纪 50 年代，根据国家恢复经济的需要和"大跃进"、大炼钢铁的要求，针对山西公路运输出现的运量大、运力小的紧张局面，山西省营运运输企业充分挖掘汽车运输潜力，并发动社会运输力量，采取多种组织形式增加公路运力，使公路客货运输矛盾得到一定的缓解。此时的山西公路客运已基本奠定省运输企业为骨干的独家经营局面，运输线路仍是以太原为中心向全省辐射。太原市共有三家客运汽车站，即太原汽车站、太原汽车西站和忻县营业所。东站位于太原首义关 21 号（今五一广场东南邮电局位置），西站位于太原西汽路（今迎泽街民航售票处），忻县营业所位于太原尖草坪。三家汽车站的设施简陋，经营规模不大，客运量十分有限。到 20 世纪 60 年代，太原地区的长途客运由省营汾阳、长治、忻县三家公司共同经营，1965 年 9 月 16 日，省交通厅批准成立了山西省太原汽车站。1966 年 2 月，新建的大营盘汽车站正式营业，统管了三家的运输业务。往后，主管部门又对长途运输营运的业务不断进行调整和规范。20 世纪 60 至 70 年代，在国家"以农业为基础、工业为主导"和"备战备荒"的方针指引下，整个交通运输的重点是支农运输和战备运输，形成了以太原为中心、以地区为衔接的贯穿山西公路交通的客货运输网络。20 世纪 80 年代在国家"改革开放，搞活经济"和"有路大家走，国有、集体、个体一起上"的方针指引下，太原市紧张的交通运输局面得到了初步缓解，全省公路建设初步形成了以太原为中心向四周辐射，各地区、县、乡向太原交汇，地区与地区纵横，县与县交错，干线直达贯通，支线联网成片的客货运输网络。20 世纪 90 年代，公路建设进入蓬勃发展时期，全省"大"字形公路主干线基本达到二级公路标准，尤其是 1996 年 6 月 25 日太旧高速公路的通车，标志着太原客货运输进入了划时代的发展阶段。

刘宗法经营汽车行，给民国时期太原运输业带来了些新气象。从史料记载不难发现，尽管当时运费昂贵，但是人们还是对新生交通工具产生了浓厚兴趣，乘坐者络绎不绝。更为重要的是，刘宗法汽车行充分体现出当时太原社会的开化，极大地激发了社会接触新生事物的激情。一辆公共汽车在那个年代能够为太原带来这么多的惊奇和变化，不能不说是道路交通的魅力。

火车开来：
正太铁路历沧桑

铁路是近代的主要交通运输工具，是物质生产的一个重要部门。铁路在连接城市与乡村、内地与边疆、工业与农业，沟通产供销之间起着重要作用，它是中长途旅客运输和大笨重货物运输的主力，是国民经济、国防建设和人民生活的重要保障。漫漫百年，风尘历练，"正太铁路"浓缩了中华民族在近代由屈辱走向自强的伟大复兴，见证了中国铁路从无到有，从小到大，从落后到先进、再到世界前列的沧桑巨变。

19世纪，工业革命的发展推动交通运输业的革命和发展，蒸汽机的出现及应用为铁路运输以蒸汽机车为动力奠定了基础。英国最早的一条可供蒸汽机车牵引客、货列车行驶的铁路，位于斯托克顿和达灵顿两城市之间，于1821年开始筹建，1825年建成通车，全长32公里（20英里）。这条铁路被认为是世界上第一条正式的铁路。

1876年由英国怡和洋行在吴淞和上海之间擅自修建的公开运输旅客和货物的铁路，是我国第一条铁路。1866年，英国殖民主义者为了扩大对我国的侵略，不惜采取欺骗手段，借口吴淞至上海间河道不易疏浚，要求修建铁路，以便把海运至吴淞的货物经铁路运到上海。这一要求未得清政府批准。英国侵略者不甘心，1875年通过英商怡和洋行将铁路器材从英国偷偷运到上海，擅自铺轨筑路。1876年12月1日，上海至吴淞全线完工通车。英帝国主义的侵略行径激起了强烈的反抗，沿线人民在筑路期间掀起了自发的群众性的反对外国侵略的斗争。1877年9月，清政府用重金赎回这条铁路，但没有加以利用，却昏庸地把长约15公里的铁路线拆掉了。

清朝光绪年间，洋务运动的领袖人物张之洞一再强调"中学为体，西学为用"

的思想,并且主张"师夷之长以制夷",引进西方的技术,实现富国强民。其中兴建京汉铁路及其分支线路就是在他的提议下开始的。光绪二十二年(1896),在甲午战争中失败的清政府终于认识到铁路对于中国的重要意义,接受张之洞七年前的建议,决定修建芦(沟桥)汉(口)铁路,并且以该路为干线,邻省可修建支线与之衔接。这样一个机会摆在了时任山西巡抚的胡聘之面前。胡是湖北人,他是当时政坛上一个少有的开明人物,对于前任张之洞提出的"利用晋铁"的主张十分赞同。同年五月疏请修建太原至正定的铁路支路,他说:山西煤铁之富为华北各省之冠,鄂督张之洞已奏明要利用晋铁,而晋省境内山路崎岖,交通极为不便,拟于卢汉铁路之正定车站附近与太原府修段铁路,具体则由山西商务局借外债兴造。7月8日,得到光绪皇帝批准。

山西修建铁路的消息传开后,华俄道胜银行便找上门来,他们推荐法国工程师越黎赴路测勘,这是一家有法国和俄国背景的银行,清政府不敢得罪,于是同意。山西巡抚于1897年5月奏明勘测情况,并提出向华俄道胜银行借款的请求,得到朝廷照准。1898年5月21日,山西商务局的曹中裕与华俄道胜银行代理人璞科第在北京签订《柳太铁路合同》。为了进一步压缩成本,合同约定:将正太铁路东端起点从正定城南移到柳林堡(今石家庄市桥东区柳林铺),全长约500华里,工期三年,借款2500万法郎,年息六厘,二十五年本利还清。该合同第四条规定:"铁路之宽窄,何处应设车站以及车站何处应大,何处应小,火车客货车辆之多少等事均由银行代为酌核。"同年冬,法国钢铁实业团派工程师数人来华,经简单踏勘后,知工程繁难,建筑费极贵,决定采用一米的窄轨。

一条铁路,在山西激起了保守派的强烈反对,《柳太铁路合同》一签订,胡聘之背后便激起不少唾沫星子,他的压力很大。在当时一提到借外债,人们就容易跟卖国联系起来,甲午战后,列强纷纷在中国修路,而中国承担了大量的战争赔款,根本无力修路,铁路建设只有两条路可走,或者放弃修建任由外国人修建,或者借用外资补充国内资金之不足。如果放弃修建铁路,中国将处于更不利的地位。也正因为形势严峻,这时的借款条件都比较苛刻,在一定程度上不利于中国。

1898年,山西换了个新巡抚,这就是以保守和扶持义和团而著称的毓贤。他原任山东巡抚,由于在山东极力排外,引起外国人的强烈不满,在列强的压力下,他被派到山西担任巡抚。毓贤是个与洋人不共戴天的人,他到山西后,一反胡聘之的行政风格,一场规模巨大的排外运动拉开了帷幕。对铁路这个东西,毓贤本能地反感,山西的保守派乘机反扑,范宗泽等人提出山西不宜修铁路的建议,毓贤立即据此向总理各国事务衙门请求暂行停办,加上1900年八国联军侵华和义和团运动爆发,修路之事被搁置。

1902年芦汉(京汉)铁路修到石家庄村东,并设立车站,因石家庄村当时的名气不大,所以以附近的振头镇之名,将车站命名为振头站。振头站隶属正定站,有职工、路警十几人。"每有车至,仅数小贩,售卖零物,及村中小店数家,凡赴山西客人至此,再觅车轿起早西去。"1902年6月,《柳太铁路合同》签订后的第四年,人们快要忘记那段铁路时,华俄道胜银行璞科第以《柳太铁路合同》前约为据,催促开办,并提出柳太铁路作为芦汉支路,应将以前订的《柳太铁路合同》按照芦汉合同加以修改。当月,山西巡抚岑春煊报告清政府。9月7日,外务部和路矿大臣奉旨研究后复奏,决定由原来的商借商款改为官借商款,并请芦汉铁路总公司事务大臣盛宣怀,按芦汉铁路办法与俄商妥订详细合同。奏折呈上后,朱批依议。盛宣怀奉命与华俄道胜银行驻上海总办佛威郎谈判。经磋商,双方拟订了《正太铁路借款合同》二十八款和《正太铁路行车合同》十款。1902年10月15日,中国督办铁路总公司大臣盛宣怀同华俄道胜银行驻中国总办佛威郎于上海在合同上签字。新合同名曰《1902年中国国家铁路五厘借款》,借款总数4000万法郎,年息五厘,"三年之内全路告竣"。

1903年2月正太铁路准备开工时,清政府的官员才发现法国人要用窄轨,当即提出反对。而璞科第以正太路"地势险阻,工程艰巨"为借口,坚持采用窄轨;外务部、盛宣怀以正太为芦汉分支,要"一气衔接",坚持非修宽轨不可。法国总工程师勘测后提出,"若修宽轨需再追借一亿法郎"。而华俄道胜银行坚决不同意再加借款,双方相持达一年之久。最后,清政府让步。

法国总工程师挨士巴尼为进一步减少费用,要求铁路进入平原之后,线路取直,将东端起点从柳林堡南移到枕头(振头)站(今石家庄站)。1904年2月,日俄战争中俄国战败,华俄道胜银行将正太路借款合同转让给法国巴黎银行公司,铁路债权遂为法国所有。

1904年5月,全线开始施工。工程除石家庄至乏驴岭、乏驴岭至下盘石头两段由外国人承包外,其余绝大多数工程均由中国承包商承建。中国人实际上参加

由法国工程师负责修建中的正太铁路大桥

了正太铁路的设计、测量,担负了全线桥梁、隧道和一切附属物建筑的修建工作。在同一时期的 1905 年,清政府任命詹天佑为总工程师,主持修建京张铁路,1909 年全线竣工, 这是近代中国人自行设计和施工的第一条铁路干线。京张铁路的修成,极大地鼓舞了中国人民的民族自信心,推动了广大群众"收回路权",自办铁路的爱国运动。1907 年 10 月,历经磨难与坎坷的正太铁路建成通车。建成后线路总长 243 公里,设车站 35 个,有隧道 23 座,总长 3345 米,最长的隧道 640 米,全线大小桥梁 1200 多处。从此山西告别了没有铁路的历史,三晋大地隆隆地驰进了第一列代表现代文明和速度的火车,那些祖祖辈辈在田里劳作的人们第一次看到了一个庞大的冒着黑烟的家伙驰过,一场改变人们生活的运输革命从此拉开了帷幕。

按照《正太铁路行车合同》规定,正太铁路建成后,由法国巴黎银行公司经营管理,它的组织机构分为两个系统:一是正太铁路监督局,中国方面委派局长主持,掌"监督"之权。二是总管理处,由法国的总工程师主持,掌握运营全权,路局设在石家庄。

铁路具有传统运输方式无可比拟的优越性。首先,运量大,当时一个普通车皮可装约 20 吨货物,而一般的大车以三匹或四匹之骡马,可以载重 800 公斤,至少 200 公斤,骡一匹可负重 150 公斤,骆驼则可负重 300 公斤;其次,运费低,每吨货物行驶一公里,用大车畜拽的方式运输需 14 分钟,用骆驼或骡马驴驮运需 25 分钟,用人背负需 75 分钟,用火车仅需 8.68 分钟;第三,速度快,传统运输工具需花长达几天甚至几十天的路程,火车仅需几个小时即可到达;此外,铁路运输方式还有安全、不受气候影响等诸多优点。因此,铁路运输很快打破了山西境内外物流最主要的运输方式,因铁路转运业、煤矿业的发达,一些城镇从无到有,一些城镇迅速繁荣,而一些传统的驿路枢纽城镇则因物流网络变化而逐渐衰落,山西城镇的传统格局发生了重大变化,近代区域经济也随之形成。

正太铁路是山西通往京、津、沪及江南各地的主要通道和沟通省内外物流的经济大动脉。正太铁路通车后，山西中部各县与外间之交通自此正太路为主线，交通网络由此开始发生重大变化。由于正太路的便利，太原与其他地区的商品往来日渐增多，进口货以布匹、纸烟、杂货为大宗，绸缎、瓷器、器皿次之。每年由天津输入的洋广杂货约30万元，商人再将这些洋广杂货转运至太原西北各县销售。输出货物则以杂粮、生铁、汾酒为大宗。1907年，太原商务总会宣告成立，参加会员561户；1913年，会员增至778户。抗战全面爆发前，太原商户达到2500余户。太原商户以门市售货供本地消费者为多，主要是米粟业、金银首饰业、金融业等，大型批发商较少，商品交易额较少。在这一过程中，近代工业在太原也有较快的发展。工商业的日益繁荣，吸引着周边及其他地区的农村人口纷纷来此经商做工，人口因此急剧增长。

1931年中国政府决定按照合同收回路权，但遭到了法国方面的拖延和阻挠。他们甚至断言中国人管理不了这样的铁路。1932年3月，中国政府全部还清借款本息，要

正太路井陉车站

平定火车站货场

正太铁路娘子关车站

正太铁路南张村车站

正太铁路机车库

正太铁路火车头

求收回经营管理权。而法方制造种种借口,继续拖延。后经正太铁路接收委员会和正太铁路 3000 名职工的坚决斗争,法方于 1933 年被迫交还路权,10 月 25 日举行收归国有仪式,开始移交,11 月 25 日正太铁路正式收归国有。

正太铁路收回国有后仅仅六年多,就又陷入了日军的铁蹄之下。七七事变后,日军大举进犯华北,1938 年 3 月,正太铁路被日本人占领。日军占领后,为了满足其军事运输和掠夺山西资源的需要,从 1938 年 11 月至 1939 年 10 月,进行了技术改造,将正太铁路使用的窄道改为准轨,并改名为石太铁路。日军统治下的石太铁路成了晋察冀抗日根据地的封锁线,1940 年 8 月 20 日夜,晋察冀军区第一二

1922 年,正太铁路总工会成立大会

九师、第一二〇师在八路军总部统一指挥下，打响了以破袭石太铁路为重点的战斗。为此，在战争期间，石太铁路遭受了严重的破坏。1945年，日本帝国主义投降，蒋介石次年8月又挑起了内战，铁路沿线的解放区居民，为配合中国人民解放军抗击敌人，全面开展了破击铁路的斗争，1947年11月，除太原至榆次间4站25公里线路勉强维持运行外，石太铁路均已获得解放。随后，在晋察冀边区铁路管理局领导下，开始铁路修复工作，在解放太原的战役中，铁路工人随军抢修铁路。1949年4月，石太铁路全线修复通车。

正太铁路娘子关（水粉画）

　　漫漫百年间，石太铁路从窄轨到准轨，从单线到复线，从蒸汽到电力，见证了中国铁路的沧桑巨变。从1951年9月开始，石太铁路先后五次进行技术改造，1982年9月全线完成电气化改造，成为全国第一条双线电气化铁路。进入21世纪，特别是2005年3月18日太原铁路局成立以来，石太铁路经过大规模的安全标准线建设，取得了十项标志性成果：线路基础全面加强，信号设备明显强化，供

1905年8月正太铁路全线通车，火车抵达太原

电设施有效整治,车务实现技术监控,站台站舍焕然一新,治安环境明显好转,基础管理显著加强,队伍素质整体提高,安全生产持续稳定,职工热情空前高涨。百年石太铁路青春焕发,面貌一新,迎来了黄金发展期。

2009 年,山西第一条高速铁路——石太铁路客运专线开通运营,开启了山西铁路的高速时代。石太铁路客运专线直接吸引区域横跨两省三市四县,吸引区域土地总面积 16 600 多平方公里,总人口 700 多万人。预计到 2020 年,石太铁路客运专线最大区段客流密度将达 1500 万人/年,将开行客车 56 对/日,承担货运量 3800 万吨/年;到 2030 年石太铁路客运专线最大区段客流密度将升至 2512 万人/年,日开行旅客列车将达 100 对。石太铁路客运专线是我国铁路"四纵四横"快速客运网中太原至青岛客运专线的重要组成部分,是继京津城际铁路、合宁等客运专线投入运营后,大规模铁路建设取得的又一成果。石太铁路客运专线的开通运营,形成了一条大容量的快捷客运通道,对于大大缩短山西与京津唐环渤海地区和河北、山东等省份的时空距离,密切区域经济、文化、信息交流,拉动经济增长具有重要支撑作用,必将有效促进山西与周边地区人流、物流、信息流、资金流的快速流动,对于推动山西旅游发展、提升山西投资环境,对于提振信心、拉动内需,促进经济保持平稳较快发展,具有重要意义。

南北通衢：
一省之力筑同蒲

铁路是国民经济大动脉。正如列宁所说："铁路是一个重要的环节，是城市和乡村间、工业和农业间最明显的联系的表现之一，社会主义是完全建立在这种联系上的。要想建立这种联系来为全体人民有计划地工作，就必须有铁路。"

正太开筑后，山西籍在京的翰林院庶吉士解英格、吏部主事李廷扬、湖南候补道刘笃敬等向山西巡抚张曾敭建议由本省绅商招股自造同蒲铁路。张采纳此议，上奏光绪皇帝批准，于1907年2月成立"山西同蒲铁路有限公司"。经过三年，仅在榆次到北腰村之间修路基7.5公里。后终因辛亥革命爆发和筹资困难而停修。

辛亥革命后，孙中山曾亲自担任全国铁路督办，组建"中国铁路总公司"，为我国早期铁路建设呕心沥血，辛勤工作。他为把贫穷落后的旧中国改造成为独立富强的新中国，在发展祖国的实业计划中，尤其是在他的《建国方略》中，精心绘制了一幅雄伟的经济建设蓝图，详尽地表述了以铁路、港口建设为重点的战略设想，特别是关于铁路建设的规划，具有深邃的独到见解。孙中山先生认为，"交通乃实业之母"，"铁路又为交通之母"。"今日之世界非铁道无以立国。中国地大物博，如满洲、蒙古、西藏、青海等处，皆物产殷富之区，徒以交通不便，运转不灵，事业难以振兴，蕴华无由宣泄。"他进一步提出了十年内修建10万英里（约合16万公里）铁路的宏伟目标。

1913年同蒲路由"商办"改为"国办"，并入同成（大同—太原—风陵渡—西安—成都），也向法国人借款修筑。后因袁世凯将款用于内战，经过十年，只开始进行测路，没铺一轨。1927年，阎锡山提出由山西自筹修筑同蒲铁路的计划，先聘德国工程师穆兰·壬乃续为测量队长，花三年时间，对全线进行了测量，1930年因阎冯倒蒋的中原大战而停止。1931年，阎锡山由大连退回山西，重掌山西大权，再次决定修筑同蒲铁路。

由于正太铁路由法国企业联合公司管理，运费极高，使山西经这条路运出的煤炭价格昂贵到极不合理的程度，山西煤炭工业无法发展。1932 年，这条路归南京政府管理后，在沿用法国人高运价上，还拒绝沿用长距离运输减价的惯例，致使从山西矿井上卖价每吨二元五角二分的煤炭，经这条铁路到了汉口等城市时，每吨价格涨到十八至三十元，是国内平均价格四元六角一分的 3.9—6.5 倍。正因此，山西省的经济发展受到极大限制。所以阎力排官绅"工程浩大，花钱太多"的众议，坚持修同蒲铁路，把山西的煤、粮等商品送出去。

1932 年阎锡山提出了《山西省政十年建设计划案》，在经济上要"发展公营事业"，而铁路也属于公营事业。阎锡山担任"晋绥兵工筑路总指挥部"总指挥，他一开始就说："我愿此次修一最经济之铁路。何为最经济？即坚固与省钱两者兼顾是也。"以经济为原则，"同蒲铁路的测量定线工作，将近六年（按：包括中原大战前的两次测量），有的路段测量三四次，甚至六七次，虽费时费力，却找到了经济合理的线路。如绕开石岭关、雁门关，另选新线，虽多走路程，却躲开了艰巨的谷桥、隧道、深挖、高填等工程，经费大省，效益大增"。以经济为原则，同蒲铁路援引正太铁路的成例，采取法式窄轨。当时世界上有三十多种不同的轨距，例如前苏联，它的轨距大都是 1.524 米；而印度，它的轨距有 1.676 米、1.435 米、1 米、0.762 米、0.610米等多种。我国第一条铁路淞沪铁路就是一条窄轨铁路，轨距为 0.762 米。同蒲铁路开工之前，通过对当时所有八种规格的铁轨的测算得知：如修每米 38 千克的宽轨，全线需要投资 9000 万元。经调查，同蒲铁路沿线货运量每年约 4 万吨·公里，连同客运段收入（旅客 7500 万人·公里），每年总计约 350 万元。如果以运量每年增加 30% 计算，除去利息、支出，损益扣底，五十年内不但赚不了钱，累计还要亏损 37.43 亿元。而改修从德国购进的一公尺 14.5 公斤的窄轨，相应枕木、隧道、桥梁、路基、火车头、车厢都便宜，枕木和部分运货车厢可自行生产，这样则成本大大降低，能够节省大量的人力物力，投资仅需 3400 万元。二十年内除收回全部投资外，并可盈利 670 万元；五十年内约可赚回 30.63 亿元。一正一负相差甚远。也正是因为以经济为原则，同蒲铁路是以最省钱的办法修成的。据统计，"同蒲铁路的修筑费，南段为 800 万元，长以 500 公里计，每公里平均为 1.6 万元。北段为 852万元，长以 350 公里计，每公里平均为 2.4 万元。全线为1650 万元，长以 850 公里

1933 年同蒲铁路开工典礼

计，平均每公里为 2 万元"。不及前此计算的宽轨铁路所需费用 9000 万元的
20%。当时为了节约资金，信号设施、道闸起动都是以手工操作代替气刹车。阎锡
山于 1933 年 3 月专门编成《山西修筑窄轨铁路之理由》一书，阐明投资少、得利快
之好处，并以此书上报铁道部，并保证"将来拆除窄轨，由铁道部改修宽轨"。

　　1932 年 10 月，太原绥靖公署设立兵工筑路局。同蒲铁路修筑过程中的所有
土石方工程都是由兵工承担的，参加过同蒲筑路的晋绥军部队计有第六十六师、
六十九师、七十一师、七十二师、正太护路军炮兵独立第一旅以及各师旅中的工
兵，约三万余人参加筑路的士兵因有部队薪饷，所以只发给少量津贴，较之雇佣民
工费用自然要省出许多。当时雇一名普通石工 9 元 / 月，技术石工 12 元 / 月，士兵
开山筑路 6 元 / 月。同时实行多劳多得，超额有奖，士兵也有一定的积极性。成建
制的部队开到筑路工地，较之散漫的民工又有着效率高的优势。除此之外，还特设
兵工筑路传习所，主要由编余军官内招收学员，培养筑路技术人员和行车人员，成
为军地两用人才，既解决了施工技术人员缺乏的问题，又使一部分编余军官学有
所长。对此，阎锡山曾经得意地说："兵工筑路，不但在我省是创举，即在全国亦是
创举。这件事如果做好，在国家可以化不生产者为生产者，在军人可以化单纯职业
为复式职业。"

　　在 20 世纪 30 年代的中国，以一省之力，修成一条纵贯全省的 862 公里的铁
路实为奇迹。在修筑同蒲铁路的过程中，阎锡山坚持"中西结合，土洋并重"的原
则，采取"先简陋后先进，由窄轨而若干年后再向标准轨迈进"的筑路谋略，但路基
是按宽轨需要的 4.8 米来筑的。高薪聘请德国工程师，如王萧和米勒，在国内分别

同蒲铁路同仁合影

同蒲铁路介休车站

聘请谢宗周、翟维中为总工程师和副总工程师,还聘请了南段、北段铁路局局长,起用精于计算的阎明厚和熟悉工程诀窍的郭廷兰等人,首创军人筑路之举,修筑了既坚固又省钱的同蒲铁路。从经济角度看,这样避免了许多失误和不必要的浪费,既省钱效率又高。

为了尽快实现经济效益,实行修成一段,就先行营运。1933 年开始,同蒲铁路的逐段通行,更是给太原的社会及经济发展注入了新的活力。同蒲铁路的运价当时在全国是较便宜的,迫使正太路也向下调价。1934 年5 月,太原至介休段竣工,7 月 1 日就正式营业,当年就运送旅客 76 万人,运货 57 万吨;第二年原平至临汾铺成,就运送旅客 27.5 万人,运货 43.5 万吨。1935 年营业进款额为 178.64 万元,货运收入增加 78.7%,纯盈利 116.4 万元。同时为了降低筑路费,还采用了兵工修路的方法,利用部队参加修路。

1933 年 8 月,具有官方背景的西北实业公司成立,管理着西北贸易商行、天镇特产经营厂、西北毛纺厂、西北火柴厂、西北窑厂、西北皮革厂、西北洋灰厂、西北印刷厂、西北煤炭第一厂、西北炼钢厂、西北电厂等,既为修建同蒲铁路所需材料提供服务,也为山西基础工业的发展打下了基础。太原作为同蒲路的中心站,南北物资均在此交流,经济前所未有地活跃,城市化步伐大大加快。比如,1933 年因同蒲铁路急需大量洋灰,为此委任在太原河西崛𫑡村手工试制洋灰的台湾人刘敬业为副厂长,厂址选在河西西铭村,主要考虑靠近水源、原料产地。西山靠近原料但缺水,崛𫑡村有泉水但离原料有 10 里之遥,后在西铭探测水井可供水,且洋灰需用原料石灰石、坩子土、沙石、铁矿、石膏、石炭六种,均在西铭附近的西山。1934 年 8 月西北洋灰厂(即太原狮头水泥厂前身)正式建厂,1935 年 4 月 14 日烧窑,日产 500 桶,是华北第二座洋灰厂。

同蒲铁路贯通山西南北,堪称山西交通主动脉。它的建成对山西政治、经济等各个方面的积极影响是不能否认的。南同蒲线向南延伸,经太原盆地、临汾盆地、侯马盆地进入中条山区北部,沿涑水河上游经运城、永济到达黄河北岸的风陵渡,在陕西的华山站与陇海铁路相连,成为沟通晋陕两省的交通大动脉。北同蒲线由大同向南,跨越桑干河、滹沱河及汾河三个流域,穿过云中山和系舟山等分水岭,经朔州、宁武、原平、忻州而达太原。它在太原与南同蒲线相接,由此与全国铁路联网。北同蒲线虽然开发较早,但因战争的破坏,该线几经修通,又几次被毁,长期处于瘫痪状态,直到新中国成立后方才修复通车。

同蒲铁路的修复是在新中国成立以后。1949 年 6 月,太原铁路管理局成立,同年 11 月,山西省修复指挥部成立,铁道兵开始了同蒲铁路的抢修工作。特别是北同蒲铁路,由于破坏严重,加之地形复杂、坡度大、弯道多,因此工程艰巨,抢修难度很大,直到 1951 年 8 月全线才修复通车。20 世纪 80 年代后期,北同蒲线进行了大规模的电气化改造,至 1992 年 4 月,全线停驶蒸汽机车,改由内燃机车、电力机车牵引,成为晋煤外运的主要干线之一。2010 年 12 月 30 日,由两台 SS4 型电力机车牵引的 55001 次列车从榆次站开出,经由南同蒲线进入侯月线。至此,南同蒲线结束了非电气化的历史。

2009 年 12 月 3 日,一条纵贯南北的快速交通大通道大同至西安铁路客运专

1936 年元旦同蒲路通车至风陵渡留影纪念

线开工建设。这条铁路建成后,大同至西安旅客列车运行时间将由 16 个多小时压缩至 3 小时左右。大同至西安铁路客运专线是我国《中长期铁路网规划》的重要组成部分,线路北起山西省大同市,自北向南经山西朔州市、忻州市、太原市、晋中市、临汾市、运城市,在山西永济市跨黄河进入陕西省渭南市,经临潼至西安。这条线路全长 859 公里,山西省境内正线长 710 公里。这条铁路建成后,可实现大同至西安铁路通道内客货分线运输,大幅提高运输能力和质量,专线将与石(家庄)太(原)客运专线、太原至中卫(银川)铁路、陇海客运专线、西(安)成(都)客运专线有效衔接,形成山西、陕西通往全国各地高效便捷的快速客运网。到 2014 年,西安、太原、石家庄、北京之间将由铁路客运专线相连接,这几个城市间的时空距离将大幅缩短,太原至石家庄 1 小时,至北京 2 小时,至西安 2 小时,至郑州 2.5 小时,这将意味着我国西、中、东部的一些中心城市将与北京形成一条"城际公交线"。

铁鸟行空：
举目鹏翼接天涯

　　世界航空事业是 20 世纪才发展起来的，可是在我国古代却早已发明了模型飞机和雏形火箭，至今在民间还流传着许多美丽而动人的关于飞天的神话故事和传说，如萧史乘龙、弄玉跨凤、嫦娥奔月……在科学技术不发达的年代，这些神话和传说反映了人们向往飞行的美好幻想。随着生产和科技的发展，我国古代的科学家和能工巧匠开始探索飞行的原理，尝试着制造各种各样的飞行器，进行了许多飞行试验。在历史上，我国劳动人民曾对人类的飞行事业作出过杰出的贡献。

　　世界第一架飞机是美国的莱特兄弟于 1903 年 12 月发明的。莱特兄弟 1903 年制成的飞机，前后各有两层平行的翼面，各翼之间有许多支柱和绳线连着，看上去就像个大书架，总重有 340 公斤。当年 12 月 17 日，这架飞机第一次试飞时，离地仅三米多，飞行距离 37 米，留空时间 12 秒。当天第四次试飞，飞行距离 259.69 米，留空 59 秒，最后飞机被风吹翻而坠毁。这架飞机，现在看起来当然十分原始，很不完善，但在当时是比较先进的：机翼的几何形状正确，螺旋桨桨叶设计合理，动力为汽油发动机，特别是解决了横向稳定和操纵问题，这些都是空前的创造。虽然我国没有制造出世界上第一架飞机，但是获得早期国际飞行比赛冠军的却是中国人。他就是制造我国第一架飞机并成功地飞上天去的著名飞行家冯如。1909 年 9 月 21 日，中国飞机制造家、飞行家冯如驾驶着一架自制的飞机翱翔在奥克兰的上空！这架飞机的机翼，方向舵、螺旋桨、内燃机等部件全部是由冯如等中国人自己制造的。这架飞机试飞航程达 884.67 米，是飞机发明者美国莱特兄弟 1903 年首次试飞距离 259.69 米的两倍多。这一成就，引起了西方世界的震惊，而中国也因此在世界早期航空史上赢得了光荣的一席！冯如再接再厉，很快又制造出一架性能更好的飞机。他驾驶这架飞机飞行了不到 20 分钟，就创造了飞行航程 32 公里、时速 104 公里、最大飞行高度 200 多米等一系列世界新纪录。在同年底举行的国际飞行竞赛大会上,冯如驾驶这架飞机以优异成绩取得了第一名,荣获了国际飞行协会颁发的优等奖证书。而在我国本土上制造第一架飞机的,则是杨仙逸了。1923 年,杨仙逸造出了第一架在我国本土上由中国人自己设计和制造出来的名副其实的国产飞机。

山西是中国最早开发和发展航空的省份之一。1912 年,中国革命的先驱孙中山先生为实现外御侵略、内除军阀、统一中国的目的,大力倡导"航空救国",中国南方各省积极发展航空事业,多方开辟途径,采取不同方法培养航空人才。1919 年 3 月,北洋政府交通部筹备航空事宜处成立后,山西省长公署开始有计划地筹办省内航空。同年 6 月,山西兵工厂从法国订购贝来盖式飞机发动机 6 台,聘请法、德籍航空技术人员来太原协助训练航空飞行人员和制造飞机。

1923 年,阎锡山开始建立小型空军,计划购买 40 架飞机,并以"鹏"、"程"、"万"、"里"为机号,每字飞机编 1—10 号,编成机队。同年,阎锡山在太原大北门外(今尖草坪区光社村西)修建山西第一个飞机场——城北机场,同时成立航空训练队,设立飞机修配厂,试制成功贝来盖式飞机机身,成为山西航空史上的创举。当时机场仅有一条土质单行跑道,设施简陋,主要用于航空训练。

1925 年冬,山西省长公署为储备航空人才,扩充实力,组建航空兵团,购买法国轻型教练机 2 架。1926 年 5 月 1 日,阎锡山创办山西航空队,同年 12 月改建为山西航空预备学校,招收首期学员 60 名,有英制和法制及自造机身的飞机共 8 架。1929 年,山西航空预备学校改为山西航空学校,又从英国购教练机 6 架,聘请法、德籍飞行人员组织飞行训练。至 1930 年,山西航校共培养出 100 多名飞行及航空技术人才。不过,此前开发航空主要是为军事需要。

1931 年,国民政府对阎锡山开办的山西航空学校和航空大队接管改组,成立山西省民航局,隶属山西省建设

20 世纪 20 年代,山西就有了航空学校

厅,同时受国民政府交通航政司管辖。同年夏,山西省民航局首次使用城北机场开办空中游览太原市容的业务,这是山西最早出现的民用航空业务。

1934 年 5 月 1 日,南京国民政府交通部与德国汉莎航空公司合营的欧亚航空公司在太原设立航空站,首次在城北机场开辟北平—太原—汉口—长沙—广州的航线。该航线是北平、广州通航太原最早的航线,也是山西省第一条国内民用航空线,于抗日战争爆发后停航。

民国时的北平—太原航线

民国时乘坐飞机是件很时髦的事

1937 年 11 月 8 日,太原沦陷,城北机场被日军占领。1938 年,日军为政治扩张、军事侵略和经济掠夺的需要,对城北机场进行了整修扩大,将跑道扩展为长 1500 米、宽 50 米,又修筑了混筑土进场路。1945 年抗日战争胜利后,国民政府还都南京,军政要员多乘民航飞机,部分军用物资亦赖空运,山西军政当局征调民工对机场建筑和跑道等设施进行整修,完工后机场可起降 C—46 型运输机,中央航空公司开通了北平—太原—西安—重庆航线。这是山西民航的第二次复航。之后,中美合资经营的中国航空公司开通了西安—太原、北平—太原航线,航空运输业务一度出现畸形繁荣。不久,因通货膨胀、油价高涨、票价昂贵,运输量锐减。加之战火连绵,航班无法正常飞行,上述航线相继停航。1946 年,中央航空公司在城北机场开办军事运输业务,该机场成为山西最重要的空运基地。1948 年 5 至 7 月,国民政府行政院善后救济总署空运队开辟上海—南京—郑州—太原—银川、天津—北平—太原—西安两条航线,中央航空公司开辟北平—太原、上海—汉口—西安—太原—北平两条航线。这是山西民航行的第三次复航。

1949 年太原解放后,由太原市军事管制委员会航空接管组接管城北机场。

1950 年 7 月 1 日,中苏民航股份有限公司在城北机场设立太原航空站,并使用该机场于 8 月 1 日开通北京—太原—西安—兰州—乌鲁木齐—阿拉木图国际航线。1951 年后,因城北机场临近太原钢铁厂,净空条件差,影响飞行安全,太原航空站迁址亲贤机场,城北机场随之废弃。现存于太钢厂区内的太原城北机场旧址位于太原钢铁有限公司厂区中北部,现保存飞机库 4 座、碉堡 1 座。这 4 座飞机库的空间尺度及朝向完全相同,由北向南排列,每座机库长 32 米,宽 26 米,可停放飞机 4 架,是我市仅存的民国时期飞机库。

亲贤机场位于大营盘至三营盘一带,西至王村,东至并州南路,南至亲贤村北 200 米处,北至大营盘西街,占地面积 105 万平方米,距市中心城市 5.2 公里。该机场系 1948 年榆次解放后,阎锡山请民航空运队选址修建。当时修有一条长南北走向的土质跑道,长 1500 米,宽 50 米,后改为方石堆砌基础、水泥道面。新中国建立后,亲贤机场先由中国人民解放军空军使用,后由中国民航局和空军第十二航空学校合用。1950 年 10 月,民航局空港建设委员会成立太原工程处,对机场及其房屋进行整修,并修建仓库,以储藏从香港运回来的中央航空公司和中国航空公司原有航空机务设备、器材。经整修扩建后的亲贤机场可供两台发动机以下的中小型飞机起降;有一座可供 30 名旅客候机的简易候机室,一个可容纳 40 人就餐的旅客餐厅,一座 60 平方米的简易仓库。1951 年夏,中苏民航太原站由城北机场迁至亲贤机场。同年秋,中央军委民航局在机场设备降站。

1953 年,中国民航局使用 C-46 型飞机开辟北京—太原—西安—重庆航线时,与中苏民航公司共同使用亲贤机场。1955 年 1 月,中苏民航公司的苏方股份移交中国后,中国民航局陆续扩建了太原航站的餐厅、货运仓库、客机坪、油库,并建起了南近台、南远台、定向台、发报台等通信导航设施。1955 年起,中国民航局先后开辟北京—太原—兰州、北京—太原—乌鲁木齐、北京—太原—兰州—酒泉、北京—太原—西安—成都国内航线和北京—太原—重庆—缅甸仰光国际航线。同年,因该机场距市中心较近,太原市人民政府将其规划在市区范围内。市政府城市建设委员会与中国民航局订立了《关于亲贤机场使用问题的协议》。协议规定:亲贤机场可以继续使用至 1963 年。至 1957 年,飞经山西的民航国内航线有 6 条,国际航线有 2 条,沟通了华北与西北、西南各省的交往,密切了山西与首都北京的联系,并为中国、苏联、缅甸三国架起了空中桥梁,太原成了当时民用航空的重要枢纽之一。

1959 年,亲贤机场进行整修,新建白灰稳定土壤停机坪和正斜滑行道,新建进场路 1 条,建宿舍、食堂、机务用房、油机房。当年,民航北京管理局与太原市城建局议定,机场内的空余土地收回另作他用。1963 年,机场投资新建了半填半埋式 50 立方米油罐,新修碎石停机坪 1 个。

亲贤机场场地短窄,紧靠市区,对飞机起降影响较大,且与城市建设矛盾日渐增加。1971 年 6 月,民航山西省管理局由亲贤机场迁至改扩建后武宿机场。1975 年,亲贤机场移交山西省人民政府,机场报废。

红沟机场位于今太原市万柏林区红沟村,建于 1948 年,是被人民解放军包围的国民党军队在战时临时赶修的简易机场,跑道仅 1 公里,只能起飞小型飞机。1949 年春,太原战役打响,人民解放军占领了该机场。后废弃。

圪僚沟机场位于今太原市万柏林区圪僚沟村南,建于 1948 年 12 月,也是被人民解放军包围的国民党军队修建的小型战备型简易机场。1949 年春,解放军攻克太原城前夕,阎锡山从该机场乘飞机逃走。新中国成立后,该机场废弃。

武宿机场位于太原市东南距市中心 13 公里处,南至高中村,北至新营村,西至马练营,东至武宿村,海拔高度 781 米,占地面积 8407.88 亩。该机场最早为 1938 年侵华日军所建。当时修建了一条长 1000 米、宽 80 米的南北走向跑道和一条长 700 米、宽 30 米的东西走向滑行道,先为土质道面,后改为水泥道面。日军投降后,山西省政府在跑道两头各加修 300 米长的水泥面跑道,使机场具备了起降 C-46 型运输机的条件。1949 年 4 月太原解放后,武宿机场由中国人民解放军空军接管。1959 年 12 月 9 日,武宿机场交民航使用。1969 年 11 月,武宿机场产权归中国民航局,由民航山西省管理局对机场进行管理使用。武宿机场 1968 年、1992 年、2007 年进行过三次扩建。经过 2007 年的扩建,航站楼面积为 8.08 万平方米,跑道及滑行道延长至 3600 米,并加宽跑道及滑行道道肩,飞行区等级由 4D 级升格为 4E 级,可保障 B747、A340 等机型的全载起降及世界最大机型空中客车 A380 机型的备降,为国内干线机场及首都国际机场的备降场。2007 年,中国民用航空总局批准"太原武宿机场"更名为"太原武宿国际机场"。2008 年 6 月,太原武宿机场新航站楼竣工,新航站楼建筑面积 5.5 万平方米,不仅可以满足太原武宿机场现有 40 余条航线的运营需要,而且可以满足未来年旅客吞吐量达 600 万人

武宿机场

次的保障需要。

　　新航站楼造型新颖别致,犹如一架展翅欲飞的三角翼飞行器,以"起飞三晋"为建筑主题,被评为省城十大建筑之一。整体布局由多个三角形组成,多片三角形屋面交错起伏,使航站楼雄浑而飘逸,现代而独特的两大设计理念贯穿其中:一是多处使用数字"三",意为传承三晋历史文脉;二是运用"三角翼飞行器"的形象,突出了航空业特点。航站楼采用了空间网架钢结构作为主要结构体系,为室内提供了一个高大宽敞的空间。出于节能环保的考虑,航站楼采用了自然通风设计,使其成为一个会"呼吸"的建筑。主楼与指廊间布置的三个极富山西特色的内院,给整个航站楼带来了充足的光线,既节省了能源,又为旅客带来全阳流程和开阔的视野,可有效缓解旅客出行的焦虑感。目前,加盟太原机场的航空公司有 21 家,执飞航空公司 12 家。其中东航山西分公司和山西航空有限责任公司为驻地航空公司。国内通航城市 40 个,国外城市有法兰克福、巴黎、伦敦、纽约、旧金山、新加坡、吉隆坡、槟城、济州。开通国内及地区航线近 60 条。

置邮传命：
驿路几度入翠微

邮政不仅是人类与社会联系的纽带，更是社会生产和生活的必要条件。可以说，邮政是与生俱来的文明使者。伴随着人类社会的进步和发展，邮政越来越深入千家万户，通达五洲四海。在科学技术突飞猛进的今天，作为社会公用性基础设施，邮政对于促进现代社会政治、经济、科技、文化、教育等事业的发展，更加具有重要的基础性作用。因此，"情系万家，信达天下"已经成为各国政府和邮政运营企业共同追求的目标。

中国邮驿通信历史源远流长。在远古时候，我们的祖先在没有发明文字和使用交通工具之前，就已经能够在一定范围内借助呼叫、打手势或采取以物示意的办法来相互传递一些简单的信息了。远古传说中说，尧帝为了鼓励人民提意见，曾设置了木鼓。谁有建议或不满，可以击鼓示意。这种方式与至今尚在非洲大陆流行的"鼓邮"颇为相似，那里鼓手能在两面或多面鼓上敲击出不同的声音和节奏，表达不同的语言，以传递信息。可以推断，我国使用击鼓传递信息，最早当在原始社会末期。到了公元前21世纪夏王朝建立后，我国中原地区进入了奴隶制社会。人们的通信活动比以前大大复杂化了。国家组织人们治理洪水，需要完善的通信组织系统；政府对地方实行有效的管理，也需要较为严密的通信联络网。夏朝设立了"牧正""庖正"和"车正"等与交通有关的官吏，交通道路及其设施也增多了，通信自然比以前大大方便了。早在殷商的盘庚时期，就出现了有组织的通信活动，曾以击鼓传声、烽火传息的方式通报边境敌情。据甲骨文记载，到商朝纣王在位时，已经普遍利用了音传通信的手段。至于"声光"通信，古代传说中有一段关于商纣王使用烽火的记载，把我国早期的"声光"通信，提前到大约三千年以前，这个时间比后来周幽王烽火戏诸侯还要早四百多年。在西周时期有了比较完善的邮驿，传递军令和政令。至东周时,邮传通信和烽火通信相继建立,并行发展,逐渐形成了国家专设的传递官府文书的邮驿机构,至秦代有关邮驿的法规已逐步完备。

周朝晋阳(今太原)始置邮,随驿道沿途设立驿站,秦、汉即南北驿道,东出娘子关,直达幽燕;北出雁门关,通往塞外边疆;南下平阳(今临汾),从风陵渡边黄河,通往秦、蜀、西域。宋代,驿传分三等:步递、马递、急足递。急足递日行200公里,专门传递军事消息。元代各州县广设急递铺,遇军情紧急,日夜兼程,铺铺相接。经汉、唐、宋、元不断沿用、变革、创新,使邮驿制度、烽火规约日益健全,至清代前期终就大成,成为历代王朝赖以传播政令、飞报军情的通信组织,被称为"国之血脉"。数千年间,它对促进国家统一、社会经济文化的发展和中外往来都起过重要的作用。

据唐驿交通记载,唐朝山西邮驿已相当普遍,太原府为唐驿由长安通往塞外之贯通点,并由太原东通直隶省蔚州,元朝山西道之"站赤"以河东为枢纽,西通西京,北通太原府和平阳两路。

明清两代,驿站、驿道遍及山西全省。据清光绪十八年《山西通志》第80卷记载:清朝乾隆年间,凡置邮之所有传舍为驿,多在内地,通军粮为站,也叫塘,多在边外。当时山西管辖驿站共128所。其中,驿站57所,军站10所,边外站12所,塘站28所,蒙古站4所。驿站737.5公里。

太原府所属九驿:临汾驿、成晋驿、陵井驿、鸣谦驿、五湖驿、同戈驿、贾令驿、盘陀驿、永宁驿。道光年间太原设驿站3处,递铺21处,三驿为临汾驿、成晋驿、陵井驿。驿站是国家为军队和政府设立的通信机构,不收转民间书信。到明代永乐年间,随着商业的发展和商民通信的迫切需要,便应

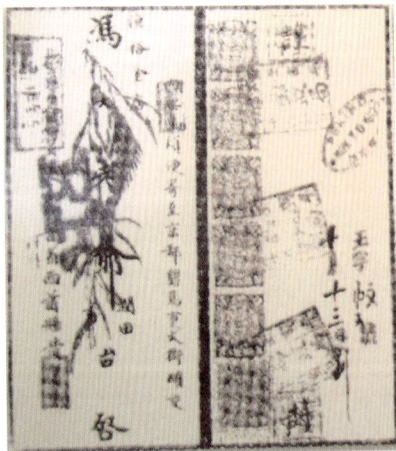

1902年太原寄北京信封

大清国太原府邮政局戳

时而出现了办理商民信件、汇款的民信局。民信局起源于浙江宁波一带，到清道光、咸丰、同治、光绪年间，已发展到东北、西北、新疆等地，并出现了"宁波商帮"、"麻乡约"和"山西票号"三杰。最盛时期，全国大小民信局有数千家，山西票号有四百多个分号，大都兼营民信业务。太原是山西票号的枢纽，随着票号的发展，兼营民营业务的票号相继增多。

抗日根据地交通员传递信件

民信局为了便利顾客，还往往把营业时间延至深夜。他们尽量利用车船脚夫，加快运递速度。遇到紧急书信多，即设特别快班。对于承办汇款、民信、包裹等物，如因疏忽而遗失、损坏，民信局须照价赔偿。由于经营方式灵活，服务周到，投递迅速，信用可靠，取费低廉，深得商民信赖。到1827年，山西票号已在京、津、张家口、开封、西安、苏州和山东等地设立了分号。随着票号的日益发展，山西民信局相继增多，有些票号为便利通信和开展汇兑业务，也兼办了民信局业务。光绪三十二年（1906），太原各票号、钱庄，共同在太原鼓楼街设立"正大民信"，办理民间通信和出资捎托，票号汇总款及往来信件，亦多由民信局办理。1920年，太原民信局全部歇业，邮件归邮局经营。

鸦片战争后，清王朝的通信机构处于混乱局面。官办驿站贪污腐败，不传递商民书信；民信局虽然活跃，但又各自为政，过于分散；列强各国在华所办"客邮"，既侵犯中国主权，又任意走私，不能满足用邮需要。为了统一各种通信机构，清政府决定四海关兼办，试办邮政。历经三十余年，直到1896年3月20日，光绪帝批准成立大清邮政，但邮权仍由英国人赫德掌管。

1901年阴历六月，清政府各税务司复准山西抚部院在太原设立邮政局的请求，并派供事邓维藩来进行筹设事宜。同年阴历七月二十五日正式成立太原邮政分局，隶属北京正邮界邮政总局管辖。局址设在太原市南仓巷洋务管署内，邓维藩负责掌管局务。规章制度仿用英制模式，行文、业务单册中英文并列。三个月后，总税务司正式委派英籍巡察员纽曼为首任局长。从此,太原才正式有了近代邮政。

太原邮政初创时为副邮界的首局,又是北京正邮界所辖的分局。1905 年,太原邮政分局为副总局,直属北京总税务司署管辖。太原副邮界的管辖范围初创时系按邮路划分,邮路所及之处,即为管辖之范围。升为副总局后,即管辖全邮界之邮务。1909 年,太原副总局的管辖范围扩至山西全省及绥远(今内蒙古包头附近)和河南彰德府(今河南安阳)地区。太原邮政分局初成立时,开办的邮政业务以函件为主。大清邮政设局标准是依据营业收入的多寡来决定,局所类别分总局(副总局)、分局和邮寄代办所三等。太原局为副总局(后升为总局),其他府州所在地和交通枢纽地,收入多者设分局,收入少者只设邮寄代办所。1907 年,开始在正太铁路上运送邮件。这是太原的第一条火车邮路,全程 250 公里。

1912 年 1 月 1 日成立中华民国后,原大清邮传部改为交通部,大清邮政改为中华邮政,隶属交通部。同年太原副邮界改为正邮界,太原邮政副总局升为邮政总局,邮区管辖范围不变,局址迁至大剪子巷。1913 年北洋军阀曾设立随军邮局,建有军事邮递所,并备有专门的军事邮戳。1913 年 11 月 8 日,全国邮区按行省重新划分,太原邮界改为山西邮区,太原邮政总局改为山西邮务管理局,局址迁至按司街。山西邮务管理局下设总监和内地管理处。总监管理太原市辖区的封发、挂号、包裹、汇兑和城乡投递等业务;内地管理处则管理全省各地的二、三等邮局。1935 年 1 月 5 日,山西邮务管理局改称山西邮政管理局,该局的本地业务股仍管理太原邮务。

在中华邮政时期,火车邮路在 1923 年改为租用火车邮厢运邮。1934 年南同蒲铁路通车至介休,1936 年延伸至风陵渡。1935 年北同蒲线路通车至原平后延伸至大同。邮政也根据火车通车情况开通、延伸邮路,计太原至大同 345 公里,太原至风陵渡 500 公里。太原的汽车邮路是在中华邮政时期开始组办的,1922 年开始委托山西长途汽车运输公司带运邮件,共有三条路线:太原至介休、太原至阳明堡、太原至汾阳,合计 420 公里。1929 年太原至风陵渡、太原至大同两线,也开始委办汽车带轻邮件,重件仍由步班邮路运送。抗日战争开始,当时的国民党军队曾在全国战区及远征军驻地,普遍设军邮机构,分别由交通部邮政总局负责管理及后方勤务部专司监察。

说邮局,自然会想到邮票。邮票是谁发明的?17 世纪,英国已开始创办国家专营的邮政事业。在 19 世纪 30 年代的英国,寄信是按邮程距离及信的页数向收信人收费的。昂贵的邮资使一般人难以承受,于是人们想尽办法少付邮费或者免付邮费,结果造成英国实行高邮费而国家邮政收入反而减少。据说英国数学家罗兰·希尔 1838 年在苏格兰一个偏僻的村庄避暑,一天,他在村中散步,看到了一个少女不愿接收邮递员送来的信。她对邮递员说:"我已看过了信封,请把这封信退回去吧!"希尔感到很奇怪,问少女:"这是谁来的信?你为什么不收信?"少女回答说:"我家里很穷,没有钱取信。这是我未婚夫来的信,他在军队中服役,我们预约他每星期给我一封信,然而,我一周的收入几乎和邮资相差无几。所以我们俩约定,如果他身体好的话,就在寄来的信封上画个圈圈,我见到这个符号,就不再付邮资取信了。"希尔既同情这位少女,又感到由受信人付邮资会在邮政上造成漏洞,于是,希尔就向英国政府建议:寄信邮费由发信人出钱购买邮票,将其贴在信封上,作为邮资已付的凭证,不再向收信人收费。1840 年 1 月 10 日,英国政府采纳了希尔的建议,并设计了以英国维多利亚女王侧面像为图案的邮票,于 1840 年 5 月 1 日开始发行,5 月 6 日正式使用。这就是世界上最早的邮票。英国的做法实行后,其他国家纷纷仿效。

我国第一套邮票发行时间是 1840 年 5 月 1 日,图案为蟠龙,俗称大龙邮票。大龙邮票有三个版式,即薄纸大龙、阔边大龙和厚纸大龙。1938 年 9 月,晋察冀边区为免费供给八路军战士寄信,临时发行了一枚"抗战军人纪念"邮票。这枚邮票的图案是一位持枪跑步的八路军战士,边上有"抗战军人"四个字,四角印有"纪念邮票"字样,红色,无齿孔,无面值,专供军人免费贴用。此邮票于 1938 年底停止使用。新中国第一套邮票于 1949 年 10 月 8 日发行,邮票名称为"庆祝中国人民政治协商会议第一次会议"。1980 年 7 月 1 日起,我国正式在全国推行邮政编码制度和标准信封。

如今,中国邮政作为国家重要的社会公用事业和国家重要的通信基础设施,长期以来,在促进我国国民经济和社会发展、保障公民的基本通信权利、承担普遍服务义务等方面发挥了重要作用。中国邮政的普遍服务范围广泛,包括信件、印刷品、包裹、汇票等。按照国家规定办理机要通信、国家规定报刊的发行,以及义务兵平常信函、盲人读物和革命烈士遗物的免费寄递等特殊服务业务。中国的邮政普遍服务具有较高的水平,具体体现在较为全面的业务种类、均一低廉的服务资费、

晚清时期的电报

民国时期的发报员

遍布全国各地的服务网点、深入千家万户的投递网络等方面,不仅满足了本国境内包括城市、农村、海岛、边疆在内的所有居民的基本通信需求,还在保证国家政令畅通、传播方针政策以及各种信息方面发挥着重要作用。截至 2011 年底,中国邮政对外服务网点 5.2 万处,其中 70%分布在农村,60 万个行政村通邮。每个邮政网点平均服务面积 184 平方公里,平均服务人口 2.6 万人,人均函件量 5 件,每百人报刊量 11 份。全国城区每日平均投递次数 2 次,农村每周平均投递次数 5 次。

自从电报、电话和无线电通信技术发明以后,英国、美国、沙俄等国很快就把这种科学成就作为一种侵略工具,并进而为了控制我国的电信权,展开了激烈的竞争。1871 年,丹麦大北电报公司在英国和沙俄的怂恿下,私自在我国敷设了海底电缆,并在上海租界设立电报局,开办电报业务。1881 年,英商在上海设置电话。接着其他帝国主义国家也争先恐后地在我国开设了电报、电话业务。帝国主义在我国各城市所设的租界、领事馆、兵营甚至旅馆、饭店和私人住宅,直到内地村镇,到处都有它们的电话或无线电台。在帝国主义侵占我国电信权的同时,清政府也开始自办电报、电话和无线电通信等项业务。在电报方面,1877 年和 1879 年,清政府先后在台湾和天津架设了军用电报线。1881 年,建成全长为 3075 里的天津至上海的电报线,并开办了公众电报业务。这是中国经营公众电信业务的开端。到1902 年,清政府陆续建成天津至北京、上海至广州、南京至武汉、武汉至重庆等电报线,并在 20 多个省区建设了省内电报线;在电话方面,1899 年清政府规定由电报局兼办电话业务,先后在全国各大城市及部分中等城市装设了市内电话;在无线电通信方面,清政府开始着眼于无线电军事通信。1899 年和 1905 年,两广总督和北洋舰队分别架设了一些无线电台,用于军事联络。以后陆陆续续又修建了一些民用无线电台。

近代通信技术的使用,山西始于清光绪十六年(1890)。是年,一条由保定经获鹿、太原、平遥、潼关至西安的长途电报线路架起,全长 1302 公里,其中山西境内 881 公里,5 月开通第一条太原至北京、西安的人工莫尔斯有线电报电路,属官督商办性质。光绪三十二年(1906),邮传部成立,将该线收归国营,受上海电报总局管辖。经官方整顿,太原电报分局通达全国的报路有上海、北京、天津、保定、西安。光绪三十四年,以太原为轴心,全省有莫尔斯机 13 部,到宣统二年(1910 年)增加到 21 部。先后增设了长途电报线路 929 公里。当时,由太原电报分局管辖的忻州、太谷、祁县报房,都是因商务关系而设,这三个县是"山西票号"发展中心,号称"票号三郡"。太原最早出现电话是在光绪二十八年(1902),装有一台百门磁石式电话交换机,到宣统二年(1910)时有电话用户 74 户。民国二十二年(1933),电报业有了发展,在较大局所开办了汇票业务。当时,太原通全省的电报南至永济,北至阳高,东至石家庄,西至碛口。1934 年 5 月,太原实行报话两局合并,7 月 10 日开始安设公用电话,办理市话及长途。

1913 年,阎锡山创设山西省军用电讯局,与民国交通部电报电话局并存,在国师街装设 250 门磁石交换机。民国四年,成立太原军用电讯局,通信工具主要是电话机。1927 年,阎锡山在东后小河督军公署(现省政府)院内建立起第一个德律风根式 7500 瓦长波无线电台,有 100 米高无线铁塔两座,电台呼号为 XTY,射程为 1000 公里,附设有收信机 3 台,波长白天 1300 米,夜间 1500 米。这是山西历史上将无线电技术应用于通信的最早形式。1928 年,短波电台进入山西太原。1931 年,将长波发讯机改装为广播发射机,每日 19 时至 23 时对全市播放新闻节目。至此,太原的长波通信即结束了其历史使命。

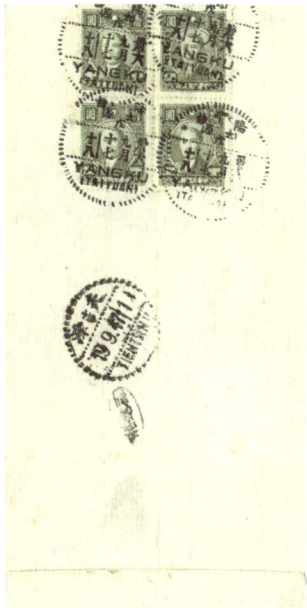

太原戳航空寄天津实寄封

　　山西解放后,邮政事业发展进入社会主义的新时期。在党和人民政府领导下,1949 年 11 月 1 日,太原、太行、太岳三个邮政管理局合并成立了"山西邮政管理局",负责邮政通信的组建和恢复工作。电报通讯也得到较大发展。1950 年 11 月,建成北京—太原—西安的长途干线,装用载波电报机通报。1952 年 12 月 1 日,山西邮政管理局与太原电信指挥局合并,组成"邮电部山西邮电管理局"(1955 年改称邮电部山西省邮电管理局)。除 1969 年 11 月至 1973 年 7 月间实行了邮电分设处,"邮电合一"的管理体制自此开始,直到 1998 年底邮电分营。人民邮政是在旧中国遗留下来的官僚资本主义的落后条件基础上开始建设发展,随着全省政治、经济等各项事业的全面振兴发展,邮政事业蒸蒸日上。特别是改革开放以来,邮政通信作为国民经济和社会生活的基础产业,其重要性越来越被人们认识。在国家、地方、集体、个人"四个一起上"和"统筹规划,条块结合,分层负责,联合建设"的政策指导下,邮政通信建设步伐不断加快,通信能力不断增强,全网的规模、技术层次以及服务水平都发生了质的变化,邮政生产网络四通八达,邮政服务局所遍布城乡。同时,邮政业务范围不断拓展,业务量稳步增长,企业效益不断提高。

　　随着现代科技的进步,太原的电报通信技术也得到很大提高,1955 年 5 月首用电传机发报。1960 年首次开通传真电路,同年开始半自动转报。1963 年开通无线移频电传电路。1975 年装用中文译码机代替人工译电。1982 年开始用电子式电传机,1984 年 4 月装用 28 线用户电报,1985 年 8 月引进瑞士 T-203 程控 256 路用户电报交换机并和北京联网。1993 年又开始实现数据分组交换。1991 年 10 月 3 日, 由省邮电管理局投资引进美国摩托罗拉公司 900MHZ 蜂窝式 EMX100-PLUS 型移动电话设备,基站 2 个,有 50 个信道,可容移动话机 7500 部,从此,太原进入了移动通信时代。

　　自 1994 年产生互联网后,即在随后的商业化应用中获得巨大成功,同时直接导致了计算机网、电信网、电视网三网的融合和信息产业结构的改组。移动通信和互联网作为迈向信息社会的两个重要标志,分别对应着对大量信息资源的有效访问和随处漫游的个人通信,二者相融合将产生新的移动互联网,使人类真正进入信息化社会和数字化经济生活时代。

千里之行：
放眼高速出雄关

　　交通建设是国家的基础和经济发展的基石，而高速公路则是时代发展的必然产物。高速公路建设不仅优化了我国的道路交通网络，而且促进了各地区的经济联系。高速公路的问世缩短了人们之间的时空距离，有效地带动了公路沿线附近地区的经济发展，对于刺激经济发展具有重要作用。德国于1919年就修建了世界上最早设有上下行车道、中间设分隔带的公路，这成为高速公路的雏形。随后，意大利、西班牙、英国、美国等发达国家也开始修建本国高速公路。目前，西方发达国家的高速公路已形成网络，并向国际化发展。与此同时，不少发展中国家和地区也开始制定落实本国高速公路建设规划。到目前为止，世界上50多个国家和地区共修建高速公路20多万公里。我国目前高速公路通车里程居世界第三位，截止到2011年底，全国高速公路通车里程达1.1万多公里。

　　太原高速公路是山西省高速公路主骨架网络枢纽，分别与太旧、原太、太长、祁临、夏汾高速公路相接，管养里程全长150公里，双向四车道，全封闭全立交，分五期先后实现通车运营，太原高速体系框架中包括：武宿立交枢纽于1995年10月建成通车，东山过境高速公路于1996年10月建成通车，太原南过境高速公路于1999年12月建成通车，罗夏祁高速公路于2002年11月建成通车，太原西北环高速公路于2004年11月建成通车。除罗夏祁高速公路外，其余四条路段组成了太原市的环城高速公路。

　　其中，太旧高速公路在太原高速公路史上具有跨时代的意义。山西太原至旧关高速公路全长140.7公里，路线所经地区为山西黄土高原与太行山脉两大地貌地带，横跨地势平缓的汾河河谷平原，穿越冲沟发育、切割严重的重丘区，进入山势陡峻、高低悬殊的山岭区，沿线地形极为复杂，工程条件十分困难，是我国最早进入山岭重丘区的高速公路。它四跨石太铁路线,六跨307国道及隧道一条,特大桥3座,大中桥61座,小桥13座。太旧高速公路于1989年开始前期研究,1991年开始勘察设计,1997年建成通车,先后荣获山西"优秀工程设计一等奖"、全国第八届"优秀工程设计银奖"。太旧建设期间,由于缺乏修建山岭区高速公路的经验,加之地形地质情况复杂,在修建过程中遇到不少技术难题。太旧高速公路按双向四车道,全封闭、全立交高速公路标准进行设计和建设,1993年5月18日奠基,分三段建设:东(西郊—旧关)、西(太原—寿阳)段6月陆续开工建设,1995年10月1日建成通车;中(寿阳—坡头—贵石沟—西郊)段工程于1994年11月20日正式开工,1996年5月26日主体工程完工。1996年6月25日全线建成通车。在时间紧、任务重的情况下,广大工程技术人员发扬太旧精神,认真对待工程中遇到的实际问题,经过不断思考、探索与实践,解决了像煤炭采区稳定性分析,桥头跳车防治措施,泥岩、砂岩填筑路基施工技术等难题。它的建成是山西公路交通技术结晶的集中体现。

和所荣获的荣誉和奖项一样,这条高速公路也带给太原经济发展强大的动力和后劲。太旧高速公路建成通车后,基本缓解了太原能源、重工业外输的运输压力,大大缓解了晋煤外运给铁路、公路运输所带来的压力。太旧高速公路的修建,开启了太原市高速公路建设新的历程。

太佳高速公路东起太原,西连陕西省佳县,建成后已经成为该区域丰富矿产资源运输的快速通道。太佳高速公路起点位于太原环城高速公路西北环向阳店互通以东6.7公里西塌枢纽,经太原市尖草坪区西塌村,之后向西北经张家庄、付家窑后,在山根底以隧道穿越白龙山,过西凌井后,沿西线经庄儿上、十里卜头,至西庄,在西庄设隧道穿过西庄山,向西北经柳林至横山村,进入静乐县境内,沿安子上、天洼、羊圈坪、留仙,在范家洼以隧道穿越老龙山,向西经择善、袁家舍、后润子、前润子,至丰润

太旧高速

四通八达的高速公路网

镇，之后向南沿经李家会、湾子，在高家舍跨越汾河后进入娄烦县境内的上龙泉，经新舍科、辽庄、赤土壑，后经岚县的梁家庄乡郭家庄，方山县的开府、马坊、焦家峪，临县万安里、东柏村、梁家会、雷家碛、兔坂乡，终点位于临县克虎镇晋陕交界黄河大桥，出省后与陕西在建的榆佳高速公路相接。从太原出发1小时30分可达佳县，是省城太原出晋入秦的最短线路，此路修通，极大地带动了晋西北经济的发展。

太古高速公路是山西省高速公路网规划的太原区域环的重要组成部分，为山西省晋煤外运提供了又一个重要通道。该项目起点设于太原市万柏林区袁家庄（与太原西北环高速公路袁家庄互通），经枣尖梁、碛厂沟、周家山、六家河、汉道岩、河下村，至终点古交市河口镇。太古高速公路的建成，原本太原到古交55公里的路程，缩短为23公里，节约里程32公里，与国道108、208、209之间的距离也相应缩短。到古交再不必翻山越岭，爬陡坡、拐急弯，只需短短的30分钟，就可驾车轻松抵达。太古高速公路的建成，使得古交的原煤、精煤、焦炭等产品，即可通过高速公路源源不断地运出西山，而果蔬等农副产品也将更畅通地运回古交。太古高速修成后，不仅改善古交交通状况，促进经济快速发展，更重要的是，古交进入人们的视野，实现古交整体增值。30分钟的车程，如同太原市的一个城区，将更便利

太原—古交高速隧道

地接受省会经济、信息、交通、文化的全方位辐射。

进入新的历史时期，为了加快推进太原都市圈建设的步伐，落实省委提出的"一核一圈三群"总体部署，实现太原城市的率先发展，发挥"一核一圈三群"中都市区的核心作用，适应省会城市的跨越发展，太原市提出"十二五"时期公路建设翻番发展的规划建议。根据城市总体规划的要求和太原都市圈产业规划及区域空间结构布局的需要，促进太原及太原都市圈经济社会的发展，太原市提出了将现环城高速公路外移，提高过境车辆通行能力的建设方案。

"十一五"以来，太原市高速交通建设迎来大发展的时代。随着太原城市圈上升为国家战略，太原也迎来了发展的战略机遇期。基础设施是一个国家、一个地区竞争力的要素之一。作为省会城市和太原城市圈的"核"，太原交通群、太原交通圈的建设至关重要。太原高速公路建设必将承担起推动太原大发展的时代使命，为太原经济发展注入新的动力。

公交都市：
民心工程泽惠长

　　城市公共交通是满足人民群众基本出行需求的社会公益性事业，是城市功能正常运转的基础支撑。近些年来，随着我国城镇化进程的不断加快，我国城市规模迅速增长，人口规模不断扩大，城市居民的出行总量和出行距离呈现大幅增长。同时，城市交通结构也发生了显著变化，机动化出行比例迅速上升，非机动车出行比例持续下降，城市中心区的交通拥堵日益严重，环境污染和能源消耗压力不断加剧。开展国家"公交都市"建设示范工程，是贯彻落实国家公共交通优先发展战略，调控和引导交通需求的重要载体，也是缓解城市交通拥堵和资源环境压力，保障和改善民生的具体行动，核心理念是通过公共交通引领城市发展。省委、省政府将太原确定为综改试验先导区，太原都市圈建设上升为国家战略。经济发展，交通先行。先导区和都市圈建设需要一个高效、优质、便捷的交通服务网络。这一切都需要一个大大完善的公共交通体系。

　　太原市作为全国公交都市建设示范工程第一批创建城市，坚持城市公交为经济发展和人民生活服务的方针，树立公交优先就是人民大众优先、公共服务优先、公共利益优先的理念，在现阶段形成以大运量公共汽车为主体，出租汽车等其他公共客运交通方式为补充的城市交通体系，构成多功能、一体化、现代化的城市公共交通网络和高效、通畅、舒适、便捷的新型城市公共交通体系，最大限度满足群众安全便捷出行需要。建设公交都市，影响深远，意义重大。一是贯彻落实城市公共交通优先发展战略的重要载体。公共交通优先发展战略实施以来，城市公共交通取得了长足进展，但城市公共交通发展面临的土地、资金等硬约束依然存在，公交供给和需求的矛盾尚未根本消除，公交服务质量和保障能力与城市经济社会快速发展、人民群众生活水平不断提高的需求之间还存在着较大差距。"公交都市"

构建"公交都市"的太原公交车队

建设的中心任务就是充分调动各方面的积极性,为推动公共交通优先发展战略的全面落实提供动力、创造经验,全面提升公共交通的服务质量和保障能力,从根本上改变城市公共交通发展滞后和被动适应的局面。二是保障和改善民生的具体行动。城市公共交通是关系人民群众"行有所乘"的重大民生工程,直接服务于广大人民群众的生产生活。"公交都市"建设的重要目标就是保障人民群众的基本出行权利。三是转变城市交通发展模式的重要抓手。"公交都市"建设的本质,是以"公共交通引领城市发展"为战略导向,通过科学规划和系统建设,建立以公共交通为主体的城市交通体系,扭转城市公共交通被动适应城市发展的局面,实现公共交通与城市的良性互动、协调发展。四是治理城市交通拥堵的有效途径。城市交通拥堵已成为我国大中城市普遍面临的一个突出问题和社会各界广泛关注的热点。世界各国的经验表明,注重城市的科学规划和优先发展公共交通是缓解城市交通拥堵最根本的途径和最有效的手段。"公交都市"建设的核心,就是通过实施科学的规划调控、线网优化、设施建设、信息服务等措施不断提高公共交通系统的吸引力,降低公众对小汽车的依赖,从源头上调控城市交通需求总量和出行结构,提高城市交通运行效率,从根本上缓解城市交通拥堵。五是减少汽车尾气排放的治污之需。我市及周边地区煤层气(俗称瓦斯)资源储量巨大,煤层气在地层深处经过数万年净化沉淀,纯度非常高,质量优于天然气。与石油相比,煤层气燃烧完全,能效高,价格低廉,排放几乎为零。几年来,我市在公交车、出租车等领域大力推广天然气、煤层气、电力等清洁能源,近年新增公交车辆均为 CNG 等新能源车。新能源汽车的推广改善了城市的能源利用结构,降低了传统能源的比重,提高了新能源的比重,降低了交通运营成本,减少了能源支出,降低了污染排放,对利用清洁能源、建立绿色低碳社会起到了极大的示范带动作用。

　　"公交都市"建设目标为:到 2015 年,确立以公共交通为导向的城市发展模式,建成以公交专用道为主体的公共交通快速系统,公交分担率达到 40%以上,基本确立公共交通在城市交通中的主体地位,实现公共交通的通畅、高效、安全、环保、公平与和谐。"公交都市"建设内容包含公交专用道网络建设和六项配套工程。其中,公交专用道网络建设是重中之重。一是增加公交专用道里程,且成网运营。城区内凡 30 米以上、公交车辆平均速度低于每小时 25 公里的城市道路,一律设置公交专用道,公交专用道里程增加到 272 公里以上。二是增加公交车数量,升级装备,到 2015 年新增和更新的公交车辆中,能够使用油气、油电等双燃料的车

遍布街边的太原公共自行车

辆比例要达到 90% 以上。三是相应提供多种公交服务，主要包括通勤车、校车、大站快车、旅游公交、夜间公交等。四是建设智能公交系统，主要包括智能公交调度指挥系统、公众信息服务平台等。五是优化交叉口信号系统，到 2015 年末，设置公交专用道的主干道、次干道和支路，重要交叉口一半以上实现公交优先通行信号配置。

近年来，随着我市经济的发展与城市化水平的不断提高，因机动车的迅猛增长和大量使用而导致的交通拥堵和环境污染，越来越成为人们关注的两大难题。为了破解这两大难题，市委、市政府在坚持公交优先战略的同时，不失时机地提出建设公共自行车租赁系统，为方便百姓出行提供了更多的选择。同时，也解决了市民反映的私有自行车停放难、收费高和容易丢失等问题。公共自行车系统凭借其便捷、健身、节能、环保等诸多优势，已成为全球诸多国家和地区极力推广的公益性事业，也是城市公共交通不可分割的一部分。骑自行车成为广大市民短途出行、业余健身、休闲观光的时尚选择。2012 年 9 月 28 日，太原公共自行车服务系统正式开通。为了真正实现便民、惠民，太原市在公共自行车租赁的选择、布点、配套服务上下了不小的工夫。公共自行车采用"铝合金车架、无链条驱动、加厚防刺胎、带夜光标志"等技术，一小时免费。预计到 2015 年末，要建设服务站点 1500 个，投放公共自行车 6 万辆。形成以快速公交为骨干、常规公交为主体、出租汽车为补充、慢行交通为延伸的"四位一体"城市公交体系。

从长远来看，建设轨道交通是缓解交通压力的重要措施。太原市城市轨道交通规划是我市综合交通体系"十二五"规划的重要组成部分。2006 年编制了《太原市综合交通规划》，结合当时以及中远期的城市交通状况共规划了四条地铁线，即：基本形式以柳巷、开化寺街等为核心，南北方向为主方向，再由 4 条放射线和 1 条支线构成放射型线网。轨道交通近期建设规划包括轨道交通 1 号线和 2 号线一期工程，总长度约 49.2 公里。其中，1 号线一期工程西起西山煤电集团，东至马练营，途经西矿街、迎泽大街、朝阳街、太行路，线路连接了长途客运西站、长途汽车站、太原火车站及新建的太原南站等重要交通枢纽，全长 24.1 公里，全线采用地下敷设方式。2 号线一期工程，北起西涧河，南至小店，途经解放路、长治路、人民路、人民南路，贯穿我市南北主要客流通道，全长 25.1 公里，同样采用地下敷设方式。2013 年 11 月 2 日，太原地铁 2 号线开工奠基。上述两条"力"字形轨道交通线路的近期建设方案构成了我市轨道交通规划的基本骨架，未来这两条线路的建成将有效缓解我市日益加剧的交通拥堵问题，同时将对提高我市城市综合竞争力，实现创建一流省会城市目标，加速地区经济又好又快发展，并带动区域功能的均衡布局，完善立体化公共交通体系，改善自然生态和人居环境，提高市民公共交通出行率，都将产生积极而又深远的历史意义。

无论从解决交通拥堵、建设低碳社会还是从转型跨越、发展民生事业的角度来看，创建"公交都市"都是我们这座城市的必然选择。创建"公交都市"不仅会优化我们固有的以煤炭、石油为主的能源利用结构，带动煤层气等新能源的深度开发利用，也会带动新能源汽车等相关产业的快速发展。

汾上祥云：
长虹卧波通四方

　　桥梁是城市建筑空间格局中的枢纽，同时也是对城市经济发展状况的集中反映。桥梁作为人类交流通行的建筑物，在城市化、经济化进程中发挥着重要的作用。

　　欧洲经济比较发达的城市，譬如巴黎、罗马、伊斯坦布尔、圣彼得堡、布拉格、伦敦，它们都有各自标志其城市特色的桥梁。美国旧金山、纽约等城市和其他世界知名地区，也都有着享誉世界的桥梁。著名的桥梁往往作为城市历史的一个转折点而存在。因而，可以说"桥梁创造了城市"，因为在人类的历史上，一个城市的扩张往往因为一座新的大桥的落成。14世纪的布拉格、佛罗伦萨，16世纪的威尼斯，17世纪的巴黎，19世纪的纽约、伦敦和圣彼得堡，20世纪的悉尼、旧金山和上海，都符合这样的规律。

　　我国历史上最早记载的梁桥为钜桥，建于商代（公元前16世纪—前11世纪）。周武王伐纣，克商都朝歌（今河北省曲周县东北），发钜桥头积粟，以赈济贫民。我国古桥梁中最著名的当属赵州桥。赵州桥，又称安济桥，该桥在隋大业初年

迎泽大桥

（605年左右）为工匠李春所创建，是一座空腹式的圆弧形石拱桥。赵州桥全长64.4米，跨径37.02米，拱顶宽9米，拱矢高度7.23米，在拱圈两肩各设有两个跨度不等的小拱，即敞肩拱，这就使其比实肩拱显得空秀灵丽，既能减轻桥身自重，节省材料，又便于排洪，增加美观。赵州桥的设计构思和工艺的精巧，不仅在我国古桥中首屈一指，而且据世界桥梁专家考证，像这样的敞肩拱桥，欧洲到19世纪中期才出现，比我国晚了一千二百多年。赵州桥的雕刻艺术，包括栏板、望柱和锁口石等，其上狮像龙兽形态逼真，琢工精致秀丽，不愧为文物宝库中的艺术珍品。石拱桥的建造技术在明朝时曾流传到日本等国，促进了与世界各国人民的文化交流，并增进了友谊。

太原在战国就有了造桥的历史记载。1996年文物部门的普查数据表明，太原境内有古桥梁数十座，这些桥梁是：御桥、蒲淤石桥、沈公桥、东济桥、龙顺桥、城濠桥、豫让桥、永宁桥、龙桥、天龙桥、小龙桥、石龙桥、瑞来桥、静阳桥、义济桥、福善桥、彩虹桥、三畛桥、好汉桥、广利桥、中央桥、黑虎关桥、两岭关桥、红土桥、朝阳洞桥、玉龙桥、鱼沼飞梁。这些古代桥梁对于太原经济的发展发挥过很大作用，不仅展现了太原城市发展的历史特点和地域风格，同时也沟通了阻隔，方便了经济流通，促进了贸易交流，成为城市发展的历史见证。

史载，在战国时期汾河上就出现了筑桥的历史，豫让木梁桥便是其中之一。关于此桥的具体桥址有许多不确定的说法。《山西通志》称："此桥，在太原西南七里晋水水渠上（今太原市西南晋祠以北约二华里的赤桥村），三家分晋时智伯引水灌城，初名豫让桥。"《太平县志》、《三晋见闻录》分别出现了该桥位于襄汾和襄垣的记载，但是较多的记载为太原附近的汾河。据《史记·刺客列传》和《战国策》记载，战国初期赵、韩、魏三家分晋后，晋卿智伯为赵襄子所杀，智伯的家臣豫让为报此仇，"吞炭漆面"伏于桥下，数次行刺赵襄子，未遂就义。后人为了纪念豫让，把此桥称为豫让桥。

离豫让桥不远的晋祠内，圣母殿前也有一座有名的桥。这座桥的名字很有诗意：鱼沼飞梁。1935年梁思成、林徽因来到太原，对晋祠古建筑群进行了实地考察。随后他们在《晋祠》一文中对"鱼沼飞梁"做出如此评价："……有所谓'飞梁'者，横跨鱼沼之上。在建筑史上，这'飞梁'是我们现在所知的唯一的孤例。"这足以表明"鱼沼飞梁"在我国建筑史上极具代表性，占据着十分重要的地位。它的其具

南中环桥

体创建年代不详,距今已有 1500 多年的历史,是一座由石柱、斗拱、木梁等构成的十字形桥梁之孤例,造型奇特优美,被誉为中国的十大名桥。石桥东西长 19.6 米,宽 5.08 米,南北长 19.5 米,宽 3.3 米;翼桥由南北两沼岸以 21°的坡度与正桥衔接,在桥中形成一个 6 米左右见方的平台,高约 3 米,整体采用我国古代木结构抬梁式的做法。水中立铁青石柱 34 根,柱径 40 厘米,呈八角形,这是北齐时期桥梁建筑的特色。"鱼沼飞梁"的独特设计,不仅使得前后方的圣母殿和献殿连接为一体,并在主殿圣母殿前组成了十字形的交叉通道,使积聚的人群可以快速分散开来。由于鱼沼飞梁独特的桥身设计,被人们视作最早的立交桥。这充分说明太原古代经济十分发达,并且已经具备了成熟的桥梁建设工艺,社会生产和建设达到了相当高的水平。这对于研究太原古代经济社会发展具有很高的历史价值。

这些古代桥梁的建造体现出较强的经济性和实用性,同时也是太原古城扩展的重要历史遗迹。新中国成立以来,太原城市发展的速度不断加快,桥梁对于开发汾河两岸、联通两边经济发展起到了积极的作用。现代化的大型桥梁逐渐成为汾河两岸和太原城市发展新的标志。

1949 年太原解放时,太原城区只有汾河和南北沙河上的 5 座桥。而从上世纪

北中环桥

50 年代经济恢复时期到 1965 年，在汾河和各支河上就陆续冒出 37 座桥。从 1966 年到上世纪末，汾河和各支河上渠上又建起上兰村漫水桥、胜利桥、南内环桥、漪汾桥等共 23 座桥，本世纪初又建起了长风大桥。然而令太原人骄傲的还是连接东西迎泽大街、横跨汾河的迎泽大桥。

迎泽大桥未建成之前，汾河上只有一座规模不大的"洋灰桥"。抗战期间，日军占领太原后，日伪政府为了战争的需要，在城西西汽路汾河上修建了一座 70 孔钢筋混凝土排架式矩形桥，俗称"洋灰桥"。"洋灰桥"全长 700 米，其宽度仅有 6 米，其中车道 5.5 米，仅能容一辆汽车通行。桥的最大荷载为 12 吨。1942 年 10 月开工建造，次年 7 月竣工通车。它是当时连通两岸的唯一通道。迎泽大桥是新中国成立后人民政府在汾河上修建的第一座大桥，堪称当时市政建设工程的杰出范例。这座桥在当时是全国最长的、雄伟壮观的公路桥，因而赢得了"华北第一桥"的美誉。迎泽大桥落成后，与它毗邻的"洋灰桥"也被保留下来，作为上行的非机动车道继续使用。

迎泽桥可以说是太原城市的代表性建筑。1954 年 1 月 1 日，施工历时一年的迎泽大桥全线竣工。这座钢筋混凝土悬臂式桥梁，全长 480 米，车行道宽 12.4 米。

直至上世纪 80 年代,虽然迎泽桥并不很宽,但交通却很通畅。随着时光的推移,尤其是太原改革步伐的不断加快,原先的迎泽桥已经不能满足城市发展的需要,政府在上世纪 90 年代中期开始对迎泽桥进行了改扩建。1997 年 10 月 1 日,新改建的迎泽大桥通车,它包括东西立交引桥和主桥,全长 970 米,主桥长 511.6 米,宽 50 米,分八条机动车道、两条非机动车道和两条人行道,是当时国内过河城市桥梁中最宽的桥。

新的迎泽大桥的落成,成为太原市沟通汾河东西的主要交通动脉。尤其是对于拉动经济发展、实现河西经济增长产生了积极的作用。迎泽大桥无论在过去还是现在,都是一座比较先进的桥梁。但是受当时技术条件的制约,该桥载重低,伸缩缝多,没有抗震演算,部分构件产生裂缝多。因此,在太原经济发展不断加快的同时,急需修建一座载重量大的桥梁。在这种情况下,胜利桥应运而生。

胜利桥是太原市区解放后完整修建的一座桥梁,于 1969 年开工,1970 年竣工,坐落于市区北部北大街与新华街的干道上,是太原市继迎泽大桥后在汾河上修建的又一座大型桥梁。在此之前,由于迎泽搭桥承载能力有限,且行人和车辆拥挤现象严重,已远远不能满足太原市经济日益发展的需要。作为连接太原东西唯一的大型桥梁,已经不能满足汾河东西经济发展的需要。因此,胜利桥建成后,保证了重型车辆的畅通无阻,加深了河东与河西工企业的联系,缩短了运距,节约了运费,方便了群众,也加强了太原市的战备能力。胜利桥的特点是民族色彩浓厚,

祥云桥

桥形美,负荷大,用料省,施工快,全桥呈双曲拱桥。

上世纪80年代之前,太原南部只有过河隧道一座,因净宽较小,只能单车通行,通行能力不大,经常发生拥挤塞堵。为了保证两岸工业区间的交通联系,促进太原经济发展,太原市兴建了南内环桥。南内环桥于1983年动工兴建,1988年竣工通车。该桥的特点是跨度大,伸缩缝小,行车平稳,结构先进,载重量大。南内环桥建成后,有效地解决了太原南部地区东西交通拥堵的问题,并且为带动太原南部地区整体发展奠定了坚实的基础。

1992年10月1日正式通车的漪汾桥是跨越汾河的又一座大桥。由于上世纪末太原市住宅建设迅猛发展,河西兴华小区的大规模开发使得河西地区与市区交通压力骤然增加。为了方便河西与河东的联系,带动北部地区经济发展,漪汾桥建成通车。该桥造型美观,在上世纪末已有的汾河大桥中跨径最大,车道最宽。漪汾桥的建成,更加加快了河西经济的发展和城市建设的推进。一些大型工业企业和住宅小区紧邻漪汾桥,受益于便利的交通发展很快。

2013年,为了缓解太原城市交通压力,改善省城面貌,优化发展环境,太原市开展了大规模的道桥建设工程。北中环大桥是北中环工程的重点项目,由滨河西路立交、滨河东路立交和北中环桥三部分组成,设计全长1300米,双向8车道,自西向东依次跨滨河西路、汾河湿地公园、滨河东路。北中环立交桥的建成,不但攻克了桥面转体对接等诸多工程难题,而且还开创了全国市政工程中建设不等跨变

柴村斜拉桥

截面曲线双幅同步转体立交桥的先河。其主桥的结构形式为反对称五拱反对称索面斜拉桥，这种结构形式目前在国际上是唯一的。类似这一结构形式的桥梁，之前国内仅建造过单拱，国际上也仅有巴西的一座为三拱。北中环桥造型现代、功能齐全，主桥建设恪守了桥梁的基本通行功能，除沟通两岸交通外，还严格遵守了最大化体现太原现代宜居城市新形象的原则。桥形如一条腾飞的巨龙，寓意"龙腾祥瑞"，并与汾河景区的碧水绿荫相互辉映，再为古老龙城新添诗情画意。作为太原市横跨汾河的第十座大桥，北中环桥已经成为省城新的地标性建筑，成为太原进入立交时代的标志。

如今，太原市由北至南在汾河上已经修建起柴村桥、胜利桥、漪汾桥、迎泽大桥、南内环桥、长风大桥、南中环桥、北中环桥、祥云桥、小店汾河桥等大型桥梁，汾河东西两岸被这些桥梁紧密地联系在一起。其中南中环桥可以看作是太原城市经济发展新的代表性建筑。南中环桥主桥桥型设计构思源于太原著名的八景之一"蒙山晓月"。用现代建材搭建起两个银色的拱状物，白天欣赏，动感十足，造型时尚；夜晚观景，两片拱配上银白色的光，更像是飞桥捧起了两弯新月，可与天上一轮圆月媲美。南中环桥成为太原新的标志性建筑，反映了太原城市南部大开发战略的现实需要。它东接太原高新技术开发区，西连正在规划中的晋阳新区，成为连接太原市东西城区的重要通道。今后，南中环桥将沟通滨河东、西快速路和南中环街三条城市干道，对拉开城市骨架，带动城南建设，意义重大。作为桥梁，南中环桥的最大优点是全互通，简单地说就是四通八达。桥梁结合左转匝道设置了两条掉头匝道，解决了滨河路上的掉头需求，而且车流各个转向均能实现，车辆各行其道，干扰少，通行能力大，行驶条件好。值得一提的是，2008年6月26日，当"祥云火炬"来到龙城太原之际，祥云桥正式开建。它西起新晋祠路，东接龙城大街，总长1490米，双向8车道，时速60公里。该桥是未来长风商务区沟通汾河两岸的重要通道。

历经沧桑，如今这些桥梁依旧静静地伫立在汾河之上，倾听着汾河的述说，感受着太原城市的变迁。这些桥梁不仅仅是太原交通发展的重要标志，而且已经成为太原社会变迁的重要元素，带给生活在城市中的人们以许多的欢乐和希望。

风物闲美动吾怀

世代相酢：绵甜酸香老陈醋

清徐葡萄：大宛风味汉家烟

同饮琼浆：北齐朝廷爱汾酒

酱肉飘香：『以和为美』得六味

晋式月饼：同心乃成『郭杜林』

晋祠大米：十里稻花十里香

面面俱到：百样面食实且华

姑苏风韵：稻香老香一城香

味压群芳：老鼠窟滚出什锦香

主力无穷：饺子里头话信仰

『赶碗头脑』：霜华时节品八珍

参差百态：流年碎影字号老

　　山光凝翠,川容如画,名都自古并州。背依龙山、蒙山,面朝汾水、晋水,太原得名之初,取意自然风光,河谷大原,山环水绕。北齐文宣帝高洋感叹道:"此是金城汤池,天府之国!"唐朝欧阳詹有句云:"并州汾上阁,登望似吴闻。"吴闻是苏杭所在,欧阳笔下,北都活脱脱一幅江南情景:"贯郭河通路,萦村水逼乡。城槐临枉渚,巷市接飞梁。"倒似为高洋之语作注。在北宋范仲淹的眼里,此地"千家溉禾稻,满目江南田";元僧小仓月心思纯净,他写《太原城》道:"堤边翠带千株柳,溪上青螺数十峰。海晏河清无个事,画楼朝夕几声钟。"原来北国风光,不只是千里冰封,万里雪飘。

　　风景秀美,自然物产丰饶。"十里稻花风吹香",晋水浇灌而出的晋祠嘉禾,成为唐叔虞进献给周天子的最好礼物。被风吹香的还有葡萄,这个沿着丝绸之路,从汉朝就来到清徐的"洋物儿",又变做葡萄干、葡萄酒,跟着晋商的脚步,走遍了全国。"葡萄美酒夜光杯,欲饮琵琶马上催。醉卧沙场君莫笑,古来征战几人回。"王翰的诗脍炙人口,但更多的人或许忽略了,王翰就是盛唐时的晋阳人,他情愿远征边塞,沙场溅血,正是为了保卫故土的温柔精致,清醇缱绻。

　　天下九福,吴越口福。住在堪比天府之地的并州人,同此口福。醋酒同源,宁化府、美和居的醋香和杏花村的酒香一样至清、至柔、至绵;擀、切、搓、拉、压、擦、剔、流、拨、铲、揪、抿,百样手艺做出百样面食。对此美味,舍熊掌而食面也;"似山珍不少味,瑶池王母亦称道;比海味又多香,洞中仙家更叫绝",说的是太原的豆腐干;至于冬寒料峭,大清早心甘情愿地爬出温暖的被窝,去赶一碗头脑,其中之乐,则非太原人无可言喻也。

　　物阜民丰,于是生活闲逸,于是心境闲逸。糕点要吃稻香村、老香村、双合成的,饺子有认一力,元宵去老鼠窟,喝茶自然乾和祥,结婚穿着华泰厚的衣服到开明留个影,此生无憾。海子边、开化市是平民小户的地界,柳巷里老字号们济济一堂。对"土著"而言,这些地方不只是市场,它成为一种生活方式。太原人习惯了这些,就像习惯着日落月出。浸染其中,有一种天长地久的踏实与笃定。

　　风物闲美,俗世情深。"老人家是甚不待动,书两三行眼如眵矣。倒是哪里有唱'三倒腔'的,和村老汉都坐在板凳上,听甚么人'飞龙闹勾栏',消遣时光倒还使的。姚大哥说十九日请看唱,割肉二斤,烧饼煮茄,尽足受用,不知真个请不请,若到眼前无动静,便过红土沟吃碗大锅粥也好。"这是无所不知、学究天人的本土最伟大的学者傅山先生所独抱的人文情怀。在这座已经有 2500 岁的城里,谁敢说自己历过风霜呢? 不信你去看柳巷北口那两棵老槐树,那是唐槐啊,微风吹过,树声携着千载时空谱就的和音,抵入你内心深处。

世代相酢：
绵甜酸香老陈醋

在山西说醋，正像面对一部二十四史，从哪儿开始呢？

"自古酿醋数山西，追根溯源在清徐。"这话含蓄又自负。太原郊县清徐成为天下醋之源头，与尧有关。

据《史记》，尧始封于山东定陶，继封于河北唐县，迁都于晋阳尧城，定都于河东平阳，病死于河南登封。尧辗转黄河流域，徙迁路线由东而西，又折向南，清徐为其南徙转折点。尧都晋阳（今清徐县尧城村），做了两件大事，一是制历，立四时八节；二是做醋。他发现一种草叫酸蒉荬的可制酸性调味品，于是"采瑞草而酿'苦酒'"，这里所说的苦酒就是人类最早的酸性调味品——醋，酸蒉荬成为有文字记载的最早的制醋原料。当然，这是直接用酸类植物压汁抑或发酵取酸当醋调味，真正意义上的酿醋生产，在一千多年后的西周时才开始，追溯其源，也与清徐一带有较大关系。

醋称苦酒，因为酒醋同源，会做醋的师傅一定会做酒，二者所用原料一样，而做醋的工艺更复杂。傅山先生曾说，"山喜苦酒，自称老蘖禅，眉（傅山之子）乃小蘖禅。"蘖即一种发酵剂，可见傅山父子都与醋有不解之缘。醋又曾称为"酢"。北魏时酿醋工艺已相对纯熟，《齐民要术》里就记述了大酢、秫米神酢等二十种制醋的方法，宁化府有一联曰"宫廷御醋，世代相酢"，据说是傅山先生所题。醋还有一个名字，与山西人紧密相关，叫"醯"。酿醋的醴叫"老醯"，酿醋的人叫"醯人"。因为"醯"和山西的"西"字同音，善酿醋、爱吃醋的山西人就成了"山西老醯儿"了。山西人打仗，交枪不交醋葫芦，虽是玩笑，倒也形象。

山西人乐醋，并非独乐乐。最早在西周、春秋战国时期，黎邑（今晋东南长治市一带）之"百工"便跑到"镐"、"咸阳"、"长安"等城市制曲酿醋。据《东京梦华录》记载,宋代兴办国宴时特地给辽国(契丹族政权)的使节备有食醋佐食调料,宴毕,还要给带点食醋,作为礼品。明清时期,鼎盛发展的山西醋业,随着长袖善舞的晋商走南闯北,晋商走到哪里,就把食醋、酿醋的习惯带到哪里。这时节,徐沟在醋业传播中起到了关键作用。

　　徐沟曾在金大定二年(1162)置县,1952 年与邻近的清源各取一字,合为清徐。因为明清"京西官道"(北京—西安)穿徐沟而过,交通便利,遂成为南北商品交汇和晋商云集之地,与祁县、太谷、平遥、榆次一起构成晋商活动的中心区域。晋俄通商,北面以恰克图为交易中心,南面就是徐沟。彼时徐沟城有"十行九市",十分繁华,其中羊市在城南关,每年十月初二北关会后,南关羊市开始交易,以内蒙古的羊为主,客商云集,城内的旅店都住满了贩羊人——这些羊不少是用醋换来的。曾与乔家大院乔贵发搭帮,史称"没有秦肇庆,就没有乔贵发"的秦肇庆,就是徐沟赫赫有名的大商人,他曾和乔贵发一起把清徐杨房村产的拉丝老醋带到包头交易或送礼。《徐沟县志》记述"同光以来商于省外之县人所业"中讲道:"太原平原各地人,善造酒及曲蘖等技术。在东三省、山东、察、绥、陕、甘各省地方,凡产有高粱、

1956 年公私合营时的清徐醋厂

豆、米原料者,无不多有晋师制酒,谓之'烧锅'。且制曲蘗以供各地酿造酒醋使用。"

清徐还是名列中国四大名醋之首的老陈醋之源。

能制出绵甜酸香的老陈醋,是因为清徐有水。

清徐古称梗阳,建城始于公元前514年,距今两千五百多年的历史,比晋阳古城建城还早好多年。隋开皇十六年(596),在梗阳城北拆合晋阳和榆次的部分地区新建一县,因城西北有清源水而名之清源,此为清源称县之始。彼时古城背靠青山,汾水、白石河水、清源水三河环绕、芹馥泉、水帘洞等泉流处处,城内有东湖,湖中有莲。有诗赞道:城外青山城内湖,荷花万朵柳千株。太汾风景少颜色,唯有清源入画图。清徐多水,还有一明证:清徐中学校门右面就是清源古城西城门洞,这是一座隋代

1817年益源庆制醋用的铁甑及工具

益源庆传统工艺——手工酿醋

益源庆公记商标　　　　　　　　　　　　　　　益源庆 20 世纪50 年代商标

古城门洞,门洞内一直有泉水,前几年才枯竭,城门洞内有泉水的在全国怕也不多呢。

　　山西制售老陈醋的企业,无论"名望"或效益,水塔、益元庆、东湖、紫林等,在山西醋业有较大影响力。

　　益源庆原名"一元庆",本是一个小小的醋坊,因为醋酿得好,生意极为兴隆。永乐二年(1404),朱元璋之孙晋恭王朱棡第五子朱济焕被封为"宁化王",时年16岁的朱济焕眷恋晋王,不愿去封地,遂在晋王府西侧圈地开府。因"一元庆"位处圈内,又很有名气,于是被收归王府,酿出的醋专供王府和皇室食用,久之,人们就把这醋称为"宁化府醋",醋坊所在的小胡同就成了"宁化府"胡同。

　　明清鼎革,宁化府醋重回民间,同治八年(1869)正式以"益源庆"立字号,出资人朱俊图,还是宁化府的后人。

　　益源庆总部依然在宁化府胡同,前店后厂,六百多年不曾移易。宁化王小胡同被醋香浸润了六百多年。直到今天,一走近桥头街,那股醋香就几百年如一日地扑鼻而来。宁化府的醋香,是多少老太原寻根的记忆。

　　宁化府的醋香,因为他们用的是老陈醋的酿制工艺。醋业多彩,仅山西,平阳熏醋、太平米醋、榆次曲醋、运城柿子醋、壶关新寨醋都闻名遐迩。在全国,更有镇江醋、保宁醋和福建红曲醋名闻天下,但论"第一好",自然是太原老陈醋。这不是王婆卖瓜,前有上世纪 30 年代中国微生物鼻祖方心芳老先生的证言:方老先生骑

1958 年"东湖"老陈醋厂工作照片

"世兴号"广告

毛驴到清徐实地考察后,在其著作《山西醋》中这样写道:"我国之醋最著名者,首推山西醋与镇江醋。镇江醋酽而带药气,较山西醋稍逊一筹,山西醋之色泽、气味醇正,皆因陈放时间长,醋之本身起化学作用而生成,绝非人工伪制,不愧我国之名产。"后有欧美、日本诸国的科学推论。在对老陈醋逐项验证后,"美和居"老陈醋的酿制技艺被日本专家称做"中国秘法",同时被欧美学者称为"中国秘密"。

"美和居"原是明洪武年间清源的一家醋坊。1368 年,美和居的大师傅在"醋化"和"淋醋"之间,增加了一道"熏醋"的工艺,即"熏蒸法"。这时做醋,要经过"蒸、酵、熏、淋、陈"五个步骤,陈放时的"夏伏晒,冬捞冰"最为考究:醋陈在缸里,任其在冬天结冰,夏天烈晒,以使醋中的物质沉淀,水分通过蒸发或结冰析出,醋中的物质又充分地进行化学反应,产生出别致的气味。陈放时间最少一年。10 公斤新醋陈放一年,只会剩下 3 公斤,陈放三年、五年,剩下得更少,纯酽的老陈醋,一缸醋只能做成一坛。醋经过多年陈放,浓缩而得滴滴精华,黑紫醇香,久存不腐,"绵、酸、香、甜、鲜"。遂把隔年陈酿的醋称为老陈醋,从而开创了老陈醋的历史。

几百年过去,"美和居"字号隶属山西老陈醋集团后发扬光大,新字号"东湖"稳步发展,不仅醋的种类繁多,醋产品从单一调味扩展至养生保健系列,而且,依托浓浓的醋文化，"东湖"的醋旅游搞得风生水起。每日，来自四面八方的游客，沉浸在醋的历史与醋的醇香中，感受着晋文化这一独特品牌的魅力。

水塔也是陈醋老字号，是山西食醋行业的领军企业，其前身为清徐的宝源醋坊。宝源醋坊始建于明宣德三年（1428），秉持诚信为本、质量至上、以德兴业的宗旨，迅速崛起。如今山西水塔醋业股份公司勇于改革，锐意创新，食醋规模、品种、产量位居全国醋业之首，为山西醋业赢得了荣誉。

南甜北咸东辣西酸，京师居中，五味调和共享之。中国传统口味定式里，山西的酸定占一席。山西全民爱醋，到了每餐必醋，无醋不成席，无醋不成味，无醋不吃饭的地步。在餐馆里，亲朋好友举杯畅饮，不喝酒的就以醋代之。你一杯我一杯，其乐融融。有统计说，山西全省年人均食醋在10斤以上，为全国之最。

不过，山西老百姓爱醋，那是爱醋的口味，爱得老实又忠诚，他们不知道，醋还可以成为一种计谋、一种手段。《尚书》中记载过一个故事。殷高祖武丁，为聘请一位叫傅说的人出来做他的宰相，曾致辞曰："若作酒醴，尔惟曲蘖；若作和羹，尔惟盐梅。"这里所说的梅，就是酸梅子，当时是当作醋来使用的。这位傅说，那时就隐居在山西平陆县一处叫"傅岩"（一作"傅险"）的地方。看来这位傅说爱吃醋，殷高祖就用醋来诱惑他。傅说后来确实出山

1368年美和居制醋用的甑

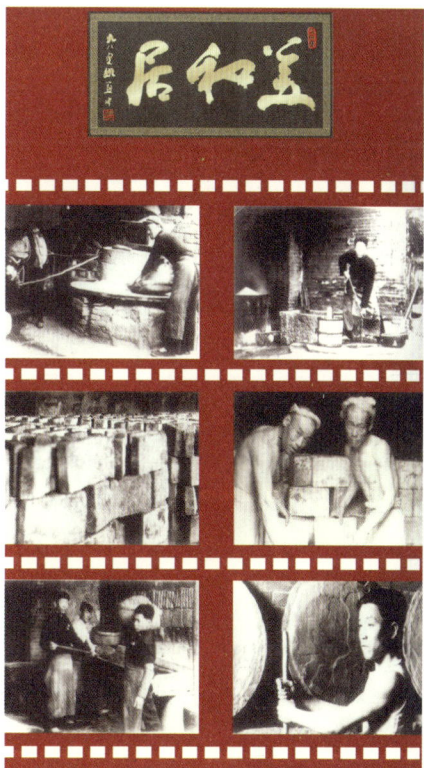

美和居制作工艺

了，若确实是醋的功劳，其风雅倒堪比西晋张季鹰为莼菜羹和鲈鱼脍而罢官南归的"壮举"呢。

醋还是试金石。相传，唐太宗为了笼络人心，要为当朝宰相房玄龄纳妾，房妻不允。太宗怒了，在她面前放了杯"毒酒"，说：你要么喝了这杯毒酒，要么把小妾乖乖接回家中。岂料房夫人二话不说，端起来一饮而尽——原来是甜甜酸酸的浓醋。从此"吃醋"就成了普国通用的一种"文化"名词了。

作家钟阿城先生在他的《威尼斯日记》里讲过一个故事。有个朋友一天忽然说，好久没有吃醋了，当即到小铺里买了一瓶山西老陈醋，坐在街边喝，喝得眼泪流出来。阿城没说这位朋友是哪里人，这不消说，只可能是太原人，只可能是山西人。那种举世无双的味道，带着他们全部的关于故乡和温情的记忆，仿佛一曲铺天盖地的交响乐，把这个身在异乡的"老醯儿"密密实实地围裹起来。

清徐葡萄:
大宛风味汉家烟

中国地面古建筑百分之七十在山西,这几乎是众人皆知的常识。但只有漫步于山西,你才能把这枯燥的数字概念转为眼中的惊喜。

行走在太原清徐,这种感觉尤其强烈。清徐历史文化底蕴深厚自不待言,单是明清晋商留下的古民居、古建筑便让人目不暇接。清源镇、徐沟镇、马峪村、大常村、贾兆村……田野乡间,处处可见。且不论建筑形制、保存风貌,只说这些古建筑中砖雕、木雕、石雕,其精美程度,足以令人叹为观止。

重要的是,在清徐的这些古建"三雕"中,葡萄竟是最普遍的雕塑内容。

清徐县城延昌街,有明清古建筑群,在大宅院下院北方马头上,一块砖雕松树嬉葡萄图惟妙惟肖,尤其是下午斜阳一照,更是美不可言。

清徐县城南关大街,有一座清代建筑。在西房横梁卧嵌上,雕刻有几个吉祥物,其中一个盘中放一穗葡萄,用高浮雕工艺,金箔装饰,显得金光灿灿,富丽堂皇。

清徐县东马峪村如意街5号,原是当年葡萄种植与加工大户孙铁牛的老宅。在这座大院二门两旁,有两孔拱形砖雕,在繁密的葡萄枝叶衬托下,五穗龙眼颗颗饱满,古色古香。房屋的女儿墙上,以青砖浮雕艺术刻画出大穗大粒的岁岁(穗穗)平安葡萄图,给人的视觉冲击力极为震撼。

东马峪村孙大鹏的院子,院门门楣上,葡萄砖雕清淡高雅,圆润柔和。

清徐县贾兆村,明清古村落建筑群聚。门楼、照壁、女儿墙、横梁、雀替、立柱、马头,葡萄图案比比皆是,形式多样,争芳斗艳。尤其是一座清代青砖照壁,中央安放一座土地爷神龛,神龛采用高浮雕手法,以砖雕祥云为衬托,在上层顶头,将三穗葡萄呈品字形摆放,自然美观,构思巧妙。

清徐葡峰山庄

的确，葡萄是山西民居常见的"三雕"题材，究其原因，不能不归于其寓意之丰富。对普通百姓其寓意多子（籽）多福、岁岁（穗穗）平安；对商人来讲，又有一本万利（粒）的祝福；对官宦人家，有一岁（穗）一高升的祝愿；即便是纨绔子弟，也想着松树嬉葡萄的游戏。但，葡萄之于清徐，其意义要远远超出其他。因为建筑是凝固的历史，建筑反映的是当时民间生活百态。清徐古建筑"三雕"中，葡萄题材如此丰富，自然非比寻常。

葡萄和清徐的缘分，几千年了。

"绵绵葛藟，在河之浒。终远兄弟，谓他人父。谓他人父，亦莫我顾。"葡萄，我国古代曾叫"蒲陶"、"蒲萄"、"蒲桃"、"葡桃"等，我国是葡萄属植物的起源中心之一。原产于我国的葡萄属植物约有三十多种（包括变种）。《诗经》中的葛藟，产于我国中部和南部，也是一种野葡萄。

在清徐，早在七千多年前，清源人的祖先就居住在这里，东马峪古文化遗址、西马峪古文化遗址、都沟古文化遗址，都是清徐葡萄的传统产地。在西汉之前，清徐的葡萄主要是野生葡萄，多用来制药。

西汉国使张骞打通丝绸之路，给西域运去丝绸、黄金、牛、羊等，同时也带回了许多西域的"珍奇异物"，人工改良过的葡萄品种就是其中之一。西汉时期，清徐的商人多从事皮货生意。当地生产的一种称之为"皮硝"的东西，是毛皮加工必需的原料。商人的驼队常年出入大西北，收购大量毛皮，经过熟制加工后，再销往全国各地。丝绸之路开辟后，清徐西边山一带的商人，再到大西北贩运货物时，发现从西域带来的葡萄与本地葡萄不同，便带回葡萄枝条回本地栽种繁育。由于清徐西边山一带自古就有野葡萄生长，很适宜葡萄的栽培，经过多轮嫁接和驯化之后，葡萄开始大规模种植,"清源有葡萄,相传自汉朝",这句在当地流传很久的民谚,就出自于这段历史典故,至今已有2100多年的发展历史。

由于清徐边山一带坐北朝南,背风向阳,光照充足,泉水自溢,排灌方便,并具有沙壤土质,昼夜温差较大,形成了非常适合葡萄生长的独特条件,故葡萄栽培的范围渐广,所产葡萄以品质优良、糖分高、味道美而名扬北方各省。随着岁月的推移,山西清徐与新疆吐鲁番、河北宣化、安徽萧县被并列为全国的"四大葡萄"产地,1987年8月经中国特产组委会审核认定,正式命名清徐县马峪乡为"中国葡萄之乡"。

葡萄总是与美酒相伴,盛产葡萄的地方自然也出美酒。

唐太宗李世民人称"太原公子",他在太原多年,与他父亲李渊在此完成了称霸中原的各种准备,因而太原也被他视为王业之基、国之根本。当时的晋阳交通四通八达,经济富庶,手工业、商业十分发达,晋阳硝石、清徐葡萄酒都是当时享誉全国、朝廷钦定的贡品。据《太原府志》载:"太原葡萄产于清源者佳,色鲜味美,可滋养身体,是闻名全国的佳果之一,有马乳、水晶、鸡心等许多品种。"《新唐书》记载:"太原、平阳皆作葡萄干,货之四方。"《太平御览》记载,在山西期间,李世民就特别钟爱清徐的葡萄酒,不仅把它作为招待最高贵客人的佳品,还亲自用清徐的龙眼葡萄酿造葡萄酒。他当皇帝之后,念念不忘清徐葡萄酒,并将清徐酿造葡萄酒的作坊统一御封了"李氏作坊"的名号。

唐代清徐城距北都太原(晋阳城)15公里,属太原直辖,《新唐书·地理志》中记载,太原葡萄、葡萄酒,驰名于世,是朝廷贡品。唐朝的文人墨客经常来往于北都太原,对清徐葡萄、葡萄酒非常喜爱,留下了许多描写葡萄、葡萄酒的精彩诗篇。王翰《凉州曲》"葡萄美酒夜光杯,欲饮琵琶马上催。醉卧沙场君莫笑,古来征战几人回"传唱千古,可是一般人感佩的是其笑傲沙场的豪气,却多少忽略了他笔下的"葡萄美酒"带着家乡的温度——王翰正是并州晋

畅销一时的清徐红葡萄酒

阳人。王翰同乡唐彦谦，号鹿门先生，祁县温庭筠的高足，也有诗咏家乡的葡萄。如《葡萄》："金谷风露凉，绿珠醉初醒。珠帐夜不收，月明堕清影。"一字不着，句句不离。还有这首《咏葡萄》："西园晚霁浮嫩凉，开尊漫摘葡萄尝……胜游记得当年景，清气逼人毛骨冷。笑呼明镜上遥天，醉倚银床弄秋影。"聚众而欢时分，涌向心头的，是当年家乡景象，真让人情难自已。

且记，并非只有晋阳人才喜爱清徐葡萄，"前度刘郎今又来"的河南才子刘禹锡有这样一首《葡萄歌》："野田生葡萄，缠绕一枝高。移来碧墀下，张王日日高……有客汾阴至，临堂瞪双目。自言我晋人，种此如种玉。酿之成美酒，令人饮不足。为君持一斗，往取凉州牧。"好一个"酿之成美酒，令人饮不足"！

到宋元时期，清徐葡萄已成为当地的规模产业。宋代大文学家、《资治通鉴》的作者司马光，也是山西人。他写有"山寒太行晓，水碧晋祠春，斋酿葡萄熟，飞觞不厌烦"的诗句，可见当时人们喜欢清徐葡萄酒的程度。

据史料记载，元朝统治者在至元十三年、十五年规定：朝廷祭祀太庙时，必须用葡萄酒，并在太原、南京开辟葡萄园。为了使贡品葡萄产地加大葡萄、葡萄酒的生产，察合台系宗王就曾从西北往山西移植葡萄，传播酿造技术，并指定为他们服务的"葡萄户"，使太原、平阳成为葡萄干、葡萄酒和烧酒的著名产地。

在元朝，太原清徐葡萄园已是全国仅有的也是最大的葡萄庄园之一，甚至有了检测葡萄酒真伪的办法，据记载："至太行山辨其真伪，真者下水即流，伪者得水即冰矣。"这在全国首屈一指！

《马可·波罗游记》记述了马可·波罗这位意大利人在元朝侨居十七年所见所闻的大量事实，他在描述太原府时这样写道："出太原府，过桥三十里（公里）有大片葡萄园，还有很多酒……"这里的葡萄园指的就是清徐的葡萄园，酒就是清徐"李氏作坊"酿造的葡萄酒。

明清以降，晋商称雄。清徐的葡萄干、葡萄酒跟着晋商的步伐走向全国，尤其是东北地区。

每逢农历八月十五以后，运输队就从清徐启程了，车上装满葡萄制品，奔赴东北三省和黑河以北的地区，直到第二年春天才回来。运输主要靠驼队和尖足子车，尖足子车主要走大路，去一些交通较发达、通畅的城镇，而驼队则要穿越人迹罕见的荒山野岭，到遥远的地方。一路上历经千辛万苦，来回耗时数月，售完车上所拉的葡萄制品后,再顺便捎回东北等地的药物和皮货。虽然一路上辛苦备尝,但跑一趟收获颇丰,很多晋商还是愿意揽生意,跑口外。

在东北,清徐的熏葡萄干是一种贵重礼品,价格远高于精细的糕点。逢年过节、走亲访友,探望重要的客人或病人,熏葡萄干是必备之品。在清徐西边山一带,由于市场需求较大,农民在种地的同时,也扩大葡萄的种植规模,经济效益明显加大,一度成为当地百姓的重要收入渠道。

1929年正(定)太(原)铁路通车,大批的熏葡萄干开始通过邮局邮寄,当年就运出40多吨。运输条件好了,包装也开始讲究,先用白洋布包装,每袋10~12.5公斤,每4袋再用牛皮纸包裹,再用木盒包装,主要发往外埠的商铺或专营店。

熏葡萄干很是风光了一阵子,直到新疆葡萄干出现。新疆葡萄主要制作是鲜果处理和干制,成本不高。而熏葡萄干4公斤鲜果才能熏出1公斤的干果,燃料必须使用无烟煤,再加上人工费,制作成本较高,在价格上无法与新疆的葡萄干抗衡。而且,随着交通条件的改善和生活水平的提高,人们食用新鲜葡萄非常方便,熏葡萄干不再受欢迎,市场需求急剧下降,商人纷纷转行,作坊减少,熏葡萄干逐渐退出历史的舞台。

民国初年,葡萄酒行业取得波浪式的前进。五四热潮席卷全国时,振兴国货、抵制洋货成为社会的主流。当时的晋商也纷纷投资开矿、兴办工厂,引进西方技术生产国货来抵制洋货。1921年,法国全套葡萄酒(汁)生产机器在清徐安装试制成

清徐马峪葡萄酒

功，又一轮小作坊、大工厂连片生产葡萄酒、葡萄汁的规模化生产再现，清徐再次成为中国葡萄酒的酿造中心和生产基地。

当时，清徐几位大财东共同投资了 5 万大洋，成立了山西清源益华酿酒股份有限公司，于 1921 年投产，清徐民族工业就此掀开帷幕。益华是当时全国仅有的几家用机械设备规模生产葡萄酒的酒厂之一，也是当时中国葡萄酒业较大的民族工业之一。清徐的晋商开始生产可长途运输、长期储藏的葡萄酒。

除此之外，民间一些作坊也开始复苏，最有名气的孙家酒坊，年产 2.5 万多公斤，三间作坊，设备齐全，还有酒窖，季节性工人几十个，这在当时就算是大商人了。据资料记载，类似这样的酒坊，民国时期，清徐有十几家。

新中国成立后，该厂更名为山西清徐露酒厂，并被收归国营。自上世纪 50 年代初至 80 年代末期，该酒厂一直是我国七大葡萄酒厂之一，所生产葡萄酒系列产品，曾先后多次获得省、部级大奖。

而今，清徐的葡萄不仅是清徐农民的重要产业，还是太原市民每年的旅游项目。夏末秋初，葡萄成熟，一年一度的清徐葡萄采摘节开幕，葡萄园内，各式各样的葡萄玲珑剔透，大人小孩欢快的笑声回荡在葡萄架下。在都沟村村口，矗立着一座石雕牌坊，牌坊建于清光绪年间，宽 7 米，高 10 米。牌坊上方，悬"圣旨"石匾。在牌坊雀替的左右两角，用镂空雕手法，各雕刻一大盆葡萄，葡萄圆粒，大如乒乓球，并带有葡萄叶。牌坊的四周，是传统的清徐葡萄园。丰收季节，遍地都是蓬勃生长的葡萄，牌坊立于葡萄包围之中，石雕葡萄和周边遍野生长的鲜葡萄古今穿越，相映成趣，交汇成意蕴多姿的样式。

同饮琼浆：
北齐朝廷爱汾酒

一千四百多年前，龙山，北齐皇宫。这一天，可能是"晚来天欲雪"，正是饮酒的好时节。武成帝高湛，可能正在独酌。朝事纷扰，天下并未安定，但这一刻，高湛不去想它，他只想：这么好的酒，谁能与我分享呢？于是，高湛修书一封，给远在邺城的侄儿河南康舒王孝瑜，信中写道："吾饮汾清两杯，劝汝于邺酌两杯。"其对汾清美酒喜爱至此！

正史上，高湛并不是一个好皇帝，好皇帝似乎应该有忧国之思、治国之略，不应该沉溺于酒色。但高湛不是，他好喝酒，而且喝的是独步天下的汾清酒。

历史自有其吊诡之处。那个年代，缺治国平天下的好皇帝，但那个年代，却生产曲水流觞的潇洒。酒逢知己，没有酒，魏晋风骨安在？怎么可能高山流水，笑傲江湖？

汾清酒，就是那个年代文人名士不羁思想的催化剂，而催化思想的汾清酒，至晚唐"牧童遥指杏花村"时，仍飘着一股奇香。

杏花村产酒的历史，几乎就是人类的文明发展史。

1962 年，李仰松在《对我国酿酒起源的探讨》一文中指出："我国酿酒的起源，可能与农业同时或稍晚些时候就出现了。"可惜由于没有相应的文物来佐证，李氏的观点在史学界和酿酒界一直没有得到公认。遥遥酒史，源在何处？一度成谜。时隔二十年，由吉林大学考古系与山西省考古研究所组成的山西晋中考古队，对汾阳杏花村遗址进行了系统发掘，终于给出了答案。

杏花村遗址在汾酒集团所在的杏花镇东堡村东北方向，面积约 15 万平方米。根据获得的层次关系及对其内涵的分析，考古上将其堆积形成分为八个阶段，分别属于仰韶、龙山、夏、商文化时期。其中第一、二阶段属于大约六千年前的仰韶文化中晚期,在出土的器物中,除了大量的陶质罐、盆、瓶、壶、盖、碗、刀等生活用具外,还令人惊叹地出现了小口尖底瓮,其外形整体呈流线型,小口尖底,鼓腹,短颈,腹侧有双耳,腹部饰线纹。根据酿酒专家包启安先生研究:"小口尖底瓮实是酿酒发酵容器。"

可见,杏花村早在仰韶文化时期,就已经开始生产酒了。汾酒诞生之后,经过殷商、西周、春秋战国、秦汉,到魏晋南北朝时期,到达第一个顶峰。

武成帝爱酒、荐酒,说明当时"汾清"酒质量之高、名气之大,足以达到"国家名酒"的级别。

古时酿酒追求一个"清"字,汾酒在南北朝时期定名为"汾清"酒(汾指产地汾州),可见它在当时造"清"程度和质量水平之高。武成帝高湛御笔推荐名酒"汾清",汾州各酒垆,遂将高湛尊为"名酒王",并绘图供奉。历史上,高湛的形象真的是很糟很糟,逼杀皇嫂,淫乱后宫,但正是这样的一个皇帝,却因为爱酒,成为酒王,这一点,恐怕不会在武成帝的意料之中吧?

在"汾清"成名的同时,汾清的再制品——竹叶酒(即竹叶青酒的前身)也同样赢得盛誉。梁简文帝萧纲以"兰羞荐俎,竹酒澄芳"的诗句赞美之。北周文学家庾信

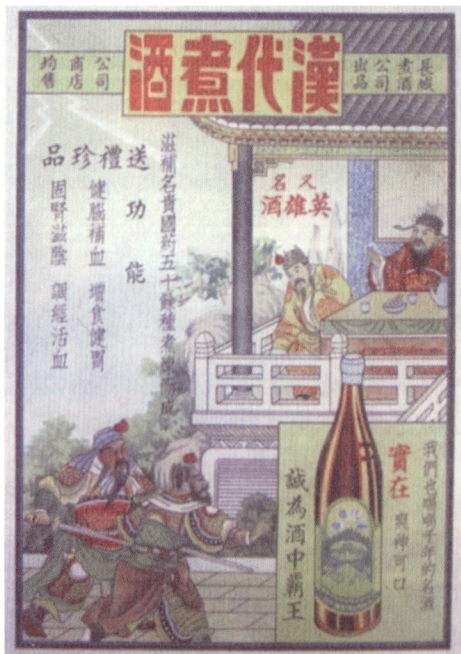

"汉代煮酒"商标

裕泉涌酒店广告

在他的《春日离合二首》诗中曰："田家足闲暇，士友暂流连。三春竹叶酒，一曲鹍鸡弦。"《乐府杂记》解释说：以鹍鸡筋作琵琶弦，用铁器拨弹。边喝竹叶酒，边弹琵琶，兴致勃勃。

"汾清"之后，"干和"兴起。从隋、唐、宋、辽、金一直到元代，使用"干和"工艺酿造的汾酒，连续八百年称雄酒坛。尤其是那首"清明时节雨纷纷"，让汾酒达到第二次高峰。

到得北宋年间，汾酒在文人的笔下依然名头甚响。

朱翼中《北山酒经》曰："唐时汾州有干酿。"

窦革《酒谱》云："唐人言酒美者，有河东干和。"又云："张籍诗云，'酿酒爱干和'，即今人不入水也，并、汾间以为贵品，名之曰干酢酒。"

张能臣《酒名记》载："汾州甘露堂（当时汾酒'干和'工艺的代表）最有名。"

直至元代，宋伯仁《著酒小史》罗列当时全国名酒，"汾州干和酒"又列其中，并云"干和仍有名"。

"干和"汾酒选用优质粱米为原料，以河东神曲为糖化发酵剂。蒸米时，锅底水加入花椒以串味，将饭捣烂冷却，加曲进行糖化，浸泡数十天。压榨取得第一次酒液后，再加入粱米，蒸制，冷却，加曲，进行第二次糖化。然后将第一次酒液加入第二次糖化醅中，入缸密封，经陈酿、压榨、过滤等工序而成。在"干和"工艺的基础上，两次发酵、两次蒸馏，形成了熟料拌曲、干和入瓮发酵、蒸馏制酒的最新工艺，这也就是现代汾酒工艺的雏形。以此法所得之酒，清澈如水，醇香甘冽，闻名遐迩，来杏花村品饮者络绎不绝，每在酒后，都以此酒议名。有的因见其度高最易点燃，就称为"火酒"、"烧酒"；有的视其无色透明，称为"白酒"，又因产于汾州杏花村，又称为"汾白酒"或"杏花白"，有的还叫"汾白干'、"老白干"。此酒传进朝廷，试饮绝佳，令州进贡并因其干和入瓮的独特酿造技术而定名为"干和"，又叫"干酿"、"干酢"。从此，"干和"汾酒遂成为朝廷贡酒，驰名全国。

美酒飘香，引来无数文人骚客品饮传诵。"诗仙"李白流传下来的一千多首诗中，与酒有关的就有300多首，其中"干和"汾酒，也为他增添了不少酒诗灵感。李白两次出游太原（唐称并州），途中俱携客到杏花村品尝"干和"汾酒，醉中校阅了郭君碑。郭君为唐代将领，有战功，死后葬于杏花村东北干岗上，碑文为虞世南所书。《汾阳县志》中"汾酒曲"记录了此事："琼酥玉液漫夸奇，似此无惭姑射肌。太白

1930年，太原晋裕公司第十一次股东大会纪念摄影

何尝携客饮，醉中细校郭君碑。"李白回到太原，日饮"干和"汾酒，灵感犹多，写下不少诗句，如《太原早秋》："梦绕边城月，心飞故国楼。思归若汾水，无日不悠悠。"诗人杜甫的祖父曾为汾州刺史，杜甫幼时常来汾州留居，正是"干和"汾酒使杜甫对酒上了瘾，增了量，并转变为诗的催化剂。他的酒名虽不如李白，但嗜酒却有过之而无不及，十四五岁时酒量便大得惊人，世称"少年酒豪"。正如他在诗中自白："往昔十四五，出游翰墨场。性豪业嗜酒，嫉恶怀刚肠。饮酣视八级，俗物多茫茫。"汾州的佳酿之地使杜甫难以忘怀。正如他在《过宋员外之问旧庄》诗中所写："宋公旧池馆，零落首阳河。枉道祗从入，吟诗许更过。淹留问耆老，寂寞向山河。更识将军树，悲风日暮多。"宋之问即初唐著名诗人宋延清，汾阳人。诗中所言"将军树"，即汾阳壶芦峪口贺鲁将军庙里的那棵大槐树，在宋之问的故居宋家门附近。

晚唐诗人杜牧游访杏花村，写下了名作《清明》诗："清明时节雨纷纷，路上行人欲断魂。借问酒家何处有？牧童遥指杏花村。"含蓄但却很艺术地表达了他在杏花村酒家小酌"干和"汾酒，避雨、消遣的欣喜之情。

在"干和"汾酒名传全唐的同时，竹叶青酒也有了进一步发展，被咏唱传诵。初唐诗人王绩在《过酒家》诗中赞曰："竹叶连糟翠，葡萄带曲红。"

汾酒的第三次高峰是在近代，巴拿马万国博览会勇夺金奖，成为中国白酒业唯一获此殊荣白酒。

近代汾酒工业的起源，则以汾酒老字号"义泉泳"的前身——宝泉益的创立，作为近代汾酒工业的开始。清光绪元年（1875），汾阳县南垣寨绅士王协舒在杏花村东堡卢家街独资开办了宝泉益酒坊。

王家是当地富户，在汾阳县、北京、天津经营多处商号、银号。宝泉益酒坊创立时的投资没有记载，但到1915年王氏分家时，资产折合白银2000两。宝泉益酒坊转由其三弟王协卿接管，改名为"义泉泳"。王协卿对酒坊进行大力整顿，投资改善生产条件，聘请宝泉益原总管掌柜孝义人杨德龄（字子九，号四正堂，孝义下栅人）为经理，对杏花村其他酒作坊"德厚成"和"崇盛永"采取友好协商的办法，以"义泉泳"为主进行了合并，形成了"人吃一口锅，酒酿一眼井，铺挂一块牌"的崭新柜面，即杏花村人称为"一道街、一片铺、一东家"的"三一"格局。

自此，杏花村酿酒业得到了统一，实力壮大，技术力量加强，汾酒的质量明显提高。就在1915年，义泉泳生产的"老白汾酒"在美国旧金山市举办的巴拿马万国博览会上，一举夺魁，荣获甲等金质大奖章。为使这一殊荣永垂青史，王协卿、杨德龄请汾阳籍文人申季庄撰写了《申明亭酒泉记》，详述始末，勒石立于杏花村古井旁。

1919年，晋裕汾酒有限公司成立，杨德龄兼任经理，义泉泳所产汾酒由晋裕汾酒

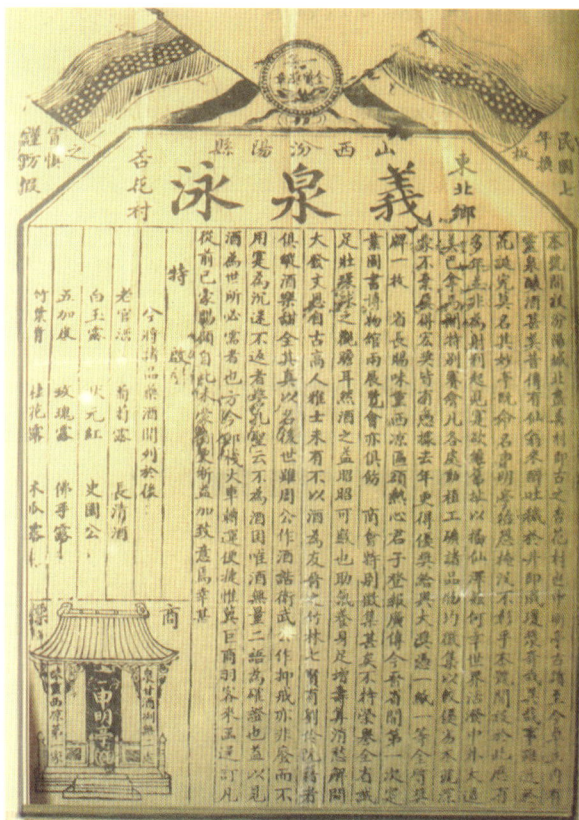

"义泉泳"酒坊生产的"老白汾酒"在巴拿马万国博览会上获得甲等金质大奖

有限公司包销。八年后因内部不和,合作停止。此后义泉泳营业日渐萧条,最终于1932 年以 9600 块银圆的价格全部转卖给晋裕汾酒有限公司。

对义泉泳的兼并,标志着汾酒事业告别了当时中国酒业普遍的旧的管理模式,彻底进入公司化的经营时代。

明清是晋商的时代。汾酒也随着晋商的脚步走到全国。据史料记载,早在二百年前,山西盐商到边远的贵州省经商,因为当时交通不便,黔晋相距九千里,盐商携带汾酒不便,就在贵州用当地的水和玉米、大麦,采用汾酒的酿制方法造酒,没料到贵州的泉水独特,生产出的酒别具风味,从此茅台酒就成了山西盐商的私酿酒。当地诗人吟“家唯储酒买,船只载盐多”,即指此而言。因茅台酒酿造工艺源于汾酒,因此就有了“茅台老家在山西”的说法。不仅茅台,陕西的“西凤”亦是由山西客户迁入,始创“西凤酒”。至今我国不少地方的名酒中仍有“汾”字,如“湘汾”、“溪汾”、“佳汾”,可见其渊源。

如今,汾酒跨过年销售百亿的目标,已经融入山西人的生活,成为山西人生活的一部分。只是市场纷扰,当一个个冠以“老”字号、“国”字号的品牌在利用媒体狂轰滥炸时,汾酒,真正的中华酒之源、酒之魂,还能保持冷静吗?

酱肉飘香：
"以和为美"得六味

每年七八月份，总是许多饭店的"忙月"，因为高考榜定，得偿心愿的学子们常常会以一桌"谢师宴"酬庸师恩。"食文化"，功夫在"食外"，有史以来，人心并没有多少变化。往上推千余年，大唐中宗时候，那时的"谢师宴"比现在还要讲究得多呢。只是那时，是另一个名字，叫"烧尾宴"。

所谓"烧尾"，出自"鱼跃龙门"。龙门在韩城市与河津市之间，晋陕大峡谷的最窄处，形似门阙，相传为夏禹治水时开凿。每年春季，黄河鲤鱼溯水而上，欲游过龙门，然而龙门水急，屡屡被冲下去。偶有百折不挠，迎惊涛，劈骇浪，终于得过者，必有一道雷电来袭，将尾巴烧掉，从而变为真龙。新科及第或官位升迁，大摆筵席，以示庆贺，名曰"烧尾"，意在"神龙烧尾，直上青云"。不过在中宗时候，"烧尾宴"专指朝官荣升，宴请皇帝以谢上恩。此宴的始作俑者不知为谁，"青史留名"的，是追随中宗皇后韦氏有功，得以由尚书左仆射擢升尚书令的韦巨源。

韦巨源向中宗上了一道豪华的"烧尾宴"之后，在自己府中留下了一个不完全的清单。过了二百来年，这食单被宋初刑、户二部尚书陶谷发现，写到他的著述《清异录》中，让后人开了眼界。

这份"不完全"的清单中，留有 58 款肴馔，有主食，有羹汤，有山珍海味，也有家畜飞禽。光是糕饼，就有 20 余种，听听这些名称："单笼金乳酥"、"贵粉红"、"见风消"、"双拌方破饼"、"玉露团"……粽子是内含香料，外淋蜜水，并用红色饰物包裹的。食单中的菜肴有 32 种。从取材看，有熊、鹿、狸、虾、蟹、蛙、鳖，其余鱼、鸡、鸭、鹅、鹌鹑、猪、牛、羊、兔等等只是寻常，山珍海味，水陆杂陈。烹调技术涉及炙（如"光明虾炙"，把活虾放在火上烤炙，而不减其光泽透明度。想想对火候的要求与把握）、炖（如"水炼犊"，清炖整只小牛，水尽肉烂）、蒸（如"葱醋鸡"，把鸡蒸熟后

缠花云梦肉——六味斋酱肘花、酱肉

调以葱、醋)等。羹汤最能体现调味技术。食单中有"冷蟾儿羹",即蛤蜊羹,要冷却后凉食;"白龙",是用鳜鱼肉做成汤羹;"清凉碎",是用狸肉做成汤羹,冷却后切碎凉食,类似肉冻;"汤浴秀丸",则是用肉末和鸡蛋做成肉丸子,如绣球状,很像"狮子头",然后加汤煨成。有些加工食品,是考验厨师刀工的,如"同心生结脯",将生肉加工成薄片,打一个同心结,风干后,成为肉脯。筵席上有一道"看菜",不吃,只用做观赏,叫"素蒸",用素菜和蒸面做成一群蓬莱仙子般的歌女舞女,共有70件,真令人瞠目。

据说,烧尾宴中有道名为生进二十四气馄饨的,为中宗最喜欢,这道馄饨,是用二十四种不同的馅,包成二十四种不同的形状、花色。大味至简,馄饨如何能在百样异珍中脱颖而出,要怎样才赏心、悦目、适口,今天是连想都难以想见。

另一道"甚得朕心"的菜叫缠花云梦肉。"得宠"的原因不仅是别致好吃——宴上哪一道不是别致好吃呢——这就是韦巨源的"高明"之处了:这道菜的原产地是云梦山,中宗母家则天皇帝的老家文水附近的山脉,这道菜就是皇室地道的家乡味道了。

说起来,又是一段旖旎。

唐时文水辖属并州,天授元年(690),武则天在并州故里置北都,这就是太原称北都之始。再往前,隋时,文水、交城一带常有野猪出没,于是当地烹制野猪非常普遍,其中一道"吊猪肘"最富特色。因为猪肘去骨后,中空松弛,煮时容易塌锅,熟后不易存贮。山民遂以野藤、麻索绑紧,压入盆中腌渍,等到盐椒入味再煮,煮后用留于其身的藤索悬挂在屋檐下晾干。时太原留守李渊带着二公子李世民考察地形,在云梦山下酒肆吃饭,店小二上来一道吊猪肘,只见皮外绳索痕迹清晰可辨,圆如柱,片精薄,肥瘦相间,当中一块瘦肉,如一朵缠花镶嵌。李世民探知原委,建议改名"吊肘花",说这样文雅些。到韦巨源那里,吊肘花变成了"缠花云梦肉",文采风流,正与皇家身份相当。如此匠心,怎能不让龙颜大悦!

世易时移,又过一千年,到了清朝,这酱肘子做得最好的,要属创建于清乾隆三年(1738)的北京天福号了。到清末,慈禧为经常吃到这一口,特赐给送肘人"腰牌"一枚,作为进宫的通行证。光绪的瑾妃据说一日都离不得,1959年,末代皇帝溥仪被特赦后的第二天,就骑自行车去西单总店买了一份。

天福号酱肘子有皇家做代言人,身价倍增,全国各地纷纷开了分号,1938年,当天福号整整200岁时,太原达达巷17号的"福记酱肉鸡鸭店"开张。再五年,迁至桥头街1号(现柳巷134号),改名福记六味斋。这就是太原人家喻户晓的六味斋了。

远兜远转,覆去翻来,"缠花云梦肉"酱肘子又回到了并州城。

想当年,天福号各处开花散叶,为什么只有太原这块儿改了字号呢?据说很费了一番思量。因为一般都知道有了酸、甜、苦、辣、咸,就算是五味俱全了,可是那些个"没文化"的伙计们说,做肉没有香味,再好看也没意思。于是大家一致通过,在"五味俱全"上再加个"香味",就成了六味。

这是一件很有意思的事。酸、甜、苦、辣、咸各有附着,只这"香"虚无缥缈,却是众口品鉴的最高标准。"没文化"的伙计心思纯净,得以绕开各种炫目的概念术语,直达食物的根本。若餐饮业的祖师爷伊尹在场,他必要伸出大拇指,赞一声"深得吾心"——得了他调和论、至味论、火候论的精髓。

初到桥头街,六味斋为盛荣广、吕新山、盛辅庭、盛素海、唐守业五人出资的合营企业,在一间40多平方米的破旧木板楼上加工、销售。1950年,"六味斋"搬到柳巷一座临街木结构小二楼,上下六七十平方米。当时柳北尚未打通,整个桥头街、钟楼街上都是丁字路口,这座破旧的小楼在街的东南转角。前店后厂,柜台前总是大排长龙。尤其晚

六味斋曾经用过的制作模具

六味斋专卖店

上，一锅锅各色肉品格外诱人，劳作了一天的人们过来买三角钱的酱肉，割两角钱的牛肉，掌案师傅切得整整齐齐，用草纸包得四四方方，再到对面卖烟酒的"一间楼"去打上一盅酒。骑着自行车，骑过斑驳的树影、灯影——当时那条路上只有六味斋和按司街照相馆两家店有霓虹灯，想着一家老小围桌向食的雀跃，那种情味，真是快乐而醉心。

1966年8月，"破四旧"，"六味斋"成为第一家被横扫的老字号。老牌匾被烧，霓虹灯牌也被砸得粉碎，店名改为"太原酱肉店"。

1978年，六味斋恢复店名。

1989年，发展了的六味斋迁至桃园南路116号。2002年，再迁至太原市高新技术产业开发区长治路476号。

不管怎样变迁，六味斋始终以天福号正宗传承自持，"压轴戏"酱肘子历270余年工艺不走样，口味不稍改。当各处分号最终"扛不过"那种种的激烈变动，纷纷萎谢时，唯独此店香气不绝。

工序不说了，270多年来，选料、分割、煮制均照"古法"进行。

师传徒，徒再传徒，到今天，传到第五代，一样的"程序"，未曾改变。

先学看和摸。乌泱泱两千头猪，单靠看，能不能选出其中最好的八头，用作当天的备料？每一头适合用哪种方式烹制？做成哪一种熟肉？用手摸。手一搭上去，能不能说出肉质如何？加工的时候应该用什么样的火候？学徒取得这个"合格证"，一般最少用两年。

然后开始学习煮肉。勤快是必需的，勤动手，勤看火，勤撇汤（一定要撇净浮油和杂沫）。关键是，肉怎么摆到锅里，才能照顾到老、嫩和肥、瘦？辅料如葱、姜、蒜，还有砂仁、豆蔻、香叶等等，什么时候加，加多少？密封焖煮时绝对不能揭盖，如何听出汤的浓淡？不理想的情况出现了怎么办？什么时候焖火？最最要紧处，肉煮好铲出晾在盘中，锅中留下的卤汤汁，所谓的"陈卤汤"，再用时，应该再加辅料各多少？每天加工一千多斤生肉，从摆肉进锅，加调料、放水、烧火，每一道程序都是凭感觉，凭悟性。等到终于十拿十稳，得师傅点头通过，又八年过去了。

学了十年，"头衔"叫做"二把刀"。因为那时六味斋前店后作坊，所有在作坊里学会了煮肉手艺的伙计们都被称为"二把刀"。然后要被派到店里继续当学徒，跟着学习算账，迎来送往，按照客人的要求切肉等等，等把这些技术都拿下了，才能升格为"一把刀"。从上世纪80年代至今，整个六味斋上下只有宋银如师傅一人是真正掌握"六味斋"传统酱肉制作技艺的人，是六味斋的第四代传人。

工艺不变，器具当然没有大变，刀、案板、煮肉的锅灶等基本保持原先样子，不过六味斋的生产用刀是特别制作的圆头刀，磨刀石也是专用的石料。

配方里包含几十味中药材，文火慢炖，营养十分丰富，所谓"医食同源"。

评价标准不变：熟而不烂、甘而不浓、咸而不涩、辛而不烈、淡而不薄、香而不厌、肥而不腻、瘦而不柴。中国食文化"以和为美"，此为例证。

2008年，宋银如精心选择了六位接班人，恭恭敬敬向祖师伊尹行过拜礼，成了六味斋第五代传人。六味斋的酱肉传统制作技艺亦被列入"国家级非物质文化遗产"名录。

再回首千年之前的烧尾宴，虽曾一度风行于盛唐，掐指算来，也只不过二十几年工夫。终结者是玄宗朝20岁的状元、少年才俊苏瑰。苏瑰痛恨烧尾宴奢靡弗界，劳民伤财，奏请停办，唐玄宗从谏如流，烧尾宴由此销声匿迹。天福号亦有过绚烂，怎耐朝来寒雨晚来风，落得一声叹息。只有六味斋，历经坎坷终见彩虹。一枝独秀，叶茂花繁。

晋式月饼：
同心乃成"郭杜林"

有这么一则公案：

四川德山禅师，挑着一担《金刚经青龙疏钞》，离家出蜀，到达湖南。一日见路边有一老婆子在卖烧饼，想买来当点心吃。

婆子指着他的担子问：你担的什么文字？

德山答：《青龙疏钞》。

婆子问：讲何经？

德山答：《金刚经》。

婆子说：我有一问，你若答得上来，我就施与点心，否则，你且别处去。

德山合十：随便问。

婆子问道：《金刚经》说，过去心不可得，现在心不可得，未来心不可得。不知道师傅你点哪个心？

德山呆立当处，回答不出。

据传，点心是古时寺里禅修时的斋前小食，点就是填，心即是腹，意思是可以暂填空腹的小吃，便于恒久安禅。德山本姓周，自幼出家，研究律藏，最谙《金刚经》，时人美称为"周金刚"，但冷不防碰到一个山野路边卖烧饼的老婆子问起这么高深的问题，一时竟然接不上话头来了。

于是好奇，若是那专做点心的人，比方，双合成，会怎么回答呢？

或许他会瞪你一眼，或心中暗笑，笑你虚空之问，无事生非，而手一刻没闲着，揉面放馅,兢兢业业。

　　世事因果,真是难说得很。清道光十八年(1838),当河北保定满城县夏家庄农民李善勤、张德仁在河北井陉创建的食品店双合成开张的时候,他们哪里想得到这个小小的糕点铺会在晋省生根开花,基业长青呢? 1912 年,民国肇始,当李善勤的孙辈李俊生和大掌柜陈步云推车挑担,沿"石太"铁路一步步走向太原的路上,他们固然坚信二人同心其利断金,他们固然为即将的新生活所激动,怕也不会想到一百年后自己制作的月饼会以"国饼"的身份,代表北方与一度一枝独秀的南方点心分庭抗礼,形成"南广北晋"的格局,永远留在糕饼制艺的史册上。

　　李俊生和陈步云把"双合成"立在了太原北司街 24 号。彼时太原已是繁华鼎盛之城,百业发达,店铺林立。省城居,大不易,一家外地来的小门小户,怎样求得自己的生存、发展与壮大的呢?

　　有些做法是"成功店铺"共通的,比方重视人才,除陈大掌柜外,还从河北定州请来了名师孙凤山做二掌柜。重视质量,做糕点从选料开始一丝不苟,糖是从广东潮州进回来的最优质红糖和绵白糖,面粉用当时最好的"红双象",食油用花生油和猪板油,都是最上乘的。

　　有些做法就别出心裁。比方装糕点的食盒,选用三晋名产平遥的推光漆器,但又格外定制一种讲究的抽拉式的木盒

1929 年,著名书法家孙奂仑题写的"双合成"牌匾

食盒

太原老字号——双合成

中式糕点（南瓜酥、掉渣饼）

月饼、娘家粽

生日蛋糕、中式糕点（龙骨酥）

或多层盒，不仅使自己的糕点愈发上档次，容器本身即对人有充分的吸引力。比方寻机与官家联系。1929 年，双合成迁址柳巷，店东借此机会，请来书法大家、阎锡山的秘书孙奂仑题写牌匾。双合成能请动孙奂仑，估计打的是"老乡"牌。孙亦为河北人，先后在晋冀两省为官，颇有政声，书法学何绍基，又曾得到谭延闿和宝熙的指点，雄浑古朴，秀润潇洒。字好望重，成为双合成货真价实的金字招牌。

双合成还积极参与时政大事。1937 年抗战全面爆发，时值中秋，他们精心赶制了写有"勿忘国耻"字样的月饼，送到前线，慰问浴血奋战的将士。月饼本是个最温情的物儿，却被佐以刀光剑影、家仇国恨，遥想彼时情境，真当得上"惊心动魄"四字。史载，1937 年 9 月阎锡山曾以印着"勿忘国耻"四个红字的月饼发给士兵，他下面的军官更有要求："明天早上念完月饼上的字再吃。"据时间、地点以及双合成与阎的关系推想，此月饼当是双合成月饼无疑。说起来，这一做法其实暗合古意。据说月饼最初起源即为唐朝军队的祝捷食品。唐高祖年间，一支征外大军凯旋，当时在长安经商的吐鲁番人向皇帝献饼祝捷。正值八月十五，高祖李渊手拿圆饼，笑指空中明月说："应将胡饼邀蟾蜍。"然后把饼分给群臣共享。月饼再上战场重邀蟾蜍，是到了 1946 年。聂荣臻、王震等率领的晋绥与晋察冀两军区部队，联合围攻阎锡山防区的大同，总攻时间预定在中秋节，提振军心的口号很简单："进大同，吃月饼！"

双合成能百多年屹立不倒，除了上述种种，还因为有一个"镇店之宝"——"郭杜林晋式月饼"。

月饼而分"某式"，皆因当时糕点技艺已十分成熟，单月饼一类，"有名有姓"的不下几十、上百种。以地域制法，大概有京味、广式、苏式等等。

广式月饼倒不仅属于粤地，是以岭南小吃为基础，广泛吸取北方各地包括六大古都的宫廷面点和西式糕饼技艺发展而成，品种有一千多款，为全国点心种类中之冠，因而拥趸者众，销售量一度独步全国。广式月饼的主要特点是重油，皮薄馅多，馅料多选名产：豆沙用海门特级大红袍为原料，莲蓉使用湖南通心湘莲，椰蓉采海南特级椰丝，橄榄则选广东西山还有浙江北山的杏仁、云南头笋核桃等。玫瑰豆沙月饼是其一大特色，要选用两年以上的玫瑰花。如今代表广式月饼制作最高水准的是粤人开在上海的杏花楼，民国期间已经蜚声海内，李宗仁、孙科、杜月笙等都是常客，新中国成立后的上海第一任市长陈毅亦曾在此设宴。

苏式月饼的源流自然在吴中。苏饼特色是酥皮，馅儿丰富多彩，除了大家共同的豆沙、枣泥、玫瑰、桃仁之外，还有咸味儿的猪肉、咖喱牛肉、火腿、萝卜丝、冬笋雪菜等等。"暖风熏得游人醉，直把杭州做汴州。"此地人见过沧桑巨变，个个心胸豁达。"只见活人受罪，哪曾见死鬼戴枷？唉呀由他。火烧眉毛，且顾眼下！"这种风格，反映到苏饼，就是讲究现做现卖。刚出炉的月饼，余温炙手，一口咬下去，松软绵香。也因此，苏式月饼"娇气"得很，不宜存贮跋涉，时间稍久，酥皮发硬，还易松散。

京式月饼一度是北味月饼的代名词，在把生活活成艺术的八旗贵族那里，技艺一度登峰造极。旧时，北京人探亲访友要携带礼物，讲究送"京八件"，即"大八件"、"小八件"，就是皇室王族婚丧典礼及日常生活中必不可少的礼品和摆设，因配方传到民间而盛行起来的。所谓"八件"，即用山楂、玫瑰、青梅、白糖、豆沙、枣泥、椒盐、葡萄干等八种馅心烤成的八种点心。遇到女儿回娘家、给长辈拜年等，去糕点铺买一盒大八件提在手中，大方漂亮而且品级自现。

花馍

双合成总经理赵光晋和灾区孩子们在一起

云南月饼也算独具一格，是因为有包着云南宣威火腿的云腿月饼。云南火腿炖汤蒸菜的鲜香不如金华火腿入味，但用来做月饼，却是上乘选材，佐以白糖、松子，甜中有咸，咸中有甜。

晋地做月饼，从大类来讲，应该算在京式口味，又自具品格。晋北有神池月饼，京味四大款酥皮月饼、油皮月饼、浆皮月饼、蛋皮月饼应有尽有，口味偏独具特色，因为用胡麻油。晋北而外，甘肃、宁夏、内蒙古等西北地区一带通用此油，颜色、味道自成一体。怀仁的糖干炉很有名气。这是一种中空的饼子，模样看起来"憨厚"得很，内馅只有红糖（比白糖更有一种特殊的甜味）。灵丘有一种黄烧饼，它不是一般那种厚实的烧饼，很薄，又十分脆，吃的时候要接个盘子，否则碎渣掉一地，可惜又狼狈。糖干炉是烘烤的，黄烧饼是烙的，说起来简单之至，为什么让吃过的人总是念念不忘？就因为都用胡麻油。晋地还有一种叫"夯月饼"的，与市面的"细皮"月饼相对，样式和工艺都比较"粗犷"，胜在家家能做。早些时候，每近中秋，乡里炊具叮当，家家飘香，成为游子一味思乡的符号。

注定要在月饼制艺上留下一笔的，自然是郭杜林月饼。郭、杜、林是太原三百多年前清初康熙年间创建此月饼三位"首创师傅"，因为误打误撞，成就了这种"奇艺"。

清崇德三年(1638年),太原城内一家糕饼铺的郭姓、杜姓、林姓师徒三人,时近中秋,生意兴隆,每日加班加点。有一天傍晚,疲惫不堪的师徒贪杯误了时辰,和好的面因为天热已经发酵,不能再做传统的饼皮。三人乘着酒劲,索性尝试将生面和了麻油、饴糖等材料掺入已经发酵的面中,然后再按以前工艺进行制作,没有想到的是做出的饼比以前做得更加酥软和香甜。后来,人们为了纪念这郭、杜、林师徒三人,便把这种饼叫做"郭杜林"。

做郭杜林月饼,选料很严格:面粉用晋中盆地汾河两岸特产白小麦,要用石磨磨过;食油用晋中至忻州一带山区所产小麻榨就的麻子油;糖稀以晋中盆地所产之小米为主料,这才有那种特有的米香;芝麻选用本地产带皮的白芝麻,做时却必须要去了皮;核桃不仅要汾阳产山核桃,而且要求选其中仁为两瓣、四瓣的(老师傅称之为"二路"、"四路"核桃),核桃仁也要去了皮。

制作过程既严苛又极具美感:做好的内馅,用三个手指一捏,能攥成团状,黏合度好,没有硬块;而用手掌轻轻一摁,又散成一堆。颜色则青、红、白、黄诸色杂陈,煞是好看。包馅的时候讲究一把攥:散装馅用手指抓攥起来,剂量如同一一称过。和好的面手工揪剂子,剂子大小、长短、分量几乎一致。郭杜林月饼有三绝,一是硬面馅,二是面饼扎孔工艺,三是经过"察颜观色"的烘烤之后的"窖圈熟藏"。刚出炉的成品皮硬馅软,使其冷却后,要在瓷缸中立起来圈放半个月,上下翻个,再圈半月,方可达到皮绵、馅酥、香酥一致的最佳口感。

"郭杜林"的工艺,以太原双合成传承技艺最为正宗,到现在掌握了全套技艺的,只有双合成的老师傅褚希发、文鑫兴,双合成技术总监、高级工程师程玉兰,双合成董事长兼总经理赵光晋。

2008年,国务院正式批准双合成"郭杜林"晋式月饼制作技艺为国家非物质文化遗产保护项目,与双合成一同被列入名单的就是杏花楼了。双合成郭杜林月饼从而成为"国饼"级产品,与广味二分天下。

晋祠大米：
十里稻花十里香

　　周天子剪桐封弟，晋阳这块风水宝地归了叔虞治理管辖。唐叔虞不辱使命，政绩斐然。重大的功劳之一，便是将"异亩同颖"的"嘉禾"献与周天子，得到了周王室的褒扬。《史记·鲁周公世家》说："唐叔得禾，异亩同颖献之成王。成王命堂叔以馈周公于东土，作《馈禾》。周公既受命禾，作《嘉禾》。"这是周王朝执政者和实际执政者对唐侯的青睐，是唐叔虞的最大风光。后来唐国改为晋国，这个"晋"字，曾引来好多史家的议论。有一种说法是，从字形上看，"晋"字恰如太阳温暖下，有双头"嘉禾"。能培育出这样的"嘉禾"，在当时农业社会，当然是一件非常重要的事情。有此嘉禾，当然要进献天子。

　　此嘉禾者，晋祠大米也。

晋祠稻田

　　《诗经》中有一首古唐民歌，讲到当地种稻的史事："王事靡盬，不能艺稻粱。父母何尝？"古唐地即晋阳所在，这是有关晋祠大米的最早记载。

　　彼时晋地气候湿润，非同今日，所以北齐文宣帝高洋登上童子寺俯瞰晋阳城时，忍不住赞叹为"天府之国"。南朝史家范晔的笔下，亦有"年谷独熟，人庶多资"（《后汉书·冯衍传》）之句，正说明这里的气候、水土都有其特殊性，所以在本应富产粟（小米）的地方，盛产禾稻。此类记载，史不绝书：

　　唐太宗《晋祠铭》提及"玉帛丰粢,连箱于庙阙",说明当时祭祀的稻粱已很充足。宋代文学家范仲淹的《题晋祠》诗有"千家溉禾稻,满目江乡田"之句,极言晋祠种稻之普及。宋欧阳修《游晋祠》述及"晋水今入并州里,稻花漠漠浇平田",这是宋毁晋阳城后,农业生产恢复的景象。明嘉靖《太原县志·土产》载:"稻,有秔、糯两种。安仁、玉、索、东庄等乡出。"稻已列至"土产",成为一地象征。清代诗人昊雯《晋祠》云"一沟瓜蔓水,十里稻花风",是文人墨客的吟咏;到了清末民初,晋源赤桥人刘大鹏在其《退想斋日记》民国十五年(1926年)九月十八日写道:"人向我租种稻地。此稻田系两镇村郭秃小租种十余年……有此稻田可以养家,若夺租与他人,则秃小无田可种,家必受馁矣。"这属于写实了,从中可知种稻已为当地人民世代之业并赖以生存的根本了。

　　水为稻之魂。晋祠大米品质卓绝,端赖晋水。

　　著名农学家贾思勰在《齐民要术·水稻第十一》中指出,种稻"选地欲近上流,地无良薄,水清则稻美也"。晋祠大米产于太原市西南25公里的悬瓮山脚下,《山海经》所谓:"悬瓮之山,晋水出焉。"这道曾被智伯用来倒灌晋阳的水,让壮游天下见多识广的李白心跳不已,他由衷地叹道:"晋祠流水碧如玉。"直到上世纪五六十年代,在由这个城市自己培养出的文人蒋韵那里,这捧碧玉,依然"和婴儿眼睛一样清澈芳香"。由这道水浸润而出的晋祠大米,于是颗粒饱满,色泽晶莹,性软而韧,清香爽口,且"七蒸不烂",多次连蒸,仍然粒粒分明。

　　有好水的地方出好米,得天独厚处,晋祠不孤。黑龙江响水贡米闻名遐迩,是因为它邻了同样闻名遐迩的世界第一大高山堰塞湖镜泊湖,特殊的地形地貌,使得湖水最深处140多米超强净化又"营养丰富"。现在到当地——黑龙江省宁安市西南部渤海镇——旅游,保留项目之一就是品尝响水贡米。与晋祠大米同享"北米之最"称号的天津小站大米,说来与山西有些关系,南运河水夹带着漳河从黄土高原卷来的泥沙和氮、磷、钾等有机肥料,注入了小站的土地,以甜刷咸,化碱成腴,构成了独特的优质稻生长条件。这里还是华北地区最早的稻作研究基地。山东高青县高青大米,于2008年12月,与西湖龙井茶、库尔勒香梨等151件农产品一起获国家地理标志商标认证,不仅因为黄河水饶,全长5464公里的黄河流到此处,就正式进入了黄河三角洲地带,还因为靠近渤海光照充足,还因为独拥大型地下温泉——三种水。最让人难以想象的是内蒙古赤峰中部翁牛特旗,它有草,风吹草低处的牛羊和沙漠——它含着八百里瀚海、科尔沁沙地，还有"不应该"长在那里的稻米：小香稻米，又叫蒙古香米、康熙贡米——当此米试种成功，上贡到清廷时，康熙大悦，给此地赐名"仓津"，乃"粮食满仓、地处要津"之意，还把自己的第十三位女儿、20 岁的和硕温恪公主，嫁与翁牛特部杜凌郡王仓津，表达了这位同出于游牧民族的英雄，对草原种稻成功的欣喜。还不止这些，此后康熙北巡，或驻跸避暑山庄，或围场狩猎，吃饭必用此米，也因此，这米有了它第四个名字——"避暑山庄御用米"。凡此种种，皆因一条水——翁旗受草原母亲河西拉沐沦河养育。

如今我们这些从超市购买一切的凡俗小民，很难体会那种情感。一个国家可以因为一株稻穗命名，一个君主会因为同样的原因安心地远嫁自己的女儿。也同样不会想象，米除了好吃与否之外，优质稻米本身，就是天地精华之象征。

这或许就是范晔"年谷独熟"的另一层含义。晋祠大米，似乎没什么悬念，自然而然就存在于那里了似的，似乎从来就是"米权天授"。而对于别的"名米"而言，倒多是经历了一番风霜，有点"玉汝于成"的意味。

根据考古发现，早在七千年前，我国长江下游的原始居民已经掌握了水稻的种植技术，以后逐渐扩散到长江中游、江淮平原、长江上游和黄河中下游、东北西北，形成了今天水稻分布的格局。问题是：它们是怎样传播的？比方，是谁最早把水稻引种到翁牛特草原？

西拉沐沦河流域是中国史前文化的重要发祥地之一，"北方原生型"红山文化所在地，因最早发现于赤峰市郊的红山后遗址而得名，发现者正是我国著名考古学家、北京猿人的发现者裴文中教授和梁启超的儿子梁思永先生。因为是古文明，所以其农业文明基础相当成熟深厚，这且不说。只说经过元代的技术准备——元代重视屯田和边境的开发，是我国古代农业科学技术推广最好的时期——康熙三十四年（1695），有三个金姓的朝鲜族人（朝鲜族多结伴外出，勤劳而有种稻技术），用从家乡带来的几样水稻种子，在一个叫"花都什"的地方种植了水稻，到秋天居然有一个带长红芒的水稻种子获得了收成，这是翁牛特草原上第一次收获的稻谷。

小站稻是我国第一个获准注册的米类证明商标，1956—1957 年，全国二十多个省市引调小站稻良种。如果说晋祠大米的种收得一"纯"字，小站稻的"经历"就丰富跌宕得多。

天津小站稻初种于宋,得太宗力倡。但小站稻的种植及成功,主要劳动力不是农民,而是军队。

小站为京都门户,又是通向辽东要道,天津屯田,对京师和辽东战场均有重大意义。元至正十二年(1352),丞相脱脱上言:"京畿近地水利,招募南人耕种,岁可得粟、麦百余万石,不烦海运,京师足食。"这块"宝地",经过了著名的科学家徐光启的实践指导,曾任直隶巡按兼提督学政左光斗的倡稼助学,蒙古亲王僧格林沁的挑沟建闸,到清末而最终功成。集大成者,是清末李鸿章的部将周盛传部队。盛军在小站一带屯田练兵又种稻,历近二十年,不断更新品种,改进技术,到光绪二十年(1894),奉调开赴中日甲午战争前线之时,盛军开垦稻田 6 万余亩,民营稻田13.6 万亩,以小站为中心的垦区基本形成。小站成为田野广阔,城防俨然,民居栉比,店铺林立,河渠流水潺潺,岸边杨柳依依,水里鱼蟹成群,空中沙鸥翔集的北国鱼米之乡。"小站稻"名扬四海。

好水出好米,好米本身也如环肥燕瘦,参差百态。《红楼梦》里贾家的庄头乌进孝来交租子,光稻米一项,列有"御田胭脂米二石,碧糯五十斛,白糯五十斛,粉粳五十斛,杂色粱谷各五十斛,下用常米一千石"。杂谷常米之外,品级稻米就分了四等。

1954 年,毛泽东在丰泽园他的菊香书屋里看到这一段,有了兴趣,写信让农业部查到了"御田胭脂米"的产地,之后给河北省委写信说,可否由粮食部门收购一部分"御田胭脂米",以供中央招待国际友人?丰南县(今丰南区)立刻将 10 万斤"胭脂米"专程送到了北京。红学家周汝昌先生有《胭脂米传奇》一书,对此有述。并进一步考证道:"据河北遵化州志,胭脂米不止一个单一品种,有所差别;产地本在玉田王兰庄,其后丰润也有了此米(玉田、丰润,皆遵化州所辖之县)。"

据说这种"御田胭脂米"是康熙在丰泽园中亲培的。其《御制文集》中说:"丰泽园有水田数区……忽见一棵,高出众稻之上,实已坚好,因收其种,待来年验其成熟之早否。明岁六月时,此种果先熟,从此生生不已,四十余年来,内膳所进,皆此米也。其米微长,气香而味腴,以其生自御苑,故名'御稻米'。"

这种米呈椭圆柱形,内外均暗红色,顺纹有紫红色线,煮熟之后,异香扑鼻,味道极佳,且回锅三次色香犹存。由于每回锅一次,米粒伸长一次,故又称作"三伸腰"米。康熙培育了御稻米以后,倡导推广。北方不消说,在玉田王兰庄找到了最合适的地方,南方江浙也有了成果,只不过"惜未广也"。康熙五十四年,曹雪芹的父亲曹颙从其母舅李煦那领取御稻种一斗,开始在江宁(南京)推广,同时也在自家田里种植。曹雪芹少年时也许吃过这种米,并在后来写进了《红楼梦》。

《红楼梦》里还写过另一种稻。第六十二回,厨房柳家的巴结宝玉的丫头芳官,送来这样一些饭菜:一碗虾丸鸡皮汤,又是一碗酒酿清蒸鸭子,一碟腌的胭脂鹅脯,还有一碟四个奶油松瓤卷酥,并一大碗热腾腾碧荧荧绿畦香稻粳米饭。御田胭脂米煮熟后红如胭脂,这碧畦稻,又叫京米,熬的粥是泛着点碧的。

成稻难,毁稻易。回望稻的兴衰史,像同时在察看一部民族发展的进退大片。玉田王兰庄本有方圆八百多亩"官(御)田",清代在官田立有一块石碑,警告众人:"此米纯系贡品,庶民不得尝,违者重罚!"谁料"文化大革命"期间,御田石碑被砸,稻田变成了棉花地,胭脂米竟就此绝迹了。据说,胭脂米御稻种子现在只有中国农业博物馆有标本。

北京海淀六郎庄曾是清代京西稻试验区,有 360 顷御稻田,皇家每天吃一顷。新中国成立后,京西稻在北京的种植面积曾一度接近 12 万亩。但现在,全北京除海淀上庄的 2000 多亩种植区外,仅剩海淀公园的 1.5 亩京西稻田风景区,以供游人参观。

但晋祠大米终究难逃厄运。晋水本自悬瓮山下的岩层涌出,潜流十多米,从水塘西岸半壁的石雕龙口注入水塘,畅流不断,终年生生不息,所以北齐时有人取《诗经·鲁颂》中的佳句"永锡难老",命名为"难老泉"。谁料上世纪五六十年代开始,难老泉水大量敷用于新兴的工业,长期严重超采和采煤排水使地下水的补给系统遭到了严重破坏,泉水急剧衰减。1994 年 4 月 20 日,难老泉彻底断流了,晋祠大米缺了难老泉水,自然也一度消失了。

永锡难老,成了一个永远的痛。是不是一端的发展就必然意味着另一端要付出代价?发展与进步的含义到底是什么?这是历史留给我们的一个无可回避的课题。

从大类而言,稻米分籼、粳两种。籼稻的性状比较接近于其祖先野生稻,适宜于在低纬度、低海拔湿热地区种植,谷粒易脱落,较耐湿、耐热、耐强光,但不耐寒;粳稻性相反,所以长江中下游双季稻区的后季以及黄河以北一般采用粳稻品种。并根据品种的温光反应,需水量及胚乳淀粉特性等在籼、粳亚种下又分为早、晚,水、陆、黏、糯等不同类型。如果从糯、黏来区分，则我国90%的水稻面积是黏稻，糯稻只占全部水稻面积的10%左右。

决定种子品质的，除了水，还有土壤、气候、光照、技术等等因素。比如，北纬36°至38°，被世界公认为水稻黄金纬度线，高青与世界顶级水稻产区日本新潟、韩国水原同在这一纬度。比如公认的小站稻"曾以江淮粳稻为母本，但结果却优于江淮稻；曾以韩国、日本的稻种为籽种，而品位却超越了韩国稻和日本稻；其前驱是葛沽稻，但比葛沽稻更胜一筹。"不过再怎么说，所有这些先天后天的努力，都是基于种子本身性

晋祠大米

状，种子是第一要素。但是随着作物遗传育种工作的进展，当杂交甚至转基因工程陆续成功，人的因素越发重要起来。

水稻之父袁隆平从1960年开始研究杂交稻，四十年后，1999年，袁隆平研究的超级杂交稻小面积试种成功，亩产达到800公斤。目前，全国杂交水稻种植面积已超1333万公顷，占水稻总种植面积的51%。说起来，袁隆平的成功，与我们山西人也有关系。袁的"神经病"的头衔，一直戴到1970年。那年的湖南省农业科技大会上，时任湘省第一书记的华国锋，把袁请到主席台，坐到他的身边，在这样一个重要的场合，公开表示对他的认可和支持。因此，袁对华一直怀有感恩之心。2008年，在《袁隆平院士访谈录》出版前，他特意请华国锋为他写序。

为了稻种，"聪明"的人类还有一项重大的举措。

挪威斯瓦尔巴群岛，距离北极点仅有1100多公里，每年，只有1900多名捕鲸的渔民或游客和5000多只北极熊会登陆这个所在。可在这个人迹罕至的永冻土上，却矗立着一座巨大的保险库，拥有可与美国国家黄金储藏库相媲美的安全系数，甚至能够抵御原子弹爆炸的冲击和六级地震。这座零下18摄氏度的地窖里保存的是约1亿粒来自世界各地的农作物的种子。

建立这座"种子银行"的全球农作物多样性信托基金会负责人相信，即便地球

经历气候剧变、核战争或恐怖主义袭击，"种子银行都能够让人类在这个星球上重新建立农业生产。它是送给全人类的礼物，它为地球农业购买了一份保险单。

似乎没有什么可担忧的了。人与自然的关系，在相生共存与"角力"的微妙中，一步步地调整着，发展着，寻求最和谐的位置。

晋祠大米和他的耕种者们，也在重新寻路。

太原市已制订了《晋祠泉域岩溶水资源保护规划》，提出通过采取引黄关井压采、关闭煤矿、引水回灌、植树造林、涵养水源等工程措施，到 2020 年，达到晋祠泉域地下水位止降回升，最终实现难老泉等泉水复流。

从 2006 年起，一群晋源人抱着复兴这个千年品牌的理想，在千亩农田试种晋祠大米，第一年便试种成功，年总产量达到 100 万斤以上，经农业部门检测，其品质"已恢复至 30 年前的标准"。2009 年 6 月 10 日，从晋祠无公害大米示范区建设研讨会上传来消息，作为晋祠文化的重要组成部分，晋祠大米开始申报国家农业部农产品地理标志保护品牌。这或许意味着，晋祠的"千亩稻田"将再现"风过吹香"的盛景。

那座种子仓库，但愿永无启用的必要才好。

面面俱到：
百样面食实且华

"世界面食在中国，中国面食在山西。"说这话的不是山西人，不是中国人，而是一个外国人——日本明星食品株式会社社长卜厚昌元先生。后来民间有传言，说兰州人听了这话不服气：兰州拉面举世闻名，山西有什么面呢？陕西人也不服，说陕西有扯面、油泼面、裤带面、臊子面，山西呢？

山西人不说话，拿起一团面，揪、擦、抿、削、剔、擀、压、拉、搓、拨，一会就做出了令人惊叹的揪片儿、擦圪蚪、抿尖儿、刀削面、剔尖儿、手擀面、河捞儿、猫耳朵、拨鱼儿等形态各异的面食，简直似艺术大师酣畅淋漓的一幅幅作品。

传言归传言。陕西面有陕西面的粗犷豪迈，兰州面有兰州面的韧道爽口，但只有在山西，面才有它百变的做法，其精细、其创意、其手法，令人叹为观止。尤其是省会太原，融合了全省各地面食的精华，麦面、莜面、红面、黍子面，做法各异。北京有家晋阳饭庄，是清朝乾隆年间大学士、《四库全书》总编纂官纪晓岚的故居，也是首都最早一家以经营山西风味菜肴为主的饭店。老舍先生生前多次光临，曾留七绝一首："驼峰熊掌岂堪夸，猫耳拨鱼实且华，四座风香春几许，庭前十丈紫藤花。"面食与紫藤同香，实在风雅。

面食在山西的历史，可谓悠长。沁水下川文化遗址是目前所知山西境内旧石器时代晚期最后一处有代表性的文化遗址。在这里出土的与原始农业相关的几种生产工具，就有用于粮食加工的石磨盘、石磨棒等。传说在尧时代，一个偶然的机会，大雨把尧的粮食浇湿，又被倒塌的墙壁压扁。后来太阳烘烤下，食物竟变得异常好吃。

启功题"太原面食店"

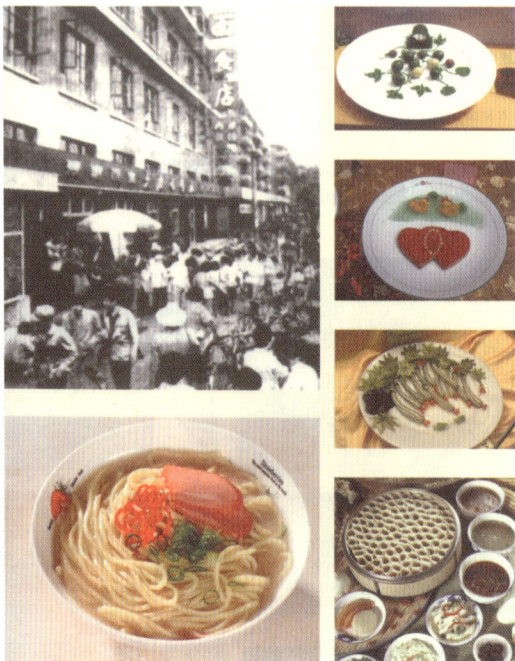

太原面食

尧于是教给百姓在光滑的石板上做饼的方法。面食时代由此开启。

汉代，凡面制的食品统称之为"饼"。蒸制者叫"蒸饼"，煮制者叫"汤饼"或"煮饼"，炸制者叫"油饼"，还有一种从西城引进的烤制饼，称胡饼。汤饼，汉刘用《释名》说："饼，并也，溲面使合并也。……蒸饼、汤饼……之属皆随形而名之也。"溲面，即用水拌和面成面团。当时在宫廷中还设有专司御膳汤饼的"汤官"（《汉书·百官公卿表》）。《初学记》引《四民月令》："立秋无食煮饼及水溲饼。"这些记载证明，在汉代，面食已经是上至皇宫、下到百姓的普遍性食品了，而它的出现恐怕要早于汉代。

南北朝时期的贾思勰在《齐民要术》中记载了当时几种面食的加工制作方法。比方"水引"："细绢筛面以成，调肉睦汁，待冷淡之。水引，馎如箸大，一尺一断，盘中盛水浸，宜以手临铛上按令薄如韭叶，逐沸煮。"看样子，这是一种用肉汁和面、用手搓成的面条。在讲到"铺托"时说："授如大指许，二寸一段，著水盆中浸，宜以手向盆旁授使极薄，皆急火逐沸熟煮，非直光白可爱，亦自滑美殊常。"显然是一种汤面片，但又与今日的揪片做法完全不同。

面食这一独特的食俗文化形态，在民间的流传发展中，加入了许多民俗心态，寄寓了民间的吉祥希望。《北史》记载，北齐文宣帝高洋生了儿子，效法民间，以汤饼招待亲友，称为汤饼宴。高氏发迹得势于并州，高洋本人亦曾任过并州刺史，他的汤饼是否取之于太原民间，未见记载，不过可以推断，生子吃面这是北方的一种民俗。直至今日，太原地区无论老人、小孩过生日，都有吃长寿面的习俗，俗语中亦有"子孙饺子、长寿面"之说。人们取面条之长，象征寿命之长，反映了人类对生命绵长的心理追求。

据《阳曲县志》，面食在南北朝时期就已很广泛食用，当时称作"促律忽塔"，最迟在明代以前就已经制作很精美，他处不敢与之争雄。程敏政《傅家面食行》诗中有句："美如甘酥色莹雪，一匕入口心神融。"在对面食大加赞美之后又言："并、洛人家亦精办，敛手未敢与争雄。"《河东备录》曰："并、代人苦于嗜面。"可见，古时太原面食是民间的家常便饭，不然绝不会"苦于嗜面"。正由于有广泛的群众性，因此才能产生精美无比的制作技术和品种。面食在并州，不断得到丰富、发展、充实、提高，以致形成了独特的食俗文化。远的不说，从清末到民国期间，志籍记载的面食品种已十分丰富。

光绪年间的《阳曲县志》记载，居民有面食曰河漏，荞面为之。傅青主云：高齐时所谓"促律忽塔"是也；拨鱼子，豆麦二面为之；抿蛆子，豆麦为之，如蝌蚪状。民国刘文炳的《徐沟民俗志》记载当时太原郊县的面食则更为丰富：

　　　　利面之用指撕片而煮者曰揪片；以和水之面块用刀削片落于釜煮之者曰削面；以水和面重叠扯长而成圆条而煮之者曰拉面；以面切丝煮之者曰"尖尖(音)；以铁管分条曰剔尖；稀面用箸垂条者曰流尖；以稀粥中加流尖者曰"泰糊饭(音)；面用网体挤丝者口压尖，大者曰河捞；面用网抿丝者曰抿尖；用擦网制者曰擦尖；以豆面切丝者曰擀面；以荞面用指捻成小锅状而煮之者曰圪垛儿；以各种菜叶或野菜蘸以半液体之面而煮之者，曰蘸片子，一曰扫鱼儿；以手搓面寸长而两尖者曰圪搓搓。

虽然这里记述的面食，名称因方言关系与今日大众化名称略有不同，但这些面食仍盛行不衰，为民间一年四季餐桌上的家常便饭。有些品种已走出民间，登上大雅之堂，成为宴席上的地方风味饮食。

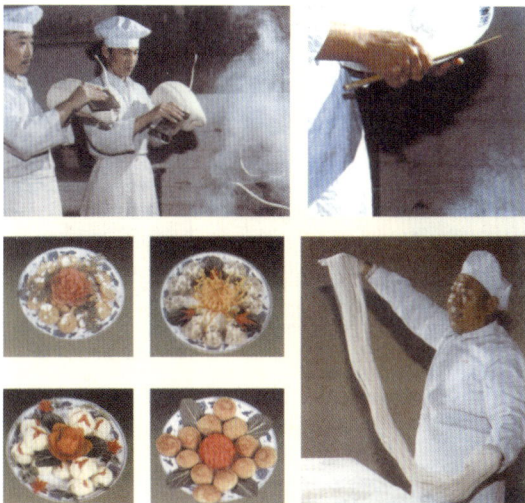

精美面点与精湛技艺

今日太原面食，比起旧时来，制作更精美，品种更繁多，风味更美。除了家居日常所食用切面、刀削面、揪片、压面条外，拉面（押面）、河捞（河漏）、剔尖儿、擦尖儿、猫耳朵（圪垛儿）、剔拨箍儿等品种涌上居民餐桌，成为饮食的花样调剂。每一品种，还因采用原料的不同而呈现多样化。四十年来，先后所用原料就有白面、红面（高粱面）、豆面、玉米面、荞麦面、莜麦面以及作为增加高粱面韧性的榆皮面（以榆树细皮加工而成）。加工制作方法则有擀、切、搓、拉、压、擦、剔、流、拨、铲、揪、抿，熟制过程有煮、蒸、闷、炒、炸，浇头、菜码和小配料亦是各式各样，真可称得蔚蔚面食大观园。

面食就是太原人的生活。太原地区能够形成独特的面食文化，有地理环境、气候环境的原因，也有历史传统的原因和文化因素。太原处于山西中部偏北，晋中平原的北缘，气候寒冷，昼夜温差大。除汾河两岸外，大都为山区，适宜耐旱五谷生长。早在周代，太原即以五谷为主要农作物。历史上，交通又不发达，自给自足的自然经济特别明显。在这样的条件下，取材于当地所产小麦、玉米、高粱、谷子以及荞麦、莜麦、豆类等杂粮，限定了人们谋食向着面食文化模式发展。同时，面食文化模式不断发展，强化，定型，又促进了农业种植向杂粮种植发展。再者，太原地处近寒之地，对饮食的要求自然是温热型，且食用方便，面食恰好符合这一要求。它集主食、副食于一碗之内，边吃边添加，各随其便，亦不必拘于饮食礼仪，饭间也费时不多，忙时干，闲时稀，也很节约。久而久之，面食得以在太原扎根，并不断在人们的努力探索之下花样迭出，形成了有别于其他地区的特殊食俗文化。

太原百姓，隐忍谨慎，勤劳朴实，对待面食，尤其情深意切，倍加珍惜。每餐面

面塑作品

食，都要认真琢磨，精益求精，以求花样翻新，生活多彩。寻常人家，平时也能做几十种面食，逢年过节，花样更多，而且，面食往往被赋予更多心愿。如过生日吃拉面，取长寿之意；过年吃"接年面"，取岁月延绵之意；孩子到学校上学第一天要吃"记心火烧"，希望孩子多一个长学问的心

眼……这些面食已不再是仅仅作为充饥的食物，而已成为一种饱含情感和哲学意蕴的"精神食粮"。

面食到了厨师手里，更是花样翻新，目不暇接，达到了一面

世界吉尼斯面食王子厉恩海

百样、一面百味的境界。据查，面食在山西就有 400 种之多，其中尤以刀削面名扬四海，被誉为中国著名的五大面食之一。

解放路大南门有"太原面食店"，牌匾为启功亲书，店内还存董寿平、胡絜青、林凡等知名书法家相赠墨迹，算是太原面食的老字号。当年，曾昭致师傅创制的"转盘剔尖"闻名遐迩，慕名前来者络绎不绝。面食店遂于 1978 年扩容，增加了稍梅、小笼包、刀削面等面食品种。1985 年太原面食店经理宋培玉首先推出十八罗汉凉面，受到各界好评。1986 年又是宋培玉经理首创了"面筵"，成为接待高级宾客和外国友人的美食佳肴，把过去简便的民间饮食搬上了大雅之堂，为太原面食提高了身价。"面筵"是集山珍海味、瓜果蔬菜之珍馐，与面的各种制作方法、形态，通过烹调技艺，集色、香、味、形于一炉，以宴席形式再现面食的晶、琢、华、翠、美于人们面前，而获得"天下面食，尽在三晋"的美誉和外国友人的赞扬。

不仅老字号，现如今，山西会馆、晋韵楼、全晋会馆等山西特色餐饮酒楼纷纷崛起，面食，不仅是其用餐招牌，更是其现场表演的拿手绝活。刀削面、拉面的表演在全国都已常见自不多说，单那剪刀面的表演，就令食客拍手叫绝。

剪刀面，也是太原面食的独特品种。并州自古出快剪，杜工部有诗："焉得并州快剪刀，剪取吴淞半江水。"表演者脚踩高跷或独轮车，用并州剪刀剪出的面条犹如吴淞江水中上下翻飞跳跃的银鱼，算是太原面食文化的又一风景了。

姑苏风韵：
稻香老香一城香

给居所、店铺起名题匾，在中国可是一件非常重要、非常讲究的事，即便是没读过几天书的平头百姓，也会厚礼延请读书人代办，这种风俗至今仍存。《红楼梦》中，大观园落成，贾政带领一哨人马，让宝玉给各个居所题名，明里说是要考考宝玉，其实内心里是要在外人面前炫耀炫耀。幸好宝玉有此特长，没有给他爹丢脸。你听这名字起得：怡红院，是宝玉要住的地方，题匾：怡红快绿，有"花柳繁华地，富贵温柔乡"的意思。潇湘馆，是黛玉住的地方，因了居所外观是由斑竹所构，有"斑竹一枝千滴泪"的意思，符合黛玉心境。李纨是守寡之人，当然得住在远离世俗、有乡野之趣的"稻香村"，有诗云：一畦春韭绿，十里稻花香。

后来人们给做糕点的店铺起名"稻香村"，是不是受此影响，不知道。反正这"十里稻花香"确实是符合了糕点商号的意蕴，原汁原味，形神俱备，自然清香。《清稗类钞》云："稻香村所鬻，为糕饵及蜜饯花果盐渍园蔬食物，盛于苏。"可见，在清代，"稻香村"已经是姑苏一带著名的糕点食物字号了。

后来，"稻香村"就香遍了全国，当年交通通讯不便，也没有知识产权保护，只要不在一个城市，你有你的"稻香村"，我也有我的"稻香村"，当然，最著名的当数北京的"稻香村"。

北京稻香村始建于清光绪二十一年（1895），位于前门外观音寺，南店北开，前店后厂，很受欢迎。鲁迅先生寓居北京，住在当时宣武区南半截胡同的绍兴会馆，距观音寺稻香村仅两三里路，是它热烈的拥趸。另外，像作家冰心、清华大学著名体育教授马约翰、京剧名角谭富英等等，亦是这里的常客。《旧都百话》中有这样的记载："自稻香村式的真正南味，向北京发展以来，当地的点心铺受其压迫，消失了大半壁江山。现在除了老北京逢年过节还忘不了几家老店的大八件、小八件、自来红、自来白外,凡是场面上往来的礼物,谁不奔向稻香村?"

太原人对糕点的回忆来自柳巷。老人们说,当年有钱人买糕点都要到柳巷来,因为这里有两家最有名的糕点店:稻香村和老香村,卖的是地道的京味和苏式糕点。

太原稻香村创办于1915年,那年,北京新华街的张连芳、冯树芳、费照德、李连生几位握有稻香村食品制作技术又善于经营的南方商客,在太原钟楼街东口和柳巷交接处,投资银洋3000元合资办起了太原稻香村食品店,主要经营的就是糕点、饼干、罐头等,当时店员有7人。1919年,该店迁到柳巷52号,扩大了经营。1937年,乌尧章出资2000元,扩充店面,店员增加到19人,聘请太原原万隆酱园经理韩石川经营。1949年,该店在战争中毁去。1950年,稻香村重新登记开张,经营方式为前店后厂,店员11名。稻香村生产的冬瓜饼、姑苏椒盐饼、猪油夹沙蒸蛋糕等南味食品颇受欢迎。

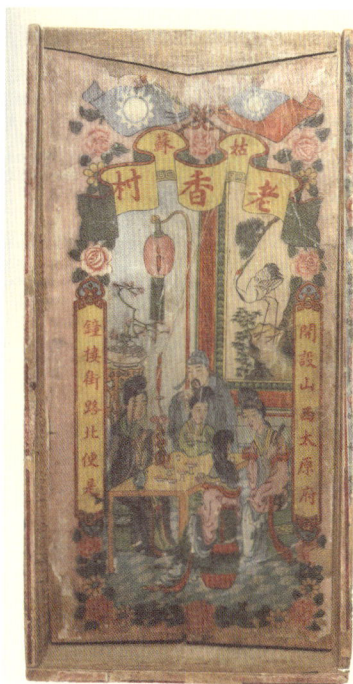

民国时期的老香村礼盒

1956年,稻香村实行了公私合营。1957年前店搬到并西商场,后厂搬到双合成食品店。1963年食品加工厂搬到重机厂区南,后又迁到下元西矿街北侧,占地面积1000平方米,恢复了前店后厂,自产自销,生意日隆,年销售量达到35万斤左右。"文化大革命"期间改名"工农兵食品店"。十一届三中全会后恢复"稻香村"名号。1986年扩大了营业场所,面积达到1160平方米,职工127人。1991年稻香村营业额增加到720万余元。

从姑苏到北京到太原,不论是哪里的稻香村,产品品质却都是一脉相承。稻香村食品讲究"四时三节",端午卖粽子,中秋售月饼,春节供年糕,上元有元宵。用料讲究正宗,核桃仁要山西汾阳的,因为那里的桃仁色白肉厚,香味浓郁,嚼在嘴里甜;玫瑰花要用京西妙峰山的,因为那里的玫瑰花花大瓣厚,气味芬芳,而且必须是在太阳没出来时带着露水采摘下来的;龙眼要用福建莆田的;火腿要用浙江金华的;等等。做工讲究"凭眼""凭手",例如熬糖何时可以端走全凭师傅的经验,早一分钟没到火候,晚一分钟火候又过了,这就是所谓的"凭眼";"凭手"则是指将熬好的糖剪成各种形状,这全是手工活儿。

老香村食品店建于 1927 年。当时,太原一家名为谷香村的商号倒闭,吴润民投资 3000 元开办老香村。店员 23 人,经理为王庆丰,河北人,自幼经商,善社交。后该店改为合资企业,王庆丰等 13 人投股金 7000 元(银洋),每三年分红利一次,推吴润民为董事。

和稻香村一样,老香村字号的起名题匾也格外隆重。当时,谷香村倒闭,沿用旧号显然不吉。掌柜们希望生意发达,财源茂盛,于是便仿上海一店名,树新号为"上海老香村",并请著名书法家赵铁山先生写了号匾和批匾(号匾两侧的横匾)。"北方一支笔"赵铁山,太谷人,书法界的"南吴北赵",吴指吴昌硕,赵即赵铁山也。1925 年,孙中山逝世,太谷铭贤学校校长孔祥熙以学校的名义请铁山书写了一副挽联,此联以隶书为正文,用魏楷落款。第二年,赵铁山包括这副挽联在内的书法作品在上海举办的全国性书法展览会上展出,康有为的评述是:大江以北,无出其右者。找大名鼎鼎的赵铁山题匾,可见掌柜们对于字号的重视程度。

太原老字号——老香村

稻香村

号匾长短如一人床板状,楷书"老香村"三字,空间上方写着"上海"两个小字,呈黑底金字;批匾比号匾略长,东批匾写着"南北果品四时糟腊",西批匾写着"洋酒罐头浙绍金腿",呈蓝底撒金,悬挂门首,以醒本店特色。此外,店铺内还挂有一尺宽、二尺长的抄书"老香村"小匾(黑底金字),以及各式样的小挂牌。店门两旁圆柱上还挂有抱匾楹联,其内容现已不详。

新开业的"老香村"店铺设在钟楼街路北4号,作坊设在钟楼街"中兴药房"后院。全店从业人员11人。

"老香村"开业后,为招揽买卖,掌柜除亲自驻天津、石家庄接货运货外,还经常派人北上北平,南下汉口、上海、浙江等地,博采众家之长,不惜工本购进各种原料、辅料,精制京、广、苏各式糕点,并以月资126元大洋从上海聘来一位李姓的糕点师傅,面授技艺。自此,"老香村"在太原站稳了脚跟,一天天"吃香"起来。到了第二年秋天,"老香村"经营的品种由最初的七十余种增至四百多种。糕点主要品种有袜底酥、鸡油饼、太师饼等十几种。中秋月饼主要生产京式提浆细皮、自来红等十来个品种。平时仅门市销货额就在300元上下,逢年过节时可超过1000元。这时"老香村"还兼带批发业务,而且十分活跃。凡太原市内同行号铺都纷纷从"老香村"进货,"老香村"一跃成为太原大号铺之一,从业人员达到二三十人。

1930年末,"老香村"在二市场南头路北新开店铺一处(现信托公司开化市零售二部位置),习惯上称此为"西老香村",同时,原加工作坊也搬迁至"西老香村"后院。

1929年至19365年间,是"老香村"的鼎盛时期。除经营南北各式糕点,还有香肠腊肉、五香牛肉、虾子鱼、熏鱼等等。尤其是干炒瓜子、五香瓜子、五香果仁等干果类已列入晋绥土货名牌产品。七七事变前,经营的品种达700余种,山珍海味、洋酒罐头、干鲜果品、鲜菜鱼虾,应有尽有。并专门包销北京五星啤酒、汽水、英瑞公司奶粉、炼乳,以及上海天厨味精厂的各种味精、调味品。商品批发范围也由太原市扩展到山西省各县镇。

就在"老香村"生意极盛之际,七七事变爆发,日本侵略者侵占了太原,"老香村"遭到劫难,价值一万多元的货物运到东太堡,藏到地洞里封存,被日本人洗劫一空。掌柜、店员纷纷外逃,只留一人看守铺面。掌柜王庆丰驻天津不敢回来,二掌柜王得三、三掌柜王国斌带着二十来人逃至运城后,又带伙计四人跑到西安,并在西安东大街453号立起新店。其余12名伙计留在运城,以炒花生、卖纸烟度日。1938年3月,战事稍稳,三掌柜王国斌带着运城人员返回太原。五月,大掌柜王庆丰也回到太原,重操旧业。复业后的"老香村"已面目全非。钟楼街路北的"北老香村"店铺连同牌匾已被汉奸商会会长强行霸占,开了"公记纸烟庄""老香村"前贴上了"公记"二字。掌柜与伙计只能购些面粉,随便做些点心,兼卖些酒类、罐头等惨淡经营。这时店铺门首悬挂上了英文字牌匾,其意为:"老香村食品杂货店铺中外闻名。"1941年大掌柜王庆丰病故。接着日军实行全面经济封锁,外地供货隔断,物资越来越紧张。加上物价上涨,"老香村"的经营一年不如一年,原店铺有不少伙计离开另立门户。

日军投降后,二掌柜王得三在西安开的店铺连产带人划归当地,一人返回太原,担任了"老香村"掌柜。这时"老香村"不靠批发业务,主要经营海参、燕窝、火腿、板鸭、南糖、花生粘等,糕点只有十几个品种。很快,又遇上阎锡山推行"兵农合一",够年龄的年轻店员全被"编组"充丁,怕事的都偷偷跑回家去,"老香村"只得削减店员,缩小规模。到太原解放时,全店剩下十几个人。

太原解放后,在党和人民政府的帮助下,"老香村"经营逐年扩大,生产逐年上升。至1952年底,糕点月产量已由新中国成立初期的1万余斤增至3万余斤,糕点品种也由34种扩大到48种。1956年老香村纳入国营企业,"文化大革命"期间,更名为"人民食品店"、"钟楼街第一食品店"。

1981年7月1日,"老香村"牌匾重新悬挂于店门中央。1986年,老香村扩建为二层仿古建筑,明亮宽敞。"老香村"的经营特色也从此重放新辉。

如今一些老太原回忆的,是老香村的蛋皮月饼,这是老香村第三代传人张涛研制的。采用鸡蛋和面不掺水的方法,按晋味配置馅料。1982年,叶剑英元帅来太原,品尝此月饼后,赞不绝口。

糕点,是物质匮乏时代人们对于美味的向往。那个年代,逢年过节,人们走亲访友,手里提的礼品,不外乎一包点心。可能还是那种纸包的,用纸线绳捆扎起来,把字号商标包在上方。慈爱的父亲远行,回家后带给孩子的,可能也是一块饼干、一颗糖果。

柳巷,因为有了稻香村、老香村,便有了一城人的向往。那个时候,不知道有多少孩子的梦想是要做一名糕点师傅呢。

味压群芳:
老鼠窟滚出什锦香

上世纪七八十年代,外地人认识太原,大多是从五一大楼开始,然后顺西边的海子边一路迤逦向北,到桥头街,到柳巷,到钟楼街。记忆中,除了柳巷两侧有高楼林立,这一带,多是房低街窄。但商业繁华,街上总是人流如潮,尤其是周末或节假日,游人摩肩接踵,赶庙会似的。

街,是这一带商业旺区的主动脉,街与街之间,是那一条条曲径通幽的小巷,馒头巷、剪子巷、帽儿巷、柴市巷、靴巷……顾名思义,这些小巷自然是因其商业功能而得名,巷陌幽幽,透着多少当年繁华,透着多少市井亲切。

太原老字号——老鼠窟

老鼠窟元宵

"滚元宵"的场景

老鼠窟也是这一带的一条小巷。巷口在钟楼街，大概是因为巷小，居住拥挤而得名吧。

那时，生活在老鼠窟的市民可能是这些繁华闹市的主人。每天天不亮，小巷里便热闹起来，吱吱扭扭的开门声，男人们的咳嗽声、小孩子的哭闹声此起彼伏，入夜，小巷安静下来，静得能听见邻居的打呼噜声、夫妻的低低拌嘴声。巷窄家小，生活在这里的人们难免有抱怨。但抱怨归抱怨，能居住在这里，抬脚就是自己的店铺，生活大抵还是平实而且充满了希望的。这种平实，也酿就了这里的市民们那种自信、那种骄傲，这些从骨子里透出的气质，是外地人感受最明显也最为羡慕的。

比如申三货。

申三货是太原松庄人，搁现在，也是让外地人羡慕的太原本地人，但那个年代，从松庄到钟楼街，申三货就是外地人。申三货家境贫寒，和许多村里的年轻人一样，为了讨生活，他十六七岁就给人家打短工，以后在太原一些食品店做临时季节工。每年逢正月十五元宵节或八月十五中秋节，一些铺号都愿雇他来做杂工。申三货没文化，但为人忠厚肯干。当帮工时对师傅特别殷勤，除做些杂活外，一有空隙，就悉心学习师傅的制作工艺。师傅们看到他诚心好学，就经常传授他些制作食品的工序和技艺。忠厚和灵巧并不矛盾，天长日久，申三货便学会了不少做食品的技术。

1928 年，申三货 18 岁。和所有企业家的励志故事一样，他迈出了创业的第一步。申三货先后在按司街、钟楼街等地摆摊设点卖元宵。当时只是买号铺中的生元宵,一早一晚煮熟后卖熟元宵。这样,一天只能赚些薄利维持生活。天长日久,申三货已经不满足于这种最简单的加工了。他认识到,只有自己亲手制作,才能获得较多利润。经过不断请教师傅,又经友人介绍到西安元宵店取经,博采众长,申三货从选料、浸米、配馅、滚元宵都亲自动手操作。经过多次试验,不断改进,靠着他本性中的忠厚与灵巧,申三货终于试制成了香甜可口、与众不同的元宵。有了自己的产品,申三货每天晚上制作,白天上街叫卖。日复一日,年复一年,由于质量不断提高,销量也因此日渐增加。人们都异口同声赞美老申的元宵别具风味。从此,他的生意越来越兴旺。一人干不过来,全家一起动手。但有一条,不管谁干,老申都得亲自一一检点。检查后,认为哪道工序或配料不合格,他都要动手返工,以达到标准为目的。

产品有了,生意好了,但申三货依旧羡慕那些有铺有面,能居住在拥挤小巷中的本地人,他渴望成为他们中的一员,这可能是所有外地打工者的心愿吧。

机会总是给有准备有抱负的勤勉的人准备的。1931年,老鼠窟巷口一家名叫"恒义诚"的肉铺生意萧条,亏累日益严重,经东伙计议拟将铺底让出。申三货抓住了这个机会,遂将"恒义诚肉铺"三间门面接过来,更名为"恒义诚元宵店"。从一个普通打工者,到练摊做小本生意,再到拥有了渴望已久的店铺字号,申三货坐在自己的铺面中,内心处肯定是感慨良多吧!

申三货自从接下老鼠窟"恒义诚肉铺"的门面后,生意更趋兴隆。这时,老申不是"萝卜快了不洗泥",而是更要精工细做,精益求精。他一再告诫家人说:"若要富,开久铺。"意思是要想生意亨通、财源茂盛,必须要有长久的打算,也就是要坚持"质量第一,永保信誉"。

经过多年的实践,他认为晋祠江米中质量最好的莫过于花塔村所产。因此他决定和花塔村几户农民订立长期合同,按他的品种、需量,确定种植亩数。为了解决农民播种困难,每年春耕前还预付给农户一部分垫底款,经过农民精耕细作,江米质量有了提高,既不过软,又不过硬,而是细韧软绵。申三货对加工环节更不含糊。夏天江米要泡三四个小时,冬天泡十二三个小时,然后再上石碾,碾出的面要过130目的细箩,这样箩出的面才能又细又白。对于馅料的制作,也是十分讲究,特别是桂花酱和玫瑰酱的原料,桂花和玫瑰都必须是花似开非开时采回,然后一瓣一瓣掰下来,用白糖反复揉搓,再经腌制而成。滚元宵时,簸箩在案上来回拉,反复加水，滚出的元宵终能既瓷实又软筋。

许多年来，老鼠窟元宵就是这样，以晋祠江米为粉，唯以桂花、玫瑰为最，粉要石碾，花采半开，一幅传统田园诗派制作。而且现在依旧保持着传统风味，以销售什锦多味元宵、芝麻珍珠元宵为主，质量稳定可靠。

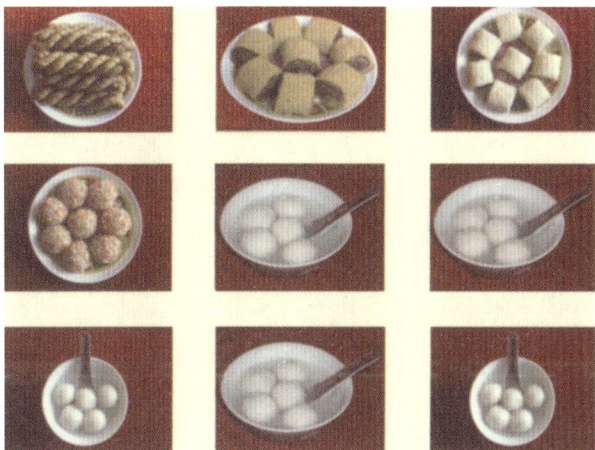

元宵、糕点

在老鼠窟元宵店常年都可以吃到新鲜的元宵，每年元宵节期间更是店内的生产旺季。

申三货的事业成功了。当时，虽然西有按司街的一家元宵店，东有钟楼街的两家元宵店，但"老鼠窟"元宵店顾客仍是络绎不绝。它一家的营业额，大大超过附近三家营业额的总和。每年春、秋、冬是元宵销售旺季，早晨一开门就宾客盈门，晚上至十一二点顾客仍是川流不息。

出身贫寒，忠厚好学，讲究信义，跻身主流，成就梦想，这几乎是所有创业者的成功之路。申三货当然也不例外。

1954年，申三货病故，其子申贵生接过衣钵。两年后，"恒义诚"实行了公私合营，成为全民所有制企业，隶属太原市饮食公司。"文化大革命"期间曾一度改名为"红卫甜食店"。1984年，太原市政府又恢复了"恒义诚"甜食店的老字号招牌。"恒义诚"生产的什锦桂花元宵被命名为太原十大名小吃。1996年，"恒义诚"甜食店被贸易部授予中华老字号企业。

世事风云，近八十年过去了。如今，每逢元宵节，"恒义诚"甜食店门前常常连续几天出现排长队竞相购买"老鼠窟"元宵的盛况。虽然速冻汤圆已在各大超市随处可见，但这家老字号的元宵依然生意兴隆。久居太原或来太原走亲访友、游玩的人们，会习惯地前去"老鼠窟"品尝品尝。"老鼠窟"元宵已经成为太原人除闹红火之外很看重的元宵节节目。

主力无穷：
饺子里头话信仰

　　话说大唐盛世，天生丽质、聪明贤惠的宰相王允三之女王宝钏到了婚嫁年龄，她看不上王公贵族们的纨绔子弟，独独喜欢上家中杂役薛平贵。虽然父母极力反对，王宝钏还是通过彩楼抛绣，选中薛平贵为夫，并与父亲击掌出走，在长安南郊武家坡寒窑苦守薛平贵，一住就是十八年。十八年来，王宝钏每日野菜果腹，艰难度日。其间，薛平贵从军出战西凉，战功显赫，当上了西凉国王。十八年后，薛回家和王宝钏团聚，并封王为西凉正宫皇后。人们感念这一段凄苦的爱情故事，便以王宝钏经常食用的野菜——荠菜为馅，做成蒸饺，希望在团圆幸福之日，不要忘了幸福来得是多么不易。只可惜，幸福对于王宝钏来说，还是太短暂了，被封正宫十八天后，王宝钏撒手人寰。

　　以上故事当然只是传说。但传说的生命力是如此坚强，以至于一千多年后，这段对爱情的忠贞，依旧盛行于影视。略感奇怪的是，传说中，为何以饺子为寄托，来感念忠贞呢？

　　细想也不奇怪。饺子之与中国百姓，一直是神圣的食物。每逢重大节日，饺子才是百姓餐桌主流。包饺子、吃饺子的过程，凝聚了百姓对幸福的理解：团圆、悠闲，这才是生活。

　　八十多年前，太原桥头街，一家名为"认一力"的清真饺子店，再一次以饺子为载体，表达着人们对忠贞的崇敬。

　　提到认一力，还得从1903年10月15日说起。这一天，河北省清苑县中冉村的回民老安家，迎来了一件大喜事，安良田的第三个儿子呱呱坠地，为这个安静祥和的家庭带来了无限欢乐。安良田为他取名桂月，取八月桂花与十五满月之意。

　　虽然家境并不宽裕，安良田还是在桂月7岁那年把他送进了私塾，跟随先生读书认字,学习孔孟之道。仅仅两年之后,桂月就拜别了先生回家务农,尽管他非常渴望继续读书,但来自生活的压力已经使家中不堪再为一个年仅9岁的孩子支付私塾学费。从那时起,年少的桂月只能一边务农一边回忆读书时的快乐,听着私塾里同窗们的琅琅读书声,他却再也无法成为其中的一员了。

一直到1921年,18岁的桂月已经长成了一个结实能干的小伙子,他不甘于继续待在家中务农,想要到外面的世界去开创一份事业。春节刚过,他就迫不及待地背上行囊,跟随年长他几岁的同乡尹常山,到湖北汉口尹家饭馆做学徒。临行前,父亲安良田为他改名安海。

那个年代,读过书、能识字的人还不多,再加上安海的勤奋踏实、老实忠厚,汉口尹家饭馆的老板格外青睐这个小伙子,想在日后对其委以重任。但年轻气盛的安海总想趁着年轻多学点本事,所以在亲戚马山的引荐之下,于1922年1月回到了故乡河北,到石家庄张家饺子馆学徒。直至1926年,23岁的安海终于学成出师,担任了张家饺子馆的厨师。

经过几年锻炼,学得一身本领的安海已经成为一个可以独当一面的厨师,在当地小有名气。虽然有了稳定的工作和不错的收入,但孝顺的安海总想把远在家乡的父母和兄妹接来同自己生活,然石家庄的工作还不足以为他提供这样的待遇。安海在自己26岁那年,来到了山西太原闯荡,其间的艰辛可想而知。不久,安海发现在太原城仅有"清和元"一家清真饭馆,还地处南仓僻巷,位于桥头街一带的闹市区在清真饮食业界还算得上是空白,便和同乡张干臣、

认一力饭庄

杨士英合伙开了一家名为"一分利"的清真饭馆,由他自己担任经理一职。

经过一年多的经营,安海发现与人合伙经营并不是长久之计,加上与合伙人在经营理念上的分歧,他决定创办一个完全属于自己的清真饭馆。由于多年来的资金积累,安海终于在1930年,创办了完全属于他个人资产的"认一力清真饺子馆"。

饺子馆的名号是安海的父亲安良田从伊斯兰教义"认主独一,主力无穷"中提取"认"、"一"、"力"三个字而得名的。这是他们的信仰,也是他们对真主的忠诚。安海把这种忠诚应用到他的生意。

由于毗邻闹市,交通便利,加上独特的饺子馅配方和热情周到的待客态度,"认一力"一下子聚集了不少人气。饺子馆主营牛肉蒸饺,还经营喜庆宴席和传统的清真菜肴,有五六十种之多。"认一力"的饺子皮薄馅大,肥而不腻,入口流汁,味道鲜美,从而招得顾客盈门,食者无不叫好,誉满三晋,生意十分火爆。

七七事变之后,太原沦陷,百业受挫,"认一力"清真饺子馆也难逃厄运,安海举家迁往陕西西安。1942年,太原的局势相对稳定,因割舍不下旧门面和热情的老顾客,安海又返回太原。在同乡大濮府九连升老板李昆山的帮助下,安海恢复了"认一力"清真饺子馆的经营。此后,虽然历经战乱狼烟、局势不稳等窘境,"认一力"还是在绝境中顽强地生存下来。

新中国成立后的"认一力"获得新生,先后经过了两次扩建。一次是1954年10月1日实行公私合营后,店面由100多平方米扩展到600平方米,职工增加到50余人,增加了一倍,经营的品种多达一百五六十种。第二次是1984年,经过十个月的改扩建,盖起了三层楼房,建筑面积达到1300余平方米,形成了规模较大的格局。

半个多世纪以来,虽然店主、店堂几经变迁,但"认一力"的声誉却经久不衰,尤其是传统名吃——"羊肉蒸饺",不仅保持了特有的风味,而且在几十年里,经过不断改进,质量有明显提高。蒸饺馅内配有砂仁、豆蔻、白芷、荜卜、陈皮、良姜、肉桂、花椒等十多种中药材,具有增香、除膻、开胃、助消化之功能。所以蒸饺不仅吃起来不腻不柴,鲜香适品,而且营养也很丰富。

风雨飘摇,近百年来,"认一力"从未改变创办初期的信仰,把对真主的忠寄托在饺子里,成为刻在太原人心中的美味。即便是在"文化大革命"中,安海遭遇不公正的待遇,这种信仰也从未动摇。

"认一力"最鼎盛的时期是在上世纪 90 年代中期,1993 年的营业额达到了 223 万元,经济效益在太原饮食服务总公司下属各分公司中排名第一,并且它的牛羊肉蒸饺被国家贸易

认一力名吃——蒸饺

部评为名吃,醋椒羊肉被评为名菜,"认一力"被授予了"中华老字号"的称号。到 1995 年,"认一力"饭庄实现销售 400 多万元,达到了历史最高水平。

"认一力"饺子承载了安海的信仰,太原市民也把这份对"认一力"饺子的忠诚写在了他们的记忆中。2001 年春节前,"认一力"接到一个来自北京的电话,电话是一个八十多岁的老人打来的。电话中,老人说,他离开太原多年了,非常怀念"认一力"的牛肉饺子,询问是否有速冻的,可否邮寄到北京。"认一力"的员工委婉耐心地解释,他们并不卖速冻饺子。可老人不甘心,隔几天又来电话询问。最后,"认一力"决定满足老人这一心愿。春节刚过,"认一力"的厨师米师傅和孙师傅带着和好的面、拌好的馅坐上大巴来到北京老人家中,亲手给老人包饺子、蒸饺子。八十多岁的老人感动得热泪盈眶。

忠于信仰,忠于品质,忠于一个百年字号的精神。小小一个饺子,远远超出了人们对王宝钏、薛平贵爱情的感念,成为人们平凡生活中朴素而忠贞的信仰。

如今,太原街头开满了各式各样的饺子店。冬至日,饺子店内挤满了顾客,人们在品尝饺子的时候,自然要想到"认一力",自然要谈到"认一力",尤其是一家三口,男人们总是在这一天耐心地给他们的孩子讲"认一力"的故事,而他们明白,他们的孩子也会在若干年后的这一天,提起这个温暖的话题。

这种温情的持续,是对信仰的崇敬!

"赶碗头脑":
霜华时节品八珍

几场秋雨下来,太原城一天冷似一天。许多饭店的门幌儿上,便挂出了"头脑上市"的招牌。老太原们不再眷恋被窝的温暖,一大早起来,去相熟的老店,来一碗"头脑"。店堂内人头攒动,跑堂的忙忙碌碌,将一碗碗浓白的头脑端上桌来。很快,店里一片"哧溜哧溜"的喝"头脑"声音,夹杂着婉转的太原方言,构成太原冬日清晨一景。

搁以前,冬日大早,天还黑蒙蒙的,又没路灯,经营"头脑"的饭店门前大都悬挂一盏灯笼作标志。天黑,太原人得打着灯笼去喝"头脑",因而流传下来,喝头脑又叫"赶碗头脑"。

外地人来太原,一听到主人介绍去喝"头脑",往往摸不着头脑。"头脑"是什么吃食? 又如何有这样怪异的名字?

太原人都知道,"头脑"是太原城里特有的一种风味早点,迄今已有三百多年的历史。"头脑"又名"八珍汤",是由黄芪、良姜、羊肉、煨面、羊尾油、黄酒、藕片、长山药、黄酒等八种食材配制而成。"头脑"选料讲究,制作精细:羊肉选的是羊腰窝肉,易于煮烂且不腥膻;黄芪选的是质地优良的正宗北芪。将羊肉切小块,大火煮沸,加上花椒、黄芪、良姜等作料后,改用小火煮熟后捞出;另将酒糟汁入锅煮沸,加料酒、煨面,煮成面糊汤,再把羊肉块、熟山药、藕片放入碗里,加羊尾油丁,浇上面糊汤便成。此种方法制作出来的"头脑",面糊清白,浓黏厚重,喝到嘴里,甜、软、绵、香、热,酒香、药香、肉香混在一起,一股脑儿地钻进鼻孔,令人忍不住馋涎欲滴,立马抄匙大快朵颐!

太原"头脑"的来历,但凡太原人都能讲出个七七八八。因为这份早餐的来历,是和太原城最有名的奇士傅山先生关系密切。

据说，"头脑"本字考证为"酸醪"，原属官方饮食制度。酸本义为酒再酿，醪为未去酒糟的甜酒，酸醪言醇浓之酒，谐音渐变为头脑。头脑早在明初，甚至宋元就已出现，如《金瓶梅》中有："安排些鸡子肉圆子做了头脑与他扶头。"又如《水浒传》里有："那李小二从人丛里撇了雷横，自出外面赶碗头脑去了。"清代褚人获《坚瓠二集》有"头脑酒"一条，释宋人爱喝头脑酒。明代朱国祯《涌幢小品》记载："凡冬月客到，以肉及杂味置大碗中，注

清和元

热酒递客，名曰头脑酒，盖以避寒风也。考旧制，自冬至后至立春，殿前将军、甲士皆赐头脑酒……景泰初年，以大官不充，罢之。而百官及民间用之不改。"

对此头脑酒，傅山是有家传认知与体验的。其六世祖傅天锡以春秋明经曾任临泉王府教授；曾祖傅朝宣还做了宁化王府的女婿和仪宾、承务郎；祖父傅霖是嘉靖壬戌科进士，历官知州、佥事、参议等；父亲傅之谟是位贡生，授徒教书乡里。在这样一个官宦世家、书香门第，傅山对明代官民食俗，感受必是深切的。故在母亲多病之时，博而专的傅山能汲古出新，术精如神，以晋地特产，创制名同而脉理近、寓疗于食的养生美味。其母陈氏常饮此汤，高寿八十有四。

说起"头脑"的来历，离不开老字号"清和元"。

清和元饭店建于清初，迄今已有390多年的历史。当时，在太原南仓巷中段的地面上有个小吃摊点，主人姓朵，专卖羊肉杂割汤。那时这个摊点既无字号店铺，也没有帮工伙计，生意做得并不景气。傅山见其为人忠厚，便将自己为母亲滋补身体精心研制的八珍汤配方传与朵氏，更名为"头脑"，并亲书牌匾"清和元"以及"头脑杂割"。自此，朵家经营情况就很快发生了变化——小打小闹的摊棚扩展成店，有了伙计帮工，买卖也做得红火热闹起来。

后来人们说，傅山先生亲书"清和元"、"头脑杂割"是有着很深的寓意的。

"清"自然指的是清朝,"元"指的是元朝,两朝都是北方少数民族入主中原后统治中国的所谓"外族"政权。傅山对此深感痛愤,于是,以食品名称隐蔽地表达其"杂割""清和元""头脑"的态度。用今天的观点来看,似乎是有狭隘的民族主义之嫌,但在当时社会环境下,傅山倔强的高尚人格和爱国主义精神仍然让我们肃然起敬。

"头脑"一般只能在早晨才能品尝到。固然有天寒地冻的气候原因,但传说也是和傅山有关。明末清初,清兵进入山海关后,攻城略地,烧杀掳掠。满洲军事贵族集团入关后,曾一度实行一种狭隘的歧视汉民族的政策,加之在经济上大肆掠夺汉民财产,这就坚定了傅山的反清立场,傅山不甘忍受清政权统治的黑暗,希望早日复明,表现在他的语言和诗文中,写"天明"、"月明"的字眼颇多。据说,他曾给"清和元"的店主出主意,叫店铺在门上挂灯笼,天亮前就卖"头脑",以表达其"天不欲明人欲明"的决心。于是,"头脑"这个特殊的风味食品形成了"早卖"的惯例,传承至今。

从傅山赠方起,太原城一过白露节令,"头脑"便上市供应。"清和元"也在每天黎明之前便将红灯幌子高悬门前,早早地做起生意来。念想"头脑"的人们便于五更时分手提灯笼从城内街头巷尾汇拢而来,把个不大的店堂挤得满满当当。伙计们把一碗碗"头脑"挨桌端上,堂内香气四溢,热气腾腾。再加上鼎沸的人声、攒动的人流,使得喝"头脑"的场景十分可观。

清和元饭店历经几代经营,到了清朝道光年间朵林风之手,发生了较大变化,店铺成了雕龙画凤的二层木制小楼,并配有四合过庭院,最忙时雇有帮工伙计二十多人,主原料肥羊肉既固定了品种质量,也固定了购买地点,一个销售期(从头年的白露到第二年的立春)要宰用两岁的子绵羊两百只左右,并有了"帽盒"和"稍梅"等佐餐食品,使"头脑"生意成龙配套,日臻完美。

随着时代的兴衰和变迁,"清和元"也曾几经沉浮。抗日战争期间,太原沦陷,民不聊生,百业萧条,"清和元"店员大多逃散避难。这时节店铺被迫改为行客旅舍,情况一直延续到太原解放前夕。

1949年,太原解放了,给"清和元"带来了生机。1956年,清和元饭店迁于桥头街,重建了餐厅,请回了失散多年的老店名师,进行了第一次恢复传统风味名吃的整顿工作。1979年又进行了第二次恢复传统风味名吃的整顿工作,重点放在了恢复传统特色上：一是恢复传统名吃名点的配料、工艺，使其质量不亚于当年，甚至要超过当年；二是恢复传统的服务方法、传统的店规，使服务质量、服务态度，有一个明显的变化，以便取得顾客的信任。经过三年的努力，到1982年底取得了可喜的成效。"头脑"、"帽盒"、"稍梅"、"涮羊肉"等本店传统名吃、名菜都恢复了传统配方、传统制法，加之原料齐全精良，供应数量充足，保证了上市产品的质量、数量，大大满足了人民群众对名特产品的需求。在把握"头脑"的质量上，他们严格按照傅山当年的原配方，强调营养和药理上的作用，使其能真正起到益气调元、活血健胃、滋补虚亏的功效。当时每日销售600至800碗，这是"清和元"历史上所没有过的。就在这期间，不仅一些曾断档的品种，像"酥盒子"、"夹沙饼"、"荷花酥"、"一窝酥"、"混糖饼"、"鸳鸯酥"、"桂花饼"、"龙眼馍"、"开花馍"、"九龙饺"，以及一些高档的山珍海味都恢复了供应，还创新了优质名点名菜"香酥饼"、"双馅梅花饼"、"抓炒糖醋鱼"、"香菇鸡"等二十多个品种。这一年中，饭店还扩大营业面积700多平方米，增设了两个高雅别致的高级餐厅和三个普通餐厅，日接待顾客量达2000至2500人次。

改革开放以来，清和元饭店先后接待了日本、美国、英国、法国、荷兰、挪威、瑞典、瑞士、奥地利、澳大利亚、泰国及我国香港等三十多个国家和地区的旅游参观团和个人，其传统名吃和热情服务，受到宾客们的热烈赞扬。

太原人喝"头脑"很讲究。一壶黄酒，二两稍梅，三个"帽盒"，再配上一碗热气腾腾、香味郁馥的"头脑"，品尝时以腌韭菜做引子，举杯慢酌细品，方入佳境。

那一小碟腌韭菜妙处颇多，它起的是画龙点睛的作用。腌韭菜用的是霜降前收割的宽韭菜，切段，盐腌两日。太原人认为，吃"头脑"时，配上一小碟绿意盎然的腌韭菜，"头脑"那鲜香、酣畅的特别滋味才出得来，不然会有些许腥

头脑

膻、甜腻的味道。同时,腌韭菜又使这道美食具有了益气调元、活血健胃、滋补虚损的功效。所以在太原人看来,腌韭菜无异于"头脑"的"药引子",缺了它,那"头脑"吃起来便少了很多滋味。

"帽盒"也是太原的风味特产,它是一种烤制的面饼,短圆柱形,中空,是用不发酵的面粉加入椒盐捏成两片空壳,合在一起,入炉烤制而成,形似帽盒而名。吃头脑时,把"帽盒"像羊肉泡馍那样掰成小块,泡在"头脑"里,筋韧耐嚼,越嚼越香,别有一番风味。

黄酒则是因人而异的。吃"头脑"时,呷几口温热的黄酒,吃"头脑"便平添了几分温润的诗意,用太原人的话说,真似神仙般的滋润、逍遥、神清气爽,周体通泰!

傅山先生留给我们的"八珍汤", 如今已成为太原人生活的一部分,冬日,每有外地友人来,热情的太原人总要介绍这道风味美食。那一年,江南吴地来了两个妙人,一群太原汉子簇拥着一大早来到上马街口天津包子铺,请客的是上马街的"地主",桌上自然少不了"头脑"、杂割,品尝过后,才知道,原来不止清和元,连天津包子铺的头脑竟也这般地道呢。

参差百态：
流年碎影字号老

　　盘点并州城的老字号，应该在宋朝词人陈与义"临江仙"的笛声里，回忆座中英豪曾经的风华绝代。又或者学了张爱玲，寻出家传的霉绿斑斓的铜香炉，点上一炉沉香屑，在袅袅盘旋的氤氲中，任思绪愈拉愈长。

　　当然应该从柳巷说起。

　　柳巷本是一条僻静寥落的市井小巷，不意天时地利人和三相凑泊，写出了一段风云际会。光绪年间，汾河决口，大水淹没了当时最热闹的府前街（即现府西街）一带，商贾住户们只得向地势稍高的柳巷、钟楼街、桥头街一带转移，得地利之便，开化市先就热闹起来。"商圈"效应带热柳巷，这是人和。所谓天时，指1907年正太铁路竣工——不过二三十年功夫，随着京津豫冀的商贾们接踵而至，这条宽不过四五米、长不过二三里的普通小巷，竟集了四五十家店铺，成为并州第一富贵繁华所在。这里有最好的糕点店——稻香村、老香村、双合成；最好的绸缎庄——大隆祥、庆记；最好的鞋庄——福利生、庆华源、履华新；最好的药行——乐仁堂、顺天立；最好的饭店——正大、晋隆；还有恒隆源、东方德永、近亿号、三和兴、三义永等菜店、茶庄、点心铺、水果铺……全是大门脸，东西稀罕洋气，价钱也比别的地方要高出许多。比如说干鲜杂果，本地的只卖一些核桃花生瓜子，近亿号则有南方来的果仁、鱼干；比如说抓药，乐仁堂的饮片直接由外地调

民国期间宏康国布庄广告

拨,抓方全是分味单包,连店员都是从天津总号带来的;比如说服装,当时太原人大多还穿土布或绸缎中式褂服,华泰厚则是从上海等地进呢料,做西式洋服。一件衣服从备料到成衣,工序要经百多道,样式又考究至极,能穿得起华泰厚的衣服,那是身份的象征。

晋商之都,商脉深厚,柳巷并非独擅其美。从唐叔虞受封时的"经济特区",经过北齐南北东西大交流,唐时登峰造极的手工业,到了宋朝,各式商坊已然"蔽光天,覆地脉",且冲破了市、坊的高墙,开始按行业系统集中布置在大街上。比方,大、小铁匠巷是铁业工匠的集中处,代表唐宋冶铁业的最高水准,从仍然屹立的晋祠铁人可窥其一斑;剪子巷是剪刀作坊所在地。人说抽刀断水水更流,可是这里的工匠做出来的东西,能够"剪取吴淞半江水"呢。东、西羊市、活牛市,是当年买卖牛羊的市场。米市街、柴市街、麻市街、豆芽巷、棉花巷之类就是日用品市集所在。其他如帽儿巷、靴巷、纸巷、帘子巷、盘碗巷、酱园巷等,功能一望可知。明清以降,太原200多条街巷,有三分之一缘商命名。不过,"主营业务"悄悄发生了变化。帽儿巷金店云集,鼓楼街银号荟萃,距柳巷不远的靴巷,除了鞋子,还聚集着各式文具、印章、字画装裱坊。300米长的小巷两边有44家店铺,藏龙卧虎。百年老店"亨升久",以一款"洒鞋"风行三晋。说来也是机缘巧合。1900年八国联军攻陷北京,慈禧"西狩",一路狼狈。那日来到山西,"亨升久"为太原驻军做的一批"武备鞋"正待交货,刚好解了御林军燃眉之急。这鞋鞋帮纳得很密,前脸深,上面缝着皮梁或三角形皮子,着实物美价廉。慈禧便命"亨升久"如法炮制,专供御林军,并取名"回京鞋"。于是便流行起来,民间唤叫"洒鞋",跟着晋商走入绥远、包头、张家口……老舍先生在他的短篇小说《断魂枪》里还有这样的描述:"他们打扮的得像个样儿,至少得有条青洋绉裤子,新漂白细市布的小褂,和一双鱼鳞洒鞋。"

书业诚旧址

靴巷中段,还"藏"着一只"龙虎"

——书业诚。书业诚是书业德在山西的分店。总号书业德在山东聊城，店东却是晋商，康熙年间山西灵石县一郭姓人。因为处在南北通衢京杭大运河沿岸，清代聊城的经济文化一度繁华，其中刻书、制笔、年画享誉全国，流传海外。聊城书业德规模居山东全省书庄之冠。

书业德太原和祁县分店，1921 年由晋商名流祁县渠本翘的侄子渠晋山（字仁甫，以字行）接手，更名书业诚，主营书籍、字画，兼营文房四宝、办公用品等。书业诚做买卖诚意毕现。卖狼毫、羊毫毛笔，就专门精选黄鼠狼毛和羊毛定点加工制作，弹性、吸水性恰到好处；卖"胡开文墨"就必须从安徽徽州屯溪进货；卖端砚，必把上、中、下砚清楚标明；所出版书籍，印刷清晰，装订整齐，无一错字。开业不久就成了山西最大的私人书店。

不过渠氏志不在此。就像南宋的徽、钦二帝做艺术家的热情要比当皇帝高很多一样，渠仁甫喜读书，好诗文，善书法，尤精小楷，80 岁的时候仍能做蝇头小楷，至今尚存四五十万字的文钞、诗钞。渠氏平日最大的爱好就是收藏古籍善本及书画作品，还创办了祁县私立竞新小学校。办学目的在"普及教育，体恤寒素"，故自投巨资，学费全免。

他之所以接手书业诚，除了普及文化，大半倒可能是为了自己收藏方便。到七七事变前，书业诚所藏，后人知道的就有古籍善本 2000 余部，六七万册，字画碑帖三四百件，精品繁多。

新中国成立后，渠仁甫将学校、收藏献与国家，书业诚的书籍、货物以及流动资产悉数并入新华书店。

无心栽柳，柳自成荫。药店大宁堂也是这样一个所在。

大宁堂是傅山一个好朋友、太原秀才陈谧（字右玄）在太原闹市区按司街西口 17 号开的。陈右玄与傅山交情不一般，更一度是反清复明的同志，所以，傅山为大宁堂颇费了一些心思。傅山精内科、妇科、儿科、外科，尤以妇科为最。他创制了几十方独家良药，如血晕止迷散、和合丸、二仙丸、小儿葫芦散、脾肾两助丸等妇、儿、男科秘方为大宁堂专卖，还常常亲自坐堂。傅山研究专家魏宗禹先生在《傅山评传》一书中写道："傅山何时习医，没有确切文献记载，难以说得清楚。他甲申之变后，已在晋中一带行医，并很有盛名，且十分精于妇科，看来悲怀其妻是他从医的一个最初动因。"原来傅山妻子在他二十六岁时不幸染病身亡，留下年仅五岁的儿

大宁堂注册商标 大宁堂

子。夫妻情笃,傅山誓不复娶,终生没有再婚。在他加入道教后,祁县学者和藏书家戴廷栻称傅山"自谓闻道,而苦于情重",意思是傅山并不像表面或自称的那样旷达,不属于"太上忘情"者,倒是情之所钟一辈。

傅山坐堂,绝非为了赚钱,而大宁堂的药远近驰名,除零售外,成药还批量畅销各地。从清代中叶到民国期间,店中经常住有祁县帮、鲍店帮、太谷广帮的老板和货主。尤其太谷"广帮"(以太谷广升远和广升誉为首,专门经营进出口药材批发生意,因商号名称均带有"广"字,故称"太谷广帮"),以垄断中国药材生意近一个半世纪身份而住堂守候,以此可知大宁堂之声望。

在太原,商场是一处"奇特"的所在,它不只是百姓寻常购物交易之所,而常常成了他们的生活方式。并州商场著名者,按司街就有三个:开化市、大中市和开化市对面的土货商场。土货商场建成最晚,是为抵制洋货而设的一个官办商场,1934年10月落成,"官名"叫做太原土货产销合作商行。场内不仅土货琳琅,物美价廉,均为本省各地产品,且发行"土货券",任何商品均打九五折。土货商场还供给中小工厂原料,只要有设备,工人就可领原料,制成品再由商场收购,对太原晋生、榆次晋华、祁县益晋三大纺织厂都有益助。土货商场共有四层,登临其上,满城风景,一目了然,有评曰:"诚太原最有价值之建筑也。"

大中市

　　"大中市"原名"寿宁寺",建于宋朝大中祥符八年(1015)。明永乐八年(1410)寺内建起一座钟楼,和尚按时打钟,钟声洪亮,城内城外都能听见,俗称"打钟寺"。辛亥革命时,打钟寺被乱兵烧毁。1913年阳曲商人刘占元集股成立房产股份有限公司,在原址建起市场。大中市以古玩业为特色,晋宝斋、翠恒豫、双盛斋等都是其中声名较著的。大中市也赶"新潮",开设了太原第一家高级澡堂,建筑仿京、津风格,设有单间,又聘"名手"搓背、修脚,招待殷勤。当时阎锡山的炮兵司令周玳就是这儿的常客。

　　如果把柳巷比做太原的王府井,开化市就是大栅栏了。开化市本名开化寺,是并州城中一座古寺,明时"敕赐开化禅林",一度善男信女,络绎不绝。也不过三五百年,到得清末,昔日庄严宝刹,已是壁断墙塌,罗汉佛像住地,成为乞丐和流浪者们遮风避雨之所。到1913年,当政更将寺北辟为市场,名之"共和市场"。若以市场价值考论,这里委实是一宝地:北靠钟楼街、按司街,茶布百货集中之地;南连东西米市,粮油副食店铺林立;东接西校尉营,各大批发庄汇集于此,西通南市大街,土产杂货样样俱全。所以,再过七年,到1920年,一些官吏富豪合股集资组成新化房产股份有限公司,拆掉佛像,全寺改建市场,"共和市场"自然包含其中,久之,连名字也化没了,开化寺成了开化市。原初最出世的一块佛门清净地,成了最世俗一所在,300米长、40米宽、12 000平方米的地界,蜂拥着200多个商号、几百种商品,

开化市

洋货土货，纷然杂陈，叫卖喧闹，震耳欲聋。而且泥沙之中，珠玉自陈，品牌店比比皆是，说出来都大名鼎鼎。元隆帽庄的硬胎布帽，自产自销，批零兼营，闻名三晋，尤其晋西北。天华秦津货庄前店零售，后柜批发，此店在津京沪汉均驻有老板，专进适销对路商品，小小店铺，与我省各县大商号都有业务往来。同善堂书店，出售经典古书，专供和尚道士，独此一家，别无分号，因而全省各地僧侣辐辏。太乙医馆吴凤崎膏药店，简直是儿童乐园。他们以各种标本作为实物宣传，虎、豹、龟、蛇、虫、鸟、花卉，小小的三间店铺内，琳琅满目。市场南端一溜三十多间店铺，那是食客天堂，有各种面食、各种菜品、各种小吃。不说别的，桃园春葱花烙饼，外加一碗绿豆汤，就能让多少人甘于排队等个地久天长。

对"土著"而言，开化市不是市场，倒是他们玩乐会友、悠游度日的乐园。白天，尤其节假日，江湖艺人们齐集于此，摆摊、算卦、变戏法、耍把式的各自聚众成圈，孩子们从大人的胳肢窝下钻进去，一不小心就当了人家的活道具。入夜，一天的活儿干完了，身心舒泰，到茶园里坐着听书看戏是极惬意的事。听相声人追夏福义：老北京，戴深度近视眼镜，身穿灰色长袍，一米六八的个头，往那桌前一站，人倍儿精神。他和搭档表演的《太原杂事》《二寡妇出嫁》脍炙人口。听说书有狄来珍，只一本《三侠剑》就整整说了三年，而听说两不厌。新中国成立后狄来珍被山西人民广播电台请去讲过《水浒传》。

最让人心醉神迷的当然是唱戏。开化市有剧院，可是地处钟楼街繁华闹市的北侧的泰山庙似乎"更上档次"。泰山庙源起于古代帝王封禅，不过，如同开化寺变成了开化市般，泰山庙和与之毗邻的酱园巷、察院后一起也成了极热闹的一处大市场。阎锡山统治山西时期，将连接酱园巷的一条小巷改建成"中央市场"，这就是太原市副食品市场的雏形。这儿能买到山东的鲜虾酱、大连的宽带鱼、广东的大龙虾，这儿还是"果子红"丁果仙的"福地"——一个河北的小姑娘，在这里唱成了晋剧红角，成了公认的"晋剧大王"。每天晚上来听丁派晋剧，是多少老太原的享受——山西人就这样，走得出去，晋商天下纵横；又迎得进来，多少名家老字号来自全国各地。谁能说山西是闭塞保守之地呢？

　　说起老字号，总给人一种亲切温暖的感觉，这里头有个道理。新中国成立前相当长的时间里，我国工商业生产经营活动主要围绕老百姓日常生活展开，服务业、手工业等行业发展、传承成为社会经济的主体，所以老字号也基本集中在这些行业。不说别的，单一个"食"字，就能点出多少"大腕"——清和元的头脑、认一力的蒸饺、巨合园的烧卖、恒义诚的元宵、东夹巷的脂油饼、东来顺的涮锅、聚和长的通州饼子、林香斋的"十大碗"、太原面食店的"面筵"……东米市街的新美园饭店，是阎锡山的"五妹子"阎慧卿开的，算是阎政府的"机关饭店"，剪刀面可真是一绝。1949 年 4 月 24 日太原解放，10 万接管部队从新南门（又名首义门，今五一广场所在地）进入硝烟弥漫的并州城，黄昏时，新美园就被接管了。只按地图行事的年轻的接管人员估计不明白，那么多重要的事，为什么会把一间饭店算到日程里？

　　似乎只是一眨眼间，熄了战火，泯了硝烟。年轻的王蒙来太原相会心爱的姑娘，那是上世纪 50 年代，印象最深的当数"在规整美丽的海子边公园附近，吃过几次刀削面"，可是，"比面条给人印象还深的是一位服务员……他一只手端三碗，两只手端着六大碗面……同店还有几个女服务员，但大家都招呼这个小个子。他是一个快乐的甚至有几分得意的服务员。他满场飞跑着端面、拾掇餐具、擦桌子、摆碗筷、算钱、收钱、找钱，像一阵风，像是在跳舞，像在舞台上表演。所有的顾客都把目光投向他，欣赏着他的精力、热情与效率，满意地发出会心的微笑"。

　　能让顾客由衷地笑出来的，当然不只这个饭店、这个服务员。按司街的乾和祥茶庄，来店里买茶的客人，有时候会在出门时收到店家相赠的两朵茉莉花，真个风情万种。

　　无论如何，你很难把一位陆军上将和一个茶庄老板的形象重叠在一起，河北官陶县人王占元就给了太原人这样一个惊奇。这位袁世凯的两湖巡阅使（相当于两湖的大军区司令），曹锟的"战友"，张勋、张作霖、吴佩孚、陆荣庭的"同事"，解甲归田后，于 1917 年初秋，在太原按司街 30 号开了一家茶庄，这就是乾和祥了。

　　乾和祥很快发展成山西地区最大的茶庄，倒不是因为掌柜的身世显赫，而是

乾和祥茶庄广告

乾和祥茶叶筒

因为他们有一门"独家绝艺"——茶叶拼配加工。

　　茶有红茶、绿茶、花茶、砖茶、乌龙茶五大系列数百个品种,乾和祥以茉莉花茶为主营。因为掌柜的发现,北方地区碱性偏大,水质偏硬,茉莉花茶更适合当地人的口感。南方茶区产茉莉花茶的省份很多,福建的嫩度好,条形漂亮;浙江的香气足,滋味醇厚;江苏一带鲜灵度好,汤色通透……既然难以取舍,掌柜的便另辟蹊径,试探着将这些品质不同的茉莉花茶进行"拼配"。拼配加工,说起来简单:采集原料茶小样,制定拼配成品茶小样,然后出大样成品。为确保大样品质,至少需要拼配三次。三次之后,还要从大样茶堆上不同堆位采集小样,老中医配药般。最后还有一道"感官评审"——干茶的外形(形状、色泽、整碎、净度)、开汤后的内质(香气、滋味、汤色、叶底),用仪器大概能确定小一半,十之六七倒要靠感觉——这得天分,绝非苦练能成。百年乾和祥,掌握这门绝艺的传承人不过三人。曾经有小伙计不信"邪",自己配了几种茶叶,泡开了和掌柜的放在一起,老掌柜当下就分辨出来,小伙计自个儿讪讪的。这手"绝活",乾和祥现在的掌门人张俐丽也有。2006年8月底她入主乾和祥茶庄,柜台上不慎混入别家的茶叶,她单凭闻味就发现了问题。只要是花茶,不开封,她一闻,茶叶的品质、制作工艺等等,均在掌握之中,一时人皆叹服。

老话说，靠手艺吃饭，这就是老字号的一大特色了。而开明照相馆所恃的手艺，是"新技术"。

太原最早的照相馆是由阳曲人田余公于光绪二十八年（1902）在南校尉营开办的摹真照相馆（一说为光绪二十七年由朱益文开办）。进入民国，汾阳人任德华在钟楼街以三间门面创立光明照相馆，这就是开明的前身。1932年，店铺由平定人刘启亭与汾阳人芦东兴接手，二人合股，各出资1000银元，店名改作"开明"。

开明创立第一件事，就是举债从上海购进一台进口照相转机。这台转机价值8000银圆，是他们所有资产的4倍。钱没白花，这台机子成了开明的主打招牌，开明的设备技术由是领先山西摄影界近四十年。当时阎锡山的太原绥靖公署，山西省政府照普通团体像或特种像，都是专门指定开明照相馆的技师。1958年5月到6月，梅兰芳曾来太原演出近一个月，这位被当年亲睹他的太原观众赞为"不可思议的美和高贵"的人物，曾与晋剧界的名角丁果仙和牛桂英分别合影留念，照片就是在开明照的。牛桂英将照片放大到一尺二寸，珍藏了几十年；丁果仙那张，则成为1981年创刊的《戏友》杂志的封面。

老字号是一个标尺。越是交通发达、人文荟萃、商贾云集之地，老字号越多。太原2500多岁，它的商业史也就2500多年了，城市城市，"市"——商业活动——本就是立城的主要功能。明清以降，太原商业高度发达，号

开明照相馆

梅兰芳和丁果仙于太原开明照相馆合影

称"十大行":粮行、布行、油面行、药行、酒行、干菜行、鞋帽行、典当行、金珠行、杂货行,等等。而到 1930 年,发展为 22 行,329 家;1940 年,20 行,1440 家;1946 年,67 行,3614 家;1949 年 4 月,受战事影响,减少为 1200 家左右。太原解放后,党和人民政府采取积极的引导措施,到 1949 年底,私营商户迅速发展为 5609 家。缘于商业的高度发达,商会也顺时应势而生。光绪三十一年(1905),太原商务总会成家立号;民国五年(1916),商会更名太原总商会;民国二十年(1931),改组为太原市商会,对商户进行注册登记,掌握开业歇业,且负责仲裁其间争议。

世易时移,有些老字号留了下来,老而常青,更多的则被雨打风吹去。可是,如台湾云门舞集的创始人林怀民所言,我的舞蹈只属于我和我的时代,我走了也就走了,后面自然会有不同的舞蹈出现。是的,存去皆有理由,而新的人,自有新的创造、新的体验和专属他们自己的记忆。

参考书目

明嘉靖《太原府志》

明王永寿:《太原王氏族谱》

清光绪《山西通志》

清道光《阳曲县志》

清李宏龄:《晋游日记·同舟忠告·山西票商成败记》

青龙村遗留的清乾隆《重修青龙镇关帝庙碑记》

李梦阳:《空同集》卷 44《明故王文显墓志铭》

卫聚贤:《山西票号史》,重庆说文社,1944 年版

郝树侯:《太原史话》,山西人民出版社,1956 年版

北京钢铁学院《中国冶金简史》编写小组:《中国冶金简史》,科技出版社,1978 年版

《俄中两国外交文献汇编》,商务印书馆,1982 年版

许一友、史旺成:《太原经济地理》,山西人民出版社,1985 年版

山西地方志编纂委员会:《山西历史缉览》,1987 年版

赵文林、谢淑君:《中国人口史》,1988 年版

梁启超:《莅山西票商欢迎演说辞》,《饮冰室合集》,中华书局,1989 年版

王树德、张齐山:《三晋枢纽——太原交通便览》,山西人民出版社,1991 年版

太原市经济委员会编:《太原市经委志》,1992 年版

孔祥毅:《金融经济综论》,中国商业出版社,1993 年版

许一友、王振华:《太原经济百年史》,山西人民出版社,1994 年版

黎风:《山西古代经济》,山西经济出版社,1997 年版

孔祥毅:《金融贸易史论》,中国金融出版社,1998 年版

郝汝椿:《晋商巨族二百年》,百花文艺出版社,1995 年版

张正明:《晋商兴衰史》,山西古籍出版社,1995 年版

《中国邮政一百年》,人民邮电出版社,1996 年版

刘文炳:《徐沟县志》,山西古籍出版社,1996 年版

倪建中主编:《人文中国:中国的南北情貌与人文精神》,中国社会出版社,1997 年版

刘泽民主编:《山西通史·大事编年·下》,山西古籍出版社,1997年版

张春根:《县域论》,中国文联出版社,1999年版

《太原交通志》,山西经济出版社,1999年版

《太原市志》,山西古籍出版社,1999年版

政协太原市晋源区文史资料委员会编:《晋阳文史资料》,2000年版

《山西通史》,山西人民出版社,2001年版

孔祥毅:《山西票号研究》,中国财政经济出版社,2002年版

杨艳红:《文化、伦理与社会秩序:以山西票号为例》,《世界经济文汇》,2002年第1期

张正明:《明清晋商及民风》,人民出版社,2003年版

梁枫主编:《太原历史故事》(上、中、下),长征出版社,2003年版

黄征:《太原史稿》,山西人民出版社,2003年版

董再琴:《太原旧闻逸事》,山西古籍出版社,2003年版

石凌虚:《太原史略》,山西古籍出版社,2003年版

时新:《晋阳诗踪》,山西古籍出版社,2003年版

杨光亮:《太原历史大事纪年》,山西古籍出版社,2003年版

李元庆:《晋阳文化刍议》,山西古籍出版社,2003年版

王继祖:《太原建置沿革》,山西古籍出版社,2003年版

魏宗禹:《晋阳人文精神》,山西古籍出版社,2003年版

李非:《太原考古》,山西古籍出版社,2003年版

太原市政协文史资料委员会:《太原文史资料》,2003年版

黄征:《太原赋》,山西人民出版社,2004年版

集义村名委员会:《集义村志》,2004年版

清徐县史志办:《清徐民间故事若干卷》,2004年版

许一友、温国强、宋文庆、周芳玲:《太原古代经济研究》,山西经济出版社,2004年版

《鲁迅全集》第8卷:《集外集拾遗补编》,2005年版

葛剑雄主编,《中国人口史》,复旦大学出版社,2005年版

刘建生:《明清晋商制度变迁研究》,山西人民出版社,2005年版

政协清徐文史资料委员会:《清徐文史资料》,2005年版

雷从云、陈绍棣、林秀贞:《中国宫殿史》(修订本),百花文艺出版社,2005年版

政协清徐县文史资料委员会:《晋商与清徐》,2006年版

霍润德:《晋阳文化研究·第一辑》,山西人民出版社,2006年版

李继东:《太原龙山》,中国戏剧出版社,2006 年版

魏宗禹:《晋阳文化研究——历代名家论傅山·第二辑上》,山西古籍出版社,2007 年版

霍润德:《晋阳文化研究·第二辑·下》,山西古籍出版社,2007 年版

行龙:《以水为中心的晋水流域》,山西人民出版社,2007 年版

景占魁:《阎锡山传》,中国社会出版社,2008 年版

李国成:《娄烦史话》,文物出版社,2008 年版

张驭寰:《中国城池史》,中国友谊出版公司,2008 年版

霍润德:《晋阳文化研究·第三辑》,三晋出版社,2009 年版

太原市政协《太原工业百年回眸》编委会:《太原工业百年回眸》上编(1892—1949),2009 年版

郝小军、王建设、齐宏明、雷钦:《龙城太原·古都腾飞·太原经济述略》,山西人民出版社,2009 年版

《太原邮政志》,人民邮电出版社,2000 年版

太原市地方志编纂委员会:《太原市志·第一卷》,2002 年版

北京科技大学冶金与材料史研究所、北京科技大学科学技术与文明研究中心:《中国冶金史论文集·第四辑》,科学出版社,2006 年版

霍润德:《晋阳文化研究·第四辑》,三晋出版社,2010 年版

太原市政协《太原工业百年回眸》编委会:《太原工业百年回眸》中编(1950—1978),2010 年版

《太原公路志》,山西人民出版社,2010 年版

薛凤旋:《中国城市及其文明的演变》,世界图书出版公司,2010 年版

太原档案馆编:《民国太原》,山西人民出版社,2011 年版

张春根:《翰宣文集·文学卷》,山西经济出版社,2011 年版

王继祖:《太原历史文献》,商务印书馆,2011 年版

《中国共产党太原市第十次代表大会学习参考资料》,山西教育出版社,2011 年版

蔡一鸣:《公元 1500 年以来世界 10 大经济体比较》,《国际贸易问题》,2011 年第 1 期

太原市政协《太原工业百年回眸》编委会:《太原工业百年回眸》下编(1979—2008),2012 年版

许一友、温国强、宋文庆:《太原古代经济研究续集》,中国文化出版社,2012 年版

吴国荣主编:《太原——历史深处走来的城》,三晋出版社,2013 年版

赵骧:《实业晋商刘笃敬》(临汾电视台"文化平阳"专栏讲稿)

山西省政府 2000 年—2013 年历年政府工作报告

太原市政府 2000 年—2013 年历年政府工作报告

后　记

　　《太原经济笔谭》是一本由太原市宣传思想文化部门的同志尝试以人文视角解读太原经济发展的普及性读物。众所周知，经济是支撑社会发展的基础元素，也是生成城市人文的现实土壤。经济亦人文，人文亦经济。透过人文视角来诠释太原经济发展的历史轨迹和时代特征，使本书具有较高的知识性和可读性，正是编撰本书的基本出发点。

　　《太原经济笔谭》的编撰工作是在市委常委、宣传部长张春根的倡导和支持下开展的，并亲为之序，山西工商学院容和平教授亦允为作序。市政协原副主席、文史专家王继祖先生关心此事，修订了编撰提纲。主编吴国荣除于提纲反复斟改外，还逐章审定了书稿。马竣敏草拟了全书编撰提纲，并统筹编务。撰写者为马竣敏、贺旭宏、冯海、李平、张渊、武颜文（第一章）；张宏、贺旭宏、焦育英（第二章）；靳海燕（第三章）；冯海（第四章）；武颜文（第五章）；边素庭（第六章）；严志宏、张渊（第七章）；乔琰、李平（第八章）。太原市发展与改革委员会张勇主任及有关同志审看了本书初稿，并提出了宝贵的修改意见。方域文化公司在装帧设计上多有贡献。山西人民出版社对本书的出版给予了支持和帮助。

　　《太原经济笔谭》内容涉及面广，时代跨度大，这无形中给编撰工作增加了难度。加之，编撰者自身理论水平和写作能力所限，错误在所难免，尚望读者赐教。

2013 年 11 月

图书在版编目（CIP）数据

太原经济笔谭／吴国荣主编. —太原：山西人民
出版社，2014.6
ISBN 978-7-203-08489-1

Ⅰ.①太… Ⅱ.①吴… Ⅲ.①区域经济—经济史—研
究—太原市 Ⅳ.①F127.251

中国版本图书馆CIP数据核字（2014）第082278号

太原经济笔谭

主　　编：吴国荣
责任编辑：冯灵芝
装帧设计：方域文化
出　版　者：山西出版传媒集团·山西人民出版社
地　　　址：太原市建设南路21号
邮　　　编：030012
发行营销：0351-4922220　4955996　4956039
　　　　　　0351-4922127 （传真）　4956038（邮购）
E － mail：sxskcb@163.com　发行部
　　　　　　sxskcb@126.com　总编室
网　　　址：www.sxskcb.com
经　销　者：山西出版传媒集团·山西人民出版社
承　印　厂：山西臣功印刷包装有限公司
开　　　本：787mm× 1092mm　1/16
印　　　张：32.75
字　　　数：500千字
印　　　数：1-2000册
版　　　次：2014年6月 第1版
印　　　次：2014年6月 第1次印刷
书　　　号：ISBN 978-7-203-08489-1
定　　　价：168.00元

如有印装质量问题请与本社联系调换